심리학의 저편으로

심리학의 저편으로
상황, 인지, 학습을 다시 묻다

지은이 박동섭


1판 1쇄 발행 2024년 5월 17일

펴낸곳 두번째테제
펴낸이 장원
등록 2017년 3월 2일 제2017-000034호
주소 (13290) 경기도 성남시 수정구 수정북로 92, 태평동락커뮤니티 301호
전화 031-754-8804 | 팩스 0303-3441-7392
전자우편 secondthesis@gmail.com
블로그 blog.naver.com/secondthesis

ISBN 979-11-90186-38-4 03180

# 심리학의 저편으로

박동섭

상황, 인지, 학습을 다시 묻다

저편
으로

높

## 들어가며
## 그 많은 현실은 다들 어디로 갔을까?

어떤 소심한 남자를 위해서 축하 파티가 열렸다. 모인 사람들은 마치 이때다
싶어 제각기 자기 자랑을 하거나 서로 칭찬하기 바빠서 시간이 어떻게 흘러
가는지도 몰랐다. 파티도 끝나 갈 무렵이 되어 거기에 참석한 사람들이 문
득 정신을 차려 보니, 주인공이 없는 것이다. 그들은 파티에 주인공을 초대
하는 것을 잊고 있었다. _ 中村雄二郎, 1992, 18쪽.


러시아의 극작가 안톤 체호프의《수첩》이라는 희곡에 나오는 이야
기다. 정작 파티의 중심이 되어야 할 주인공을 뒷전으로 돌리고서 그 사
실도 깨닫지 못하고 흥에 취해 버린 축하 파티의 기묘함, 부조리함을 풍
자한 작품이다.

이른바 대학을 중심으로 매년 쏟아져 나오는 책과 논문(학문: 이걸
학문이라 불러야 할지 무척 망설여지지만 일단 그렇게 부르기로 하겠다)과
현실 사이의 갭을 볼 때마다 이 이야기가 생각이 난다. 주인공을 빼고
축하 파티에 모인 사람들에 해당하는 것은 대학이라는 아카데미즘에서
발신하는 이론과 학문(앎)이고 주인공에 해당하는 것은 현실(삶)이다.

체호프의 이 이야기와 앎과 삶의 격절을 연관 지어서 생각할 때마다
또 하나 빠트릴 수 없는 것이 〈다 다르다〉라는 제목의 '시'다. 시인 박노해

는 '앎'과 '삶'의 도저히 메워지지 않는 원초적 어긋남을 다음과 같이 풍자
적으로 표현한다.

> 초등학교 일 학년 산수 시간에
> 선생님은 키가 작아 앞자리에 앉은
> 나를 꼭 집어 물으셨다
> 일 더하기 일은 몇이냐?

> 일 더하기 일은 하나지라!
> 나도 모르게 대답이 튀어나왔다

> 뭣이여? 일 더하기 일이 둘이지 하나여?
> 선생의 고성에 나는 기어들어가는 목소리로
> 예, 제가요, 아까 학교 옴시롱 본깨요
> 토란 이파리에 물방울이 또르르르 굴러서요
> 하나의 물방울이 되던디라, 나가 봤당깨요

> 선생님요, 일 더하기 일은요 셋이지라
> 우리 누나가 시집가서 집에 왔는디라
> 딸을 나서 누님네가 셋이 되었는디요 (중략)

기계와 인간을 나누는 기준이 여럿 있는데, 그중 하나를 꼽자면 기계
는 외부 입력으로 완전히 제어된다는 것이다. 이런 시스템을 타율적hetero-

nomous 시스템이라고 부른다. 예컨대 계산기에 "5+8="이라고 입력하면 사용자의 기분이 좋든 나쁘든, 날씨가 맑든 흐리든, 입력 속도가 느리든 빠르든 언제 어느 때나 "13"이라고 출력해 준다.

그런데 인간의 경우는 어떠한가? 우리 둘째가 초등학교 2학년 때 같은 문제를 내어 보았다. 문제를 처음 내었을 때는 재미있어 하며 곧바로 "13"이라고 대답을 했는데, 질문이 반복되니 다음과 같이 기계와는 다른 대답을 했다. "아빠 어제도 물어봤잖아 이제 재미없어" 혹은 "오늘은 그 문제에 대답할 기분이 영 아니거든", "아빠, 내가 이 문제에 대답하면 뭐 사 줄 건데?" 등등.

이런 딸의 대답과 박노해의 시에 등장하는 아이들의 대답에 일맥상통하는 점이 뭔가 있어 보인다. 양자의 공통점은 무엇인가? 대답이 너무 소박해서 그걸 듣고 나면 어리둥절할 수 있겠지만, 양자 모두 '인간이 한 대답'이라는 것이다. 말을 바꾸면 생명체가 한 대답이다.

내가 첫 번째로 문제로 삼고 싶은 것은 인간을 연구하는 최전선에서 있는 현대의 교육학 그리고 심리학이라는 학문이 인간이 '생명체'라는 이 소박한 사실을 과연 연구의 전제에 두고 있느냐이다.

인간뿐만 아니라 생명체는 변화하는 환경에 대해서 임기응변으로 자율적autonomous으로 행위를 생성한다. 그것이 생명 시스템이 기계와 다른 점이다. 따라서 생명체라면, 일반적으로 똑같은 자극에 대해서도 반드시 늘 똑같이 응답한다고 할 수 없다. 생명체의 행위를 결정하는 원리를 기본적으로 외부 관찰자는 볼 수 없다.

생명체로서의 인간이 그럼에도 일부러 외부로부터의 조작에 지배당하는 타율계처럼 행위할 때가 있다. 그것이 바로 '계산'이라는 행위이고, 이런 타율계처럼 행위하도록 방향을 지워 주는 대표적 공간이 학교이다. 학교라는 공간에서 이루어지는 질문인 "5+8=" 같은 질문에 아이들은 언제 어느 곳에서든 "13"이라고 대답하도록 의무 지워져 있다.

그런데 애당초 생명이 '자율계'라는 주장은 결코 자명한 것이 아니다. 화학물질의 투입으로 움직이는 박테리아와 빛을 향해서 반사적으로 뛰어드는 여름 곤충 등을 보고 있으면, 생명도 또한 일견 외부 세계로부터의 입력에 지배받는 '타율계'로 보인다. 실제로 여명기의 인지과학은 생물의 인지 시스템이 계산기와 똑같이 타율적으로 작동하는 것이라고 가정하였다. 이런 생각의 전제가 된 것이 '외부 세계로부터의 입력—(표상에 의한) 내적인 정보 처리—외부 세계로의 출력'이라는 모델이다.

여기서 말하는 '표상representation'이라는 것은 문맥으로부터 분리된 외부 세계에 관한 정보를 인지 주체가 어떤 방법으로 내적으로 부호화한 것이다. 주류 심리학자(더불어 장삼이사까지도)에게 그것은 계산기가 이용하는 일종의 기호다. 인지 주체를 내부로, 반면에 세계를 외부로 엄연히 분리하는 이러한 발상은 인지 주체를 인지 주체 외부로부터 객관적으로 관찰하는 시점을 뿌리로 삼고 있다. 여기서 말하는 외부 관찰자는 예컨대 심리학 실험자일 수도 있고, 주류 심리학의 관점을 등에 업고 있는(보통은 등에 업고 있는지도 모르는) 주류 심리학의 인간관을 무반성적으로 받아들이는 학교 교사일 수도 있다.

예를 들어 개구리가 파리를 인식하고 그것을 포식하는 장면을 상상해 보기로 하자. 이때 개구리를 외부에서 관찰하고 있는 우리의 눈으로 보자면 개구리의 외부에 개구리라는 생명체와는 독립된 진짜 세계가 있는 것처럼 보인다. 즉, 파리는 개구리와는 독립된 세계에 존재하고 있어서 개구리는 그 외부에 있는 파리를 내적으로 표상하고 있다. 그래서 그것을 잡을 수 있는 것이라고 말이다.

그런데 이번에는 개구리의 시점에 서 보면 우리가 상정한 '진짜 세계'라는 것이 어디에도 없다는 것을 문득 자각하게 된다. 개구리가 경험할 수 있는 것은 어디를 돌아봐도 개구리의 세계밖에 없어서, 그렇다면 개구리 바깥에서 우리가 보고 있었던 파리는 어디까지나 우리 인간 세계의 '파리'일 수밖에 없다. 인지 주체의 외부에 인지 주체가 인식해야 할 진짜 세계가 있다는 가정으로부터 출발할 때는 '입력-정보 처리-출력'이라는 타율적 모델이 타당하다고 생각되겠지만, 어디까지나 인지 주체의 입장으로부터 보면 사태는 전혀 달라진다.

있는 그대로 혹은 생생한 인지 현상을 포착하려고 하면 먼저 인지 주체의 외부에 진짜 세계를 주관한다고 상정된 특권적인 관찰자의 입장을 버리지 않으면 안 된다.

칠레의 생물학자 움베르토 마투라나는 저서 《있음에서 함으로》에서 이러한 사실을 자각하고 생물학에 대한 입장을 크게 바꾸게 된 경위를 밝히고 있다(Maturana, 2004). 마투라나는 원래 비둘기를 대상으로 생물의 색에 대한 지각에 관해 연구하던 연구자이다. 이때 그는 물리적 자극과 신경계의 활동 사이에는 직선적 대응이 있을 것이라고 상정하였다. 즉, 객관적인 색채 세계를 생물이 신경세포의 활동으로 '표상'하고 있다고 생각한 것이다. 그런 전제하에 서 있던 그의 일은 외부 세계의 색에 대응하는 신경세포의 활동 패턴을 발견하는 것이었다.

그런데 그의 연구는 머지않아 벽에 부딪히게 된다. 외부 세계로부터의 자극과 비둘기 신경계의 활동 패턴상에 일직선의 대응을 발견할 수 없었기 때문이다. 똑같은 빛의 자극에 대해서 다른 신경 활동의 패턴이 관측되거나 역으로 다른 자극에 대해서 똑같은 신경 활동의 패턴이 관측되는 경우가 종종 있었다. 비둘기의 신경 활동을 관찰하는 한, 객관적인 색채 세계의 존재를 시사하는 것은 어디에도 없었다. 그래서 마투라나는 발상을 바꿔 보기로 하였다. 비둘기의 망막과 신경계는 비둘기와는 독립적으로 있는 외부 세계를 재현 혹은 표상하려고 하는 것이 아니라 비둘기에게 색 세계를 생성하는 시스템이 아닌가. 여기서부터 그는 연구에의 접근 방식을 싹 바꾸게 된다.

생물의 신경계의 역할은 외부 세계를 내적으로 묘사하는 것이 아니라 외적인 자극을 계기로 하면서 어디까지나 자신의 의미 세계를 계속 구축하는 것은 아닌가. 생물을 외부 세계로부터의 자극에 지배를 받는 타율계가 아니라 스스로의 활동에 규제를 받는 자율적 시스템으로서 이해해야 하는 것은 아닐까. 이 착상을 기점으로 그는 새로운 생물학의 영역을 개척해 나간다.

마투라나의 새로운 발견은 한마디로 하자면 비둘기도 비둘기 나름의 고유한 세상이 있다는 것을 인정하자는 것이다. 세상이 '저기 따로 (독립적으로) 존재하는 것'에 그친다면, 우리 인간이 이미 구석구석 정복하고 다스리고 있는 이 세상에 비둘기가 참여할 세상은 없을 것이다. 그러나 한 마리 비둘기가 세상에 있음으로써 세상은 이미 비둘기의 세상이 되기도 한다. '명사'로, '물건'으로, '사실'로만 존재하는 세상은, 말하자면 비둘기의 세상이든지 사람의 세상 중 어느 하나either-or이지만 '동사'로, '관계'로, '의미'로 존재하는 세상은 사람의 세상이면서 동시의 비둘기의 세상both-and이다.

물론 여기서 말하는 비둘기의 세계란 손바닥만 한 비둘기집이나 공원에 모여서 먹이를 쪼고 있는 그런 공간이 아니라 비둘기들이 살아가는 의미의 연관성 속에서 경험되는 구조이다. 이는 비둘기만의 세계이고 그것대로 무한한 개방성을 갖는 세상이되, 인간의 세상과 공존하는 의미와 관계의 역동성이며, 우리가 아무리 비둘기가 환경오염의 주범이라고 불평 불만을 터뜨리고 퇴치를 해도 소유하거나 이해할 수 없는 고유한 무엇이다. 이 책에서 주요하게 다룰 주제인 '상황인지' 그리고 '상황학습론' 또한 비둘기의 고유한 세상을 인정해 주자는 관점이다. 여기서 말하는 '고유한 무엇'은 상황→주체의 일방적인 관계가 아니라 주체와 상황의 '상호구성적'인 관계를 전제로 하고 있다.

이쯤에서 이런 물음을 던져 보자. 마투라나와 같은 생물학자가 깨달은 복잡한 현실에 육박하기 위한 새로운 이론 구축의 혜택을 우리는 누리고 있는가? 혹은 이른바 '구성주의'라는 인식론에서 자주 거론되는 마투라나의 발상이 '구성주의'와 '상황학습론'을 논문 소재거리로 삼고 있는 국내 교육학 분야에서 그리고 그 교육학의 현장이 되어야 할 학교 교육에서 현실을 읽어 내기 위한 중요한 시점으로 받아들여지고 있는가? 그리고 이러한 발상이 구성주의와 가족적 유사성을 가진 '상황인지론'과 '상황학습론'에 관한 논의에서 '사람의 세상이면서 동시에 비둘기의 세상'이라는 시점으로 다루어지고 있는가?

우리는 혹여 '구성주의' 그리고 '상황인지론' 및 '상황학습론'의 이름만 빌려와서는 비둘기가 참여할 세상, 피험자가 참여할 세상 그리고 아이가 참여할 세상은 아예 없는 것으로 다루고 있지는 않은가? 나아가 우리는 렌즈 아래 강제로 뉘어 있는 벼룩처럼 박제가 이미 끝난

죽은 생명체를 다루고 있지는 않은가?

〈상황학습 이론에 기반한 대학 신임 교원 교수 개발 프레임워크 설계〉, 〈상황학습론의 고찰을 통한 초등학교 음악 수업 방향 탐색〉, 〈상황학습 이론에 근거한 실과 교수·학습 방안 탐색 및 적용〉, 〈상황학습 기반 수업이 수학 학습 부진아의 수업 참여도에 미치는 영향〉, 〈상황학습을 적용한 미술 수업이 초등학생의 자기 주도적 학습 능력 향상에 미치는 영향〉… 방금 논문 검색 사이트에서 '상황학습'이라는 키워드로 찾은 논문 제목들이다.

이 논문들은 '상황학습'을 마치 새로운 수업 기법으로 (인지 주체와는 어떤 연관성도 없이) 저기 따로 외부에 객관적으로 존재해서 주체(실과 수업에 참여하는 학생/수학 학습부진아/미술 수업에 참여하는 초등학생/음악 수업에 참여하는 초등학생)에게 직접적(그것도 필시 긍정적으로) 영향을 주는 것으로 그리고 있다. '상황학습론'의 이름을 차용하면서도 역설적으로 '상황학습론'의 본질에는 역행하는 일이 학술이라는 이름 아래서 어떻게 이렇게 아무렇지 않게 이루어질 수 있는가?

렌즈 아래 적나라하게 관찰당하는 벼룩에게서 우리는 드디어 '벼룩'이라는 이름을 떼어낸다. 의미의 연관체로서의 생활 공간 속에서 다양하지만 정돈된 이미지로서 우리에게 다가왔던 '벼룩'은 표상주의자들 그리고 주류 심리학자들 그리고 국내에서만 득세하는 무늬만 상황학습론자들 덕분에(?) 마투라나의 초기 생각에 담겨 있던 비둘기처럼 이제 그 '생활 속의 자리'를 상실해 버렸다.

익명이 아닌 내 경험의 흐름 속에서 친숙한 느낌의 체계를 소담스럽게 간직하고 있던 그 '벼룩'은 이미 사라져 버리고 말았다. 이제 중요한 것으로 남은 거라곤 진공 속에 뉘인 피실험물——그 이름이야 비둘기가 되든 개구리가 되든 아니면 논문에 등장하는 음악이나 실과 수업에 참여하는 학생이 되든지 상관없이——이 확대된다는 사실 하나뿐이다.

이 이름 없는 피실험물subject이 렌즈 사이에 끼어 일차원적인 화면 속 그림으로만 이해될 때, 정작 죽어 가는 것은 벼룩만이 아니다. 누구든 언제든지 느낄 수 있을 것이다. 렌즈 사이에서 압살되는 것은 실로 관찰자(연구자)의 자의식일 것이다. 벼룩이 납작해질수록 관찰자의 의식도 납작해져 가고 피폐해져 가기만 한다.

생명체임에도 철저하게 박제화된 생명체로 논문 속에 등장하는 아이들이 일차원적 평면성 속에서 단지 하나의 피사체로 전락하였을 때, 생명체인 관찰자(예컨대 교육학자 혹은 심리학자)의 의식도 기계(사진기)로 전락한다. 렌즈를 통해 확대되어 나오는 '그림'의 즉물성은 관찰자의 의식을 즉자성 속에 가두어 버린다. 여기에는 생기도 느낌도 여지도 도약도 꿈도 인간도 날개도 없다. 오직 피사체와 카메라, 즉물성과 즉자성, 렌즈와 일차원성만이 있을 뿐이다.

이렇게 본다면 관찰은 때로는 비인간적이다. 땅을 보며 걷고 있을 때는 누구나 잠시 하늘이 있음을 잊고 있듯이 렌즈 속에 몰입한 관찰자의 정밀한 관찰은 렌즈의 프레임을 경계로 안과 밖을 단정하게 구분한다. 렌즈의 프레임 안 혹은 논문 안은 '두께'가 없는 세상이다. 예컨대 그동안 '상황학습론', '상황인지론'이라는 이름으로 국내에서 자행되어 온 '폭력'은 연구 대상을 '반생명적' 존재로 만들었을 뿐만 아니라 그 폭력을 행사한 대가로 연구자 자신도 그 은혜(?)를 톡톡히 입었다고 할 수 있다.

내가 이 책을 통해서 문제로 삼고자 하는 바는 다음과 같다.

현실(삶)이 층층켜켜 두께로 이루어진 세상임을 깨닫고 그 층층켜켜 두께로 이루어진 세상에 육박하려고 하는 이론(예컨대 상황학습론 그리고 구성주의)이 이 세상에 존재하고 있음에도, 아니 그 '앎'이라는 것이 대학 교육학 교과서에는 반드시 실리고 교원 임용고시 시험 준비생이 반드시 외워야 하는 내용으로 유튜브에 등장하고 그것도 모자라 대학교수들의 논문거리로 활용되고 있음에도, 우리의 학술은 체호프의 희곡에 나오는 주인공 신세를 면치 못하고 있는 것은 아닌가?

상황인지와 상황학습론을 제대로 이해하기 위해서는 일단 이 앎이 미지라는 것을 인정하는 것, 그 미지의 앎을 기지의 앎으로 함부로 재단하지 말아야 한다는 것 그리고 그러한 미지의 앎에 대한 접근이 모두에게 열려 있지 않다는 사실을 직시하는 일부터 시작해야 할 것이다. 나아가 네이버와 다음 등 포털 사이트를 비롯하여 국내 학계에서 판치고 있는 상황학습론에 대한 근거 없는 확신(예컨대 교실을 바꿀 수 있는 수업 전략 혹은 기법)이 그 미지의 세계로 통하는 문을 단단히 가로막고 있다는 사실 또한 직시해야 할 것이다.

그러나 이 차단이 너무나 견고해서 미지의 세계 안에 퍼져 있는 모든 광채 중 그 어떤 빛줄기도 연구자들은 물론이거니와 우리 같은 장삼이사들에게도 닿지 못한다는 것을 나는 너무나도 잘 알고 있다. 그럼에도 이 책을 통해 그 미지의 빛줄기가 한 사람이라도 더 많은 사람에게 닿아서 우리 교육과 학교 그리고 인간을, 나아가 우리 삶을 고쳐보는 데 도움이 되었으면 하는 바람이다.

일본이 낳은 세계적인 천재 건축가인 아라카와 슈사쿠는 "We are

visitations of inexplicability"라는 명언을 남겼다(荒川修作, 2015). 번역해 보면 "우리는 불가해함의 방문객이다" 정도가 될까. 이 말의 의미는 외부에서 나를 향해 다가오는 모든 것들의 '불가해함'을 함부로 그것들에 대해 "이것이다" "저것이다" 결정짓지 않고, 그것들을 견디고 그것들과 사귀고 즐기고 그것들의 목소리에 귀를 기울여 보자는 것이다.

프랑스 철학자 자크 라캉은 지성이 작동하는 것에 대해 칠흑 같은 밤바다에서 만나는 '미확인 물체'라는 메타포로 설명한 적이 있다. 라캉은 그러한 지성의 움직임을 깜깜한 밤바다를 항해하는 배의 항해사에 비유했다(內田樹, 2007). 밤바다 위로 무언가 일렁이는 물체를 보았다고 하자. 뭔가 신경이 쓰이는 규칙적인 움직임이 보인다. 만약 그 무언가를 보고 있는 존재가 기계나 동물이라면 그 '무엇인가'를 이미 알고 있는 것으로 규정할 것이다. 기계나 동물에게는 '뭔지 모르는 것'이라는 카테고리가 없기 때문이다. 그러므로 일단 '고래다'라든지 '난파선이다' 또는 '달빛의 반사다' 하는 식으로 무언가로 결정해 버린다. 아니 그보다는 기계나 동물은 결정하지 않는 것 자체가 불가능하다.

그러나 인간은 무언가를 보더라도 그것이 무엇인지를 결정하지 않을 수 있다. 어두컴컴한 밤을 항해하는 항해사는 '몇 시 몇 분, 경도 몇 도 위도 몇 도, 미확인 물체 확인'이라고 항해일지에 기록할 수 있다. '무엇인지 알 수 없는 것이 있다'는 사실을 받아들일 수 있는 것은 인간의 지성뿐이다. 알 수 없는 정보를 '알 수 없는 정보'로 둔 채 시간을 들여 묵히는 '미뤄 놓기' 능력은 인간 지성의 두드러진 특징이다. 그러고 보면 우리가 그동안 이러한 인간 지성의 계발을 너무 등한시해 오지는 않았는가?

부디 이 책이 독자들이 미지와 만나는 불안과 그것을 넘어서는 쾌락의 징검다리가 되기를 바란다.

차례

# 0. 몇 가지 준비운동

## 전前철학적 경험을 알뜰히 기술하는 것

상황학습론Situated Learning, 상황인지Situated Cognition라는 사상을 배우기 전에, 아니 좀 더 정확하게 말하자면 일본 유학 시절 대학원 박사 과정에서 이 주제들과 관련된 수십 편의 논문과 꽤 많은 책을 읽었음에도, 나는 이 사상이 가진 독특한 난해함으로 인해 그 본질을 이해하지 못하고 꽤 오랫동안 헤맨 적이 있었다.

두 가지 주제에 관한 글을 쓰기 위해 이렇게 책상 앞에 앉아서 컴퓨터 전원을 켜고 보니 불현듯 '상황학습론'과 '상황인지론'의 원풍경이라고 이름 붙이고 싶은 몇 가지 귀중한 체험이 주마등처럼 떠오른다. '모든 앎의 근원은 삶이다'라는 명제를 가슴에 품고 사는 연구자로서 이런 원풍경과의 만남은 내가 후에 이 두 가지 사상을 제대로 이해하고 그것을 통해서 '상황'·'인지'·'학습'이라는 사태뿐만 아니라 나의 '삶'을 고쳐보고 되돌아볼 수 있는 귀중한 자산이 되었다. 나아가 원풍경을 기술하기 위해 사용한 나의 서투른 화법은 후에 '상황학습론'과 '상황인지론'이라는 사상에 대한 제대로 된 이해를 버팀목 삼아 독자들과 공유할 수 있는 정치精緻한 어휘 꾸러미로 탈바꿈하게 된다.

오해가 있을 수 있을 것 같아 급히 덧붙여 말하자면, 이런 원풍경을 말하는 것은 물론 사상을 말하는 것과 등가는 아니다. 그리고 어떠한 철학적 사유를 문자화하는 것도 아니다. 그것이 아니라 원풍경에 관해 말하는 것은 '철학적 사유'가 형성되기 전의 나 자신의 리얼한 '전前-철학적 경험'(박동섭, 2024)에 관하여 말하는 것이다. '전-철학적 경험'은 당연한 일상을 그냥 지나치지 않고 낯설게 보는 감수성을 배양지로 하는, 나의 개인적인 갈피를 잡지 못함과 뭔가 불편함과 위화감 그리고 눈앞이 환해지는 놀라움과 기쁨과 더불어 몸과 마음이 자유로워지는 개방감 같은 것이 한데 뒤섞여서 복작대는, 신체적인 경험을 말한다. 그런데 그것 자체는 아직 명확한 아이디어로서 형태를 띠지 않고 있다.

그러나 '철학적 사유' 혹은 '사상'이라는 이름에 걸맞는 것은 내가 경험한, 이 상태를 말로 표현하기 힘든, 아직 형태를 갖추지 못한 조각의 단편과 같은 사고 운동으로부터밖에 나오지 않는다. 더불어 '사상'을 이해하는 것도 이러한 원풍경에 대한 부단한 기술과 음미가 있어야 가능하다. 그렇게 본다면 '원풍경이라는 체험'을 기술하는 것은 사상가 혹은 철학자들의 사고 과정을 추체험하는 일이라고도 말할 수 있을 것이다. 또한 그것은 사상의 이해를 갈구하는 후학이 자신의 원풍경을 돌아보고 기술하기 위한 버팀목이 되어 줄 것이다.

언어로 표현되는 사상을 이해하기 위한 필수적 단계인 원풍경과의 만남은 머리로 이해해서 달성할 수 있는 것이 아니다. 먼저 원풍경이 신체 안에 들어와서 그 '체감'을 말로 해 보는 그런 과정을 거쳐야 한다. 그것을 비유로 들어 말해 보면 '잊고 있었던 사람의 이름이 혀끝에서 맴돌 때의 느낌'과 비슷하다. "아 뭐였더라 그 사람 이름. 거의 다 생각이 났는데 뭐였지?!?"와 같은 느낌이라고 해야 할까. 이것은 그냥 '모르는 것'과는 질적으로 다르다. 신체는 이미 꽤 알고 있다. 단 그것을 적절한 말로 표현할 수 없는 것뿐이다.

신체는 이미 꽤 알고 있지만 아직 제대로 말로 할 수 없어서 바동 바동하고 있다. 그런데 이것이야말로 말이 생성되려고 하는 역동적인 국면이다. 확실히 생각은 있지만, 그것에 딱 조응하는 기호가 아직 발견되지 않은 상태, 그것은 아이가 모국어를 획득할 때 거치는 과정 그 자체다. 누구든 모국어를 습득하니까 그 과정이 어떤 것인지를 경험적으로 알고 있을 것이다.

먼저 '느낌'이 있다. 아직 형태를 갖추지 못한 생각 혹은 성운처럼 윤곽이 애매한 사념과 감정의 운동이 있다. 그것이 표현되기만을 기다리고 있다. 말로서 세상과 만나기를 대망하고 있다. 그래서 필사적으로 말을 찾는다. 그런데 쉽게는 찾을 수가 없다. 신체가 먼저 끌리는 원풍경과 만나고 난 이후는 그런 고군분투의 과정이 반드시 기다리고 있다.

그런데 말이 되기만을 간절히 기다리고 있는 애매한 사념과 감정의 운동이 생성되기 위해서는 그냥 지나치기에 십상인 '당연한 일상'을 낯설게 보는 감수성이 필요하다. 더불어 타자의 말에 귀를 기울일 수 있는 자세 또한 필수적이다. 이 문맥에서 말하는 '타자의 말'이 내가 난해하게 여겼던 '상황학습론'이라는 사상이다. 나의 지적인 틀의 협소함과 편협함으로 인해 처음에는 '노이즈'로밖에 들리지 않는 시그널을 '내가 꼭 들어야 하는 메시지'로서 읽어 내는 것이 사상과 만나는 정통적인 방법이다. 노이즈를 메시지로 탈바꿈시키려면 듣는 사람의 '이해의 틀' 어딘가에 '외부로 열리는 문을 열어 둘' 필요가 있다. 그것은 '이해할 수 없는 말에 정성스럽게 귀를 기울이는' 자세를 통해서 가능하다.

이렇듯 타자로부터 도래하는 '이해할 수 없는 노이즈'에 경의를 갖고 귀를 기울이는 습관을 가질 수 있는 사람만이 자신 안에서 터져 나오는 '이해할 수 없는 노이즈'를 경의를 갖고 대접할 수 있다. 자신 안에서 분출하는 '이해할 수 없는 노이즈'를 메시지의 형태로 구축하는 능력, 그것이 그대로 '사상을 기술하는 힘'으로 결실을 맺는다. 즉, 사상을 이해하고 그것을 제대로 기술하기 위해서는 외부의 노이즈와 내부의 노이즈에 동시에 정성스럽게 귀를 기울일 필요가 있다.

지금부터 원풍경과의 만남 과정을 그대로 재현하는 과정을 기술해 보려 하니 뭔가 선명하지 않은 성운 상태라 해도 이해해 주기 바란다.

## 어느 달걀을 먼저 먹어야 할까?

나는 솔직히 말해서 교육이라는 것에 관해서 뭔가 감각적인 저항이라고 해야 할까, 대학도 포함해서 학교 교육이라는 것 안에 포함된 일종의 도착과 같은 것을 느낀다. 뭔가 그런 불편한 감촉 같은 것을 어릴 때부터 쭉 갖고 있었는데, 그 위화감에 불을 붙인 다음과 같은 경험을 하였다.

일본에 유학 가서 얼마 되지 않았을 때, 지도교수와 함께 발달심리학 심포지엄에 참석한 적이 있었다. 그때 그 심포지엄의 기조 강연자로 참석한 어느 발달심리학자가 들려준 이야기가 나에게 상황학습론의 원풍경 중 하나로 자리매김하게 되었다.

이 발달심리학자에게는 초등학교에 다니는 아들이 한 명 있는데, 그 아이가 학교에서 겪게 된 곤혹스러운 경험이 아주 재미있었다. 그 아들은 과학 수업에서 오래된 달걀과 새로운 달걀을 구분하는 방법을 배웠다. 나도 그런 것을 배운 기억이 있다. 그 내용이 정확히 뭐였는가는 잘 기억이 나지는 않지만 그럼에도 배운 기억만큼은 남아 있다. 기억을 더듬어 보면 달걀을 물에 넣었을 때 뜨는 것이 새것인가 아니면 거꾸로 가라앉는 것이 새것인가 뭔가 물에 먼저 넣어 보는 것을 배웠던 것 같다. 그리고 표면이 맨들맨들한지 아니면 까칠까칠한지 그런 기준을 학습한 것 같은 기억도 있는데, 수업 시간에 배운 구체적 내용은 어렴풋하게밖에 기억이 나지 않는다. 그런데 그 발달심리학자의 아들은 달걀을 깨 보고 노른자위가 높이 솟아 있으며 흰자위가 모여 있는 달걀은 새것이고, 노른자의 높이가 낮고 흰자위가 물처럼 퍼져 있는 것이 오래된 것이라고 배웠다 한다.

그 후 시험기간이 되어 그 문제가 나왔다. 원래대로라면 A와 B로 나눠 노른자가 높이 솟은 것, 평평한 것 이렇게 두 가지 그림이 있고 어느 쪽이 새것일까요? 같은 문제가 출제되어야 하는데 뭔가 교사가 착각을 했는지 "여기에 두 개의 달걀이 있습니다. 어느 쪽을 먼저 먹겠습니까?"라는 문제를 낸 것이다.

그 아이는 당연한 듯 노른자가 평평한 그림에 동그라미를 쳤다. 그런데 그 이외의 급우 전원이 높이 솟은 쪽에 동그라미를 쳤다. 결과는 그 아이만 오답 처리가 되고 말았다. 아이는 납득할 수 없었다. 크게 상처를 받고 "왜 내 대답이 틀렸는지 아무리 생각해도 이해할 수 없어"라고 말했다는 것이었다.

그런데 이 아이의 아버지인 발달심리학자의 말로는 부부가 맞벌이를 하기 때문에 아이가 학교에서 돌아오면 저녁밥을 혼자서 챙겨 먹어야 하는 형편이라 어릴 때부터 혼자 밥을 먹는 경우가 많았다고 한다. 그래서 어머니로부터 냉장고를 열고 달걀을 먹을 때는 오래된 순서대로 달걀을 정리해 두었으니 오래된 것부터 먼저 먹어야 한다고 배웠다고 한다. 우리 삶에서도 오래된 것부터 먼저 먹는 것은 어찌 보면 당연한 일이다. 그런데 다른 친구들은 한쪽은 오래되고 한쪽은 새것이라 한다면 역시 새것을 먹겠다. 신선한 것이 맛있으니까. 이런 의미에서 전원 거기에 동그라미를 쳤던 것이다.

이 시험문제에는 몇 가지 도착이 중첩되어 보인다. 하나는 오래된 것과 새것을 판별하는 물음이 "여러분 같으면 어떤 것을 먼저 먹겠습니까?" 같은 식으로 미끄러진 문제가 되었다는 것이다. 그래서 오래된 것, 새것의 구별을 결과적으로는 묻지 않는 물음이 되고 말았다는 것, 이것이 얄궂은 것이다.

다음으로 우리가 의문을 가져야 하는 것은 왜 아이들이 어느 달걀이 새것이고 또 반대로 어느 달걀이 오래된 것인지를 구별해야 하는가이다. 누구나 동의하겠지만 우리는 삶을 통해 달걀을 깨 보기 전에 '새것'과 '오래된 것'의 여부를 알 수 있는 지혜를 체득하고 있다. 그런데 이 선생님은 오래된 달걀과 새로운 달걀을 판별하기 위해서는 달걀을 굳이 깨트려 봐야 한다고 말하고 있다.

나아가 이 물음의 가장 큰 문제는 물음이 물음으로서 성립하지 않고 있다는 점이다. 즉, 어느 쪽이 새것이고 오래된 것인지를 물을 때 무엇을 위해서 달걀의 새로움, 오래됨을 알아보는지 그리고 그것을 알고 난 다음에는 무엇을 하는지 어떻게 하면 되는지 따위의 일상생활에서 필요한 물음에, 이 물음은 전혀 자신이 있을 곳을 확보하지 못하고 있다. 그런 의미에서 문맥이 거세된, 말을 바꾸면 문맥이 빠져 버린 '물음'으로서 홀로 걷고 있다. 혹은 위 사태를 이렇게도 표현할 수 있을 것이다. '시험'이라는 문맥에서 '물음'이 그 고유한 성질을 잃어버리고 말았다고.

그래서 딱 내가 그랬던 것처럼 이런 물음은 결코 내 것이 되지 않고 결코 사용될 일이 없는 것으로 처리되고 만다. 나 자신 이것을 배운 기억은 어렴풋이 들지만 물에 넣었을 때 뜨는 것이 새것인지 가라앉는 것이 새것인지는 전혀 기억에 없다. 그것은 전혀 의미가 없는 것을 배웠다는 것을 반증해 준다. 즉, 나의 것이 되지 못한 지식, 사용 가능성이 없는 지식은 시험이 끝나고 나면 순식간에 사라지게 마련이다. 이때 이 문제를 낸 선생님과 틀린 대답(?)을 한 아이 중 도대체 어느 쪽이 보다 교양이 있는지 묻는다고 하면 여러분은 어떻게 대답할까?

학교의 독특성이라고 해야 할까? 이런 특수성과 관련해서 다음과 같은 도착이 엄연히 존재한다고 할 수 있다. 학교에서는 예를 들면 임진왜란이 몇 년에 일어났는가라든지 이것과 이것을 곱하면 몇이 되는가 따위로 수업 중에 반복해서 '질문'이라는 행위가 이루어진다. 그런데 이 질문이라는 것도 곰곰이 생각해 보면 학교 안에서만 통용되는 질문이다. 왜냐하면 '질문'이라는 것은 보통 모르는 사람이 이미 알고 있는 사람에게 가르쳐 달라고, 대답해 달라고 말을 거는 행위이기 때문이다.

일상생활에서는 당연히 질문하는 사람도 그렇고 질문 받는 사람도 그렇게 생각하고 있다. 모르는 사람이 알고 있는 사람에게 이것은 무엇입니까?라고 묻는 셈인데, 학교라는 공간에서만 그와 반대로 특수한 일이 일어난다. 대답을 알고 있는 사람이 혹여 그 대답을 모르는 것으로 상정된 사람에게 프랑스혁명은 언제 일어났는가를 묻는 일이 교실의 언어(말)로서 당연한 것으로 받아들여지고 있다. 조금만 생각해 보면 이상한 일인데 말이다. 그러고 보면 학교는 '공公'이 '사私'에게 특수하게 행위하도록 방향을 지워 주고 동시에 제약한다. 그런데 그 '특수성'을 '그것'이라고 느끼지 않고 그 대신 '당연한 것'이라든지 '평균적인 것'이라든지 '보편적인 것'으로 받아들이고 느끼게 만드는 것이 공이 사로 침투해 들어갔다는 증거이다.

알고 있는 사람이 모르는 사람에게 묻는다는 것은 요컨대 상대방을 '시험'하는 행위이다. 제대로 대답을 알고 있는지 알고 있지 않은지 시험하기 위해서 묻는 행위인 것이다. 말을 바꾸면 상대방의 신뢰를 괄호에 넣은 상태에서 이루어지는 물음이다. 다시 한번 말해 보면 묻는다는 것, 질문한다는 것은 모르는 사람이 알고 있는 사람에게 묻는 행위이기에, 모르기 때문에 가르쳐 줬으면 좋겠다고 '간청'하는 행위이다. 그래서 묻는 행위의 배후에는 '알고 싶다', '배우고 싶다'라는 절박한 바람이 깃들어 있다. 또한 그런 일상의 회화에서는 가르치는 쪽에도 어떻게 하든지 이것만큼은 꼭 전해 주고 싶다는 마음이 있어서, 그 절실한 물음에 대답을 해 주는 것이다. "그것은 말이지, 잘 들어 봐, 이렇게 해서 이렇게 되는 거야!" 하고 성심성의껏 대답해 주는 것이다. 그런데 이것과는 정반대가 되어 있는 것이 교실에서의 질문 양상이다.

그런 형태로 신뢰를 괄호 안에 넣은 형태로 던지는 물음, 시험을 받는 물음에 대해서 아이는 대답을 한다기보다도 '정답을 맞혔다고 하는' '내가 해냈다는 만족감'으로 기쁜 반응을 보인다. 즉, 거기에는 시험하는 물음과 맞히는 대답의 주고받음만 있을 뿐이다. 정말로 알고 싶은

심리학의 저편으로

것이 있어서, 그것을 견딜 수가 없어서 뭔가를 질문하고 가르쳐 달라고 묻는 것, 그에 대해서 이것은 정말로 중요한 것이니까 제대로 전해 주려고 대답하는, 그런 관계가 여기(교실)에는 빠져 있다.

나는 이 사례를 보고 지식이라는 것이 특정한 의미에서 어떤 열쇠를 가진 사람만이 열 수 있는 그런 '소유물' 혹은 '보석상자'와 같은 이미지로 다뤄졌다고, 그리고 교사가 그 열쇠를 가지고 있고 그것을 관리하는 마치 사감과 같은 역할을 하고 있다고 느꼈다. 잘 생각해 보니 이것이 내가 "좀 이상하다"라고 느낀, 뭔가 도착되었다고 느낀 두 번째의 예이다. 그리고 학교 교실에서 이루어지는 이 특수한(실은 많은 사람이 특수라고 느끼지 못하는 특수) 대화 형태에 대한 위화감은 시간이 지나고 나서 상황학습론이 밝히는 학교의 특수성을 제대로 이해하는 데 큰 도움이 되었다.

## 풍선은 어떻게 될까?

이런 위화감과 연결되는 두 번째 원풍경은 '풍선'과 관련된 에피소드에서 등장한다. 요즘은 코로나-19의 영향으로 그 모습을 보기가 힘들어졌지만, 우리 집 아이들이 어렸을 때만 해도 주말에 집 근처에 있는 공원에 가면 아이들에게 '풍선'을 나눠 주는 이벤트를 자주 만날 수 있었다.

어느 날 둘째 아이가 공원에서 받아 온 (헬륨가스로 채워진) 풍선으로 집에서 놀고 있을 때의 일이다. 아이가 풍선 놀이에 심취해서 가끔 풍선을 양손으로 힘 있게 꽉 쥐는 바람에 풍선이 터질 것만 같아 보였다. 그 모습을 보고 있자니 문자 그대로 '불안 불안'해서 나는 둘째에게 무심코

"풍선이 터지면 어떻게 될 것 같노?"라고 물었다. 그러자 둘째는 아무렇지 않은 듯 "풍선이 터지면… 그야 가스가 엄마에게도 아빠에게도 오빠에게도 그리고 우리 집 전체에 퍼져서 모두가 공중으로 붕 뜨겠지 뭐"라고 대답하였다.

혹여 풍선이 터지면 터진 충격으로 얼굴을 다치는 것 아닌가 하고 그런 위험에 빠질 가능성을 딸이 상상하기를 바라면서 '물음'을 던진 것이었는데…. 딸의 대답은 나의 수비 범위를 완전히 벗어나고 말았다. 풍선이 터져서 다치는 대신에 나와 아내, 큰 아이, 게다가 집이 뜨는 광경을 상상해 보니까 무심코 터져나온 웃음을 참지 못하였다.

그리고 보니 둘째가 초등학교를 다닐 때(3, 4학년 정도였을 것으로 기억한다) 문득 "0이라는 숫자는 어디에서 태어났을 거라고 생각해?"라는 질문을 던져 본 적이 있다. 그러자 곧바로 둘째는 "그거야 당연히 나무에서 태어났지!"라고 대답했다. 이 대답은 내가 전혀 예상하지 못했던 대답이었다.

무를 나타내는 기호인 '0'은 원래 인도에서 탄생했다고 한다. "제로는 어디에서 탄생했다고 생각해?"라고 질문했을 때, 그래서 나는 지레짐작으로 '인도'와 '한국' 혹은 '미국'과 같은 지명이 나올 것이라고만 생각했던 것이다. 그런데 '0'의 역사가 인도까지 거슬러 올라가는 것은 어디까지나 교과서적인 지식에 지나지 않는다. 나의 사고가 이른바 그 '지식의 단계'에서 멈추고 말았구나, 하고 이때 절실히 느끼게 되었다. 새삼 생각해 보면 처음으로 '0'을 쓴 사람은 도대체 어떤 생활을 하고 있었던 것일까? 생김새는 어떠했을까? 나는 그런 것들을 제대로 생각해 본 적이 없었다. 혹여 그 사람이 나무들에 둘러싸여 잎이 흔들리는 섬세한 소리를 들으면서 계산에 심취해 있었을지도 모를 일이다. 농익은 과일을 따려고 하는 순간에 새로운 '숫자'의 발상을 얻었을지도 모를 일이다. 숫자는 둘째가 대답한 대로 정말로 나무에서 태어났을지도 모른다. 생각도 못한 아이의 대답 덕분에 내 머릿속에는 다양한 공상이 펼쳐지기 시작했다.

학교 '시험'은 어디까지나 교사의 물음에 정확하게 대답하는 것을 의무 지운다. 그런데 물음에 정확하게 대답하는 것만이 '배움'은 아닐 것이다. 묻는 쪽이 암묵적으로 상정하고 있던 발상(예컨대 교사의 발상)의 전제가 흔들릴 때, 진짜 신선한 배움이 기동하기 시작하는 것 아닐까? 당시나는 이렇게 메모해 두었다. "그래서 나는 앞으로도 아이들에게 물을 것이다. 내가 기대한 대답을 배반당하는 것을 마음 어딘가에서 기대하면서…."

### 학교화된 대답

세 번째 원풍경은 프랑스의 교육학 연구자의 글에서 읽은 내용과 그 내용을 토대로 아이들과 만난 경험이다.

선상에 양 스물여섯 마리와 염소 열 마리가 있습니다. 이때 선장은 몇 살일까요?

40여 년 전, 수학 교육을 전공하는 프랑스의 어느 연구자가 이 물음을 초등학교 저학년 아이들에게 던져 보았다. 그러자 아이 대다수가

'36'이라고 대답했다고 한다. 물론 상식적으로 생각해 보면 배 위에 동물이 몇 마리 있든 선장의 나이와는 아무런 관계가 없다.

이 문제의 경우 애당초 풀 수 없는 난센스 문제인데도 아이들은 반사적으로 문장 중에 나온 수를 기계적으로 합쳐서 그럴듯해 보이는 '해답'(?)을 도출했다. 그 후 프랑스의 어느 지역에 있는 〈수학교육연구소〉는 규모를 더 크게 해서 추가 실험을 진행했다. 그러자 문제를 받아든 7세부터 9세까지 아이들 중 90퍼센트 가까이가 이 문제가 '무의미'하다는 것을 자각하지 못하고 문장 안에 나오는 숫자를 그냥 척척 조합해서 대답했다고 한다. 그 후에도 독일과 스위스 등지에서도 똑같은 실험이 이뤄졌고, 아이들의 똑같은 반응을 재차 확인할 수 있었다.

충격적인 이야기이기는 한데 곧바로 믿기는 어려운 이야기이다.

이 실험을 소개한 벨기에의 에릭 드 코르테Eric de Corte와 그의 동료들이 쓴 《문장제의 의미 파악하기Making Sense of Word Problems》(2004)에서는 이 실험의 정당성을 의심한 미국의 어느 교육학 연구자의 에피소드를 소개하고 있다. 그 교육학자는 실험 대상으로 선정된 아이들이 마침 '좋은 수학 교육을 받을 기회가 없었던' 것이 이런 결과를 초래한 것이라고 생각했다. 그래서 시험 삼아 자녀에게 똑같은 문제를 내 보았다고 한다. 그러자 초등학교 5학년인 아이는 망설임 없이 '36'이라고 대답하였다. '놀라움'과 '낙담'과 함께 "왜?"라고 물은 아버지에게 "이런 문제를 풀 때는 숫자를 더하거나 빼거나 곱하는 거야. 이 문제의 경우는 더하면 가장 잘 풀리니까"라는 대답이 돌아왔다.

물론 이런 아이들도 실제로 배에 타 보면 선장의 나이를 알아보는 데 설마 양과 염소의 수를 세지 않을 것이다. '산수의 문장제文章題, word problem'라는 틀로 출제되는 순간, 보통 같으면 있을 수 없는 불합리한 추론을 아무렇지 않게 해 버리는 것이다.

아이들이 수학에 대해 가진 생각을 알아보기 위해서 나도 몇 가지 실험을 해 본 적이 있다. 초등학교 5학년 학생들에게 먼저 다음과 같은 곱셈 문제를 내 보았다. 1개에 7그램 나가는 동전이 8개 있습니다. 전부 몇 그램일까요?"라는 질문에는 전원이 (7 곱하기 8은) 56그램이라고 정답을 맞혔다. 그다음 문제는 "1장에 30원 하는 도화지를 6장 샀습니다. 전부 얼마일까요?"였다. 이 문제도 똑같이 전원이 (30 곱하기 6은) 180원이라고 정답을 맞혔다.

아이들은 모두가 훌륭한 문제 해결자이고, 초등학교 5학년이 이 정도 문장제를 틀리는 경우는 없을 것이다. 그런데 내가 이 실험에서 보려고 한 것은 위에서 제시한 간단한 문장제를 풀 수 있는지가 아니었다.

이 두 문제를 제시하고 나서 나는 다음과 같은 상식적으로는 있을 수 없는 이상한 문제를 내 보았다. 이런 문제였다. "사과가 4개, 귤이 7개 있습니다. 곱하면 전부 몇 개일까요?" 이 문제는 명백히 난센스이고 해결 불가능한 문제이지만 테스트에 임한 78명 중 70명은 '4×7=28개'라고 대답했다. 그리고 다음 문제, "체중 6킬로그램의 초등학교 6학년 학생이 8명 있습니다. 전부 몇 킬로그램일까요?" 이 문제 또한 비현실적인 수치를 포함하고 있지만 실험에 참여한 거의 전원인 77명이 '6×8=48킬로그램'이라고 대답하였다.

이런 실험 결과를 보고 잠깐 나는 애당초 무엇을 위해서 학교에서 수학 혹은 산수를 배우는 것일까? 하고 생각에 잠겼다. 그 원점은 물론 '읽기, 쓰기, 셈하기' 중 '셈하기'이다. 즉, 미리 결정된 절차에 따라서 옳게 계산하는 능력을 익히는 것이다. 실제로 시험에서는 제한 시간 내에 정확한 대답을 하나라도 많이 찾아낼 것을 요구한다. 그 결과, 계산의 의미를 일일이 생각하지 않는 습관이 착 달라붙는다. 아이들은 학교에서 왜 이렇게 되어 버리고 마는가? 그리고 그 부조리함에 대해 아무런 불편함도 없는 존재가 되고 마는가? 학교에서 '학습'을 한다는 것은 도대체 무엇을 의미하는가? 이런 근원적인 물음들은 나중에 상황학습론이라는 사상과 제대로 맞닥뜨렸을 때 좀 더 전망이 좋은 곳에서 학교 학습을 탐구할 수 있는 좀 더 포괄적인 물음으로 바뀌게 된다.

## 3분 정도만 생각하면 알 수 있는 일을

국내에서 구성주의와 한 세트로 일종의 '수업 기법'으로 줄기차게 오용, 남용되어 있는 개념 중에 '인지적 도제 제도'라는 개념이 있다. 최근 메타(구 페이스북)를 통해 친구가 된 작가 양선규 선생님이 이 개념의 오용과 남용에 대해 일침을 놓는 글을 타임라인에 포스팅한 것을 우연히 읽게 되었다. 일부를 인용해 보자.

인문학 스프 - 싸움의 기술 19 - 자득自得하고자 함은
도제徒弟식 교육, 인지적 도제 수업이라는 말이 있습니다. 서당개 삼 년이면 풍월을 읊는다고(적절한 비유가 맞나?), 근 20년 가까이 교사 양성 기관인 교육대학에 몸담고 있다 보니 전공 외적인 그런 생뚱맞은(?) 교수-학습 이론들에도 본의 아니게 관심이 갑니다. 도제적 관계는 본디 스승과 제자의 1:1(혹은 小), 몸에서 몸으로 유전하는, 기술 전수 관계

를 전제로 하는 것인데 1:多의 지식 전수(전이)를 목적으로 하는 학교 보통교육(그것도 공교육)에서 그것을 운위한다는 게 무슨 귀신 씨나락 까먹는 소린가도 싶습니다. 학교 교육에서 도제식 교육 운운하는 것은 "길러 준다養 함은 함육涵育하고 훈도薰陶하여 스스로 변화하기를 기다림을 이른다"는 옛 성현의 가르침을 굳이 상고하지 않더라도 우도할계 牛刀割鷄, 날 선 것은 모두 다 칼이니 무엇을 썰더라도 하등의 다름이 없다는 식의 비교육적 사고의 한 전형이라 생각됩니다.

임용 시험을 준비하는 학생들에게 물어보니 그게 이런 거랍니다. 인지적 도제 수업의 과정을 스스로의 공부에 대입해서 요약해 본다면 〈모델링(시범)-코칭(과제 수행에 필요한 자료를 인터넷으로 조사)-스캐폴딩(비계 설정)-명료화(문제 해결 과정을 블로그에 스스로 정리)-반성적 사고-탐색〉이라는 겁니다. 이야기를 듣고 보니 마치 한방의학과 양방의학(응급의학?)의 차이점이 연상되기도 했습니다. '도제'라는 말의 함의와는 근본적인 사고의 지향 자체가 다르고 표현의 패러다임 역시 어불성설 語不成說, 말이 되지 않습니다. 도제식 교육에서 가장 중요한 것은 '길 없는 길'을 걸어 성취하는 자득의 과정입니다. 스승은 도달한 지점만 보여줄 뿐 거기에 이르는 그 어떤 모델링이나 코칭도 베풀지 않습니다. 이심전심以心傳心, '말 없는 말'로만 가르칩니다.

스승과 제자 사이에는 혼연일체가 된 함육과 훈도 그리고 자득만 있을 뿐입니다. 그것을 구차하게(?) '스승의 역할'이 중시되는 교수법이라는 '말'로 표현해낼 수 있다고 생각하는 것이야말로 전형적인 분절적, 이원론적 사고입니다. 그게 맞으려면 사람의 몸과 정신이 항상 분리-결합이 가능해야 합니다. 인간의 영혼에서도 내비게이션처럼 새로운 정보에 기반한 기계적인 업그레이드가 상시 가능해야 합니다. 한 가지는 분명한 것 같았습니다. 인지적 도제 수업 이론가들은 절대로 도제식 수업을 받아 본 사람들은 아닐 거라는 겁니다. 더더군다나 스스로 깨쳐서 앎을 이룬 자들은 절대로 아닐 거라는 겁니다.'

양 선생님의 도제 제도에 대한 국내에서의 어처구니없는 남용과 오용을 개탄하는 이 글을 읽다 보니 몇 가지 생각이 떠올랐다. 그중 하나로 내가 아는 한 국내에서 아무도 논의하는 이가 없는 주제, 즉 '학습의 사회적 특질'에 대해 좀 더 깊게 생각할 수 있는 계기가 되었다.

양 선생님 글에서도 금방 알 수 있듯이 '도제 제도'는 지금의 학교 현장에 도입 운운할 수 있는 차원의 문제가 결코 아니다. 그리고 이 '인지적 도제 제도'라는 개념을 주창한 레이브와 웽거(Lave and Wenger, 1991)는 '역사적 제도'로서 '도제 제도'가 현재의 학교 교육의 모델이 될 수 있다는 취지의 말을 한마디도 하고 있지 않다. 그들이 '도제 제도'를 꼽고 있는 것은 어디까지나 현재의 학교 교육의 양상이 너무나도 당연한 하나의 일상으로 자리 잡는 바람에 학교 교육의 '특수성'이 완전히 잊혀 버린 것에 대한 주의를 환기하기 위해서이다. 도제 제도와의 비교를 통해서 비로소 부각되는 현재 학교 교육의 특수성 중 하나가 '학습의 단계성'이다.

도제 제도식 학습의 '특수성'을 밝힌 이쿠다(生田, 1987)는 일본의

---

* 양선규 메타(구 페이스북) 2012년 12월 27일 자 게시물. https://www.facebook.com/sungyu.yang.5/posts/pfbid02g4FnFVpp3aPcSFGELNU9LnBZAWXzci4hexRxXsVNqVXBaqigCepcb577QMaThG7Nl[2024년 4월 28일 접속 가능]

전통적인 기예 습득 과정을 분석하면서 그로부터 그 '비단계성'을 중요한 특징 중 하나로 들고 이 도제 제도의 세계에서는 '윗 단계로 올라간다'는 관념이 없다는 것을 지적하고 있다. 일본 무용에서 "막 입문한 학습자는 일본 무용의 '가나다'도 모르는 상태에서 전통 음악이 흘러나오는 테이프에 맞춰서 스승의 동작을 보고 그것을 모방한다"(11쪽). "모방, 반복을 거쳐 하나의 작품이 스승으로부터 일단 '올려 보자'라는 말을 들으면 학습자는 다음 작품의 연습에 돌입하게 되는데, 이 경우 다음 단계로 '진행한다'는 명료한 관념은 스승에게도 학습자에게도 없다"(13쪽). 즉, 여기서 말하는 '다음 작품'은 어디까지나 다른 작품을 말하는 것이지 난이도의 개념에 기초해서 '쉬운 것'부터 '어려운 것'으로 배치된 다음 단계라는 의미가 아니다.

일본에는 분라쿠文楽 혹은 닌교죠우루리人形浄瑠璃라고 불리는 전통 예능이 있다. 샤미센이라는 악기에 맞춰 태부가 가사에 가락을 붙여서 나레이션 역할을 하고 인형을 갖고 노는 것이다. 분라쿠는 세 명이 하나의 인형을 조종한다는 점이 독특하다. 중심이 되는 '오모즈카이'는 머리와 오른손을 맡고 '히다리즈카이'는 왼손을 그리고 '아시즈카이'는 다리를 움직인다. 이 인형극의 명인 중에 요시다 분고로吉田文五郎라는 사람의 수행기를 읽은 적이 있다.

이 인형극 수업修業은 먼저 '아시즈카이'부터 시작해서 수련을 쌓으면 '히다리즈카이', 그것을 할 수 있게 되고 나면 '오모즈카이'가 된다. 그런데 '아시즈카이'를 스승으로부터 1 대 1로 배우는 것은 애당초 불가능해서 '인형 조작만큼은 스승이 없는 상태에서, 배울 수도 없고 가르침도 없는 상태'에서 시작한다고 한다. 분고로는 15세에 요시다 타마스케吉田

玉助라는 인형극 명인의 제자로 들어갔는데, 스승의 뒷바라지 같은 잡무를 하면서 태부의 나레이션을 귀로 익히고 박자 등을 익히면서 거울 앞에서 인형을 다루는 수련을 쌓는다. 요령을 터득해서 다리를 이용할 수 있기까지 3~4년, 왼쪽 손을 사용할 수 있기까지 5~10년, 스승의 도움을 받지 않고 혼자서 공연을 할 수 있기까지 20~30년의 수행이 필요한 것이 이 인형극 세계에서는 너무나도 당연시되어 있다. 그런데 분고로에 의하면 실제로 머리와 오른손을 사용하는 '오모즈카이'인 스승과 함께 공연을 할 때마다 다리만 사용할 수밖에 없는 분고로에게는 힘을 넣는 방식과 박자를 맞추는 방식이 나쁘다고 스승으로부터 언제나 불호령이 떨어져 나막신으로 맞거나 나막신에 찔리는 일이 다반사였다고 한다.

분고로의 회상 중에 아주 인상적인 에피소드가 하나 있다. 그가 타마스케의 제자로 들어가서 3~4년 정도 되어 자신의 발을 사용해서 인형극을 할 때의 일이다. 어떤 장면 하나가 스승의 마음에 들지 않아서 분고로는 매일매일 똑같은 곳에서 야단을 맞고 나막신으로 두들겨 맞았다고 한다. 결국 열흘째 그는 너무나 화가 난 나머지 오늘 맞으면 '무대에서 스승의 발을 넘어뜨리고 인형극을 엉망으로 만들어 버리고 도망가야지' 하고 결심한다. 무대에 나가자 스승의 '위엄'에 움츠러드는 자신을 보면서도 마음을 다잡아 먹고 있는 힘을 다해 준비하고서는 "핏발이 선 눈, 부들부들 떨리는 손으로 다리에 힘을 가득 싣고 탁, 탁, 탁 마룻바닥이 부서지듯 밟으면서, 마지막 부분에서 있는 힘 없는 힘 다 짜내서 지면을 밟았다." 그러고 나서 스승의 나막신을 붙잡고 뒤집어엎으려고 하니까 뜻밖에도 "잘하네!"라고 스승이 저력 있는 작은 목소리로 칭찬해 주었다고 한다.

이를 학습의 '비단계성'을 잘 보여주는 예라고 할 수 있겠다. 지금까지는 스승에 동조하는 범위에서밖에 인형의 조작을 할 수 없었던 분고로가 그때까지 자신이 학습해 왔던 것을 완전히 깬 순간이라고도 할 수 있을 것이다. 스승을 뒤집어엎을 결의로 스승이 길항할 정도까지 분고로는 다리에 힘을 넣었다. 이러한 분고로의 죽을 힘을 다하는 자세에 스승은 "잘하네!"라고 그야말로 툭 던지는 말로 반응했다. 그 순간 분고로는 깨달았다. "역시 오늘까지는 자신의 힘이 부족했다. 죽을 각오로 임하지 않았다. 모양만 흉내 내고 있었지 혼이 들어가지 않았던 것이다. 스승이 인형에 쏟는 최선을 다하는 마음가짐이 나의 엉성한 다리에서 빠져나갔던 것이다. 야단맞는 것도 무리가 아니었다. 그렇구나. 그렇구나." 그리고서 무대 뒤로 가서 울었다고 한다. 이것이 스승 덕분에 찾은 '예도藝道의 입구'이고 그 후 60년 가까이 한눈팔지 않고 인형의 길을 걸어왔다고 분고로는 술회하고 있다.

여기서 잠시 한국화된 '인지적 도제론'에 대한 양 선생님의 추측에 대해 짧게나마 부연 설명을 하고 이야기를 이어 나가도록 하겠다.

인지적 도제 수업 이론가들은 절대로 도제식 수업을 받아 본 사람들은 아닐 거라는 겁니다. 더더군다나 스스로 깨쳐서 앎을 이룬 자들은 절대로 아닐 거라는 겁니다.

정확하게 말하자면 '인지적 도제 수업 이론가'가 아니라 '인지적 도제론'이라는 개념을 만든 상황학습론자들은 '도제식 학습'을 받아 본 적은 없지만 라이베리아 양복점에서의 필드워크, 과테말라 산파들에 대한 필드워크, 미국 정육점 등에서의 필드워크를 통해 '도제'에서 가르침과 배움이 어떻게 이루어지고 그것이 현대의 학교 교육과 어떻게 다른지를 밝혔고, 그걸 통해서 현대 학교 교육의 '특수성'을 우리에게 환기해 주었다.

'인지적 도제론'을 오용하고 남용하는 국내에서만 서식하는 인지적 도제 수업 이론가'들은 '도제식 수업修業'은 받아 본 적도 없을 뿐더러 상황학습론자들이 수행한 '도제 제도'에 대한 필드워크는 물론이거니와 '현행의 학교'에 관한 필드워크도 해 본 적이 없는 듯하다(하나 더 덧붙이자면 그들은 '인지적 도제론'에 대한 텍스트도 제대로 읽지 않은 듯하다).

이쿠다가 일본 전통 무용에 대한 필드워크를 통해 얻은 식견과 마찬가지로 분라쿠의 학습에는 우리에게 너무나 익숙한 정경인 '학습의 단계성'이라는 스토리가 없다. 그러니 인지적 도제론을 들먹이면서 제시되는 〈모델링(시범)-코칭(과제 수행에 필요한 자료를 인터넷으로 조사)-스캐폴딩(비계 설정)-명료화〉와 같은, 이런 도식화의 스토리 또한 도제 제도에는 존재하지 않는다.

### '필연'의 문에 새어 들어오는 '우연'의 빛

지난 2019년 5월 10~13일, 일본의 독립 연구자 모리타 마사오 선생이 〈수학 연주회〉를 위해 제주를 찾았다. 총 4회에 걸친 수학 연주회는 통역자인 나에게도 실로 풍성한 '배움'이 있었던 시간의 연속이었다. 그 '배움'을 그냥 혼자 간직하기가 아까워서 《배움여행》 6월호에 〈제주도 수학 연주회 후기〉라는 제목의 글로 실었다. 사람들은 아마도 나의 이런 글들을 보고 '내가' 모리타 선생의 생각들을 제대로 나름 소화를 잘하여 꼭꼭 씹어서 일본어를 모르는 사람들에게 잘 전달했다고 생각할 것이다.

그런데 이제야 솔직히 고백하건대 최근까지도 다 길어 내지 못한, 미처 다 소화하지 못한, 하여 나의 '지적 폐활량'으로는 다 담아 내지 못한 모리타 마사오 선생의 '말'들로 최근까지 계속 각성 상태가 이어지고 있었다. 즉, 잠 못 이루는 밤이 계속되었다. 더군다나 그가 제주에서 했던 '중력' 이야기는 나의 '공부 부족'으로 인해 부끄럽게도 통역조차 시원치 못했던 아찔한 기억을 갖고 있다.

모리타 선생과 같은 귀재鬼才의 사상思想을 한국어로 통역하는 것은 일종의 사경寫經이다. 외부에서 도래하는 이질적인 개념과 감각을 신체화시키기 위해서 나 자신의 언어와 사고와 감각을 가차 없이 변화시킨다. 나의 어휘 꾸러미를 무리하게 넓히고 통사법을 탈구시키고 가청 음역 바깥의 음운을 들으려고 노력한다. 자신의 신체를 째서 벌리고 굳어 버린 근육을 늘이고 굽혀지지 않는 관절을 억지로라도 굽히려고 노력하지 않으면 사경 같은 것은 불가능하다.

사경이 가능할 때에야 비로소 모리타 선생이 왜 저런 말을 하고 있는지 좀 더 넓고 높은 시점에서 전체를 내려다보는 것이 가능해진다. 더불어 사경을 하지 않으면 저 말의 깊이와 넓이와 폭을 유지하기 위해서 그리고 그 말의 가치와 소중함을 한 사람이라도 많은 사람에게 닿게 하려고 모리타 선생이 그동안 얼마나 오랫동안 고군분투해 왔는지 도무지 감을 잡을 수가 없다.

강연을 들은 여러 분들이 어떠했는지는 모르겠지만, 2018년 1월

한국에서 열린 모리타 선생의 첫 〈수학 연주회〉에서 우리에게 전달된 말들은 나에게 후두에 걸린 채로 있는 생선뼈처럼 작용하였다. 그래서 나는 어쨌든 통증으로 인해 뭔가를 마실 때나 먹을 때 그리고 말할 때에도 그 생선뼈에 닿지 않도록 궁리를 계속하였다. 그러다 보니 나도 모르게 부지불식 중 생선뼈의 성분인 칼슘을 녹일 수 있는 음식을 선택해서 먹게 되었다. 그러고서 시간이 지나고 어느 날 문득 자각해 보니, 나도 모르게 생선뼈가 소화되어 사라지고 없는 것이다.

그럼 생선뼈를 소화시킨 원동력은 어디에 있을까?

그것은 다름 아닌 나의 후두 기능과 혈액 성분이 '생선뼈를 녹이려는' 목적을 위해 재편성되어서 이전과는 다른 사람이 되었기 때문이리라. 모리타 선생은 내게 단호하게 지금과는 다른 사람이 될 것을 주문한다. 지식이 흘러넘쳐 수습 불가능한 사람이 되기를 주문한다.

배우고 나서 배우기 전과 사람이 달라져 있지 않다면, 그것은 배운 것이 아니다.

그러면 내가 후두에 걸린 생선뼈를 소화시킨 원동력의 프로세스를 더듬어 보기로 하자. 먼저 모리타 선생이 추천한 책들(이 책들은 나도 읽어 본 적 없는 것이었기에 이번 기회에 구해서 집중적으로 읽어 보았다)과 이전에 읽었지만 기억 저편으로 사라진 책들을 한 권 두 권씩 주섬주섬 소환해 보았다.

## 먼저 소크라테스와 플라톤 이야기부터

'배움'은 '상기想起'라고 말한 사람은 플라톤이 그린 소크라테스이다. 스승 소크라테스의 삶과 죽음을 상기하면서 그것을 자신의 말로 반성해 보려고 시도하는 과정에서 플라톤의 철학은 싹을 틔우고 꽃을 피우고 열매를 맺었다. 플라톤이 남긴 이런 저런 대화편 중에서 《소크라테스의 변론》에 그려져 있는 소크라테스의 모습은 우리에게 유달리 선명한 인상을 준다. 소크라테스를 부조리한 죽음으로 몰아가게 되는 재판에서의 변론 장면을 그린 이 작품은 실제의 변론이 이루어지고서 2, 3년 후에 쓰였을 거라는 설이 있다. 현장을 본 플라톤의 기억이 신선할 때 쓴 것이 아니라면, 이 정도로 생생한 묘사는 불가능하다는 것이다.

이런 설에 비해 《철학의 탄생》이라는 책을 쓴 노토미 노보루納富信留는 "사건 바로 직후가 아니라면 '기억'이 신선함을 잃어버린다는 상정은 현실의 복잡성과 무게를 무시한 너무나도 소박한 논리에 불과하다"라고 지적한다. 플라톤 자신이 소크라테스에 대한 이해를 '기억'으로서 확립하기 위해서는 스승의 너무나도 부조리한 죽음을 받아들이기 위한 '큰 고통과 시간의 치유'가 필요했던 것은 아닐까. 따라서 《변론》이 쓰인 것은 플라톤이 재판을 목격하고 10년 정도 후의 일이 아닐까 하고 추측하고 있다.

신선한 기억이 성립하려면 시간의 경과가 필요하다. 이 지적에 나는 눈이 확 밝아지는 느낌이 든다. 기억은 '시간의 간극'임에도 불구하고 신선한 것이 아니라 시간의 간극이 있기 때문에 '선명'한 경우가 있다.

그건 그렇고 근대적인 '학교'는 신속하게 강한 국가를 만들고 국민을 통합하기 위한 장치로서 메이지 시대에 일본에 이식된 사회 역사적 인공물이다. 이 공간에서 목표로 하는 '배움'은 그 성립부터 소크라테스적 '배움'과는 이질적인 것이다. 계획적이고 생산적인 지의 습득과는 다른 차원에서 진정으로 자기를 계속 교육시키기 위해서는 옛날도 지금도 그 기회를 자력으로 붙잡을 수밖에 없다.

'학교'는 수많은 배움의 장소 중 하나에 불과하다. 여하튼 '배움'이 언제 무엇을 계기로 시작되는지는 알 수 없는 노릇이다. 하여 나는 학교에서 다양한 '가르침'의 형태가 존재할 필요가 있다고 늘 말하고 있다. 사람들이 살아 내는 모든 시간에 배움을 품을 가능성이 있다. 그래서 배움은 '유치원'과 '학교'뿐만 아니라 '집'과 '들판'과 삶의 모든 장소에 풀어 놓아도 좋은 것이다.

지난 제주에서의 〈수학 연주회〉에서 모리타 선생은 '배움'은 '놀람'으로부터 시작된다고 말했다. 아이를 보고 있으면 언제나 무엇인가에 놀라고 있다. 물건을 바닥에 떨어뜨리고 놀란다. 꽃과 곤충을 들여다보고 놀란다. 바람 소리에 놀라고 그림의 모습에 눈을 크게 뜨고 놀란다. 모리타 선생은 '놀라움'이란 '우연성'에 동반되는 '정서'라고 지적한 사람이 철학자 구키 슈죠라고 우리에게 가르쳐주었다. 이 말을 듣고 공부 부족을 절감한 나는 이전에 구입해 두고 (부끄럽게도) 제대로 읽지 않았던 구키 슈조의 《우연과 놀라움의 철학》(九鬼周造, 2012)을 다시 꺼내 들었다.

구키에 의하면 '우연성'의 핵심에 있는 것은 '없을 수 있을 가능성'

이다. "있는 것밖에 할 수 없다"는 것이 필연이고, 반면에 "없는 것밖에 할 수 없다"는 것이 '불가능'이라고 한다면 '있는 것도 없는 것도 가능한' 것이 우연이다.

아이들의 섬세한 마음은 눈앞의 사물이 "그렇지 않을 수도 있을" 가능성에 아직 유연하게 열려 있다. 어른은 물건을 떨어뜨리면 그것이 떨어진다고 인식하고 있다. 뭔가를 떨어뜨리면 어떤 소리가 나는지도 이미 파악하고 있다. 떨어뜨려도 되는 것과 떨어뜨려서는 안 되는 것의 구별도 물론 잘한다. 세상만사는 '그렇게 있어야 할 혹은 되어야 할 필연'을 띠고 단지 담담하게 진행될 뿐이다.

그런데 아이가 사는 세계에는 부드러운 '우연'의 흔들림이 있다. 작은 돌을 손에서 놓았을 때 다시 똑같이 떨어지는가. 푸딩은… 컵은… 가위는… 달걀은… 각각 어떤 소리를 내고 떨어지는가.

떨어지지 않을 가능성을 품은 채로 물건이 떨어진다. 깨지지 않을 가능성을 머금은 채로 물건이 깨진다. '없을 수 있을 가능성/일어나지 않을 가능성'을 배경으로 하면서 아이의 세계는 신선한 '놀라움'으로 언제나 두근두근하고 있다.

구키의 이야기에 좀 더 귀를 기울여 보자.

현실 세계의 우연성에 대해 놀라는 것, 놀라서 심장에 두근거림을 일으키게 하는 것이 시종일관 철학적 사고의 원동력이지 않으면 안 된다.

아이가 가장 가까이 있는 일에 놀라고 심장에 두근거림을 일으키게 하는 것이 비고츠키와 에스메소돌로지와 회화 분석을 연구하는 나와 모리타 선생의 사색의 원동력이다.

모리타 선생은 이런 멋진 말도 들려주었다.

물론 집에 어린아이가 있으면 일과 학습의 단순한 효율은 떨어집니다. 혼자라면 곧바로 끝낼 수 있는 일도 생각대로 되지 않게 됩니다. 홀가분하게 여기저기 마음대로 외출하는 것도 어려워집니다. 무슨 일을 해도 혼자 있을 때보다 좀 무겁게 됩니다.

그런데 그 '무게'는 '중하重荷'가 아니라 지금 있는 장소에서 사색을 깊게 하기 위한 마음 든든한 '누름돌'이 됩니다. 물건의 낙하도 '누름돌'의 무게도, 양쪽 모두 중력의 '작용'과 관계가 있습니다. 질량을 가진 물체를 서로 끌어당기는 이 희한한 힘은 현대 물리학이 도전하고 있는 최대의 수수께끼 중 하나입니다.

자연계의 힘 중에서 중력만이 극단적으로 약하다고 합니다. 예를 들어 자석 하나로 못을 들어올릴 수 있는 것도 보잘것없는 자석의 힘에 비해서 지구 전체가 만들어 내는 중력이 압도적으로 약하기 때문입니다. 왜 중력만이 이렇게 약한가. 그 이유를 아직도 모른다고 합니다. 우주에는 4차원의 시공간과는 별도로 '잉여 차원'이 있어서 중력만이 이 '여분의 차원'으로 흘러넘친다는 가설이 지금까지 제시된 가설 중에서 제일 유력하다고 합니다. 자연계에서 엄청나게 약한 힘이 우리를 대지에 붙들어 매고 있습니다. 이 광활한 우주에서 한없이 작은 한 명의 인간이 누군가에게는 둘도 없는 '누름돌'이 될 수 있다는 것, 정말 놀랄 만한 일이 아닐까요?

심리학의 저편으로

역시 무릎을 치게 하는 멋진 생각이다. 그러고 보면 우리 삶 속에는 놀랄 만한 일이 얼마든지 숨어 있다. 배움은 이것을 자각할 때의 '두근거림'과 '설레임'으로 시작된다. 그런데 언제 무엇에 놀라는가는 사람에 따라 다르다. 여하튼 '놀라움'을 가져오는 것은 '우연'이기 때문이다. 우연의 핵심은 '그렇지 않을 가능성', '굳이 그렇지 않아도 좋았을 가능성'이다. 그렇다고 한다면 배움의 장에서 무엇보다도 지켜져야 할 것은 '굳이 그렇지 않아도 좋았을 가능성'을 추구할 수 있는 자유일 것이다.

전국적으로 교사를 중심으로 한 '전문적 학습 공동체'가 유행하는 듯하다. 내가 이런 운동, 모임이라 해야 하나, 여하튼 그런 교사들의 움직임에 위화감을 느끼는 것은 아무도 도통 '학습'이 무엇인가에 대해 근원적인 물음을 던지지 않는다는 것이다. 그들이 '학습'을 필연적인 어떤 것으로 전제한 상태에서, (무의식 중에) 말을 바꾸면 주류 심리학이라는 공장에서 출하되어 지금은 '상식'으로 등록된 '학습' 개념을 흔들리지 않는 아니 흔들 수 없는 '전제'로 상정한 상태에서 이야기를 하지 않으면, 한걸음도 나아가지 못한다는 인상을 지울 수 없다.

교육철학자 토마노 잇토쿠苫野一德는《학교를 새롭게 만들기》(2019)라는 책에서 학교가 150년의 역사 동안 "모두와 똑같은 것을 똑같은 페이스로 동질성이 높은 학급에서 교과마다 정해진 답을 아이들에게 일제히 공부시키는" 시스템에 의해서 운영됐다고 정리하고 있다. 근대의 학교는 똑같은 내용을 똑같은 장소에서 똑같은 페이스로 배우는 공간이다. 그런데 거기에는 미리 준비된 '배움'을 '그렇게 되어야 할 혹은 그렇게 있어야 할 필연'으로 강제당할 위험성이 있다.

'똑같은 것에 똑같은 관심을 애써 갖지 않는 (혹은 갖지 못하는) 감수성', '똑같은 속도로 똑같은 의욕으로 다가가지 않을 수 있는 센스', 개체 식별 불가능한 말에 위화감을 느끼는 감수성, 그것이 허용되지 않게 되어 버리면 '배움'은 '우연'을 잃어버리게 된다. 우연이 없으면 '놀라움'도 없어진다. 놀라움이 없으면 배움이 스스로 고갈될 것은 불 보듯 뻔한 일이다.

《교육 재정의의 시도》(鶴見俊輔, 2010)라는 책에서 츠루미 슌스케는 '교육'을 "각각의 문화에서 사는 힘을 전하는 시도"라고 규정하고 있다. 사는 것은 죽어 가는 것이기도 하다. 그것은 '옳음'을 쌓아 올리는 것뿐만이 아니라 상처받으면서 망연자실하면서 무너져 가는 것이기도 하다. 교육이 "사는 방법을 전하는 시도"라고 한다면, 옳음을 전수하는 것뿐만이 아니라 틀리고 상처받고 좌절하고 힘없이 무너져 가면서도, 그럼에도 계속 배워 나갈 수 있다고 계속 알려 줄 필요가 있다. 아이들이 틀리고 상처받고 무너질 때, 포용력 있게 "그래도 괜찮다"라고 계속 전해 줄 필요가 있다.

틀릴 때, 상처받을 때, 무너질 때, 아득해질 때, 그때까지 단단하게 닫혀 있던 '필연의 문'에 우연의 빛이 새어 들어온다. 필연에서 어긋났을 때야말로 그리고 필연에 어떤 위화감을 느꼈을 때야말로, 거기에 우연의 가능성이 싹트는 것이다.

애당초 학교 이외에도 배움의 장은 얼마든지 있다. 학교에만 이상적인 배움의 장을 위탁해서 그것에만 기대를 거는 것은 학교를 위해서도 결코 바람직하지 않다. 학교는 수많은 배움의 장 중 하나에 불과하다. 그렇기에 결코 학교 정도로 아이의 인생이 결정되지 않는다. 부

모도 교사도 아이도 진심으로 그렇게 생각할 수 있다면 학교는 지금
보다 훨씬 느긋한 공간으로 재탄생할 수 있을 것이다.

모리타 선생은 다음과 같은 이야기도 들려주었다.

정원 손질을 하다 보면 희한한 기분이 들 때가 있습니다. 몇 번이나 풀을
베어도 풀은 몇 번이나 끈질기게 납니다. 차라리 두 번 다시 풀이 자라지
않도록 해 버릴까 생각도 합니다만, 그래서는 물론 본말전도입니다. 정
원의 생명을 지탱하는 대지가 있습니다. 그 똑같은 대지가 잡초를 무성
하게 합니다. 저는 정원을 보다 나은 곳으로 하고 싶은 바람을 가지면서
도 정원이 만들어 내는 생명을 제거하고 있습니다. 저는 정원 손질을 하
면서 이 모순을 온몸으로 체감하고 있습니다.

정원 손질을 하는 것은 정원을 있는 그대로 놔두는 것이 아닙니다. 끈덕
지게 끈기 있게 정원의 자연에 저항하는 것입니다. 애정을 갖고 계속 저항
함으로써 정원은 계속 정원일 수 있습니다. 교육도 이와 비슷한 면이 있습
니다. 있는 그대로 놔두는 것이 아닙니다. 그렇다고 해서 단지 제어하고
제압하는 것도 아닙니다. 애정을 갖고 끈덕지게 끈기 있게 서로 배우고
자극하고 때로는 서로 저항하는 것입니다. 있는 그대로 내버려 두는 우
연도 아니고 교착膠着된 필연도 아닙니다. 필연과 우연이 서로 계속 다투
는 과정에서 배움은 계속 배움일 수 있는 겁니다.

역시 무릎을 치게 하는 탁견이라고 말하지 않을 수 없다.

나는 모리타 선생의 말을 다음과 같이 'unlearn' 하고자 한다. 한편으
로 우연을 훈련을 통해 필연화시켜 나가는 학습이 있다. 우연에 맡겨서

움직이던 손과 발을 어린아이는 조금씩 목적에 맞게 필연을 자각하면서 교교히 움직일 수 있게 된다. '우연'이라고밖에 생각할 수 없었던 자연계의 패턴의 배후에 필연이 있다는 것을 아는 데 필요한 지식을 획득해 나간다. 그렇게 해서 이윽고 물건이 떨어지는 것에도 꽃이 피는 것에도 일일이 놀라지 않게 되는 것이다.

다른 한편 '필연'이라고 생각하는 세상사 중에서도 우연을 발견하는 탐구가 있다. "물건이 떨어지지 않아도 되지 않았을까?" "꽃이 피지 않아도 좋지 않았을까?" "지금 우리가 별 생각 없이 쓰고 있고 그 덕분에 우리의 사고를 속수무책으로 가두어 두는 '학습'이라는 개념이 굳이 이러지 않았더라도 좋지 않았을까?" "수학이라는 정의를 굳이 알고리즘에 국한해서 내리지 않아도 좋지 않았을까?" 등등.

우주와 생물의 원리 그리고 우리가 당연하게 여기고 있는 이런저런 '세상 물정(이 책에서는 '학습' 등)'들을 깊게 탐구해 나가면 나갈수록 "그렇지 않으면 안 된다"고 굳게 믿고 있었던 것이 뿌리째 흔들려서 "굳이 그러지 않아도 좋았을" 가능성이 열리는 것이다. 지극히 당연하다고, 필연이라고 여겼던 평범한 일상이 갑자기 우연성에 눈 뜨게 되고 우연성으로 가득하게 된다.

주위 많은 사람이 "그렇지 않으면 안 된다"라고 믿고 있을 때 애써 '그렇지 않아도 좋았을 가능성' '굳이 그러지 않아도 되었을 가능성'에 자신의 실존을 걸어 보는 것은 무척이나 '고독'한 일이다. "나와 같은 독립 연구자가 '학술'을 펼치는 곳이 굳이 대학이 아니어도 좋지 않을까?" "사상을 배우는 것이 굳이 학위를 목표로 하지 않아도 좋지 않을까?" "강의가 굳이 고정된 교실에서 이루어지지 않아도 좋지 않을까?" 등등을 물어본다.

　매력적으로 보이는 우연을 만나는 순간 사람은 혼자가 된다. 이것은 내 경험칙이 잘 가르쳐 주고 있다. 그러므로 사람이 혼자가 되는 것을 허용하는 것이야말로 '교육'이다. 모두가 똑같은 옳음을 쌓아 올리는 것뿐만 아니라 '옳음'으로부터 일탈해 나가는 것을 서로 허용해 줄 수 있는 장에서야말로 '배움'을 키울 수 있는 것이다.

　사람이 언제 어디서 무엇이 계기가 되어 배울지는 아무도 알 수 없다. 자신이 매일의 생활 속에서 별 생각 없이 발화한 말 중 하나가 언제 누군가에게 생각지도 못한 형태로 '상기'될 것인지 알 수 없는 노릇이다. 그래서 학교에 있든 없든, 학생이든 교사든 상관없이, 우리는 모두 사회의 일원으로서 교육자인 동시에 탐구자이기도 하다.

　그러한 자각을 갖고 모리타 선생과 나는 앞으로도 매일의 모든 장면에 귀를 쫑긋 세우고 눈을 크게 뜨고 배우고 틀리고 상처받고 자기의 약함에 좌절하면서, 그 고독한 순간에 열리는 '우연'에 놀라고 전율하고 심장에 두근거림을 느끼고 계속 살아가고자 한다. 그것은 한 명의 인간으로서 자신에게 부과할 수 있는 소박한 일이지만, 매우 중요한 일이라고 생각한다.

### 만들어지는 마음

　예전에 전국으로 강의를 여기저기 다니다 보니 현지에서 숙박하는 경우가 많았다. 그 당시 아침에 호텔에서 눈을 뜬 순간 나 자신이 '어디'에 있는지 잠시 모를 때가 한 번씩 있었다. 전국 어디를 가더라도 호텔

방에 큰 차이는 없으므로 아침에 일어나서 넋 놓고 있다 보면 내가 있는 위치를 특정할 때까지 잠시 시간이 걸리는 경우가 있다.

'자 그런데 여기는 도대체 어디지?' 하고 생각한 후 이윽고 내가 있는 위치가 특정되면 멍청하게 있던 '나'의 감각도 또한 갑작스럽게 한 곳으로 응집된다. 주위를 가득 채우는 벌레 소리, 창문 바깥으로 들리는 도시의 소음, 커튼을 걷었을 때 바다까지의 거리 등등.

우리는 매일 다양한 '단서'에 기초해서 끊임없이 자신의 위치를 '산출'하고 있다. 처음부터 확실한 '내'가 있다기보다는 계속되는 주위와의 대화conversation를 통해 특정한 위치를 점하는 '나'라는 것의 실감이 시시 각각 계속 만들어진다. 그래서 '나'는 고정된 실체(명사)가 아니라 유동하는 동사(행위)라고 말해야 할 것이다.

모리타 선생의 첫 작품 《수학하는 신체》에 등장하는 일본의 천재 건축가 아라카와 슈사쿠가 만든 '천명반전주택天命反転住宅'이라는 특이한 건축물이 있다. 나는 이 주택을 가 본 적은 없지만 모리타 선생으로부터 몇 번이나 이 건축물의 '독특함'에 관해 이야기를 들은 적이 있다. 어떤 각도로부터도 반드시 여섯 색깔 이상이 눈에 들어오도록 만들어진 이 독특한 '주택'의 내부는 컬러풀한 원색으로 칠해져 있다.

아라카와 슈사쿠 건축물의 독특한 사용법을 잠시 알아보도록 하자.

1. 모든 방을 당신 자신처럼 당신의 연장延長처럼 다룹시다.
2. 매월마다 여러 동물(예를 들면 뱀, 사슴, 거북이, 코끼리, 기린, 펭귄 등)이 되어서 건물 안을 돌아다녀 봅시다.
3. 건물 내의 산뜻한 색과 모양의 다양한 입체군을 이용해서 당신 자신

의 생명력을 구축하고 구성합시다.

4. 매월 2시간, 마치 다른 사람이 될 정도로 당신의 로프트에 몰두합
   시다.


조금 읽어 보면 알겠지만, 이 건축물은 결코 안주安住를 위한 공간
이 아니다. 오히려 모든 일상 행위의 재구성을 부추기는 공간이다. 그
것은 '나'의 재구축과 변화까지도 건축물에 사는 사람에게 재촉한다.

아라카와 슈사쿠는 소년 시절 전쟁을 경험했다. 어느 날 근처에 사
는 의사에게 온, 부상을 입고 피투성이가 된 소녀를 자신의 팔로 안아
올린 적이 있었다고 한다. "괜찮나?" 하고 들여다보면서 팔로 안아 올
린 소녀는 머지않아 그의 팔 안에서 숨을 거두었다. 아라카와는 이때
매우 큰 충격을 받았다고 한다. 그리고 "두 번 다시 이런 일이 있어서
는 안 된다"라고, 즉 "두 번 다시 죽음이 있어서는 안 된다. 나는 철저
하게 죽음에 항거하겠다." 그렇게 결심했다고 한다. 이제까지 죽음에
항거하는 것을 진지하게 생각한 철학자도 예술가도 과학자도 없었다.
도대체 어떻게 하면 인간은 '영원히 죽지 않는' 존재가 될 수 있을까?

아라카와는 생각했다. 우리는 '내'가 무엇인지 제대로 알지도 못하
고 '나의 죽음'을 두려워하고 있다. 그러나 '나'라는 이 감각도 실은 신
체적인 행위에 의해서 구성되는 것에 지나지 않는다. 그렇다고 한다
면 그것을 새롭게 구축하는 것도 가능할 것이다. "뭐야 나는 여기에도
또 저기에도 있다. 여기저기 흩어져 있지 않은가. 나는 죽지 않은 게
아닌가." 그런 완전히 새로운 '풍경'을 만들어 내기 위해서 새로운 행
위와 그것을 만들어 내는 공간을 '건축'한다. 그렇게 해서 모든 주어진

것—소여所与—즉, '나의 죽음'이라는 소여에도 항거하려고 한다. 그것이 아라카와 슈사쿠의 천명반전天命反転의 장대한 시도이다.

겉으로 보이는 기발함으로부터 자칫 그의 건축물이 진기함을 자랑하는 예술 작품이라고 오해받을 때도 있지만, 생명의 인지 과정이 신체를 넘어서 환경에 확장되어 간다고 하면서, 환경을 재구성하는 것을 통해 '생명을 새롭게 만들려고' 한 아라카와의 시도는 진기함을 자랑한 예술이라고 부르기에는 너무나도 합리적이다. 이 주택에서는 타성화된 '일상의 습관'을 손에서 놓을 필요가 있다.

울퉁불퉁한 마룻바닥과 공 모양의 방 안에서는 정해진 '정확하게 서는 방법' 따위가 없다. 애당초 자신이 어떻게 서느냐에 따라서 공간의 발현 방식이 달라진다. 거기서 사는 사람은 주어진 세계에 안주하는 것이 아니라 스스로 세계를 만들어 내는 과정에 참가할 것을 계속 요구받는다.

아라카와 슈사쿠는 건축을 통해서 '내'가 내려서는 장소를 만들려고 한 것이다. 신체를 움직이고 자세를 정돈하고 목소리를 내고 쓰러질 듯하면서 걷는다. 그렇게 신체를 구체적으로 사용하는 '장'에 '내'가 내려선다. 그렇게 생각한 것이다. '장'을 만듦으로써 새로운 '마음'을 만들어 내려고 한 이 시도는 '마음' 없는 물질을 조작해서 마음을 재현하려고 하는 이른바 '인공지능'의 발상과 비슷한 듯하지만, 그 뿌리는 전혀 다르다.

옛날 사람은 달에서도 꽃에서도 그릇에서조차도 '마음'을 보았다.

우주는 여기저기에 '마음'과 '생명'이 충만하다. 그러한 관점하에서 문제는 어떻게 해서 '마음'을 '제조할' 것인가가 아니라 어떻게 해서 편재하고 있는 '우주의 마음'을 개개의 구체적인 '장'에 내려서게 하는가가 된다. 개구리의 몸에는 개구리의 마음이 내려서고 제비꽃의 몸에는 제비꽃의 마음이 내려선다. 새로운 마음을 만들기 위해서는 마음이 내려서는 '장'을 만들어야 한다. 인간 바깥에 인간을 모방하는 기계를 만드는 것이 아니라 새로운 '마음의 차원'을 열어젖히는 미지의 행위 공간을 만들어 내기. 그것이 아라카와 슈사쿠의 '천명을 거스르는 주택'의 구상이었다.

AI(인공지능) 같은 지적인 기계를 만드는 일도 물론 필요하겠지만, 지금 있는 '생명'이 보다 발랄하고 건강하게 움직일 수 있는 '장'을 만들어 내는 것이 우리에게 훨씬 절실한 과제가 아닐까.

혁신학교 같은 새로운 학교 모델이 아니어도 좋다. "어제보다도 조금 사는 것이 기쁜" 그런 생각을 자연스럽게 할 수 있는 마음이 내려서는 '장'을 힘을 조금씩 모아서 만들어 가고 싶은 나날이다.

## 당연한 일상을 그냥 지나치지 않는 감수성

여기까지가 내가 경험한 상황인지론 및 상황학습론의 원풍경에 대한 기술이다. 눈치가 빠른 독자는 자각했을 것이라 생각하는데, 나의 글쓰기를 추동하는 정서는 많은 사람이 내가 느꼈던 '부조리함'과 '이상함'을 아무렇지 않게 그냥 지나치고 마는 것에 대한 위화감이다. 그런데 내가 느낀 '부조리함'과 '이상함'은 나의 경험이 잘 보여주듯이 많은 사람에게 '당연함'으로 자리 잡고 있다. '당연함'은 '부조리함'과 '이상함'이라는 정서가 생겨나지 않도록 원천봉쇄하는 장치다.

여기서 말하는 '당연함'은 특정한 사회(예컨대 학교)에 소속해 있으면서도 그 사실을 까마득하게 잊고 그 제도가 '순조롭게' 계속 굴러갈 수 있도록 하는 데 꼭 필요한 도구이다. 그 세계에서는 "모두 그렇게 느끼고 있어"라든지 "그런 생각을 하는 것은 너뿐이야"와 같은 아주 강력한 말도 준비되어 있다. '당연함' 안에서 통용되는 말은 순조롭고 불편함이 없는 세계를 계속 유지하기 위해서 발군의 성능을 발휘한다.

그러나 이 '순조로움'을 아무 불편 없이 잘 살아 내기 위한 말은 위화감에 머무르고 그것을 견디고 키우고 급기야는 다른 세계를 그려 내는 성능을 갖고 있지 못하다. 불편함이 없는 세계에서 그것과 어긋난 세계로 나아가기 위한 성능도 갖고 있지 못하다. 어떤 위화감과 불편함을 느끼고, 확실히 자신이 특정한 사회에 소속되어서 그 사회가 요구하는 말과 행동 양식만을 되풀이하고 있다는 것을 느꼈다고 해도, 우리가 그 사실을 '말'로서 길어 내기는 쉽지가 않다. '위화감'과 '불편함'을 혹은 그것을 보이지 않게 하는 '순조로운 사회'를 대상화하고 묘파할 수 있는 말, 그것은 '당연함'의 세계로부터는 좀처럼 찾을 수 없는 것이다.

순조로운 세계, 즉 당연함의 세계가 가진 강력한 힘. 그 중력권에서 그 중력을 조감할 수 있는 어휘 꾸러미를 갖고 있지 않을 때, 사람들은 무방비 상태로 쉽게 거기에 끌려 들어가고 만다. 그 세계에 끌려 들어가지 않고 '위화감'에 머물기 위해서는 무엇보다도 당연함을 그냥 지나치는 안이함에 안주하지 말고 거기에 매달려서 그것이 어떻게 많은 사람에게 지금의 당연함으로 자리를 잡게 되었는지, 그 당연함으로 인해 일의 본질을 잃어버리지는 않았는지, 그 당연함으로부터 어긋난 삶은 가능하지 않은지 등등을 물을 필요가 있다.

우리가 소박하게 던지는 "왜?"라는 한마디로도 탄탄해 보이던 그 당연한 일상의 질서에 균열을 낼 수 있다. "무엇 때문에?"라는 물음 하나로 그토록 우리 가까이 밀착되어 있던 현실(밀착되었다고 느끼지 못할 정도로 밀착되어 있는 현실)을 한 발 물러선 낯선 공간으로 떼어 놓을 수 있는 것이다. 위화감에 머물기 위해서는 먼저 물음을 던질 수 있어야 하고 이런 낯섦을 견뎌 낼 수 있어야 한다. 그러고 나서 이 글의 주제인 상황학습론과 상황인지론이라는 '사상의 말'을 탐구하고 음미하는 것이다. 나의 원풍경을 '말'로 기술하면서 얻은 최고의 선물은 위화감에 머물면서 그것을 견디고, 그것을 키우면서, 물음을 멈추지 않을 수 있는 것 그리고 '사상의 말'과 제대로 만난 것이다.

우치다 다쓰루 선생은 사상의 말과 이데올로기의 말의 차이에 대해서 다음과 같은 통찰력 풍부한 말을 우리에게 들려준다.

사상을 말하는 사람이라면 "이러한 말을 하는 것은 현재 나뿐이라서 내가 말하기를 그만두면 그것은 나와 함께 사라진다. 그런데 내가 계속 말하다 보면 언젠가는 내 생각이 받아들여지고 사람들이 점차 이해하게 되고 그것에 주파수를 맞춰서 사고하는 독자들이 나타날 것이다. 그때 나의 생각은 비로소 사념을 멈추고 공공성을 획득할 것이다"라고 생각한다. 반면에 이데올로기를 말하는 자는 "나와 똑같은 생각을 하는 사람이 무수히 많아서 내가 말하기를 멈추어도 누구든지 나 대신에 똑같은 말을 할 것이다. 그렇기에 내 말이 조잡하고 비논리적이고 나열해야 할 증거가 부족하여 지금 이것을 읽는 독자를 납득시키지 못해도 전혀 문제가 없다"라고 생각한다.

역설적이지만 사상의 공공성을 지탱하는 것은 고립되어 있다는 자각이고 이데올로기의 폐쇄성을 만드는 것은 압도적인 다수가 자신과 똑같은 의견일 것이라는 근거 없는 신뢰이다. _ 内田樹, 2018, 35-36쪽.


2021년에 출간한 졸저 《동사로 살다》(빨간소금)를 읽은 어느 독자로부터 "선생님이 이 책에서 주장하고 싶은 오리지널리티는 무엇입니까?"라는 질문을 받은 적이 있다. 나는 한 치의 망설임도 없이(물론 숨은 쉬었다) "저는 저의 오리지널리티를 과시하기 위해서 글을 쓰지 않습니다. 저와 '생각'을 같이하는 사람을 한 사람이라도 늘리기 위해서 글을 씁니다"라고 대답해 주었다.

내가 글을 쓰는 이유는 가능한 한 많은 사람으로부터 "그런 말 당연한 것 아닙니까? 나도 이전부터 쭉 그렇게 생각해 왔거든요"와 같은 말을 듣고 싶은 것이지 "그렇게 생각하는 것은 당신뿐이지요"라는 말을 듣고자 함이 아니다. 이런 생각을 하는 사람은 지금은 소수라서 그것을 현재는 '독특한 사고'라고 말할 수 있을지 모르겠다. 그런데 그 '독특한 생각'이 '독특한 채로' 끝나는 것을 나는 조금도 바라지 않는다. '결국 한 명의 팔로워도 얻지 못한 독특함'에는 어떤 가치도 없기 때문이다. 많은 팔로워를 획득한 덕분에 '어느샌가 조금도 독특하지 않게 되어 버린 독특함'에만 가치가 있다고 생각한다. 나는 한 명의 팔로워라도 얻기 위해서 이 책을 쓰고 있다. 나는 어디까지나 이 책에서 몇몇 원풍경의 도움을 얻어 나의 외부에 있는 '상황학습론' 그리고 '상황인지'라는 메시지에

심리학의 저편으로

귀를 기울이며 '사상을 말하는 자' 나아가 '사상을 전하는 자'로 자신을 자리매김하고 싶다.

그 원풍경들을 상황인지론 및 상황학습론이라는 사상의 힘을 빌려 좀 더 정치하게 기술하고, 좀 더 발전적인 논의로 이끌고 나아가 독자들에게 사상의 매력과 우리가 살아 내는 일상에 관심을 기울이는 것의 중요성을 동시에 전하려면 어떤 전략이 필요할까?

내가 필사적으로 나의 경험들을 애써 '기술'하려는 이유는 확고부동하다. 뭔가를 엄밀하게 '기술'하는 것이 갖는 최고의 이점은 역설적으로 우리의 삶이 "이것이다"라고 밝혀내는 것이 아니라(물론 그 이점을 결코 무시할 수는 없지만) 정성을 다해 그리고 정치하게 기술하면 기술할수록 나의 기술에 의해서는 충충켜켜 복잡한 현실을 제대로 길어 올릴 수 없다는 나 자신의 불능을 자각할 수 있다는 것이다. 사실 상황학습론의 몇 가지 원풍경을 기술하면서도 나 자신의 무능과 불능을 뼈저리게 느낄 수 있었다.

즉, '기술記述'하는 것을 통해서 우리는 현실에 대해 뭔가를 확정하고 정리하고 고정하는 것이 아니라 오히려 기술하면 기술할수록 기술의 대상이 되는 현실이 자신이 가진 빈곤한 어휘 꾸러미로는 도무지 다 기술할 수 없을 정도의 깊이와 넓이를 갖고 있다는 것을 절감하게 된다. 예컨대 천 마디 말을 하더라도 눈앞의 꽃 한 송이도 사실적으로 묘사할 수가 없는 것처럼, 대상은 그때그때 기술로부터 미끄러진다. 그럼에도 말이 되지 않는 것의 '말이 되지 않음'을 지키는 방법은 여하튼 자신의 실존을 걸고 계속 '기술'하는 것밖에 방법이 없다는 영원한 배리를 나는 올곧게 짊어질 수밖에 없는 노릇이다.

화엄경에 등장하는 '인드라의 구슬'은 어디가 원인이고 어디가 결과인지 도무지 알 수 없는 혼돈 상태 그 자체다. 그 혼돈 상태에 질서를 부여한 원동력 중 하나가 인간이 발명한 기술記述이라는 도구다. 그 기술이 결코 우주의 신비와 인간의 본질과 자연의 위대함 등에 관해서 모든 것을 다 밝혀낼 수는 없는 노릇이겠지만, 그럼에도 '기술'을 단련시켜 나가고 연마해 나가는 것이 우리가 해야 할 일이다.

복잡한 현실을 앞에 두고 '너무 복잡해서 도무지 나의 언어로 담아낼 수 없다!'라든지 '어차피 길어 내지도 못할 것 그냥 넘어가자'라고 쉽게 단념하지 말고 어디까지나 기술의 힘으로 세상을 성심성의껏 분절화하고 언어의 정밀도와 해상도를 높여 나가는 것이 필요하다. 어차피 모든 형태의 표현——펜이나 붓을 통한 표현이든 카메라의 눈을 통한 표출이든——은 선택이며 어느 정도의 과장일 수밖에 없다. 대문호 괴테의 지적처럼 그것은 "어떤 것들은 조사照射하는 반면, 다른 것들은 그늘 속에 두는 것to highlight some things and put others into shade"이다.

즉, 인간의 기술하는 힘의 한계로 인해 현실의 복잡함과 중층성, 그 깊이를 알 수 없음을 전부 다 묘사하고 길어 낼 수는 없는 노릇이다. 그러나 그럼에도 전체 중 일부분이라도 길어 내려면 역시 이성의 힘이 필요하다. 세계는 계속 흐르고 있다는 무상無常의 인식에 대해서 일본의 시인 바쇼는 '사라져 가는 와중에 뭔가를 멈추게 하는'이라는 말을 남겼다. 이 말은 일견 모순되는 사태로 보이지만, 거기에 바쇼의 역설이 있다. '징그러울 정도로 복잡한', '잡을 수 없는' 세계의 흐름을 기술의 힘으로 잠시 멈춰 세우는 것, 그것에 기술의 한계와 동시에 가능성이 있다.

내가 경험한 몇 가지 원풍경은 기존의 내가 가진 교육학과 심리학의 '말'과 '논리'로는 도무지 낚아챌 수 없고 길어 낼 수 없는, 그 어휘 꾸러미와 사고로부터 흘러넘치는 사건이었고 순간들이었다. 그래서 나는 '상황학습론'과 '상황인지론'이라는, 분과 학문에 얽매이지 않는 학문 간 경계를 쉴 새 없이 이동하는 학술의 자세에 매료되어 현실의 복잡성과 중층성에 육박하려는 이 사상을 제대로 배워 보자고 마음먹었다. 물론 그 길이 평탄하지는 않았지만 고군분투한 만큼 얻은 것도 많았다.

## 주류 심리학자는 누구를 말하는가?

상황학습론과 상황인지론에서는 주류 심리학의 인간관·마음관· 세계관·인지관 그리고 학습관 등을 비판의 대상으로 삼는다. 여기서 좀 소박한 물음을 하나 던져 보자. 그런데 '주류 심리학자'는 그 사실을 알고 있을까? 그들은 자신들이 비판의 표적이 된 것에 대해 불편함이나 위화감을 느낄까? 주류 심리학자와 오랫동안 논쟁을 벌여 온 나의 경험이 가르쳐 주는 바에 의하면, 대답은 '아니오'이다.

주류 심리학이라는 마을에 있는 이들(주류 심리학자는 물론이거니와 국내에 서식하는 많은 교육학자를 비롯하여 사실상 많은 현대인이 이 마을의 주민들이라 해도 과언이 아니다)이라는 말은 자신이 '주류'에 있다는 사실을 자각하지 못하는 사람들을 가리킨다. 말을 바꾸면 그들은 '주류'에 관해서 아무것도 경험하지 않고, 그것에 관해서 한번도 생각해 본 적이 없는 사람들이다. 역으로 말하자면 인간과 세계와 마음과 학습 등을 논할 때, 자신이 근거로 삼고 있는 전제가 무엇인지 한번도 그것을 반성의 대상으로 삼아 본 적이 없는 사람이 바로 '주류'라는 마을(심리학)에 사는 사람이다.

문화인류학의 고전적인 모노그래프를 읽다 보면 '마음'에 관한 우리의 상식(예컨대 "마음은 피부를 경계로 개체의 안쪽에 있다" 혹은 "우리의 육체는 마음을 담는 '용기'와 같은 것이다" 등등)과는 다른, 독특한 '마음관'을 자주 만나게 된다. 세계 곳곳에 있는 사람들의 마음관을 살펴보면, 통상 '정신' 혹은 '마음'이라고 부르는 것에 해당하는 관념이 실로 다양한 버전으로 존재하는 것을 알 수 있다.

예를 들면 우리의 상식과는 다르게 마음을 몸 다양한 곳에 분포되어 있다고 생각하거나, 마음은 몸에서 분리되어 있거나 역으로 몸에 씌어 있어서 다양한 문제를 불러일으킨다고 믿는 민족도 엄연히 존재한다. 혹은 인간의 마음은 관계 맺는 주위 동물과 공유되어 있어서, 그 동물의 영이 사람의 병을 일으킨다고 믿는 민족도 있다.

이러한 세계 각 민족의 심리학적인 관념에 관한 연구를 서양 심리학자들은 '민족심리학Ethno-psychology'이라고 부른다. 여기서 말하는 'Ethno'라는 말에는 '정통' 혹은 '중심적인 것'으로부터 볼 때 '민족적'이라는, 미묘하게 '주변'을 의미하는 뉘앙스가 암묵적으로 깔려 있다. 물론 여기서 말하는 '정통'은 서양 사람들이 만든 우리가 아는 바로 그 '심리학Psychology'을 가리킨다. 우리가 '민족심리학' 연구에서 밝힌 다양한 마음에 대한 정의(예컨대 인간의 마음이 주위 동물과 공유되어 있다는 생각)를 접하고 기묘하게 느끼는 건, 평소 우리가 가진 '마음'에 대한 생각에서 그것들이 미묘하게 혹은 크게 벗어나 있기 때문일 것이다.

따라서 우리와 다른 이런 '마음관'을 접할 때 말고는, 평소에 심리학자는 물론이거니와 우리 같은 장삼이사는 자신의 마음관(이른바 주류 심리학의 마음관)을 의식상에 떠올리지 않는다. 이것이 바로 이 절의 시작에서 내가 말한 "'주류'에 관해서 아무것도 경험하지 않고 그것에 관해서 한번도 생각한 적도 없는 사람들"이라는 말의 의미이다.

그러면 마음을 논의할 때 우리 대부분이 무심코 받아들이고 있는 전제는 도대체 무엇일까? 몇 년 전 내가 참석한 교육심리학회 심포지엄에서 사회를 맡은 연구자가 "마음이 몸에 영향을 준다고 하는 것은 잘 알고 있는데, 몸이 마음에 영향을 준다는 것에도 우리는 관심을 기울일 필요가 있습니다"(아님 반대였던가?)라는 내용의 발언을 하는 것을 듣고 놀란 적이 있다.

이것은 마음과 몸의 관계를 자로 잰 듯 딱 이등분하는 '데카르트적 심신이원론'의 전형이라고 볼 수 있다(이른바 주류 심리학의 '마음관'). 나중에 이루어진 토론 시간에 내가 당돌하게 '마음의 사회적 기원Mind in Society'에 관해 팻대를 올려 피력하니, 그곳에 있던 백발이 성성한 다른 교육심리학자가 '우리는 교육심리학 연구자들이어서 사회라든지 문화 또 제도라든지 하는 부분까지 신경 쓸 겨를이 없다'라고 나를 나무라듯 말하던 모습이 (예상은 하였지만) 무척 인상적이었다.

이런 발언은 (주류) 심리학자들이 가진 생각의 전제(스스로 평생 반성의 대상으로 삼을 리 없는)를 포착하는 데 더할 나위 없는 단서가 된다. 그날 그 학회에서 쏟아졌던 교육심리학자들의 발언들을 조망해보면, 그들이 지닌 '마음'에 대한 암묵의 전제가 무엇인지 정확하게 파악할 수 있다. 마음이란 사회와는 대립하는, 개체가 내부에 가진 어떤 '실체'이고, 그것은 몸과는 다른 메커니즘으로 작동하는 '무엇인가'이다. 그리고 아마도 그것은 머릿속 혹은 뇌 속 어딘가에 있다.

주류 심리학에서 바라보는 마음에 관한 이런 생각은 거의 상식이 되어서, 조금 거리가 있는 마음에 대한 정의(예컨대 비고츠키의 '마음'은 사회 문화적 도구와의 관계 속에서 비로소 모습을 드러낸다 등)를 만나면 사람들은 위화감을 느낀다. "어떤 특정한 동물과 마음의 기능을 나눠 갖고 있다" 같은 말을 듣고 기이하게 느끼는 것도 이런 연유에서이다.

문제는 마음에 대한 그와 같은 전제는 어디까지나 연구자의 설정일 뿐이어서 기술하는 단위unit를 바꾸면 '마음'에 대한 다른 모습이 보인다는 사실을 망각하기 쉽다는 점이다(주류 심리학의 경우 분석 단위 unit of analysis를 오로지 '개인' 혹은 '개체'에 둔다). 게다가 분석 단위를 재설정할 수 있다는 사실을 상상조차 하지 못한다는 점이다. 그 결과 사람들은 주류 심리학자들이 잠정적으로 설정한 것에 불과한 기준을 모든 것을 설명해낼 수 있는 유일한 진실로 쉽게 믿어 버리게 된다. 그리고 그 유일한 진실은 어느새 '상식' 혹은 '보통'으로 자리를 잡게 된다.

일본의 사회학자 기시 마사히코가 쓴 《단편적인 것들의 사회학》이라는 책에는 다음과 같이 '다수자majority'에 관해 던지는 근원적인 radical 물음이 담겨 있다.

다수자란 무엇인가? 일반 시민이란 무엇인가?에 관한 물음을 생각할 때 언제나 느끼는 것은 '큰 구조' 속에서 그 '다수자'라는 존재를 가리키는 말이 없다는 것이다. _ 岸政彦, 2015, 22쪽.

이게 무슨 말인가를 미국 사회에서 말하는 '백인 vs 흑인'의 경우를 예로 들어 설명해 보기로 하자. 미국에서는 '흑인 아버지와 백인 어머니를 부모로 둔 아이'는 '흑인'으로 분류되는 것이 보통이다. 그래서 딱히 이것은 이데올로기적 언명이 아니라 단지 '객관적 사실'을 기술하는 것에 지나지 않는다고 말할 수 있을지도 모르겠다.

그렇게 보면 여배우 할리 베리는 확실히 '흑인'이다. 그녀가 백인 남성과 결혼해도 그 아이들은 여전히 '흑인'으로 분류될 것이다. 그 아이들의 아이들이 백인과 결혼해도 사정은 달라지지 않는다. 할리 베리의 후손들은 앞으로도 계속 '흑인'이라는 정체성으로 살아가게 될 것이다.

자, 여기서 이런 질문을 하나 던져 보기로 하자. 투명한 물에 먹물이 한 방울 떨어지면 아무리 희석해도 '원초의 투명'으로는 결코 돌아갈 수 없다. 그런데 그렇다고 하면 역으로 '흰 물감'을 물에 한 방울 떨어뜨리면 투명한 물이 '백색으로 물들어' 아무리 희석해도 '원초의 투명'으로 돌아갈 수 없다는 '백인 오염원'론이 있어도 좋지 않을까. 그런데 '흑인 아버지와 백인 어머니를 부모로 둔 백인 여성'이라는 말은 아무도 하지 않는다. 왜 하지 않는 것일까? 혹은 선주민과의 혼혈인 배우들(말론 브란도, 버트 레이놀즈, 케빈 코스트너 등 많이 있다)에 관해서는 '백인 아버지와 인디언 어머니를 부모로 둔 인디언 배우'라는 식으로 범주화하는 일은 없다. 그들은 아무리 농후하게 네이티브·아메리칸의 '피'가 섞여 있어도 어디까지나 '백인'이다.

보통 '싸움'이라고 하면 사람들은 폭력 이야기를 떠올린다. 폭력이라는 말을 들으면 곧 "폭력은 절대로 안 됩니다! 폭력은 폭력을 낳고 결국 폭력의 사이클을 만들어 냅니다"와 같은 말을 하는 사람이 있다. 이런 사람들은 아이들끼리의 싸움(예컨대 치고받는 것) 같은 것을 떠올리고 있는 것일까? 아이들의 싸움은 물론 치고받으니 폭력의 사이클이라고도 할 수 있겠다.

하지만 현실 세계는 아이들의 치고받는 싸움 현장이 아니다. 치고받는 싸움 같은 목가적인 세계가 아니다. 현실 세계에서 벌어지는 폭력은 훨씬 복잡하고 규모가 크다. 폭탄을 떨어뜨린다든지 기지를 세운다든지 눈에 확실히 드러나는 폭력도 있지만, 훨씬 조용하게 슬며시 그리고 은밀하게 진행되는 폭력도 있다. 그런데 이런 조용한 그리고 슬며시 진행되는 폭력은 알아차리기가 어렵다. 그리고 언제나 슬며시 스-을쩍 발을 밟는 것처럼 폭력이 이루어지기 때문에 점점 감각이 마비되어서 폭력이 행사되고 있다는 사실조차도 자각하지 못하게 된다.

예를 들어 '백인우월주의'라는 말을 들으면 사람들은 어떤 느낌이 들까? 제대로 말하자면 '백인남성문화우월주의'라고 불러야 하는데 보통은 백인우월주의라고 부른다. "뭐라고 그런 것 요즘 세상에 없어"라는 반응이 절로 나올까? 아니면 "사람을 피부색으로 나누다니 그것이야말로 인종차별이다. 그런 것을 역차별이라고 하는 거야"라고 말하고 싶어질까? 아니면 "우리나라에는 백인이 없으니까(있다고 해도 소수이니까) 백인우월주의 같은 것 우리와 관계없어"라고 생각할까?

그런데 '백인'이라는 말을 들으면 흠칫 하는 표정을 짓는 사람이 분명히 어딘가에 있을 것이다. 예를 들면 "앗, 이 사람 뭔가 위험한 말을 하고 있다"라고 경계심을 갖는 사람이 분명히 어딘가에 제법 있을 것이다. 그 장소를 특정하기는 어렵지만 말이다. 마치 '백인'이라는 말에 전류가 흐르고 있어서 전류가 흐르는 선을 만진 가축이 흠칫 놀라는 것처럼…. 진실은 '백인'이라는 말을 사용하지 않고 지금 이 세상의 구조를 말하는 것은 불가능한데도 말이다. 많은 사람이 직감적으로 알면 참 좋을 텐데…. 지금 사회는 백인이 비교적 편하게 살 수 있는 사회이다.

예를 들어 패션을 한번 생각해 보기로 하자. 작금은 아시아 여성들의 패션이 은연중에 무시당하는 세상이다. 많은 백인이 "아시아 여성들은 브랜드만 좋아하고 멋이 무엇인지 잘 모른다"라고 업신여긴다. "비싼 화장품만 사 모으고 이상하다"라고 바보 취급한다. 하지만 그들에게 나는 "아시아의 각 나라에 가서 패션과 영화 광고를 한번 보는 건 어떨까요"라고 권하고 싶다. 어디를 가든 백인 문화로 포화 상태를 이루고 있다. 스커트를 입고 잘록한 허리와 가늘고 긴 다리로 걷는 모델과 여배우. 완전히 백인 아니면 '백인 같은' 사람뿐이다. 그런 광고, 그런 영화만 넘쳐난다.

자, 그럼 애써 마르크스를 읽었으니 이런 상상력을 한번 발휘해 보자. 만약 런던과 LA에서 볼 수 있는 세련된 광고에 나오는 이가 반드시 허리 부분이 조금도 잘록하지 않고 절구통 모양을 한 아시아인 아니면 아시아인 같은 사람이라면 어떨까? 그런 세상이라면, 말을 바꾸면 그렇게 '디자인된 현실'이라면, 절구통 허리를 가진 아시아인은 편할 것이다. 옷 같은 것 신경 안 써도 되고 적당히 편한 옷을 입는 것만으로 세련되게 보일 것이다.

그런 세상이라면 역으로 백인들은 긴 다리로 어색하게 한복이나 유카타 등을 입고 부드럽고 찰랑거리는 머리카락 때문에 고생하면서 옷과 액세서리와 화장품에 열심히 신경을 쓰게 될 것이다. 백인 여성들은 틀림없이 "나는 얼굴이 작고 정강이가 이상할 정도로 좁아서 싫어"라고 생각하게끔 길들 것이다. "좀 더 얼굴이 평평하고 동그랗고 눈썹이 짧았으면 좋았을 것을… 나는 콧날이 너무 오뚝해서 아무리 노력해도 패션 사진 모델 같은 건 될 수 없을 거 같아"라고 자신의 외모에 대해 한탄할 것이다. 한편 절구통 허리를 가진 아시아 여성들은 여유만만 "자연스럽게 있으면 되는 거야. 생활 한복 같은 것 손쉽게 구할 수 있어서 너무 편해. 백인들이 브랜드 생활 한복에 목을 매는 것 꼴불견이야"라고 여유로운 표정을 지을 것이다. "그렇게 무리해서 고가 화장품을 얼굴에 덕지덕지 발라서 평평하고 큰 얼굴로 보이지 않아도 돼. 눈썹을 잘라서 짧게 하지 않아도 돼. 그냥 생긴 대로 있으면 되는 거야"라고 여유로운 표정으로 말할 것이다. 이처럼 아시아인 우월주의의 세계에서는 아시아인이 살아가는 것이 편하다.

이런 망상(?)은 그만두고 이야기를 지금의 현실로 돌려서 이 백인 우월주의의 세계를 돌아보자. 거의 전 세계를 백인 문화가 둘러싸고 있다. 백인의 미감美感이 강철처럼 관통하는 광고가 압도한다. 그런 디자인된 현실 속에서 아시아인 여성이 "브랜드 물건을 사지 않으면 안 된다. 화장품을 사서 눈을 크게, 눈썹을 길게 얼굴을 작게 보이지 않으면 안 된다"라고 생각하는 것은 너무나도 당연하다. 여하튼 세계를 백인의 미감으로 채우고 비백인들의 자신감을 흡혈귀처럼 빨아들이고서는 "브랜드 물건만 사고 꼴불견이다"라든지 "화장품 너무 많이 사는 거 아냐?"라든지 "볼품없는 머리 모양으로 불쌍해"라고 말하는 것은 좀 심하다고 생각하지 않는가?

게다가 그 브랜드 물건과 화장품을 팔아서 돈을 버는 것은 다름 아닌 런던과 밀라노와 뉴욕에 있는 백인 자본의 회사이다. 세련됨(멋)과 정치는 별로 관계없는 것처럼 보이지만 실은 세련됨이야말로 완전히 정치적이다. 영어 교육에서 '말하기'를 강조하는 것이 정치적인 것처럼 말이다.

이런 말을 들으면 놀라는 독자가 있을 테지만, '백인'이라는 카테고리는 존재하지 않는다. 단지 '흑인'이라는 카테고리만이 존재할 뿐이다. 그것은 미국에서는 '흰'이라는 것이 무징적無徵的(징후가 드러나지 않는)·무구적無垢的이라는 의미이고, '검다'는 것만이 '유징적有徵的(징후가 드러나는)'='더럽다'는 의미를 지닌다.

이와 같은 논리로 한국에서 이른바 소수자minority는 '외국인 노동자', '소수 정당 사람', '장애인', '게이' 그리고 나와 같은 '독립 연구자'라는 식으로 언제나 가리킴의 대상이 되고, 꼬리표가 붙고, 지명을 당한다. 즉, 그들은 언제나 '유징적'이다. 그러나 다수자는 똑같이 '한국인', '다수 정당 사람', '정상인', '이성애자hetero'라고 가리킴의 대상이 되는 일도 없고, 꼬리표가 붙는 일도 없으며 지명을 당하지도 않는다. 즉, 다수자는 어디까지나 무징적이다. 그리고 이웃 나라 일본의 경우를 예로 들어 보면 '재일한국인'의 대칭이 되는 말로서 편의적으로 '일본인'을 가져오는 때는 있지만, 애당초 이 두 가지는 똑같은 차원 dimension에서 동등하게 존재하는 것이 아니다.

한편에는 '색깔'이 붙어 있다(흑인/재일한국인/탈주류 심리학 연구자/독립 연구자). 이것에 비해서 다른 한편에는 '다른 색깔'이 붙어 있는 것이 아니다(백인/일본인/주류 심리학 연구자/대학교수) 이쪽은 애당초 '색깔'이라는 것이 없다(왜냐하면 무징적이기 때문에). 예컨대, 한편에는 '재일한국인'이라는 경험이 있고 다른 한편에는 '애당초 민족이라는 것에 관해서 아무것도 경험하지 않고 그것에 관해서 생각도 하지 않는' 사람들이 있는 것이다.

마찬가지 논리로 '상황학습론자/상황인지론자라는 마이너리티의 경험'이 있고 다른 한편에는 '주류'에 관해서 아무것도 경험하지 않고 그것에 관해서 생각도 하지 않고 생각할 필요가 없는 '심리학자'가 있다. 이것이야말로 '보통'이라는 것'이다. 그것에 관해서 아무것도 경험하지 않고 아무것도 생각하지 않아도 되는 사람들이 보통 사람들이다. 어찌 보면 '상황학습론'과 '상황인지론'을 배우고 익히는 것은 '탈보통'하는 체험이고 나아가서는 '새로운 보통'을 만드는 일이기도 할 것이다.

# 1. 학습의 사회적 특질

## 나의 발걸음을 멈춰 세운 '말'

진 레이브와 에티엔 웽거가 쓴 '상황학습론'의 고전 《상황에 묻혀 있는 학습*Situated Learning*》(1991)의 추천사에는 '상황학습론'을 독해하려면 빠트릴 수 없는 중요한 한 가지 말이 등장한다(참고로 이 추천사는 데보라 힉스Deborah Hicks라는 문화인류학자가 썼다). 인용해 보면 다음과 같다.

이 책에서 레이브와 웽거는 우리가 학습에 대해 갖고 있는 개념에 대해 근원적으로 재고하고 그 개념을 달리 표현하는 방법에 관해 탐구한다.
In this Volume, Jean Lave and Etienne Wenger undertake a radical and important rethinking and reformulation of our conception of learning.

저자들은 학습에 대한 대부분의 설명이 학습의 사회적 특질을 철저히 무시했다고 주장한다.
The authors argue that most accounts of learning have ignored its quintessentially social character. _ Lave and Wenger, 1991, p.12.

내가 이 추천문에서 특히 주목한 것은 '학습의 사회적 특질'이라는 말이다. 나중에 깨닫게 된 사실이지만 이 말은 결코 그냥 쉽게 넘길 수 있는 '말'이 아니다. 이 말을 제대로 이해하면 '상황학습론'의 70퍼센트 이상은 이해했다고 해도 과언이 아니다(조금은 과언이지만). 내가 쓰는 이 책의 내용은 어떻게 보면 이 말을 이해하고 음미하고 나아가 확장해 나가는 것이 왜 중요한지를 독자들에게 일깨워 주는 것에 거의 할애되어 있다고 해도 과언이 아니다. 이러한 사실은 그 정도로 우리가 '학습'에 관해 가진 생각이 강고하다는 것을 역조사해 준다. 그래서 당연한 말이지만, 이 말을 제대로 이해하는 일은 결코 쉽지 않다.

그런데 세상에는 난해하지만 몰라도 별 상관 없는 종류의 난해함과 난해하지만 시급히 어떻게 하고 싶어지는 종류의 난해함이 있다. 나는 '학습은 사회적이다'라는 말을 '시급히 어떻게든 하고 싶은' 마음이 들어서 오랫동안 이 말에 매달려 왔다. 아둔하지만 오랫동안 매달린 보람이 있어서 나의 언어로 '학습의 사회적 특질'에 관해서 겨우 말할 수 있게 되었다. 지금부터 '학습은 사회적이다'라는 언명에 대해서 긴 이야기를 하나 해 보려고 한다.

'학습은 사회적 사태다', '학습의 사회적 특질을 무시하면 학습이라는 현상을 탐구할 때 많은 것을 놓치고 만다'와 같은 말은 나에게는 오랫동안 후두에 걸린 생선뼈와 같은 것이었다. 생선뼈가 목에 걸렸다는 것을 처음 인지했을 때는 이 통증으로 인해 뭔가를 마실 때나 먹을 때, 말할 때도 그 생선뼈를 건드리지 않도록 이런저런 궁리를 했다. 즉, '학습은 사회적 사태다'라는 난해한 말을 애써 피해 왔던 것이다. 그런데 그래서는 근본적인 해결이 안 되겠다 싶어 생선뼈의 성분인 칼슘을 녹일 수 있는 음식을 집중적으로 먹게 되었다. 《상황학습론》을 두 번

세 번 읽고,《상황학습론》과 전혀 관계가 없어 보이는 책들을 읽고, 내가 평소에 당연하게 생각하는 일상들에 관심을 기울이기 시작했다. 그런 시간을 보내다가 어느 날 문득 자각해 보니 나도 모르는 사이에 생선뼈가 소화되어서 사라지고 없는 것이다. 그럼 생선뼈를 소화시킨 원동력은 어디에 있을까? 그것은 다름 아닌 나의 후두 기능과 혈액 성분이 '생선뼈를 녹이는' 구조로 재편성되어서 이전과는 다른 사람이 되었기 때문이리라.

이런 과정은 어떤 의미에서는 언어를 단련함으로써 자신을 바꾸어 가는 과정이라고 할 수 있다. 지금 와서 돌이켜보면 '상황학습론'이라는 사상은 너무나도 생소해서 '나'의 (협소한) 생각과 편협한 '나'의 사고 회로와 더불어 빈약한 '나'의 감각에 격하게 저항하는 것 투성이였다.

그래서 생소한 말들을 '나의 말'로 소화하기 위해서는 (당연한 말이지만) 내가 가진 어휘 꾸러미와 사고의 용량을 넓힐 수밖에 없는 노릇이었다. 이 작업은 애당초 '나'의 것이 아닌 문법과 사고 체계 그리고 '나'의 것이 아닌 어휘 꾸러미를 이용해서 그럼에도 '나의 말'을 말해야 하는 일종의 곡예였다. 그러나 그러한 곡예를 통해서 끊임없이 '나'를 구축하고 때로는 무너뜨리고 변화시키고 파괴하고 다시 만드는 작업(內田樹, 2002)을 하지 않고서는 '상황학습론'이라는 사상에 가닿을 수가 없었다. 이것은 물론《상황학습론》독해에만 해당하는 것이 아니다. 모든 탁월한 '텍스트'는 이렇게 만나야 한다.

나의 개인적인 경험이 가르쳐 주는 바에 의하면, 이 말에 관한 이해의 심도를 깊게 하기 위해서는 '복안적複眼的'이라는 형용사가 반드시 필요하다. 복수의 시점에서 예컨대 위에서 보거나 밑에서 보거나 새의 시선으로 보거나 지면에 기어 다니는 곤충의 시선으로 보는 것이 '학습의 사회적 특질'을 이해하는 데 필수 불가결하다.

'복안적'이라는 말과 '학제적'이라는 말은 발상이 똑같다. 인류학자의 입장이 되어 보거나 심리학자의 입장이 되어 보거나 뭔가를 만드는 기술자의 입장이 되어 보거나 브라질 노상에서 사탕을 파는 아이들의 입장이 되어 보는 일이 상황학습론자의 지적 포지션이다. 그리고 이런 다양한 입장이 되어 보는 데서 반드시 염두에 두어야 할 말이 바로 '학습은 사회적이다'라는 말이다. 여기서는 '학습의 사회적 특질'에 관해 구체적으로 살펴보기 전에 이 중요한 말을 어떻게 만날 것인가에 대한 이야기부터 해 보기로 하겠다.

우리는 자신이 마음에 떠올린 생각을 적절한 말로 번역해서 입 바깥으로 내면 누군가에게 그 말이 가닿을 것이라고 막연하게 믿고 있다. 그런데 그 일이 말처럼 그렇게 간단하지가 않다. 피부는 일종의 경계선으로서 기능하고 있다. 그 경계선을 넘을 수 있는 말만이 우리에게 닿는다. 공기는 진동하고 있는데, 우리가 그 진동을 선택하지 않는 일이 일어난다. 그러면 우리는 도대체 어떤 기준으로 공기 중을 오가는 수많은 음성 신호 중에서 선택하는 소리와 선택하지 않는 소리를 구별하는 것일까?

이것은 '자신이 쓴 말을 읽는' 경험을 생각해 보면 잘 알 수 있다. 나는 논문을 한참 쓰던 대학 교수 시절을 비롯해서 지금도 나 자신이 쓴 문장이나 번역한 문장을 몇 번이나 읽는다. 원고를 쓰면서 컴퓨터 화면을 읽고 교정지가 돌아오면 그것을 읽고 책이 완성되면 책을 읽는다. 그러다 보면 '읽을 수 있는 말'과 '읽을 수 없는 말'이 있다는 것을 자각한다. 좀 더 정확하게 말하자면 '무심결에 읽고 마는 말'과 '그냥 건너뛰고 읽는 말'이 있다.

자신이 쓴 문장이니까 내가 무엇을 생각하고 무엇을 말하고 싶어서 그런 말을 썼는지는 숙지하고 있다. 그렇기 때문에 '의미를 알기에 술술 읽히는' 것과 '의미를 모르기에 건너뛰고 읽는' 것의 차이는 아니다. 그것보다는 자신이 쓴 것 중에 '의미를 잘 알 수 없는 부분'이 있다고 하면, 그것이야말로 주의력을 최대화해야 할 것일 테다. 도대체 나는 무엇을 생각하고 이런 말을 썼는가. 이것은 매우 흥미로운 주제니까 거기서 발이 멈추는 일은 있어도 건너뛰는 일은 있을 수 없다.

건너뛰고 읽는 곳은 대체로 '의미를 잘 아는 부분'이다. '잘 안다기'보다도 '너무도 잘 아는' 부분이다. '오늘은 2024년 3월 6일이다'와 같은 부분은 아마도 건너뛰고 읽을 것이다("그거 당연한 것 아닌가" 하고 생각하기 때문이다. 그래서 그런 부분에서 가장 오타가 많이 나온다). 누가 읽더라도 당연히 일의적으로 해석할 수 있는 부분은 건너뛰고 읽는다.

이러한 사실을 역으로부터 생각해 보면 어떤 부분에서 사람이 발을 멈추는지, 그 조건을 알 수 있다. 누가 읽어도 일의적으로 해석할 수 없는 문장, 혹여 이 의미를 제대로 아는 것은 나 자신만이 아닐까, 그렇게 생각하게 만드는 문장은 설령 그것이 자신이 쓴 문장이라 하더라도 무심코 발을 멈추게 된다.

백 명이 읽어도 백 명 모두가 이해할 수 있는, 백 명 전원이 똑같은 해석으로 귀착하는 문장은 '건너뛰고 읽게' 마련이다. 자기 혼자서 이것을 건너뛰고 읽어도 그 누구도 곤란하지 않다. 세계는 조금도 바뀌지 않는다. 삶은 그냥 흘러간다Life goes on.

역으로 나와 똑같은 해석을 채용하는 독자는 매우 적지 않을까, 혹여 이 세상에 나 혼자뿐이지 않을까, 그렇게 생각하면 우리는 읽을 때 갑자기 신중해질 수밖에 없다. 이 문장을 그렇게 읽고 해석한 사람이 이 세상에 나 혼자라고 하면, 자신이 여기서 그것을 건너뛰고 읽어 버리면 그 이해, 그 해석은 그것을 맡아 줄 사람을 찾아내지 못한 채 이 세상에서 사라져 버리고 말 것이기 때문이다.

나는 레이브와 웽거의 책을 읽으면서 '학습의 사회적 특질'이라는 이 부분에서 발이 멈추고 말았다. 그동안 '학습은 심리적 사실'이라는 말만 줄기차게 들어온 나로서는 심지어 이 책의 번역서가 두 권이나 존재하고 '상황학습론'에 관한 학위논문과 학술지 논문이 다량으로 쏟아져 나오고 있음에도 불구하고, '학습의 사회적 특질'에 관해서 제대로 논의한 글을 한번도 본 적이 없었기 때문이다.

우리가 언어 기호를 대할 때 가지는 진지함의 정도는 자신이 그것을 흘려들으면, 건너뛰고 읽으면, 하나의 해석 가능성이 이 세계로부터 사라지지는 않을까 하는, 바로 그 사실에 달린 것 아닐까. "내가 쓰러지면 하나의 '직접성'이 쓰러진다. 서로 얽혀 있는 것을 싫어한 반항이 쓰러진다." 일본의 시인이자 철학자인 요시모토 다카아키가 쓴 이 한 구절은 1960년대 일본 젊은이들이 즐겨 읊는 대상이 되었다고 한다. 이것은 자신의 유일성의 확신이 "그래서 나는 어떤 일이 있어도 쓰러져서는 안 된다"는 실천적인 결론으로 귀결되었기 때문이다.

타자로부터 온 말을 듣고 문장을 읽을 때에도 우리는 똑같은 원리를 적용하고 있다. "내가 이 말을 놓쳐 버리고 건너뛰고 읽으면, 그때 하나의 해석 가능성이 이 세계로부터 사라진다. 그래서 나는 전력을 다해서 듣지 않으면 안 된다. 읽지 않으면 안 된다."

나 자신이 쓴 문장을 읽을 때도 마찬가지다. 내가 쓴 문장 중에 "자신 이외의 그 누구도 쓰지 않는 글, 그래서 백 명이 읽고 백 명이 '맞아 맞아 그럴 수도 있겠구나' 하고 쉽게 수긍해 줄 것 같지 않은 글"을 발견하면 발이 멈춘다. 예컨대 내가 쓴 다음과 같은 문장에서 무심결에 나는 발이 멈추고 만다.

여기서 새로운 관점을 제안해 보기로 하자. 새로운 관점이란 현실로부터 이론과 개념이 만들어지는 것이 아니라 이론과 개념 덕분에 현실이 보인다는 것이다. 즉, '반복해서 경험하면 사람의 행동이 변화한다'는 것이 '학습'이라는 상식을 일단 정지해 보자는 것이다. 그리고 이 '학습'이라는 개념이 우리의 보는 방식을 방향 짓고 동시에 제약하는 일종의 형지型紙 혹은 참조 기준이라고 생각해 보면 어떨까. '형지'는 여분을 잘라 내거나 부족한 부분을 보충한다. 그렇게 해서 세상일을 보기 쉽게 만들어 준다. '학습'이라는 개념이 매일 우리가 수행하는 일들 중에서 어떤 부분을 주워 담고 또 어떤 부분은 버린다고, 우리가 갖고 있는 '학습'이라는 개념에 상응match하는 것만을 우리 눈에 비추어 보여준다고 하면 흥미 깊은 일이 아닐까.

따라서 누군가의 귀에 '닿는 말'과 '닿지 않는 말'의 차이는 콘텐츠가 옳은지 강한지 수사가 아름다운지로 결정되는 것이 아니다. 그것이 아니라 "이 메시지가 정말로 전하려고 하는 것을 제대로 수신하고 있는 것은 이 세상에서 나뿐만이 아닐까" 하는 기분(단적으로 '착각'이라고 말해도 좋다)을 수신자가 가지는지 아닌지로 결정된다. 중요한 것은 콘텐츠(내용물)가 아니라 수신처이다.

모든 메시지에서 최우선시해야 할 것은 그것이 내 앞으로 온 메시지인지 아닌지이다. 타인 앞으로 온 메시지 혹은 만인 앞으로 온 메시지는 굳이 수신하지 않아도 된다. 들어야 할 것 그리고 읽어야 할 것은 자신을 수신인으로 하는 메시지뿐이다. 메시지의 의미를 몰라도 메시지의 수신인이 자신이라는 것은 안다. 처음 본 외국인이 이해할 수 없는 외국어로 내게 말을 걸어도 똑바로 눈을 맞추고 손을 잡고 말을 걸면, 그 메시지의 수신인이 자신이라는 것을 아는 것처럼 말이다.

다름 아닌 자신을 수신인으로 하는 메시지는 "당신이 수신해 주지 않으면 이 말을 수신할 사람이 한 명도 없을지도 모른다는 절박함 그리고 간절함과 함께 우리에게 다가온다. 우리는 거기에 저항할 수가 없다. 그것을 차단할 수가 없다. 이것을 흘려듣거나 건너뛰고 읽을 수가 없다." 나는 '학습은 사회적 사태다'라는 말을 그렇게 듣고 그렇게 읽었다. 이처럼 커뮤니케이션에서 가장 중요한 것은 '내용'이 아니라 '수신처'다. 나는 그렇게 생각한다. 우편물과 똑같다. 아무리 깊고 구구절절한 내용을 적은 편지라 해도 봉투에 '받는 이'가 쓰여 있지 않으면 누구도 읽어주지 않는다.

역으로 참으로 희한한 일이긴 한데, 어떤 메시지라도 그것이 다름 아닌 자신을 수신인으로 하고 있는지 아닌지는 그 메시지를 받아 든 순간 직감적으로 알아차릴 수 있다.

《구약성서》의 〈창세기〉에는 아브라함 앞에 '주'가 나타나는 장면이 나온다. '주'는 인간의 앎을 초월하는 존재이므로 인간의 생김새를 하고 있지 않다. 하물며 아브라함을 향해 한 메시지 또한 인간의 언어가 아니었을 것이다. 천둥이라든지 불꽃이라든지 그런 놀랄 만한 '모습'으로 등장했을 것이다. 그러므로 잘 생각해 보면 아브라함이 "앗, '주'가 나타나셔서 나에게 뭔가 말을 걸었다"라고 생각할 수 있을 리 없다. 그것이 아니라 경탄해야 할 모습에서 사람의 언어로는 알아들을 수 없는 '굉음'이 아브라함의 귀를 때렸을 뿐이었을 테다. 그런데도 아브라함은 '주'로부터 "너는 네가 태어난 고향, 네 아버지의 집을 떠나서 내가 가리키는 곳으로 가거라"라는 메시지를 제대로 수신하였다. 어떻게 그런 일이 가능했을까? 우리는 물어야 할 것이다.

아마도 아브라함이 수신한 것은 '주'의 말 그 자체가 아니라 "이것은 나를 수신인으로하는 메시지이다"라는 사실이지 않았을까 생각한다. 그것은 잡음이 가득한 라디오 방송을 수신하는 것과 같은 경험이다. 자신의 라디오가 일단 전파를 수신해 버렸다. 그런데 소리는 잘 들리지 않는다. 그럴 때 우리는 일단 튜닝을 해 본다. 라디오를 손에 들고 바깥으로 나가서 조금이라도 음질이 잘 들리는 장소를 찾아본다. '주'가 아브라함에게 던진 말은 "튜닝해라"라는 명령이었다고 생각한다. 아브라함은 파동을 신체에 느꼈다. 그러고서 자세를 바꾸거나 삶을 바꾸어 본다거나 그렇게 하면 좀 더 선명하게 주의 말을 들을 수 있다는 느낌이 들었기에 그렇게 했을 것이다.

나는 아브라함이 그랬던 것처럼 '상황학습론'과 '상황인지론'의 메시지가 나를 수신인으로 하는 메시지라는 직감이 들었다. 그리고 그 메시지를 제대로 듣기 위해서 다양한 책을 읽고 나의 삶에 천착하는 등 튜닝 작업을 계속하였다. 그러고서 이윽고 그 메시지를 듣고 이해할 수 있는 '나 자신'으로 거듭날 수 있었다.

## 학습은 어디까지나 사회적 사태다

학습이란 개인이 자신의 능력을 개발해 나가는 심리적 과정이다. 학습 과정에 대한 체계적 이해는 교육 상황에서 어떻게 개인의 능력을 규정해야 하는지 그리고 이를 어떻게 개발하는 것이 바람직한지에 대한 우리의 질문에 중요한 답을 제공한다.

현재 대한민국에서 학습을 어디까지나 개인 혹은 개체 내부에서 일어나는 심리적 과정으로 단언하고 단정하며, 그러한 심리적 과정과 개인의 능력을 연결 짓는 자신의 사고에 대해서 전혀 의심하지 않는 사람들 혹은 그런 사람들이 쓴 책이나 논문을 만나기란 너무나 쉬운 일이다. 그런데 이 대한민국을 대표하는 교육심리학 연구자의 뇌 속에는 단언컨대 '학습은 사회적 과정이고 사회적으로 달성되는 사태'라는 화형話型 혹은 어휘 꾸러미는 앞으로도 영원히 찾아오지 않을 것이다. 그리고 나의 그동안의 경험은 교사들을 비롯해서 일반인들 또한 학습에 대해서 정의할 때 이 교육심리학 연구자와 별반 다를 게 없다는 것을 잘 가르쳐준다.

후기 비고츠키 학파의 한 부류라 할 수 있는 상황학습론이 '학습의 사회적 특질'의 규명을 본격적으로 주장한 지도 30년이 넘었다. 책에서 레이브와 웽거는 우리가 가진 학습이라는 개념에 대해 근원적으로 재고하고 그 개념을 달리 표현하는 방법에 관해 탐구한다.

저자들은 전체로서의 인간을 강조하고 주체, 활동 그리고 세계가 서로가 서로를 구성하는(만들어 내는) 관계로서 묶여 있다고 고쳐 본다. 그들은 이러한 관점을 견지하면서 '학습은 사실적 지식 혹은 정보의 수용'이라는, 우리를 속수무책으로 묶고 있는 강력한 가정으로부터 벗어날 기회를 우리에게 제공한다.

By placing emphasis of the whole person, and by viewing agent, activity, and world as mutually constitutive, they give us the opportunity to escape from the tyranny of the assumption that learning is the reception of factual knowledge or information.

저자들은 학습에 대한 대부분의 설명이 학습의 '사회적 특질'을 철저히 무시했다고 주장한다.

The authors argue that most accounts of learning have ignored its quintessentially social character.

학습의 '사회적 특질'에 대한 글을 쓰다 보니까 다음과 같은 이야기가 하나 떠올랐다.

이전에 대학에 근무하고 있을 때, 내 수업을 들었던 체육과 학생이 아르바이트로 수영 강사를 하면서 경험한 이야기를 들려주었다. 그 학생의 이야기로는 초등학생 자녀를 수영 교실에 보내는 부모들이 강습에서 요구하는 것은 늘 '노력과 성과의 상관관계가 가시화되는 것'이다. 그렇다 보니 초등학생 반에서는 이상할 정도로 '수영 수준의 세분화'가 진행되고 있다고 한다. 예컨대 얼굴을 물에 담글 수 있게 되면 레벨 ○, 다리를 수영장 바닥에서 뗄 수 있게 되면 레벨 ●과 같이 아이들의 수영 기술을 세세하게 '수치'로 표시해 달라고 부모들은 요구한다. 그것은 요컨대 디지털 숫자가 바뀔 때에만 아이의 신체 능력을 부모가 알 수 있다고 하는 부모의 무능을 그대로 드러내는 것에 불과하다고 생각이 드는 데…, 일단 그건 그렇다 치고.

"우리가 뭔가를 배우고 있구나" 하는, 이른바 '학습적 존재'로서의 인식이 성립하기 위해서는 무엇인가를 반복해서 행위할 '상황(예컨대 수영장)'이 필요하다. 특정한 기능을 익히기 위해 반복되는 행위 형식을 일단 '과제'라고 부르기로 하자. 학교와 같은 제도화된 교육기관과 주류 심리학의 학습 연구가 이루어지는 실험 장면에서는 무엇이 과제이고, 누가 행위자이고, 과제와 행위자가 어떤 관계를 맺는지, 학습의 결과를 누가 어떻게 평가하는지가 미리 결정되어 있다고 생각하기 십상이다. 말을 바꾸면 과제 그리고 행위자를 일종의 '실체' 혹은 '명사'로 보는 것이다.

그러나 조금만 생각해 보면 이러한 과제-학습자 관계가 늘 단순히 일의적으로 결정되는 것이 아니라는 점을 알 수 있다. 즉, 학습은 그것이 학습으로서 우리 눈에 보이는 행위 장면의 조직화의 양상과 분리해서 독립적으로 논의할 수 있는 성질의 것이 아니다. 어떤 행위를 행위 가능한 것으로 만들기 위한 요청은 개인의 내부에서 솟아 나온다기보다도(수사적으로는 그렇게 느낄 수 있는 장면이 있다 하더라도) 내가 위에서 들었던 수영 교실의 경우에서도 그렇고 다음의 수영 예에서 볼 수 있듯이 문자 그대로 사회적으로 달성 혹은 발현된다고 할 수 있다.

예를 들어 '헤엄을 친다'는 행위가 학습의 대상이 되는, 즉 '과제'화 되는 장면을 상정해 보기로 하자. 위의 초등학교 수영 교실과는 달리 일반적인 수영 교실에서 '헤엄친다'라는 과제는 학습자의 수영 기능의 숙달 정도에 따라서 몇 단계로 나뉘어 있다. 그것은 예컨대 물을 두려워하지 않는 수준부터 겨우 물에 뜨는 수준, 15미터 거리를 발을 사용하지 않고 헤엄치는 수준 등의 구분일 수 있다. 여기서 과제가 과제로 가시화되고 참가자에게 인식되는 것은 시간을 재는 스톱워치, 커리큘럼 그리고 헤엄치는 '거리'가 정해져 있는 수영장이라는 사회 역사적 인공물 artifact에 의해서 결정된다. 즉, 행위(여기서는 헤엄치는 것) 그 자체의 속성으로서 과제성이 갖추어져 있는 것이 아니다. '15미터 완주'가 과제가 되기 위해서는 그러한 장면의 조직화를 위한 사회적 도구를 반드시 갖출 필요가 있다. 한편 수영 교실과 달리 그다지 제도적이지 않은 물놀이 장면에서는 '헤엄치는 것'의 과제성도 또한 달라진다. 그냥 강에서 헤엄치면서 노는 것인가, 친구들 앞에서 급류를 헤엄치는 것을 보여주는 것인가, 해수욕장에서 파도를 유유자적 타는 것인가…. 이와 같이 행위 가능화의 요청, 즉 '행위의 과제화'는 장면에 따라서 다른 조직화가 이루어진다고 할 수 있다. 나아가 헤엄치는 것 그 자체가 과제가 되는가 아닌가 그리고 거기에 참가하는 사람이 '학습자'가 되는지 아닌지도 장면의 구조에 따라서 변화한다고 할 수 있다.

정리해 보자면 '학습'이라는 사태 그 자체가 그 장의 여러 요소의 배치configuration에 의해서만 발현하는 사회적인 현상이라는 것이다. 방금 내가 말한 시점의 대극에 있는 '심리주의적 학습관('주류 심리학의 학습관'이라고 바꿔 말해도 되고, 우리가 이런 관점을 갖고 있으면서도 그 사실조차 인식하지 못하는 학습관이라고 불러도 좋을 것이다)'은 '과제', '학습자', '평가'라는 요소가 고정적으로 배치되어 있는 것으로 볼 것이다. 그러나 실제로 이것은 위에서 예로 들었던 역동성 안에서 발현되는 순간의 정지사진snapshot—명사—과 같은 것이다.

# 학습을 보는 것은 성좌星座를 보는 것이다

상황학습론Situated Learning에서는 '학습'이라는 현상을 기술할 때 흔들리지 않는 전제를 하나 갖고 있다. 그것은 '학습'이 그것을 만들어 내는 문화적 실천practice을 떠나서는 존재할 수 없다는 것이다. 말을 바꾸면 '학습'은 심리적 현상이 아니라 어디까지나 '사회적 현상'이다.

이것은 자연현상과 관측 기계의 관계와 비슷하다. 우리의 상식과는 다르게 '날 것의 자연현상' 같은 것은 결코 존재하지 않아서(예컨대 '자연장'이라는 말은 그 말과는 달리 '인공'의 개입이 없으면 성립할 수 없다) 어떤 시점으로부터 관측될 때에야 비로소 우리가 '자연현상'이라고 느끼는 것이 출현할 수 있다.

예컨대 별자리-성좌constellation란 '날 것의 자연현상' 혹은 '있는 그대로의 자연현상'이 아니라 우주에 셀 수 없을 정도로 많은 항성을 지구의 어떤 한 점, 어떤 시각, 어떤 지식을 기초로 해서 본 것이다. 그것은 '보는 요소'와 '보지 않는 요소'의 복잡한 문화적 패턴이다. 그리고 문화적인 참조 기준frame으로서 우리의 관찰을 제어하는 일종의 테크놀로지이다. 현대를 살아가는 우리에게 익숙한 '오리온좌'도 고대 한국에서는 세 개의 별로부터 밑부분의 요소만을 조합해서 '술의 양을 측정하는 데 사용하는 자루가 달린 되'라고 해석되었다. 이처럼 어떤 성좌를 본다는 것은 동시에 매우 많은 요소를 '적극적으로 보지 않는' 행위를 실천할 필요가 있다.

〈보이지 않는 고릴라〉에 관한 유명한 실험이 있다. 피험자는 먼저 짧은 영상을 본다. 화면에는 각각 흰색과 검은색 유니폼을 입은 농구 선수가 몇 명 등장해서 공을 돌리고 있다. 피험자에게는 흰 유니폼을 입은 선수들이 몇 번 패스를 하는지 세는 과제가 부여된다. 이 과제는 조금만 신경을 쓰면 정답을 맞히는 것이 어렵지 않다.

"열다섯 번"이라고 피험자가 답한다. "정답입니다!! 그런데 고릴라는 봤습니까?"라고 실험자가 묻는다. 피험자는 놀란 표정을 짓는다.

나도 이 영상을 처음 봤을 때 정말로 고릴라가 보이지 않았다. 그런데 영상을 다시 한번 보니 고릴라가 선수들 사이를 당당하게 헤집고 다니고 있었다. '흰색 유니폼'에 주목하려고 할 때 의식은 '흰색'에만 집중되어 '검은 색'에 관한 정보가 차단된다. 검은색 유니폼에 신경을 빼앗기지 않도록 집중한 결과 검은 고릴라를 놓치고 만다.

우리는 있는 그대로 세계를 보는 것이 아니다. 자신을 둘러싼 모든 것 중에서 극히 일부에만 관심을 갖고 그 밖의 대부분의 것을 보지 않음으로써 의식을 절약한다.

문제는 이때 자신에게 무엇이 보이지 않는가를 자각하는 일이 무척이나 어렵다는 것이다. 우리가 자신의 '무관심'에 관해 꽤 '무지無知'하기 때문이다. 일본의 생물학자 후쿠오카 신이치(福岡伸一, 2007)는 DNA의 이중나선 구조를 밝힌 왓슨의 전기를 소개하면서 '객관적 사실'은 누구에게나 보이는 것이 아니라 이론 부하theory-laden가 있는, 즉 '준비된 마음'에게만 보인다고 말한다. 왓슨이 본 것은 DNA 결정이 되비치는 X선의 산란 패턴에 지나지 않았지만, 그는 거기서 '나선 구조'를 발견했다.

그 사진을 본 순간 나는 어안이 벙벙해져서 가슴이 두 방망이질하듯이 고동치는 것을 느꼈다…. 사진 속에서 가장 인상적인 검은 십자의 반사는 나선 구조로부터밖에 일어날 수 없는 일이었다. _ 福岡伸一, 2007: p. 45.

우리 같은 문외한에게는 그냥 무질서한 점으로밖에 보이지 않는 대상도 이론과 개념이라는 도구를 가진, 즉 준비된 마음에는 보인다는 말이다. 이러한 인류 역사상의 대발견의 예를 굳이 들지 않더라도 예를 들면 지도상의 경계선과 애매한 사진의 피사체를 덧그리는 윤곽선과 같이, 우리는 관찰의 궁리, 테크놀로지를 이용함으로써 일상적으로 뭔가를 두드러지게 만들어서 가시화한다. '이론'과 '개념'도 이러한 관찰을 위한 궁리와 테크놀로지와 똑같은 기능을 갖고 있다고 할 수 있다.

과학 실천의 에스노메소돌로지 연구자인 마이클 린치(Lynch, 1994)는 생태학자의 '도마뱀 서식지 조사'에 관한 사례 등을 들면서 생태학자가 그 실천 속에서 어떻게 대상에 표식을 하고 구조화하는지를 기술하였다.

먼저 생태학자에게 필요한 것은 어떤 지역에 서식하는 도마뱀의 몇몇 개체를 식별하는 일이다. 그 일을 하기 위해서 생태학자는 어떤 도마뱀은 앞다리의 두 번째 발가락과 뒷다리의 첫 번째 발가락을 자르는 등 개체에 따라 발가락의 자르는 부위를 다르게 해서 각 개체를 식별 가능한 것으로 만든다. 그런 후에 어떤 시간 간격으로 도마뱀을 포획해서 그 개체를 식별한다. 한데 그렇다 해도 그 포획한 장소를 어떻게 기술할 것인지가 문제로 남는다. 즉, '자연계'에는 번지가 표시되어 있지 않기 때문에 포획 장소를 기록할 수가 없다. 그래서 도마뱀의 서식 지역에 말뚝을 규칙적으로 박아서 환경 안에 '좌표계'를 디자인하고 이것으로 이윽고 도마뱀의 서식지 조사 준비를 갖추게 된다. 이러한 상태에서 도마뱀을 몇 마리씩 정기적으로 포획해서 발가락의 자른 부위로 식별된 개체명과 말뚝으로 표시되는 포획 위치를 역시 말뚝의 규칙적인 배치를 묘사한 그림 위에 덧그린다. 이처럼 해서 여러 마리 도마뱀 각각의 서식 지역을 그림상의 좌표계라는 '표현'으로 나타낼 수 있다.

이 생물학적 연구에서 도마뱀의 각 개체는 식별할 수 있도록, 즉 연구자에게 보이도록 가공되어 있다. 도마뱀이 서식하는 환경도 규칙적으로 박혀 있는 말뚝에 의해서 관찰 가능하도록 구조화되어 있다. 이러한 환경에의 표식marking, 강조highlighting에 의해서 대상이 보이게 되고 표현 가능하게 된 것은 조사한 당사자들뿐만이 아니다. 대상을 '그림'이라는 형태로 표현함으로써 과학 실천으로서 사회적으로 유통할 수 있는 혹은 사회적으로 관찰 가능한, 측정 가능한(객관적) 대상으로 만든 것이다.

이렇게 과학적 실천에서 연구자는 끊임없이 환경과 대상, 어떤 사태에 표식을 함으로써 그것을 부각시키고 지각의 필드를 구조화하고 디자인하고 있다. 즉, 지각이란 환경과 표현을 디자인하는 것을 통해서 지각의 필드를 조직화하고, 동시에 이를 사회적으로 관찰 가능하게 하는 실천에 묻혀 있다고 할 수 있다.

그런데 방금 예로 든 도마뱀의 서식 지역에 대한 연구 사례의 경우, 도대체 '자연계'에 실재하는 오리지널한 대상이란 어떠한 것일까? 좌표계가 달린 그림에 표현된 것을 '원래 있던 자연의 대상'을 그림상에 사상寫象한 것이라고 말할 수 있을까. 여기서 내가 문제로 삼고 싶은 것은 '실재'와 '표현'을 명확하게 구별하는 이원론이다. 혹은 '표현'을 실재의 어떤 반영이라거나 필드를 통해서 보는 것이라는 관점이다.

그런데 앞에서 본 것처럼 '도마뱀 연구'에서 도마뱀의 각 개체는 식별할 수 있도록, 즉 연구자에게 보이도록 가공되어 있었다. 그리고 도마뱀이 생식하는 환경도 규칙적으로 박힌 말뚝에 의해서 비로소 모습을 드러내도록 구조화되어 있었다. 즉, 그림상에 표현된 도마뱀이란 '순수한 자연의 오리지널'의 복제라기보다는 생물학자들에게 관찰 가능하게 된 '문화적 대상object' 이 아닐까.

'돈으로 살 수 없는 것이 있다'라는 말이 있다. 그러나 이러한 시점이 말하는 것은 '돈'이라는 인공물이 있고 나서야 비로소 특정할 수 있는 '대상'이다. 돈 없이는 이런 표현 자체가 애당초 불가능하다. 즉, 돈으로 살 수 없는 것이 처음부터 있는 것이 아니라 돈이라는 인공물이 있음으로 인해서 돈으로 살 수 없는 '오리지널의 대상'이 초점의 대상이 되고highlight, 경계 지워지고, 관찰할 수 있도록 조직화된다.

생물학자에게 '도마뱀'도 그러한 것이 아닐까. 도마뱀 각 개체와 그 서식 지역은 측정 가능하게 되어 좌표계가 붙어 있는 그림상에 표현할 수 있게 되고 그 윤곽, 단위와 '경계'가 명료하게 되어 그 '오리지널이 아닌' 표현이라는 인공물 덕분에 비로소 '오리지널의 자연 대상'을 형태 지을 수 있게 된 것은 아닐까.

어떤 학문 영역에도 해당되는 이야기인데, 연구 방법과 연구 대상, 구성 개념과 관찰되는 사실은 불가분이다. 댄징거(Danziger 1990)는 '지능'과 '동기'와 같은 심리학적 카테고리와 심리학적 현실은 짝으로 이루어져 있어서 카테고리와 독립된 객관적인 심리학적 현실은 존재하지 않는다는 것을 심리학 용어의 역사적 변천사를 짚어 봄으로써 예증하였다.

이러한 관점에 따른다면 '학습'이라는 개념은 그것 자체가 우리의 시선을 조정하고 어떤 관찰을 조직하고 많은 요소들의 조합과 무한의 해석 가능성 중에서 어떤 사실을 선택시키는 대상화objectivization의 장치라고 볼 수 있다. '학습(주류 심리학에서 상정한 학습)'이라는 개념은 '배우는 개인', '바뀌어야 할 개인'이라는 '인간상'을 대상화하고 관찰 가능하게 하지만 그것 이외는 감춘다.

이러한 대상화와 현실이 관찰되는 방식과의 관계의 전형적인 예를 전반적 발달장애PDD: Pervasive Developmental Disorder라는 증상명을 살펴봄으로써 탐구해 보기로 하자. PDD는 이른바 자폐증을 포함한 증상을 일컫는 용어로 '사회성과 의사소통의 발달이 정상이 아니고 흥미, 관심의 범위가 좁고 반복 행동과 상상력의 미발달 등의 특징을 가진 장애'라고 정의되어 있다. 이 증상의 발생률은 인구의 0.5~0.7퍼센트이다.

그런데 1943년, 미국의 아동정신과 의사인 레오 카나는 PDD 증상을 보이는 아동을 '조기 유아 자폐증'이라고 이름 붙이고 부모의 애정 부족에 기인하는 종합 실조증이라고 특정하였다. 다음해인 1944년, 호주의 소아과 의사인 한스 아스베르카는 이를 소아기의 자폐증적 정신병질이라고 명명하였다. 1960년대에 들어와서 뇌 기능 연구가 시작되고 1970년대에 들어서야 이 증상을 뇌 기능 장애 및 뇌 기질성 장애에 기인하는 것으로, '선천적인 장애'로 보는 이론이 일반화되었다. 즉, '부모의 애정 부족'에서 '선천적인 뇌 기질성 장애'로 바뀐 것이다.

여기서 명명된 대상이 선택되고, 명칭이 바뀌고, 관찰의 테크놀로지가 변화하고, 관찰의 대상도 발생의 기제도 변화한 것에 주목할 필요가 있다. 변화한 것은 아이들이 아니라 어디까지나 관찰의 테크놀로지이고 시점이다.

이와 같이 '심리학'처럼 개인의 정신 작용을 기술하는 것은 있는 그대로의 현상을 기술하는 것이 아니라 다수 존재하는 다양한 요소 중 뭔가를 취하고 뭔가를 무시하는 관찰을 실천하는 것에 다름없다. 즉, 정신이란 단지 개인 안의 심리학적인 사상事象이라기보다 어떤 특정한 요소를 선택적으로 관찰함으로써 사회-문화적으로 성립하는 사태라고 봐야 한다. 그것은 결코 단순한 '개인 내'의 문제가 아니다. 관측자의 위치까지 포함한 전체성의 출현이다.

'학습' 또한 학습을 가시화하는 실천을 통해서만 존재한다. 말을 바꾸면 학습은 학습을 구성하는 실천으로부터 비로소 출현한다. 이것이 학습의 기본적인 존재 양식이다.

## 학습은 문화적 실천이다

별자리와 같은 '자연현상'을 잘라내는 관측 장치가 복수로 존재하는 것처럼, 학습을 잘라 내는 실천 또한 복수로 존재한다. 예를 들어 엄마가 아이와 상호작용하면서 아이의 지적 발달이 출현하고, 도제가 수행하는 일터에서는 스승과 제자, 신참자와 고참의 상호작용 속에서 제자가 '한 사람 몫을 해내는 사람이 되었다'는 것이 가시화된다. 그리고 교사와 학생의 상호작용을 통해서 '학교화된 학습schooled learning'이 구성된다.

다른 관측 장치가 다른 자연현상을 출현시키듯이, 실천에 의해서 구성되는 '학습'은 다종 다양할 수 있다. 예를 들면 학교와 일터에서는 개인의 똑같은 변화가 다르게 다루어지는 경우도 있다. 즉, 학교에서는 교사가 가르친 것을 정확하게 반복할 수 있으면 '학습'으로 승인받지만, 직장에서는 똑같은 것이 응용력과 유연성의 결여(즉, 학습의 실패 혹은 부전)로 취급받을 수 있다.

학습을 구성하는 실천에서 무엇이 학습이고 무엇이 학습이 아닌지(때로는 무엇이 좋은 학습이고 무엇이 나쁜 학습인지)에 대한 결정이 수행되고 있다고 해도 좋을 것이다(그 수행이 그 실천을 성립시키고 있다고도 말할 수 있다). 그 결정 방법은, 그 결정이 한참 수행되고 있는 동안에는 사람들에 의해서 의식되지 않는다.

그러나 그 방법에 관해 "좀 말해 주세요"라고 요구를 받았을 때, 그 방법은 학습 가시화의 규칙으로서 그 언설(말) 속에 나타난다. 예를 들어 도제가 배우는 도자기 굽는 일터에서는 "머리로 생각하지 말고 몸으로 익히지 않으면 아무것도 배울 수가 없어!!" "바람 소리와 대화하고 가마와 대화해야 하느니라!!" "여기는 학교가 아니니까 무작정 흉내 내서는 안 되는 거야!"와 같은 언설에 의해서 도제 제도에서의 학습 가시화 규칙이 가시화된다. 이러한 언설들도 이른바 '교육 언설' 중 하나이다.

교육 언설은 어떤 실천에 의해서 이루어지는 '학습의 가시화' 방법을 언급함으로써 그 규칙을 가시화한 상태에서 그 정당성, 우월성(예를 들면 일터에서 배우는 것이 학교에서 배우는 것보다 낫다) 그리고 때로는 결점을 말하는 것을 통해 그 실천을 유지/변화시키는 언설이다. 예를 들면 도제 방식에서 언설은 도제적 시점으로 학습을 판단하는 것의 정당성을 제시하고 그것을 유지하는 효과를 갖는다.

한편 "지금은 기술 같은 것 말해도 소용없다. 이치로 따져 나가서 납득시키지 않으면 안 된다"와 같은 언설도 가능하다. 이 언설은 도제 제도의 학습 가시화 규칙에 대해서 변경을 재촉하는 효과를 갖는다. 여기서 '유지'와 '변경'의 언설은 함께 도제 제도의 교육 언설의 동전의 앞뒷면이다. 중요한 것은 교육 언설 안으로 가져옴으로 인해 비로소 학습을 가시화하는 '규칙'이 '규칙'으로서 나타나 조작이 가능하게 된다.

원리적으로는 교육 언설이 없더라도 어떤 행위를 학습으로서 구성해 가는 실천이 수행 가능하지만 가시화된 학습에 관해서 말하는 것, 예를 들어 그 학습이 가치를 갖는지에 대한 판단, 평가, 학습의 가시화의 방식에 관한 이의신청 등은 교육 언설을 매개해서 수행하는 것밖에 방법이 없다.

우리는 일상생활 속에서 학습이 이루어지는 모습을 눈으로 보고 다양한 장면에서 학습에 관해서 특별한 곤란을 느끼지 않고 말한다. 그렇게할 때 우리가 손으로 잡은 듯 느끼고 있는 학습은 소박하게 실재하는 행위의 변화가 아니다. 그때 우리가 말하고 있는 학습은 '학습을 가시화하는 실천'과 '그 실천을 말하는 실천(교육 언설)'의 협동을 통해 만들어지는것이다.

교실에서와 같은 제도적인 학습 장면에서조차도 '과제'는 어떤 특정한 방식으로서 '과제'가 되고, 학습자도 그런 식으로 '학습자'가 된다고 할 수 있다. 필드워크 장면을 하나 소개해 보겠다. 초등학교 4학년 수학 시간에 도형의 정의를 공부하면서 아이들은 삼각형 형태의 색종이로 어떤 모양을 만드는 과제를 수행하고 있다. 마음에 드는 모양이 완성되면 손을 들어 교사를 부른다. 교사가 완성된 모양을 확인한 후 B5 크기의 종이를 건네면, 아이들은 거기에 자신이 만든 작품을 붙여서 제출한다.

이 수업을 관찰하던 나는 서서히 아이들의 손이 올라가는 것을 보앉다. 자신만만하게 힘차게 손을 들어올리는 아이들 속에 끝까지 손을 들지 않는 한 아이가 눈에 들어왔다. 주위 친구들은 종이에 자신의 작품을 채워 가고 있는데 이 친구만 아직도 만드는 중이다.

여기서 우리는 어떤 일에 열중해서 무언가를 달성하는 아이들의 모습을 '객관적'으로 관찰할 수 있다. 무엇인가를 달성하는 속도도 보인다. 또한 아이들 작품의 창의성 유무와 잘 되었는지의 여부도 볼 수 있다. 그런데 여기서 문득 이런 물음을 던져 보았다. 우리는 객관적 사실로서 아이의 능력을 눈앞에 두고 있는 것일까? 우리가 관찰하고 있는 것은 아동 내부에서 일어나는 학습의 모습일까? 혹 우리는 아이 '내부'에 붙박여 있다고 생각되는 소위 '능력'과 '능력차'라는 것을 가시화시키기 위해 '외부'에서 부단히 뭔가를 하고 있는 것은 아닐까? 왜냐하면 여기서 관찰된 아이들의 '내부 모습(예컨대 능력)'은 실은 바깥의 '수업 디자인'과 불가분의 관계를 맺고 있기 때문이다.

만약 과제를 완성하면 손을 드는 것이 아니라 시간을 정해서 동시에 과제를 회수하는 수업 디자인이라면, 아이들 사이의 작업 속도 차이라는 현실과 끝까지 손을 들지 않는 아이의 모습은 실재하지 않았을 것이다. 또 아이들에게 개별 작업을 시켜 일 대 일로 지도하는 경우나 반에서 통틀어 한 장만 만들어 내는 수업 디자인의 경우도 그러했을 것이다.

이러한 시각은 '수업 디자인'과 '아이의 능력'에 관한 흥미로운 관계를 시사한다. 즉, 교사의 눈앞에 있는 아이가 예컨대 '공부를 잘하는 아이인가, 못하는 아이인가' 하는 것은 아이가 내부에 갖고 있는, 즉 원래부터 갖고 있는 개체의 속성이 아니라 특정한 수업 디자인과의 관계 속에서 비로소 우리 눈앞에 모습을 드러내는 것이라는 점이다.

이처럼 수업 디자인이란 단순히 수업 교재와 과제, 목표 설정에 그치지 않고 '아이를 어떤 존재로 만들고 다룰 것인가' 하는 일종의 정체성의 디자인인 것이다. 즉, 학습 환경을 디자인하는 것은 '아이를 어떠한 존재로 다루고 싶은가?' 그리고 '어떤 존재로 만들고 싶은가?'라는, 지극히 사회 문화적인 의사결정의 과정을 내장한다.

예컨대 단순히 읽고 쓰고 셈하는 능력만을 '학력學力'으로 정의한다면 학력을 촉진하기 위해서는 지식을 주입하고 그것이 아이 내부에 제대로 정착되었는지를 알아보는 수업 디자인을 구성할 필요가 있을 것이다. 즉, 아이 내부에 있다고 여기는 '학력'이라는 것을 가시화시키기 위해서는 아이의 '내면'을 들여다보는 것이 아니라 역설적으로 아이의 '바깥', 즉 특정한 관찰 테크놀로지(예컨대 다음과 같은 말하기 방식. 교사: 지금 몇 시입니까? 학생: 10시 50분입니다. 교사: 참 잘했어요!)를 사용한 수업 디자인을 구성하면 된다. 이 경우 아이는 필연적으로 학력을 담고 있는 '그릇'으로서 다루어지게 될 것이다.

아이가 '내부'에 갖고 있다고 보는 학력을 가시화시키기 위해서 이러한 관찰의 테크놀로지 외에 또 무엇이 필요할까? 아이의 학력이 어느 정도인가를 사람들이 알고 싶은 '마음'이 생길 거니까 푸코 식으로 말하자면 '장부', 즉 '성적표'라는 사회 역사적 인공물artifact이 필요할 것이다. 그리고 그 성적표가 제대로 기능하기 위한 또 다른 사회 역사적 인공물인 '평균', '분산', '표준편차'와 같은 도구도 필요하겠다. 따라서 공부를 잘하느냐 못하느냐, 누가 우수하고 누가 뒤처지느냐라는 '마음'이 만연한 현대 한국의 교실은 원래부터 그랬던 것이 아니라 이러한 여러 사회 역사적 인공물에 힘입은, 근대 이후에 만들어진 '디자인된 현실' 덕분에 생겨난 것이다. 그리고 그 디자인된 현실 덕분에 학교가 없었던 시대의 '개인'과는 다른 종류의 '개인'도 탄생되게 된 것이다.

유럽에 유학하고 있는 어느 한국인 여고생이 교실에서 느낀 이질감의 정체도 그녀가 현대 한국의 교실과는 다른 디자인된 현실에 살고 있음에 연유하는 것이라고 볼 수 있겠다.

선생님이 성적표를 나눠 주기 위해 학생 이름을 한 명씩 부릅니다. 성적표를 받아 든 학생 대부분이 성적표를 보곤 (만족스럽다는 듯이) 박수를 치고 환호성을 지릅니다. 유럽에서 공부 중인 우리나라 여고생이 전하는 한 교실의 풍경입니다. 처음엔 겨우 두세 개만 틀려도 시험을 잘 못 봤다며 유럽 친구들 앞에서 울상을 짓다가 거의 왕따 수준의 공격을 받을 뻔했던 한국 여고생은 이제 그들을 이해하는 눈치입니다.

한국인 여고생이 재학 중인 유럽의 어느 학교에도 '성적표'는 확실히 존재한다. 그런데 모르긴 해도 그 성적표에는 '점수'는 나와 있되 '반 석차'나 '전교 석차' 같은, 우리에게 익숙한 사회 역사적 인공물이 포진되어 있지는 않을 것이다. 그 도구는 나와 다른 사람을 비교하기 위하여 사용하는 것인데, 그러한 것들이 없다 보니 대부분의 학생들이 자신의 성적표를 보고 박수를 치고 환호성을 지르는 것도 무리는 아닐 듯싶다. 울상을 짓는 것에서 그들을 이해하는 듯 바뀐 한국인 여고생. 시간이 좀 걸리긴 했지만 A라는 디자인된 현실에서 B라는 디자인된 현실로 갈아타기를 통해서 얻은 성과가 아닐까?

이처럼 '학습'이라는 정지 사진이 우리 눈에 보이는 배경에는 그것을 위한 '복잡'한 장면의 사회적 조직화가 반드시 있다. 나는 학습을 논할 때 '학습은 행위의 반복에 의해서 필연적으로 일어나는 개인의 변화'라는 학습의 '소박실체론'을 일단 정지하고, 학습을 도구와 타자와 같은 여러 가지 것들의 참조에 의해서 사회적으로 가시화되는=실체화되는 사회적 구축물이라는 설명을 채용한다. 이것은 학습이 행위의 반복에 수반되는 현상이라는, 교육학 연구자뿐만 아니라 일반인들 사이에 광범위하게 유통되고 있는 자명시된 사고를 일단 정지하는 과감한 시도이기도 하다.

## 국소성과 보편성의 변증법

《상황학습론》이라는 책은 고작 140페이지밖에 되지 않지만, 영어를 모국어로 쓰는 사람에게조차도 번역서가 필요하다고 할 정도로 난해한 것으로 정평이 나 있다.

2008년 9월, '상황학습론'의 사상적 원류 중 하나이기도 한 비고츠키의 사상을 논하는 '세계 비고츠키 학회'가 미국 캘리포니아 주립대학교 샌디에이고 캠퍼스에서 열렸다. 이때 나도 발표자로서 참가했는데, 그때 발표한 주제가 바로 이 '상황학습론'에 관해서였다. 내 발표에는 미국, 스웨덴, 일본, 핀란드, 영국에서 온 연구자들이 참여했는데 예상 외로 내 이야기를 아주 열심히 경청해 주었다. 발표가 끝나고 미국인 연구자가 다음과 같이 내 연구 발표에 대한 소감을 들려주었다.

레이브와 웽거가 쓴《상황학습론》책이 너무 어려워서 읽다가 도중에 포기하고 말았는데, 오늘 박 박사님 이야기를 듣다 보니 다시 한번 그 책에 도전해 보고 싶은 생각이 들었습니다. 혹시 가능하면 당신이 '상황학습론'에 관해 갖고 있는 생각을 영어로 번역해 줄 수 있겠습니까?

영어를 모국어로 사용하는 사람이 이렇게 이야기한다는 점에서, 이 책의 난해함의 원천이 언어의 문제가 아니라 사상이 가진 고유한 난해함에서 유래한다고 보는 편이 합리적일 것이다.

그럼에도 내가 이 난해한 책에 끌린 가장 큰 이유는 저자들이 철저히 자신들의 삶의 '국소성'에 천착하고 있다는 것이었다. 자신이 몸담은 제도 혹은 몸담고 있었던 제도가 일견 보편적이고 가치중립적으로 보일지라도, 그런 당연함과 자연스러움에 안주하지 않고 그 제도의 역사성, 더불어 말하자면 국소성 혹은 특수성을 밝히는 것에 무엇보다도 지적 에너지를 쏟아붓고 있다는 점에 무척 끌렸다.

이런 이유로 가장 친숙하고 가까이 있는 것을 당연한 것으로 그냥 지나치지 않고 낯설게 보는 작업, 이 작업은 아주 중요한 일이다. 레이브는 예컨대 도제라는 것이 역사적으로 만들어진 제도이고, 그 제도라는 공간에서 사용하는 '말' 혹은 '화법' 그리고 '사고 회로'가 얼마큼 국소적이고 특수한지를 밝히는 데 천착한다. 그런 작업을 통해서야 비로소 그 제도 공간 안에서 삶을 영위하는 사람들의 사고 회로와 그들이 당연한 듯 즐겨 사용하는 어휘 꾸러미가 가진 폐쇄성과 한계를 자각할 수 있었을 것이다.

학교에서 이루어지는 학습에서는 언어와 기호 조작을 연습하는 것이 주가 되고 무엇보다도 효율성을 추구한다. 이에 따라 학교화된 학습schooled learning은 연습한 해법의 기계적인 적용으로 내달리기 십상이어서 일견 아주 그럴듯해 보이지만 난센스한 대답이 일어나기 십상이다.

심리학자 레즈닉(Resnick, 1987)이 초등학교 4학년 학생들의 토론을 통한 공동 문제 해결 학습 장면에서 관찰한 예도 학교화된 학습의 뒤틀림을 잘 보여주고 있다. 그 장면에서 아이들에게 부여된 문제는 "아이스크림 한 개 가격은 60센트입니다. 그것을 사려고 수중에 돈이 얼마 있는가 보니 25센트 동전 한 개, 10센트 동전 한 개 그리고 1센트 동전이 두 개 있었습니다. 자 그러면 아이스크림을 사기 위해서는 얼마나 더 필요할까요?"였다.

만약 일상에서 이러한 문제 장면을 만나면 어딘가에 25센트짜리 동전이 하나 없는가 하고 (혹은 10센트 동전과 5센트 동전이 없는가 하고) 호주머니나 서랍 등을 찾아보는 것이 보통일 것이다. 그러나 이 문제는 학교 수업 장면에서 나왔기 때문에 산수 계산 문제로 볼 수 있다. 실제로 통상의 산수 테스트 성적이 그룹 중에서 가장 좋은 여자아이가 이를 산수의 뺄셈 문제로 보고 재빠르게 머릿속에서 암산해서 "정답은 23이야!"라고 외쳤다.

한데 그 밖의 아이들은 이 문제를 '일상 장면'의 문제(아이스크림을 구입하기 위해 필요한 동전을 찾는 문제)로 생각하고 있었기 때문에 이 여자아이의 대답을 무시했다. 그러고서 이 아이들의 결론이 "수중에 있는 1센트 동전 두 개를 무시하면 25센트짜리가 하나 필요하다"라고 나왔을 때, 산수 성적이 좋은 그 여자아이는 자신의 대답을 포기하지 않고 "그 25센트 동전을 더 작은 동전으로 바꾸면 되잖아!"라고 계속 주장했다. 즉, "새로운 25센트 동전을 작은 동전으로 바꾸고 거기서 23센트만 사용해서 원래 있던 37센트에 보태 아이스크림을 사면" 된다고 주장한 것이다. 실생활에서 아이스크림을 사는데 이러한 복잡 기괴한(그래서 멍청한) 방법을 쓰는 사람은 일단 없을 것이다.

그러나 학교화된 학습에 물들게 되면 이러한 해법을 이상하게 생각하지 않게 된다. 말을 바꾸면 이 사례는 학교화된 학습schooled learning에서는 문제의 장르를 일단 나누고(이것은 산수 문제, 이것은 과학의 혼합 문제 등으로) 그 장르에 맞는 해법 이외는 생각하지 않게 됨을 잘 보여준다. 하나의 문제를 여러 각도에서 조망하고 장면에 유연하게 대응할 수 없게 된다고 할 수 있을 것이다. 언어는 우리를 유폐하고 있는 우리이다. 당연한 말이지만 자신이 우리에 유폐되어 있다는 것을 모르는 사람은 결코 우리에서 나올 수 없다. 그/그녀의 눈에는 쇠창살이 '세계의 끝'이고 쇠창살 앞까지가 세계의 전부이기 때문이다. 그는 그 세계 안에서는 100퍼센트 자유를 만끽할 수 있다. 자신을 '언어의 주인'이라고 믿음으로써 사람은 '언어의 포로'가 된다. 혹은 '언어의 포로'가 되는 것을 대가로 '언어의 주인'이라는 꿈을 살 수 있다.

그러므로 '국소성'에 천착한다는 것은 자신이 어떤 언어의 우리 속에 살고 있음을 자각할 수 있는 지평으로 열릴 가능성을 품고 있다. 시각角과 시야野의 구속에서 벗어나고자 하는 심중의 바람을 이해할 수는 있으나, 인간됨의 도리 속에서 살아가고 볼 수밖에 없는 우리 인간으로서는 이러한 바람을 성급하게 성취하려고 욕심을 내지 말아야 할 것이다.

특정한 입장을 갖지 않으면 '상'이 맺히지 않는다. 그러니 마음을 비우면 세상을 객관적으로 볼 수 있는 것이 아니라 아무것도 볼 수가 없게 된다. 그런데 입장을 갖는 순간 '상'은 일그러져서 보이게 마련이다. 예컨대 학교에서 사용하는 어휘 꾸러미와 사고 회로는 이처럼 세상을 일그러져 보이게 하는 데 한몫한다. 나는 일그러져 보이는 것이 나쁘다고 이야기하는 것이 아니다. 인간의 시각이 숙명적으로 그럴 수밖에 없다는 것을 말하는 것뿐이다.

입장은 그 자체 하나의 딜레마로서 나타난다. "입장에 구속되어 있음을 아는 것은 입장을 얻는 노고의 진정한 가치 가운데 하나"라는 말도 같은 의미이다. 이는 입장을 얻지 못하면 아예 볼 수도 없고 따라서 딜레마조차 생기지 않지만, 입장을 얻고 나면 그 입장에 구속된 시각과 시야에만 충실할 수밖에 없다는 진퇴양난을 가리킨다(김영민, 1996). 그런데 수학자가 유한에 대한 철저한 자각에서 무한을 창조한 것처럼, 자신이 보고 있는 시좌로부터는 세계의 어떤 측면aspect밖에 보이지 않는다는 지적인 절도가 있는 겸허한 자각이야말로 다름 아닌 보편성을 그려 낼 수 있는 초석이 될 수 있다.

왜냐하면 자신이 경험하고 있는 세계가 어디까지나 국소적local이라는 사실을 알고 있으면, 그것과는 다른 국소적인 포지션으로도 세계를 볼 기회가 도래하기 때문이다. 그리고 각각의 시좌로부터는 국소적인, 한쪽으로 치우친 세계밖에 보이지 않지만 그것이 복수로 모이면 '보편성'에 접근할 수 있는 길이 열리게 된다. 자신의 시점은 국소적인 것에 지나지 않는다. 자신이 사용하는 어휘 꾸러미도 사고의 회로도 특수한 것에 지나지 않아서 보편성과 일반성을 요구할 수 없다. 이런 사실을 알면 그만큼 '그것 이외의 말'과 '그것 이외의 사고 회로'가 있다는 점을 자각하고 그것에 한걸음 다가갈 수 있는 가능성이 열린다.

레이브와 웽거는 학교 바깥의 세계, 예를 들면 라이베리아의 양복점에서 일하는 도제와 장인, 유카탄 반도의 학교 교육을 받은 적이 없는 산파들, 브라질 거리에서 관광객들에게 사탕을 파는 문맹의 아이들이라는 포지션에서 학습이 어떻게 정의되는가를 탐구하였다. 이러한 어디까지나 '국소성'에 천착하는 탐구 자세는 결과적으로 '학교'라는 사회에서 이루어지는 '학습'이 보편적인 것이 아니라 '특수'하다는 것을 밝히는 원동력이 되었다. 나아가 그런 여러 제도 공간의 국소성에 천착한 연구를 통해 그들이 창조한 것이 바로 '학습의 보편적 특질인' '학습은 문화적 실천에의 참가'라는 키워드를 골자로 하는 이른바 '상황학습론'이었다.

레이브와 웽거는 도제를 비롯한 여러 학교 바깥 세계에서 사람들의 삶을 장기간 필드워크하면서 그 복잡하고 다양한 삶의 모습을 많은 이들이 속수무책으로 묶여 있는 '주류 심리학의 학습관'으로는 담아 낼 수 없다고 생각하고, '학습은 문화적 실천Cultural Practice에의 참가'라는 보편적 명제를 창조하였다.

여기서 말하는 '주류 심리학의 학습관'이란 '학습이란 개인이 지식을 획득하여 그것을 내면화하는 작업'이라고도 정의할 수 있다. 물론 이런 학습관은 학교 학습관이라고 바꾸어 말해도 무방할 정도로 '학교 교육'에서 재생산되는 '학습관'이기도 하다. 이런 '학교 학습관'에 힘입어 장삼이사들도 전혀 위화감 없이 '주류 심리학의 학습관'을 복화하고 있다.

레이브는 학교 바깥, 예를 들면 도제 제도와 같은 국소local에서의 필드워크를 통해 얻은 아이디어에 기초해서 학교 교육을 고쳐 볼 수 있는 시점을 우리에게 제공한다. 즉, 학교 교육 또한 일터에서의 학습과 마찬가지로 '문화적 실천에의 참가'로 보자는 시점 말이다.

어디까지나 국소성에 천착하는 연구를 통해 레이브와 웽거는 '학습'에 대한 새로운 보편적 이론을 만들어 냈다. '학습은 특정한 문화적 실천에의 참가'라는 '학습'에 관한 보편적 시점을 받아들이게 되었을 때, '학교 교육' 그리고 '학교화된 학습'이 어떻게 다르게 보이고 낯설게 보이는지 그리고 그동안 은폐되어 있던 것들이 어떻게 모습을 드러내는지. 이것이 '상황학습론'이 학교 교육에 던지는 중요한 시사점이다.

## 2. 마음에 관한 몇 가지 모델

### 세 가지 로봇 이야기

대니얼 데닛이라는 철학자이자 인지과학자가 쓴 〈인지적 자동차: AI의 프레임 문제Cognitive wheels: The frame problem of AI〉라는 논문은 멍청한 로봇 이야기부터 시작된다(Denett, 1984).

#### 로봇 R1

이 논문에 처음 등장한 R1이라 이름 붙은 로봇에게 그 로봇의 귀중한 에너지원인 예비 배터리가 놓여 있는 방에 시한폭탄이 설치되어 있다는 사실이 고지된다. 자신의 에너지원 고갈이 가까워졌음을 감지했을 때 '방에서 배터리를 꺼내도록' 로봇 R1은 프로그램되어 있다. 로봇 R1은 방을 발견하고 곧바로 방 안에 있는 수레wagon 한 대 위에 배터리가 놓여 있는 것을 확인하였다. 그런데 수레 위에는 시한폭탄도 같이 놓여 있었다. 로봇 R1은 수레를 통째로 바깥으로 가지고 나왔다. 그리고 당연한 이야기지만 방 바깥에서 로봇은 배터리와 함께 폭발했다.

물론 로봇 R1은 시한폭탄이 수레 위에 있다는 것을 알고 있다. 단, 프로그램이 불완전했기 때문에 '수레를 갖고 나오면 배터리와 함께 폭탄도 가지고 나오게 된다'는 사실을 이해하지 못했다. 그런데 '수레 위의 배터리를 밖으로 가지고 나오거나 수레를 통째로 움직일 때 만약 그 위에 폭탄이 있다면 그것도 함께 나오게 된다'는 것쯤은, 인간에게는 굳이 가르칠 필요가 없는 지식일 것이다. 그러나 로봇은 모든 것을 1부터 가르치지 않으면 안 된다. 문제는 이러한 '당연한 일'을 로봇에게 어떻게 가르칠 것인가이다.

## 로봇 R1D1

처음의 실패 원인을 면밀하게 분석한 로봇 설계자는 로봇 R1의 지성에 결여된 것이 '자신이 의도한 것에 동반하여 환경에서 일어나는 부차적인 결과를 인식하는 것'임을 깨달았다. 그래서 행위의 직접적인 결과뿐만 아니라 그 결과, 환경에 부차적으로 일어나는 것에 관해서도 추론할 수 있도록 로봇 R1의 프로그램을 개조한다. 그렇게 로봇 R1D1이 탄생한다.

탄생 직후 로봇 R1D1은 프로그램에 따라서 자신의 에너지원 고갈이 가까워졌음을 감지하면 '방에서 배터리를 가지고 나오기' 위해 곧바로 방 안으로 들어가서 수레 앞에서 추론하기 시작했다. 즉, 부차적인 결과를 연역하기 시작한 것이다. "수레를 바깥으로 갖고 나가면 차바퀴가 회전한다", "수레를 끄집어내면 소리가 난다", "수레를 끄집어내도 방 색깔은 바뀌지 않는다", "수레를…." 이런 식으로 수레를 바깥으로 가져 나오는 것에 동반해서 환경에서 일어날 부차적 결과에 관해 계속 생각했다. 그러던 와중에 방 안의 시한폭탄이 폭발해 버렸다.

설계자는 이 실패로부터 행위에 동반되는 모든 부차적인 결과에 관해서 추론하다 보면 시간이 아무리 있어도 부족하다는 것을 자각했다. 그래서 한 가지 아이디어를 떠올렸다. 그는 "그럼 로봇에게 목적으로 하고 있는 행위와 관계가 있는 결과와 관계가 없는 결과의 구별을 가르쳐서 관계가 없는 것은 무시하도록 하면 되겠다"라고 생각했다. 이번에는 로봇 R2D1이 탄생한다.

### 로봇 R2D1

똑같은 상황에 이 최신 로봇을 투입해 보았다. 그런데 설계자가 공들여 만든 로봇 R2D1은 전혀 움직이지 않았다. 답답한 나머지 설계자는 로봇 R2D1에게 '무엇을 하고 있는지' 물어보았다. 그러자 로봇 R2D1은 화를 내며 대답하였다. "조용히 해라. 나는 앞으로 내가 하려고 하는 일과 관계가 없는 것을 찾아서 그것을 일일이 무시하느라 엄청 바쁘거든. 이래 저래 계산해 보니 관계가 없는 것이 너무나도 많은 것 같다."

최신 로봇 R2D1이 실제 움직이기 전에 방 어딘가에서 폭발음이 들렸다.

## 신경 현상으로서의 마음

위에서 예로 든 '멍청한 로봇 세 대 이야기'는 마음=신경 현상으로 보는 전제에 서 있다고 할 수 있다.

신경과학자 프랜시스 크릭은 "당신은 한 무리의 뉴런에 지나지 않는다You're nothing but a pack of neurous"(Crick, 1989)라고 말했다. 마음이 '신경 현상'이라는 생각이 아마 현재도 가장 많은 사람의 지지를 받고 있을 것이다. 돌과 같은 무생물에는 신경이 없고, 식물과 균류에도 신경이 없다. 최근에는 식물과 균류가 매우 고도로 복잡한 지성을 갖고 있음을 밝히는 연구도 있긴 하지만, 그러한 것에 '마음'과 '의식'이 있다고 생각하는 이는 소수이다.

20세기 전반부터 뇌와 신경에 대한 해부와 이해가 서서히 진행되었다. 1906년에 신경이 비연속적인 시냅스의 자극 전달을 수행한다는 '뉴런설'을 주창한 산티아고 라몬 이 카할Santiago Ramón y Cajal이 노벨 생리학·의학상을 받으면서 신경과학의 시대가 시작되었다. fMRI와 EFG라는 뇌의 계측 기술이 비약적으로 증대한 현재는 크릭 등이 제창하고 실제로 신경과학의 많은 연구가 채용하는 접근 방식을 '의식의 신경 상관NCC: Neural Correlates of Consciousness'(Crick & Kock, 1990)이라 부르고, 신경과학자들은 피험자의 의식 경험과 뇌 내의 신경 활동의 상관관계를 모색하고 의식의 해명을 추구하고 있다.

의식이 뉴런이라는 의미는 무엇일까. 그것은 단지 우리의 감정과 지각 경험에 대해서 뉴런이 발화한다는 생물학적인 사실에만 머물지 않는다. 만약 그러한 단순한 정신적 현상과 생물학적 현상의 동일성을 지적하는 것뿐이라면, 데카르트의 정신과 신체의 합일이라는 주장을 좀 더 상세하게 밝힌 것에 불과하다. 의식에 관한 신경과학의 임팩트는 보다 원리적이고 역사적인 진전이 있었다. 즉, 신경과학을 통한 '마음의 해명'은 새로운 사실의 발명에 머무르지 않고 '마음'에 대한 재정의를 포함하는 것이었다. 그게 무슨 의미일까?

1940년대부터 1950년대에 이르기까지 인간의 뇌와 기계를 유비analogy 관계로 보고, 의식은 기계로서 이해 가능하고 또한 역으로 기계도 의식을 인공적으로 구축할 수 있다는 사상적 운동이 싹트기 시작했다. 폰 노이만과 노버트 위너를 중심으로 계산기 과학과 신경생리학 그리고 심리학과 철학 등 학제적인 연구로 계속적으로 발전한 이러한 운동은 '사이버네틱스cybernetics'라고 불리는 연구 영역을 형성하였다.

1948년, 위너는 '사이버네틱스' 사상의 금자탑이 되는 《사이버네틱스: 동물과 기계의 제어와 커뮤니케이션》을 출간한다. 1950년에는 《인간이 만든 기계의 인간적 활용》을 출간한다. 이러한 저작들에서 위너가 말한 사상(西垣通, 1991)은 생명을 정보의 피드백 시스템을 통한 '제어 기계'로서 다루는 이론 구상이었다. 이는 20세기 의식론에 결정적인 영향을 미친 사상적인 근거가 된다.

위너의 저작이 간행되기 5년 전인 1943년에 신경과학자 워런 매컬록과 수학자 월터 핏츠가 발표한 〈신경 활동에 내재하는 관념의 논리 계산〉(McCulloch & Pitts, 1943)이라는 논문이 있다. 이 논문이야말로 AI 연구를 처음으로 결정 지은 혁명적인 발견이었다. 논문 내용은 아주 단순해서 신경세포가 막전위膜電位에서 전기 펄스의 전도로 정보를 보내는데 그 기준은 어떤 역치閾値에 따라서 전달/비전달이 '전부 vs 무'로 결정하는 0/1의 시스템이고 나아가 뉴런의 네트워크는 명제 논리와 같은 구성을 가질 수 있도록 모델화가 가능하다는 내용이었다. 말을 바꾸면 뇌는 신경세포의 네트워크를 이용해서 명제 논리의 계산을 수행할 수 있다는 것이다.

그들은 흥분했음이 틀림없다. 20세기 초두에 인간의 사고·추론을 형식적으로 그리고 이상적으로 시뮬레이션하기 위해서 창조되었을 논리 명제와 논리 법칙을 그대로 뇌에 실행 가능한 상태로 실제 장착한다는 구상이 나온 것이다. 뇌는 논리 연산을 수행하는 계산 장치이고 생물학적인 기계이다. '마음은 신경이다'라는 마음에 관한 모델이 이렇게 탄생했다고 할 수 있다.

이렇게 해서 우리는 급기야 '마음은 컴퓨터'라는 일견 완벽해 보이는 메타포를 획득하였다. '컴퓨터'라는 은유는 소크라테스 이래 서양철학이 '암묵의 전제'로서 삼았던 메타포와 욕망을 아주 잘 반영하고 있다. 소크라테스의 '제어하는 마음', '정보를 써넣는 장치' 그리고 데카르트의 '사고하는 기계', 파스칼의 '우주를 감싸 안는 슬픔의 절규', 라이프니츠의 디지털 기호로부터 비트겐슈타인에 이르는 논리 명제로 세계를 다 기술한다는 언어의 형식화 프로젝트까지. 이러한 도달점으로서 컴퓨터가 실현되었다. 그리고 보면 컴퓨터의 실현은 기술의 우연적인 진보가 아니라 엄청나게 긴 역사를 가진 인간 욕망의 달성이었다.

그런데 과연 인간의 마음은 컴퓨터일까? 우리의 마음은 '계산하는 기계'와 같은 것일까? 마음을 이해하기 위한 메타포로서 일견 완벽하게 보이는 흐름에 이물異物이 남아 있다. 그것이 또 하나의 흐름, 즉 '주관성이라는 유령'이다.

## 주관성이라는 유령

부드러운 태양이 내리쬐는 남미 칠레의 산티아고. 새들이 지저귀는 소리가 들리는 광장에서 젊은 날의 프란시스코 바렐라는 때때로 웃음을 짓는 청중에게 진지한 시선으로 다음과 같은 질문을 던졌다. "어떻게 우리는 빨간색을 볼 수 있을까요? 거미들은 왜 여덟 개의 다리를 쓰러지지 않고 움직여서 걸을 수 있는 것일까요? 어떻게 해서 우리는 틀리지 않고 손과 손을 맞잡고 악수할 수 있는 것일까요? 이런 프로세스는 나에게는 마법과 같습니다." _ Reichle, 2004.

연구실에서 신경 활동을 관찰하고 컴퓨터로 시뮬레이션하는 이 과학자는 우리가 살아서 활동하는 이러한 경험을 (새로운) '마음 모델'과 연결 지어 계속 생각한다. 단 "마음은 '계산'이 아니다. 마음은 '뇌'가 아니다"라는 말을 혼자서 읊조리면서, 바렐라는 마음은 이 생명의 프로세스부터 발생하고 이 눈앞에 생생하게 펼쳐지는 세계 속에서 '생성'된다고 생각했다.

바렐라에게는 "마음에는 생명이 깃든다"는 직관이 있었다. 그러나 그것은 주류 인지과학과는 역행하는 직관이다. AI 연구를 중심으로 하는 인지과학은 '마음'을 '컴퓨터' 혹은 '계산' 메타포로 이해함으로써 발전해왔고, 따라서 신체와 생명을 필요한 것으로 보기는커녕 오히려 방해되는 존재로 취급했기 때문이다. 그리고 그러한 사상이 21세기 현재에도 이어져 온다고 할 수 있다. AI는 신체와 장소라는 국소적인local 환경에 뿌리를 내리고 사는 존재가 아니다. 우리가 '인공지능'에 바라는 것은 세계를 수치화하고 막대한 데이터를 모아서 순수한 알고리즘이 계산하는 일이다.

'마음은 컴퓨터이다'라는 메타포의 이론적 근거는 마음을 기호적인 '정보 처리 시스템'이라고 이해하는 것이었다. 의식은 외부 세계의 현실을 뇌 내부의 신경세포로 표상한다. 신경세포는 이산적離散的 기호 처리 시스템으로 이를 계산한다. 이러한 '컴퓨터-뇌'의 결탁이 AI 연구로 결실을 보았다.

그러나 기호적인 정보 처리로는 설명할 수 없는 의식의 양상이 있음을 일부 인지과학자와 철학자들은 감지했다. 그것은 물질로서의 뇌에서 빈틈없이 철저히 모습을 드러내지 않는 '주관성이라는 유령'이었다. 아침에 눈을 뜨고 내키지 않은 신체를 억지로 일으켜 세워 세면대에서 얼굴을 씻는다. 베란다에 나가자 봄 햇살이 온몸을 비추고 하늘이 파랗게 펼쳐지고 있다. 바람이 불어서 구름이 천천히 움직이고 있다. 신록의 새잎이 푸릇푸릇하게 자라고 동박새가 울고 있다. 지금 눈앞에서 일어나고 있는 이런 일들은 너무나도 생생한 경험인데, 과연 이것은 복잡한 '뇌의 정보 처리' 결과일까. 컴퓨터에도 충분한 데이터와 연산 규칙을 제공하면 우리와 똑같은 봄의 아침을 체험할 수 있을까?

철학과 인지과학은 이러한 문제를 질감qualia이라고 불렀다. 빨간 사과의 '빨강', 꿀에서 나는 코를 찌르는 독특한 향기, 대나무 죽순을 입에 넣었을 때 나는 은은한 단맛. 다른 그 무엇과도 대체할 수 없는, 어떤 기호로 회수할 수 없는 각각의 존재가 가진 감각. 이 질감이야말로 인지의 본질인 동시에 물질과 의식을 나누는 잃어버린 고리Missing link 아닐까. 설령 컴퓨터가 인간의 신경세포를 전자 소자에 의해 완전히 재현했다고 해도, 애당초 신경 활동이 이러한 질감을 어떻게 느끼는가는 해명할 수 있을까?

철학자 데이비드 차머스는 이것을 의식의 '난제Hard Problem'라고 불렀다. 경험이 물리적인 토대로부터 일어난다는 것에 대해서는 많은 사람이 동의한다. 그러나 왜, 그리고 어떻게 그것이 일어나는지에 대해서는 아무도 제대로 된 설명을 하지 못하고 있다. 도대체 왜 물리적인 프로세스에서 우리의 이토록 '풍부한 내면'이 생기지 않으면 안 되는 것일까. 그렇게 되어야 할 객관적인 이유가 없어 보이는데도, 실제로 그렇게 되고 있다 (Chalmers, 1995).

차머스의 이러한 문제 제기는 데카르트 심신이원론의 현대판이라 해도 좋을 것이다. 우리의 뇌는 틀림없이 물질이면서 동시에 의식 경험의 모체이기도 하다. 물질인 신경세포가 어떤 도약도 없이 이 의식 경험을 발생시킬 수 있을까? 차머스는 '의식에서 경험을 설명하려면 각별한 요소extra ingredient가 필요하다'(Chalmers, 1995)라고 말했다. 'extra ingredient'는 의역하면 '아직 또 하나 부족한 무언가'와 같은 뉘앙스이다. 그 또 하나 extra가 양자역학 혹은 미지의 과학 이론인가…. 여하튼 물질과 의식 사이에는 아직 그것을 연결할 수 없는 결정적인 단절이 있다.

한편으로 뇌 내의 신경 활동에서 각별한 요소를 찾는 과학자와 의식 경험과 신경 활동의 상관관계를 이 잡듯 샅샅이 발견함으로써 의식을 설명하려는 과학자들도 있지만, 다른 한편으로 신경 활동으로부터 의식이 생기는 전제에 아예 서지 않고 먼저 애당초 의식이 주어져 있다는 전제부터 출발하는 철학자들이 있다. 그들은 기본적으로는 의식의 본질을 주관성이라고 생각한다.

대표적인 논자로 철학자 토머스 네이글을 들 수 있다. 네이글은 〈박쥐처럼 되는 것은 어떤 것인가?What it it like to be a bat?〉라는 논고에서 인간처럼 시각 세계를 중심으로 한 의식이 아니라 박쥐와 같은 초음파로 보는(?) 세계를 인간이 외부에서 이해할 수 있을까?라고 질문하며, 박쥐가 내부에서 '어떻게 느끼는가what is it like'를 이해할 수는 없다고 주장하였다(Nagel, 1974).

네이글이 발견한 이 의식 특유의 경험은 '의식의 주관적 성질'로 불리고 나중에 차머스의 '질감 이론'으로 발전하게 되었다. 최근 인지과학에서는 이러한 의식의 주관적인 성질과 관련된 의식을 '현상적 의식 phenomenal consciousness'이라 부르고, 과학의 대상으로서 연구할 수 있는지 없는지 논쟁이 벌어지고 있다.

이 주관성이라는, 인지과학에서 다루기 힘든 '이물'은 유물론적 사상에 대한 저항이기도 하고 기계론적인 의식론에 대한 안티테제이기도 하다. 철학자 길버트 라일은 이러한 기계론적인 의식론의 입장을 취함으로써 드러나고 만 마음을 '기계 속의 유령Ghost in Machine'이라고 불렀다.

그야말로 다루기 힘든 이 의식은 기계라는 물리적인 기술을 통해 이해하려고 하면 할수록 다른 세계의 영=유령으로써 부각된다. 과연 우리에게는 마음을 컴퓨터에 의한 계산 시스템으로 이해하고 동시에 그 유령=망령을 계속 환시하는 것밖에 방법이 없는 것일까?

그런데 이 양극단으로 분열된 마음을 다루는 방식은 요컨대 똑같은 욕망을 버팀목으로 삼고 있다. 즉, 마음에 모든 역할을 짊어지게 하는 일종의 서구적인 욕망이다. 칸트를 평한 윌리엄 제임스의 말을 떠올려 보기로 하자. 한편으로는 모든 것을 혼자 도맡아 하는 합리적인 시스템이고 다른 한편으로는 아무것도 갖지 않는 공허한 상식이다. 칸트가 생각한 '마음'은 종합이라는 프로세스를 실행하는 정보 처리 구조architecture이다. 그러나 그 중심인 '초월론적인 통각'은 실재하는 일이 없다. 20세기의 마음의 사상으로부터 돌아봐서 말하자면 칸트의 마음은 '기계인 동시에 유령'이다.

### 바렐라의 생명을 가진 마음, 양자를 극복하고 통합하는 시점

지금 세상에서 과학은 너무나도 지배적인 힘을 갖고 있어서 신체에 가장 가깝고immediate 직접적direct인 일상 경험을 연구 대상으로 삼을 수 없음에도 불구하고 과학에 세상만사를 설명하는 권위가 부여되어 있다. 그 때문에 많은 사람이 시공간을 소립자 덩어리로 그려 내는 과학 이론을 중대한 진리라고 간주하는 한편, 압도적으로 풍요로운 눈앞의 가장 가까운 경험은 중요하지도 않고 진리로부터 멀리 떨어진 것으로 다루고 있다.

그런데 맑은 날 기분 좋은 행복감에 몸을 맡기고 있을 때나 버스를 따라 잡으려고 황급히 달리면서 온몸의 긴장을 느낄 때, 시공에 관한 이론 같은 것은 추상적이고 이차적인 것으로 뒷전으로 후퇴하고 만다. _ Varela & Thompson, 2017: p. 28.


마음을 컴퓨터의 메타포로 이해하고 뇌에 의한 정보 처리라고 보는 관점이 초기 인지과학의 중심에 있었다. 이러한 20세기의 마음을 설명하는 사상이 마음의 본질을 '언어'·'신경'이라 보고 그것과 동시에 '주관성'이라는 이물을 과학이 어떻게 손댈 수 없는 것으로 배제하였다고 한다면, 프란시스코 바렐라의 사명은 양자를 통합해서 복원하는 것에 있었다고 할 수 있을 것이다.

바렐라의 시점은 마음에 '생명'을 입히는 사상이고 구체적으로는 인지과학에 '주체의 신체성'을 도입하는 것이면서 나아가 현상학과의 협력적인 관계를 재설정하는 것이기도 하다. 예컨대 칸트가 생각한 의식은 인간에 미리 인스톨된 어플리케이션과 같은 것으로 그 의식은 AI라는 인지과학 사상과 공명하는 것이었다.

이에 비해 바렐라는 여기에 현상학을 도입함으로써 의식의 '신체성', '타자성', '환경과의 상호작용'을 염두에 두고 '마음'을 그리려 했다. '단일체'로서 '의식'의 강함(여기서 '강함'이란 말은 의식이 모든 것을 도맡아 처리함을 의미한다)을 배제하면서, 그렇다고 해서 유령과 같은 신비적인 존재자로까지 말소하는 일 없이, 구체적인 경험과 신체를 갖춘 의식인 동시에 신경과학의 대상으로서도 탐구 가능한 의식을 재구성하여 대안적인 인지과학 사상을 구상하였다.

바렐라의 전통적인 인지과학에 대한 불만은 어디에 있었는가? 문제는 단지 인지과학에서 주관성과 '일인칭적'인 자기 주체감을 찾을 수 없다는 사태가 아니다. 왜 주관성이 '유령'과 같은 혹은 '또 하나의 무언가extra ingredient-'(차머스)와 같은 혹은 마지막 비옥秘宝 같은 탐구 대상이 되고 말았던 것일까. 오히려 '주관성'이야말로 의식 경험에서 가장 중요한 것이고 주관성과 자기 체험감을 느끼지 않는 인간 같은 존재는 애당초 없지 않은가?

이 세계는 바로 이 '나'로부터 지각되고 열려 있어서 '나'라는 주체감을 동반하지 않는 의식은 생각할 수 없다. 주관성은 의식의 목표가 아니라 출발 지점이고 저편에 있는 것이 아니라 가장 가까운 거리에 있는 것이다. 문제는 주관성이라는 의식의 대전제가 되는 문제를 대부분의 인지과학이 가장 먼 존재로서 그 탐구 대상으로부터 제외해 버렸다는 것 혹은 제외할 수밖에 없었다는 방법론상의 또는 사상적인 한계에 있다.

이러한 문제는 인지과학 여명기의 문제가 아니라 21세기 현재에도 일어나고 있는 현재진행형 문제다. 예를 들어 최근 의식 연구의 최첨단 실험과 이론을 정리한《우리의 뇌는 어떻게 배우는가How We Learn : The New Science of Education and the Brain》의 저자 스타니슬라스 드앤Stanislas Dehaene은 자기 의식의 문제는 손을 대기 곤란하므로 신경과학은 이것을 연구 대상에서 분리해 측정 가능한 '접근 가능access 의식'만을 대상으로 연구해야 한다고 주장하였다(Dehaene, 2014). 즉, 인지과학이라는 학문에서는 '주관성'이라는 인간의 의식 경험에 가장 자명하게 주어지는 현상이 과학적인 방법론에 의한 탐구 대상으로서는 가장 불가해하고 손이 닿지 않는 대상으로 저편에 놓이게 되는 모순이 존재한다.

그런데 인지과학이 '의식'을 대상으로 한 연구인 한, 우리 의식이 실제로 경험하는 주관성과 자기 감각을 탐구하지 않으면 그것이야말로 본말전도일 것이다. 그 당연한 물음에 정면에서 파고든 이가 바로 바렐라다. 만약 우리의 연구가 '살아 있는 것', '신체화된 경험' 그러한 것에 닿을 수조차 없다고 하면, 도대체 거기에 어떤 가치가 있는 것일까? 마음과 신체를 별개의 연구 대상으로 삼아 버리는, 추상적이고 신체를 잃어버린 시점에 도대체 어떤 의미가 있는 것일까(Varela, 2004)?

우리의 인지 연구의 출발점은 '정보 처리'가 아니다. 생명체의 인지는 세계 안에서 행위하는 신체 그리고 그 상호작용하는 환경과의 관계에서 생성되는 현상이다. 그것을 바렐라는 '신체화된 마음Embodied Mind'이라고 불렀다. 의식을 기호적인 계산이라고 생각하는 한 인지과학은 '경험과 기호의 분리'라는 배리를 영원히 떠안게 된다. 그래서 인지과학은 '경험'과 '과학'이라는 소용돌이 속에 몸을 던져서 연구해야 한다. 그것이 바렐라의 선언이었다.

우리가 지금 사는 것, 이 '나'라는 주체감, 자기 감각을 갖고 세계를 인지하는 것, 그 원점에서 의식을 생각하는 바렐라는 뇌라는 표상에 의한 계산 시스템으로부터 경험을 설명하는 것이 아니라 살아 있는 경험, 바로 거기에 내려서서 그것을 가능하게 하는 생물학적 기반인 신체의 기능과 뇌의 작동을 발견하려는 역전의 발상을 제시하였다. 말을 바꾸면 많은 인지과학자가 뇌와 AI로부터 마음을 이해하려고 하는 것에 비해서 경험과 마음 편에 서서 뇌와 AI를 연구하려고 한 것이다.

## 신체화된 마음

뇌=컴퓨터를 의식의 중심으로 삼는 '인지주의cognitivism'라는 착상. 그것은 서양 사상에서 의식 모델의 연장선상에 인지과학이라는 새로운 무기가 합류해서 만들어진 관점이었다. 그러나 철학에서 현상학이 등장했던 것처럼 인지과학에서도 신체성과 환경과의 관계성을 중시하는 인지과학 연구와 그 사상이 1980년대에 등장해서 2000년대 이후에도 그 중요성이 증가하고 있다. 이 '신체성 인지과학' 사상의 중심에 있던 인물이 바로 바렐라이다.

뇌가 있는 것만으로는 의식이 발생하지 않는다. 신경은 의식의 중요한 기반이기는 하지만, 신경 활동만으로 의식이 일어난다고 하면 우리에게 신체는 필요치 않을 것이다. 신체는 단지 의식의 외피가 아니라 생명-신체야말로 주관적인 의식 경험을 가능케 한다. 실제로 신경계가 고등동물처럼 발달하지 않은 곤충이라도 놀랄 만한 지성을 발휘한다. 벌들은 집단으로 춤을 추고 개미들은 페로몬으로 고도의 언어 코드를 구축한다. 수십억 년이라는 진화의 역사를 보면 신경계에 의한 의식의 고도화 같은 것은 겨우 해 봤자 수만 년 정도 된 것으로, 생물 대부분은 그 신체와 행위의 다양성을 통해 생존하고 지적 행동을 실현하고 있다.

그러나 실제로 서양철학의 역사에서는 늘 의식/마음이야말로 그 지성과 존재의 중심에 위치했고 소크라테스/플라톤과 데카르트 그리고 칸트에게 신체라는 것은 '불손한 방해물'이거나 '물질적인 기계'이거나 '단순한 의식의 기록 매체'였다.

의식에는 신체가 불가결하다는 시점을 체계적으로 논하게 된 것은 겨우 20세기의 후기 후설의 사상에 이르러서다. 후설이 상정한 운동/행위하는 신체를 인지과학에서는 어떻게 위치 지울 수 있을까.

바렐라는 의식에서 신체가 중요한 역할을 담당한다는 전형적인 예로 헬드와 하인(Held & Hein, 1963)의 연구를 들고 있다. 헬드와 하인의 연구를 따라가 보자. 태어날 때부터 계속해서 암흑 속에서 자라 온, 같은 배에서 나온 고양이 다섯 마리가 걸을 수 있게 된 시점에 그들에게 처음으로 '보는' 체험을 제공해 준다. 그때 특수한 실험 궁리를 한다. 다섯 마리 중 세 마리에게는 실험장치 안을 자유롭게 자율적으로 이동할 수 있도록 한다. 나머지 두 마리에게는 곤돌라 안에 넣어 두고 단지 타율적으로만 이동을 체험하도록 한다.

즉, 한쪽 고양이들에게 이동은 자신에게 귀속한 선택이기 때문에 정의상 '행위'인데 반해서 다른 한쪽 고양이들에게는 행위가 아니다. 이러한 이동에 동반되는 보는 체험을 충분히 제공한 후(3시간×10일간), 양자가 실질적으로 보는 기능을 익혔는지를 확인해 본다. 그것은 보는 것과 밀접하게 관련되어 있는 다음 세 가지 활동의 유무를 기준으로 검토되었다. 기준이 되는 활동은 실험자가 고양이를 양손으로 잡고 천천히 책상 위에 내릴 때 나타나는, 발로 책상 면이 가까워지는 것을 예측하는 듯한 착지 자세, 두 번째로 실제로 유리로 막혀 있지만 겉으로 보기에는 도중에 바닥이 없어져서 떨어질 것 같아 보이는 '시각적 절벽'을 회피하는 행동, 마지막으로 갑자기 눈앞에 나타난 사람 손에 대해서 눈을 감는 반응까지. 세 가지 모두 동물이 거친 환경 속에서 살아가기 위해 불가결한 활동이다.

하루에 세 시간씩 열흘 동안 이루어진 빛 체험 후, 이동을 자율적인 행위로서 한 모든 고양이는 이상의 세 가지 활동을 기준으로 보는 기능을 획득했다고 판단되었다. 그러나 타율적인 이동 체험밖에 하지 않았던 곤돌라 내의 고양이에게서는 세 가지 활동 중 그 어떤 것도 나타나지 않았다. 따라서 보는 것이 생체에 의미 있는 기능이 되지 않았다는 것을 알 수 있었다.

이 실험이 보여주는 것은 고양이의 '시각'이 이동하는 행위와 독립해서 성립할 수 없다는 점을 함의하고 있다고 할 수 있다. 그렇다면 시각이 이미 이동하는 행위를 함의한다고도 할 수 있다.

헬드와 하인의 실험으로부터 '스스로가 일으킨 움직임에 동반되는 시각적인 피드백이 시각-운동 행동의 성립에 반드시 필요하다'라고 결론 내릴 수 있다는 점에서 알 수 있듯이 운동을 제한받은 고양이, 즉 수동적 고양이 집단에 제공되지 않았던 것은 스스로 만들어 낸 몸의 움직임이 '보이는 것'의 원인이 되는 경험이었다. 물론 곤돌라 위에서 새끼 고양이의 발은 움직이고 있었다. 그러나 그 움직임은 동물의 몸의 움직임이 본래 가진 움직임이 '보이는 것'의 변화와 밀접하게 대응하고 있다는 성질을 잃어버린 것이었다. 즉, 몸이 외부 세계와 지각 주체를 연결 짓는 일종의 '접점'으로서 기능을 맡고 있다는 의미에서의 몸의 움직임의 능동성을 '수동적 고양이' 집단은 빼앗기고 있었던 것이다.

바렐라는 이 연구로부터 '시각'이란 그냥 시각 정보의 처리가 아니라 '지각'과 '행위'의 관계성의 학습이라고 결론 지었다. 단지 지각 오른쪽에 뭔가가 보인다는 정보가 아니라 '오른쪽을 향하면 오른쪽에 뭔가가 보였다'라는 신체를 통한 행위와 풍경의 변화의 세트(이른바 관계성)를 학습하는 것이야말로 지각을 가능하게 한다. 우리는 단지 세계의 정보를 보는 것이 아니라 자기의 신체 운동에 동반되는 정보의 변화와 그 관계를 학습한다. 고양이는 능동적인 행위를 통해 그때 나타나는 지각을 학습하고 지각-행위 패턴을 반복적으로 되풀이함으로써 신체화하고서야 비로소 시각이라는 지각 능력을 형성한다. 바렐라가 강조한 것은 지각의 성립에 뇌만을 통한 정보 처리가 아니라 그 생물학적인 기반인 신체 기구가 불가결하다는 점과 신체 기구는 행위에 이끌려 기능한다는 점이다.

'신체적 행위를 동반해서 의식이 성립한다'는 이 인지관을 바렐라는 그의 주저인 《신체화된 마음The Embodied mind》(국역본 제목: 몸의 인지과학)에서 '행위적인 인지enactive cognition'라고 이름 붙였다. 'enaction'은 행위라는 의미와 함께 '(법 등이) 성립한다'는 의미를 가진 말이기에, 이는 인지가 신체적 행위를 통해 성립한다는 인지 사상인 것이다. 바렐라는 이 '행위적인 인지관'으로 인지가 심볼의 계산이라는 초기 인지과학의 도그마를 갱신하려고 시도했다.

바렐라는 '행위적인 인지'가 실재론적인 세계의 회복으로서의 인지도 아니고 관념론적인 주체의 세계 투영으로서의 인지도 아님을 강조했다. 그는 다음과 같이 규정한다. 인지는 처음부터 주어진(애당초 거기에 있던) 마음pregiven mind에 의한 표현도 아니고 처음부터 주어진(애당초 거기에 있던) 세계pregiven world의 재현representation 또한 아니다.

인지는 세계 내 존재가 보여주는 다양한 행위action의 역사에 기초한 행위를 통한 마음과 세계의 산출/생성enactment이다. 우리는 이 확신에 계속 육 박하면서 인지의 양상을 강조하기 위해서 'enactive'라는 어휘 꾸러미로 이 현상을 설명하고자 한다. _ Varela & Thompson, 2017: 120.

'행위적 인지론'에서 신체는 물론 단순히 뇌를 덮고 있는 외피——뼈, 근육, 피부——가 아니다. 먼저 신체는 의식이 세계의 환경을 특정하는 지 각의 조건이다. 따라서 신체는 주체적인 행위를 통해 환경을 특정하고 단 속적으로 상호작용 영역을 형성함으로써 인지를 성립시키기 위한 적극 적인active 행위자agent이다. 이 행위하는 능동적인 행위자로서의 신체가 '경험'과 '주관성'의 모체이다. 주관적인 경험은 뇌라는 정보 처리 시스템 에 대량의 데이터를 집어넣으면 생성되는 것이 아니다. 주관적인 경험은 신체를 가진 주체가 환경 속에서 능동적으로 행위하고 정보에 대해 적극 적으로 의미를 부여하고 행위와 정보의 관계성을 학습해 나가는 역사적 인 프로세스 안에서 생성된다.

사과의 빨간 색조는 세계 쪽에 '빨강'이라는 정보가 객관적으로 존 재해서 그것을 뇌가 표상representation하는 것이 아니라 내가 사과를 손으 로 만지면서 눈앞에서 움직이고 빛의 반사 변화 패턴을 학습하고 그것을 몇 번이나 반복하는 과정의 연속으로 일어난, 인지 시스템과 환경의 커플 링에 기초하여 역사적으로 형성된 고유한 정보량과 관계성으로부터 지 각된 '질감'이다.

세계는 정보의 재현/표상representation으로서 존재하는 것이 아니라 어 떤 유기체와 대상의 관계성 속에서 그때마다 형성된다. 유기체와의 관계 성은 그 생명이 가진 신체 구조, 신체기관, 그것이 가능하게 되는 운동 행위의 패턴에 의한 대상 데이터를 질서 지우는 그 학습 프로세스 등에 의해서 규정된다. 세계는 인지 주체에 의해 발견되기를 기다리는 객관적인 존재의 목록이 아니라 개개의 인지 주체가 독자적인 행위의 개입을 통해 의미가 생성하는 것을 가능케 하는 바다이다. 이러한 관점에 섰을 때 '의식'이란 눈앞에 펼쳐지는 세계에 노출되어 무수한 정보를 감수하면서 각각 무수한 피드백을 만들고 계속해서 만들어지는 질감, 즉 세계에 녹아들면서 세계가 성립하는 것 그 자체다.

따라서 뭔가를 인식하고 지각한다는 것은 '그림 맞추기 게임puzzle game' 같은 기계적 확정성의 끝에 나타는 슈퍼맨이 아니다. 인식과 지각은 정지된 상태에서 머리만을 이용해서 사실과 사물을 추상적으로 포장한 명사들을 주워 담는 것이 아니라 몸을 움직이고 만남 속에 계시되는 무한한 가능성과 의외성에 내 몸을 던져 엉켜 보는 것이다. 열린 마음으로, 또는 상황과의 만남이 간직한 힘과 신비에 경외하는 자세로. 그러므로 말하자면 '인지'는 야구 글러브가 아니라 권투 글러브를 끼고 하는 운동이다.

우리가 살아가는 세상은 말하자면 찍힌 대로 틀 속에 붙박일 수밖에 없는 '스냅 사진'이 아니라 주변과 섞이고 늘 새롭게 바뀔 수 있는 '스케치'와 같은 무엇이다. 인간은 주변(예컨대 상황)의 요청에 따라 바뀌는 존재일 뿐 아니라 자신의 필요와 창의에 의해서 스스로를 바꿔 가는 존재다. 인간과 세상은 이렇게 서로 끝없는 피드백의 융통 과정을 통해 관계를 맺고 있다.

인지심리학자가 상정하고 있는 것처럼 변치 않는 본질을 지닌 인간이 세상의 흐름과 변화로부터 동떨어진 어느 진공 속에 방석을 깔고 앉은 다음, 실재에 대한 진리(예컨대 표상)들을 덥석덥석 붙잡을 수 있으리라는 희망은 그냥 미망일 뿐이다.

## 상연하는 마음

바렐라는 일본의 잡지《현대사상》과의 인터뷰(1999)에서 '마음'의 본질을 논하는 문맥에서 나오는 'enaction'이라는 개념에 담은 의미를 다음과 같이 설명했다.

> 예를 들면 셰익스피어의 희곡과 같은 것입니다.《템페스트》가 상연됩니다 enactee. 그것은 영어로는 아주 아름다운 개념입니다. 즉, 그때까지 없었던 무엇인가가 지금 이 순간 '행위'와 동시에 출현합니다. _ 河本英夫 & 永井晋, 1999: 91쪽.

바렐라가 생각하는 이 'enaction' 개념에 대한 설명에 기초해서 나는 이 말을 '상연上演하는 마음'이라고 번역하고자 한다. 처음에는 아무것도 없는 '무대'에 무대장치가 갖춰지고 조명이 켜지고 연기자가 등장함으로써 상연이 시작된다. 무대 위의 연기자가 걷고 뛰면서 공간이 열리고, 그/그녀가 기울이는 시선 하나로 도구와 배경에 의미가 생긴다. 그때까지 아무것도 없었던 '곳'에 행위가 일어남으로써, 그 순간 '연기하는 주체'와 '연기되는 세계'가 동시에 성립한다. 그리고 당연한 이야기지만 일단 극이 끝나면 주체와 세계는 동시에 사라지고 만다.

우리는 확고한 세계에 존재하는 정보를 일방적으로 골라 내 인식하

심리학의 저편으로

는 것이 아니라 우리 스스로 세계에 뭔가 행위를 함으로써 세계를 부단히 만들어 내고 있다. 그것이 바렐라가 생각했던 마음의 본질이었다. 모든 생명은 각각의 무대(환경 혹은 상황)에서 부단히 세계를 상연/생성enact 하고 있다. 짚신벌레부터 군소, 난꽃, 나비, 콘도르부터 늑대에 이르기까지, 생명은 자신의 행위를 통해 자신에게 고유한 환경(상황)을 창조하고 각자의 무대에서 각자의 '극'을 상연하고 있다. 일견 자명한 생명의 다양한 행위는 그러나 실은 부단한 생성의 긴장에 기초해서 성립한다.

진드기에게 생물학적으로 의미가 있는 것은 주위에서 밀려드는 막대한 정보 가운데 아주 일부분일 뿐이다. 교미를 끝낸 수컷 진드기는 나뭇가지 끝에서 동물을 기다린다. 그러다 포유류의 피부에서 분비되는 부티르산 냄새가 감돌면 앞뒤 재지 않고 몸을 던진다. 무사히 먹잇감에 착지하면 이번에는 후각 대신 열에 의지해서 움직이기 시작한다. 가능한 한 털이 없는 따뜻한 장소를 찾아가서 동물의 피부 속으로 숨어든다.

부티르산 냄새, 동물의 피부 감촉과 온도 그리고 이러한 자극에 움직이는 몇 가지 단순한 행위. 이것이 진드기가 사는 무대(환경)의 전부다. 진드기는 미동 없이 나뭇가지 위에 앉아 있지만, 소가 지나가면 그때부터 이 생명체는 움직이기 시작한다. 소의 등 위에 떨어져 피를 빨아먹고, 그 피로 인하여 산란이 시작되고, 이윽고 죽게 되는 그의 일생에서, 소의 피는 중요한 열쇠가 된다. 소가 지나가기 전까지 그는 움직이지 않는다. 마치 아무것도 없다는 듯, 그를 둘러싼 세계조차 존재하지 않는다는 듯, 죽음처럼 정지해 있다가 소가 지나가는 순간, 그 냄새가 '세계'를 일깨운다. 세계가 다시 움직이는 동영상처럼 살아난다.

우리 집 큰아이가 어렸을 때는 주택에 산 적이 있다. 당시 마당을 청소하는 일은 나와 큰아이의 몫이었다. 어느 날 빗자루로 마당을 청소하고 있는데 오른손 엄지손가락에 따끔한 통증을 느꼈다. 그 직후 더 강한 통증이 손가락 전체에 퍼져 시간이 지날수록 손가락이 엄청나게 부어올랐다. 아무래도 어떤 곤충에 쏘인 것 같다. 그런데 대나무로 만든 빗자루 어디에도 그 존재를 찾을 수 없었다.

그 일이 있고서 며칠이 지난 후 마당에서 놀고 있던 큰아이가 "앗 이거 봐 봐, 빗자루 안에 벌이 있어!" 하고 외쳤다. 급히 달려가 보니 그 대나무로 만든 빗자루에 사람이 뚫었다고밖에 생각할 수 없을 정도로 정교한 구멍이 하나 나 있는 게 아닌가. 거기에 벌이 머리를 집어넣고 지금이라도 안에 들어가려고 하고 있었다. 그날의 통증의 수수께끼가 비로소 풀렸다. 당시 아이와 함께 《곤충도감》 같은 책을 찾아보니 타이완 대나무 목수 벌Taiwanese bamboo carpenter bee이라고 나와 있는 게 아닌가. 이 벌은 마른 대나무에 구멍을 뚫고 둥지를 트는 습성이 있고, 수입된 대나무 목재에 섞여서 중국에서 들어온 듯하다. 뚫린 구멍의 정교함을 보니 'carpenter(목수)'라는 이름에 걸맞다고 생각했다.

지금 돌이켜 생각해 보면 내게 대나무는 청소 도구에 불과했지만 이 '목수 벌'에게는 훌륭한 거주지였다. 벌에 쏘이는 일은 두 번 다시 경험하고 싶지 않지만 '같은 것'이라도 누가 보느냐에 따라서 이렇게 해석이 다를 수 있구나 하고 무릎을 치게 된다.

자연의 사물에 미리 정해진 용도와 사용법은 없다. 눈앞의 것을 어떠한 것으로 활용하느냐는 언제나 그 당사자의 행위에 달렸다. 인간이 마당을 쓰는 '행위'를 함으로써 대나무에 청소 도구라는 의미가 부여되는 것과 마찬가지로 '대나무 목수 벌'의 구멍을 뚫는 '행위'를 통해서 '목

심리학의 저편으로

수 벌'에게 대나무는 '집'이라는 의미가 생성된다.

일본의 동물학자 히다카 토시타카가 기술한 '배추흰나비'의 생태를 참조하면서 행위와 의미와의 관계를 좀 더 상세하게 살펴보도록 하자(日高敏隆, 2013). 7월 초여름 아침 9~10시쯤 아직 해가 중천에 오르지 않은 시간에 수컷 배추흰나비가 나풀나풀 날고 있다. 그 수컷들은 다름 아닌 암컷을 찾고 있다. 그 상황을 생물학자는 '성적으로 동기 지워진' 행동 이라고 부르는데, 성적으로 동기 지워진 수컷들은 암컷을 찾아서 교미 하고 자손을 남기는 것을 바라고 있다. 나비 중에는 암컷이 자주 다닐 것 같은 장소에 진을 치고 지나가는 암컷을 잡아서 교미하는 종도 있는 데 가장 많은 것은 여기저기 날아서 암컷을 찾는 종이다. 배추흰나비가 그 정형이다.

그런데 여기저기 날아다닌다고 해서 수컷이 아무 데나 날아다니는 것이 아니다. 암컷이 있을 가능성이 커 보이는 장소를 골라서 난다. 특히 수컷은 번데기에서 탈피해서 막 날갯짓을 시작한 새내기 암컷이 있을 것 같은 장소를 찾으려고 한다. 그곳은 배추흰나비의 경우에는 유충이 자라는 유채과 식물이 있는 장소이다. 이런 식물의 잎을 먹고 자란 유충은 그 근처에서 번데기가 되기 때문에 새로운 암컷을 발견할 가능성이 크다. 특히 양배추 밭에서는 많은 배추흰나비가 자라므로 성적으로 동기 지워진 배추흰나비의 수컷들은 양배추 밭으로 모여든다.

일반적으로 나비는 날개 색깔로 상대방의 존재를 인지한다. 수컷은 특정한 색에 민감하게 반응하게 되어 있다. 이것은 학습에 의한 것이 아니라 생득적인, 즉 유전적으로 그렇게 프로그래밍되어 있는 성질이다. 수컷, 암컷 구별하지 않고 자신과 똑같은 종의 나비라고 생각하면 여하튼 가까이 가서 달려들어 촉각과 더듬이 등으로 날개 냄새를 맡고 암컷이라고 확인이 되면 교미 행동으로 들어가는 나비 종도 있는데, 배추흰나비는 처음부터 특정한 색을 암컷의 신호로 인지해서 달려든다. 따라서 똑같은 배추흰나비라 하더라도 수컷은 거의 무시당한다.

수컷 배추흰나비에게 암컷임을 식별할 수 있는 '특정한 색'은 의미가 있지만, 다른 나비종에게 색깔의 구별이라는 행위는 무의미하다. 아니 그런 행위는 없다고 기술하는 편이 정확할 것이다.

암컷을 찾아 날아다니는 배추흰나비는 그런 색깔을 가진 것을 찾고 있다. 이 색은 황색과 자외선(사람 눈에는 보이지 않는)의 반사가 섞인 색이다. 이 색은 날개를 접고 양배추 잎에 앉아 있는 암컷의 날개 뒤쪽 색이다. 수컷은 이 색을 안표로 삼아 양배추 밭 잎 뒤쪽에 있는 번데기로부터 나와서 꼼짝 않고 앉아 있는 새로운 암컷을 찾는다. 이런 암컷은 아직 그 어느 수컷과도 교미하지 않았기 때문에 그런 암컷과 교미하면 수컷은 자신의 유전자를 가진 자손을 남길 수 있다.

나비뿐만 아니라 많은 동물의 암컷은 확실하게 수정하려고 그리고 영양분으로서 정액을 가능한 한 많이 획득하기 위해서 많은 수컷과 몇 번씩이나 교미한다. 이른바 다회 교미다. 그래서 이미 나비가 되고 나서 수 일이 지나고 난 암컷과 교미를 해도 그 암컷은 이미 다른 수컷의 정자를 받았으므로 그 후에 수컷과 교미를 해도 자신의 자손만을 낳는다고는 할 수가 없다. 그래서 수컷은 막 나비가 된 새로운 암컷을 찾으려는 것이다.

그런 수컷은 암컷을 찾고 있으므로 꽃의 꿀을 흡입하려고 하지 않는다. 실제 이 시기 양배추 밭에는 여러 종류의 풀이 피어나서 꽃을 피운다. 그러나 배추흰나비 수컷은 꽃을 쳐다보지도 않고 오로지 암컷일 가능성이 커보이는 색깔을 한 대상만을 찾는다.

이런 수컷에게는 양배추 밭에 암컷 배추흰나비 외에는 그 어떤 것도 존재하지 않는 것이다. 여름 아침의 이 시간에 수컷들은 꽃에는 눈길도 주지 않고 오로지 암컷만을 찾아서 날아다닌다. 그리고 이 교미의 시간대가 끝나면 대부분 수컷과 암컷은 교미를 끝내고 자신들의 자손을 남길 수 있는 상태가 된다. 그리고 나면 수컷들은 공복을 느끼게 될 것이다. 그러자 이번에는 꽃의 꿀을 찾게 된다. 그래서 수컷 나비들은 주위의 꽃을 찾아 날아다니고 거기에 앉아서 꿀을 빤다.

우리 인간의 눈에서 보자면 '꽃'은 이전부터 거기에 피어 있었다. 그러나 암컷을 찾아다니는 '행위'를 하는 동안 수컷은 꽃의 존재를 자각하지 않고 날아다니고 있는 듯하다. 즉, 성적으로 동기 지워진 수컷들의 세계(무대)에 '꽃'은 존재하지 않았다. 그리고 그 시간이 끝나면 섭식에 동기 지워진 상태가 된다. 배추흰나비의 생태를 자세히 기술하다 보면 '꽃'이 직접 섭식을 유발하고 있다고 말하는 것에는 문제가 있다. 즉, '꽃'에 섭취를 유도하는 어떤 것이 일종의 '객관적 실체'로 존재한다고 말하는 것은 무리가 따른다는 말이다. 배추흰나비의 먹이를 찾는 행위가 있고 나서야 비로소 '꽃'은 배추흰나비에게 (의미 있는) '세계'로 다가온다.

이처럼 수컷에게 그들의 세계를 구축하는 요소는 이번에는 '꽃'이다. 꽃은 자외선과 노란색이 섞인 색이 아닌 파란색, 자주색, 노란색 등 다양한 색상을 띠고 있다. 그런 색과 형태가 중요한 것이 되어서 그것이 세계를 구축하게 된다. 꽃은 두말할 필요도 없이 아침 일찍부터 존재해서 피어 있었는데도 성적으로 동기 지워진 수컷에게는, 말을 바꾸면 성적 행위를 하는 수컷에게는 존재하지 않았다. 그런데 오후가 되면 홀연히 꽃이 그들의 세계에 출현한다. 이때 암컷은 수컷에게는 더는 거의 의미를 가진 존재가 아니다.

암컷 배추흰나비도 교미의 시간대에는 다가오는 수컷이 세계의 중요한 요소이다. 그때는 암컷 또한 먹을 것을 찾지 않는다. 따라서 그 시간대에는 암컷 세계에도 꽃은 존재하지 않았다. 그러나 오후가 되면 암컷도 꽃을 찾아서 날아다닌다. 홀연히 꽃이 출현하는 것이다. 그런데 그꽃은 (인간의 눈으로 봤을 때) 애당초 존재하고 있었다.

그렇다고 하면 우리가 평소에 상황(세계)이라고 부르는 것은 '그것'이라고 부르기 이전에는(특정한 행위가 이루어지기 전에는) '텅 빈 상황 (혹은 세계)'에 머물러 있다. 그것은 어디까지나 상황(세계)의 '가능성'이고 '원原세계'일 뿐이다. 즉, 텅 빈 세계는 아직 이름이 붙여지지 않은 공간과 시간 장치와 제도의 후보이다. 그것은 가능성이고 소재이고 자원이기는 하지만 아직 그 무엇도 아니다. 그런데 여기에 필요한 인공물이 배치되고 사람들이 모이고 어떤 행위가 시작되어 이 '텅 빈 세계'가 움직이기 시작하면(상연되면) 거기가 비로소 우리가 '상황' 혹은 '세계'라고 부르는 곳이 된다. 예를 들어 아무도 없는 교실은 그야말로 '텅 빈 세계'이다. 그것은 일반적으로 교육을 위한 장치이고 제도이기는 하지만, 교실이 사용되는 방식은 늘 열려 있어서 교실답게 사용되는 것도 하나의 가능성에 지나지 않는다. '그곳'은 면접을 보기 위한 대기실이 되는 경우도 있고 선거철이 되면 투표하는 곳이 되기도 한다. 예컨대 거기에 책상과 의자가 배치되고 누군가 앞에 서서

A: 지금 몇 시입니까?

B: 오전 10시 7분입니다.

A: 참 잘했어요!

라고 묻고-답하고-평가하는 상호 행위를 시작하면 느닷없이 '텅 빈 세계'는 역사를 띠고(공공적인 의미를 띠고) '교실'이라는 '상황'이 된다.

## 안정과 불안정의 다이내믹

바렐라는 오토포이에시스autopoiesis로서의 생명을 'SCL 모델'이라 불리는 시뮬레이션 모델을 통해 실제로 장착했는데, 이것은 자기의 막(경계)을 촉매를 통해 반복적으로 생성하는 시스템이다(Varela, 1991). SCL 모델은 화학 반응의 기원이 되는 분자 요소Substrate와 촉매Catalyst의 반응을 통해 링크를 생성하고, 그것에 의해 세포막과 같은 경계를 형성하는 모델이다. 흥미 깊게도 이 모델은 링크(막) 생성의 반응뿐만 아니라 링크가 사라지고 마는 '자기 붕괴'의 반응도 장착되어 있다. 이것을 통해 생명은 자기를 생성시키는 것과 동시에 자기를 붕괴시킨다. 생명은 자기를 만들어 내면서 부수기 때문에 새로운 반응이 나오고 새로운 운동이 나온다. 그 운동이 다시 자기의 경계를 만들어 내는, 이른바 불안정한 시스템이다.

바렐라는 '인과성이라는 기계론적 시점에서는 불안정성이 보정이 필요한 착란일 테지만 생물학적 시스템에서는 불안정성이야말로 착란은커녕 정상적인 기능의 기초'(Varela, 1991)라고 말한다. 생명의 안정성은 고정적인 패턴을 반복하는 것이 아니라 내부에 스스로 일탈을 일으키는 역동성을 가짐으로써 획득된다. 이 아슬아슬한 생성과 붕괴의 긴장관계가 생명을 생명으로 있게 해 준다.

방심하면 순식간에 무너져서 세계로 동화되어 버리므로 생명은 자기를 구동시킨다. 자기가 자명하게 확보되지 않기 때문에야말로 자기는 변화할 수 있다.

'주체'와 '세계'라는 이항 대립을 전제하지 않는 시스템의 숙명으로써 '자기'는 언제라도 세계에 동일화되고 마는 위험성을 내포하고 있다. 이처럼 바렐라는 시스템과 환경 그리고 의식과 세계의 긴장관계와 그것을 통한 부단한 운동을 중시하였다. 이는 너무나도 불안정한 관계다.

확고하게 흔들리지 않는 지반 위에 서 있는 '마음'이 눈앞에 펼쳐지는 세계를 인식하는 것이 아니다. 그런 강한 마음 모델이 아니라 언제라도 붕괴의 위험성에 노출될 수 있는 약한 마음 모델이기에 우리는 그것을 살아갈 수 있다. 바렐라가 '상연하는 마음'이라는 메타포에 담으려고 했던 중요한 점은 우리 마음이 '행위'에 이끌려 생성된다는 점과 그것은 타자와 환경과 함께 성립한다는 점이다. 특히 '상연'이라는 메타포가 시사하는 것은 행위가 상실되면 주체도 세계도 사라져 버리고 만다는 '약함/덧없음'의 사상이다. 방과 후 교사도 없고 학생도 없는 텅 빈 교실을 다시 한번 떠올려 보자. 거기에는 "지금 몇 시입니까?" "오후 2시 10분입니다" "참 잘했어요"라는 교사와 학생의 상호 행위가 사라지고 없는 텅빈 세계이다. 이렇듯이 행위가 사라지고 난 거기에는 당연히 주체도 없고 세계도 존재하지 않는다.

우리의 의식은 안정되어 있는 것처럼 보이면서도 부단히 붕괴의 한가운데 있다. 우리는 동시에 부단히 그것을 보수하는 과정에 있는 불안정한 존재이다. 언제 무너져도 이상하지 않은 터짐과 보전의 길항 운동이야말로 우리 의식의 모습이다.

그것은 미리 안정적으로 주어진 '세계의 관리자'라는 '강한 마음'도 아닐 뿐더러 또 그렇다 해서 일거에 세계에 흡수되고 마는 무력한 마음도 아니다. 그것은 세계에 말려들면서도 부단히 가는 실을 계속 짜내는 아슬아슬한 줄타기를 하는 '약한 마음'이다. 안정적인 대지를 곧바로 걷는 '마음'이 아니라 자신의 신발을 자신이 들고 공중을 걷는, 모순 그 자체에서 구동되는 마음이다. 그러나 그 터짐과 수선을 반복하는 필사적인 모습은 우리에게 변화를 가져다준다. 돌과 같은 딱딱한 실체도 아니고 안개와 같이 흩어지는 것도 아니다. 어렴풋하게 그 형태를 유지하고 계속 변화해 나가는 것이야말로 우리가 늘 만나는 '삶의 모습'이다.

그런 '약한 마음'이 던져진 세계 속에서 막간의 순간에 상연한다. 아마도 그러한 '마음'의 모습이야말로 바렐라가 '상연하는 마음Enactive Mind'이라는 어휘 꾸러미에 담았던 사상이 아니었을까. 그것은 의식에 생명을 회복하기 위한 사상이고 서양철학사 안에서 구축되어 온 강한 의식 모델을, 그것을 가능하게 하는 원점인 생명의 지평에서 다시 묻는 시도였다.

## 용이 살아 있다니?

일본 유학 시절 박사 논문 지도교수와 함께 국어 교사들의 연구회에 초대받은 적이 있다. 그때 마침 일본이 자랑하는 유명한 연출가 다케우치 토시하루竹内敏晴 선생이 국어 교사들에게 연극 대사를 통한 발성법을 지도하고 있었다. 다음과 같은 연극 대사였다.

아… 아 큰일이다. 용이 살아 있다.

A 교사는 다케우치 선생이 시키는 대로 위 대사를 말했다. 그런데 내가 보기엔 꽤 잘한 것 같은데, 다케우치 선생은 좀 뭔가 부족하다는 얼굴을 하고 A 교사에게 다시 한번 대사를 해 보도록 했다. 이번에도 내가 느끼기엔 전달력이 좋은 발성법이라고 생각했는데 역시 다케우치 선생은 고개를 갸우뚱거리면서 만족하지 못한 얼굴을 하고 있다. "아무래도 이상하다. 몇 번이나 들어도 용이 보이지 않는단 말이지!"라고 말한다. 그러고는 서서히 일어서더니 옆에 있는 나에게도 일어서라고 손짓하고 "예를 들면 3미터 전방에 용이 나타났다고 하죠"라고 말하더니 3미터 앞 가공의 용을 가리키자마자 "와 요… 용이다!"라고 외치고 내 팔을 덥석 쥐고선 순식간에 내 뒤로 돌아서 몸을 움츠리고 용이 있는 쪽을 응시하고 몸을 부들부들 떨었다.

그 후 다케우치 선생은 낭독자가 각각의 장면을 제대로 구체적으로 이미지로 떠올리고 '용이 바로 거기에 있다'는 것을 의식하고 온몸으로 반응하는 것의 중요성을 강조하였다. 나에게는 다케우치 선생의 그 이야기는 말 그대로 충격적이었다. '이미지란 무엇인가'에 대해 나름 오랫동안 고민해 왔는데 갑자기 그것이 한 방에 해결된 듯한 실감이 들어서 나도 모르게 "와, 이제야 알겠다!!" 하고 외치고 말았다.

내가 감동한 것이 다케우치 선생에게 그대로 전달되어 선생은 "박 선생님이 충격을 받은 것이 매우 흥미 깊어요. 꼭 그것에 관한 이야기를 들려주세요"라고 말씀하셔서 연구회가 끝난 뒤풀이 자리에서 천천히 이야기를 나누기로 하였다.

깁슨의 생태주의 심리학

그 뒤풀이 장소에서 내가 다케우치 선생에게 한 이야기는 다음과 같은 것이다.

인지심리학에서는 인간의 지각과 인식을 머릿속의 '지식 구조'로 상정함으로써 설명하려는 관점('표상주의'라고 불리는)이 주류이다. 즉, 인간이 외부 세계로부터 들어오는 자극을 이미 머릿속에 저장되어 있는 지식과 조합시켜서 분석하고 범주화를 한 상태에서 그러한 것들을 통합해서 '의미'를 해석한다고 보는 것이다. 그래서 연구자의 관심은 그렇다면 '머릿속'에 애당초 어떠한 지식이 어떠한 형식으로 저장되어 있는지 가정해 보는 것이 지식과 인식에 관한 실험 데이터를 설명하는 데 필요충분한지가 되었다. 연구자들은 머릿속의 '지식 구조'에 관한 다양한 가설을 제기해 왔고 그 가설을 실험적으로 검증해 왔다. 나아가 최근에는 그 '지식 구조'를 컴퓨터 프로그램으로 만들어 봄으로써 컴퓨터에 '지적인 정보 처리'를 시켜서 그것이 심리학적 실험 데이터와 제대로 조합하면 인간의 머릿속도 이렇게 되어 있음이 틀림없다는 가설에 기초한 연구가 활발하게 이루어지고 있다.

이러한 '표상주의' 입장에서 보면 '이미지'라는 것도 '머릿속 지식 구조'의 일종으로 정의될 것이다. 단 거기서 이미지는 문장과 단어의 의미 구조와 본질적으로 똑같은 명제와 기호의 관계 구조로서 표상된다는 설과 언어적인 지식과는 본질적으로 다른 '그림'과 '도표'와 같은 아날로그적인 표상 구조를 갖고 있을 거라는 설이 대립해서 논쟁이 벌어지는 경우도 있다.

그런데 상황인지론은 이러한 표상주의로는 아무래도 설명을 할 수

2. 마음에 관한 몇 가지 모델      135

없는 문제가 있다는 것을 지적한다. 뭐니 뭐니 해도 가장 큰 문제는 지각과 인식이 상황에 의존한다는 것이다. 똑같은 자극이 주어지는데 그것이 문맥과 상황에 의해서 달리 인식되는 것이라 하면, 이는 게슈탈트 심리학자들이 열심히 주장해 온 것이라서 특별히 새로울 것도 없다. 게슈탈트 심리학자들은 '상황' 혹은 '문맥' 자체를 '지식'으로 간주해서 그런 지식이 개별적 사물事物의 정보 처리 전에 미리 호출되어 개별 정보의 해석 기구를 규정하는 것으로 본다.

그런데 그러한 '문맥 정보 처리 기구' 같은 것을 상정해도 좀처럼 해결되지 않는 문제가 여럿 있다. 먼저 이 '문맥' 그 자체가 어떻게 인식되는지를 탐구해 나가다 보면 그 문맥의 문맥이 문제가 된다. 여기서 더 추구하면 '문맥의 문맥의 문맥의…'와 같은, 끝 없는 이야기가 되고 말아서 어딘가에서 끊지 않으면 일을 시작할 수가 없다. 즉, 개별 정보의 처리 방식을 결정할 수 없다. 나아가 이 '문맥'에 의해 달라지는 정보를 처리하는 능력이라는 것은 앞에서 가져온 표상주의적인 관점에서 본다면 매우 고도의 정보 처리 기구임에도 실은 발달의 아주 초기부터 볼 수 있는 것이다. 게다가 '순식간에' '적절하게' 실행된다.

더욱 큰 문제는 외부 세계로부터 '입력되는' 정보라는 것이 실험실을 벗어난 현실 세계에서는 엄청나게 다양하다는 것이다. 우리는 끊임없이 움직인다. 사물을 움직이기도 한다. 다양한 목적을 갖고 행동하는 것과 동시에 행동하면서 새로운 목적을 '발견'하기도 한다. 이러한 다양한 게다가 계속 변화하는 외부 세계의 정보에 대해서 일일이 개별적으로 획득된 과거의 '지식'을 불러내서 '해석'한다는 것은 아무리 인간의 뇌가 고도의 정보 처리 기구를 갖추고 있다고 해도 무리가 따르는 일이 아닐까.

예컨대 내 눈앞에 있는 스마트폰을 오른쪽으로 20센티미터 정도 이동시킨다고 하자. 그때 새롭게 '가능'하게 되는 사태에 관한 명제 혹은 그것을 통해서 '불가능'해지는 사태에 관한 명제를 모두 열거하라는 말을 들으면, 이것은 바로 막대한 일이 되어서 아무리 용량이 큰 컴퓨터라 하더라도 좌절하고 말 것이다. 그런데 인간은 일일이 그런 명제를 열거하지 않아도 있을 수 있는 것과 있을 수 없는 것을 순식간에 구별할 수 있다.

이러한 당연한 것을 의심하는 태도로부터 사람들이 인지심리학의 표상주의적 전제에 의심의 눈길을 주게 되었을 때 새삼 주목을 받게 된 것이 제임스 깁슨의 심리학(Gibson, 1962, 1979)이다.

깁슨의 관점이 표상주의와 다른 것은 다음과 같다.

첫 번째로 그는 '지각'이라는 것을 정지한 물체를 실험실에서 주시하였을 때의 '판단 내용'으로 보는 것이 아니라 사람이 외부 세계에 다양하게 '뭔가를 하는' 활동의 흐름 속에서 그것에 보조를 맞춰 외부 세계를 수용하는 것으로 보았다. 따라서 지각을 연구한다는 것은 '머릿속이 어떻게 되어 있어서 그것이 자극을 어떻게 수용하는가'를 보는 것 혹은 '거기 놓여 있는 사물이 어떻게 보이는가'를 연구하는 것이 아니고, '외부 세계가 어떻게 되어 있고 거기에 사람이 어떻게 작용을 가하며 나아가 그것에 대해 외부 세계가 사람에게 어떻게 어떤 반응을 되돌려주는가', 즉 '사람이 그 사물에 어떻게 작용을 가해서 무엇을 하려고 하는가'를 탐구하는 것이다. 그렇기에 외부 세계에 있는 사물의 형태, 그 사물의 생태학적인 의미, 그것에 대한 인간의 온몸을 이용한 관계 맺기가 주목의 대상이 된다.

두 번째로 깁슨은 본다는 것을 눈이 자극을 수용하는 것이라기보다 '시선'으로 닿는 것이라고 혹은 보는 것과 닿는 것은 분리 불가능하다고 말할 수 있다고 보았다. 조금 더 구체적으로 말하면 보는 것은 전신이 그것을 향하는 것이고 그것에 온몸으로 대응하는 것이다.

마지막으로 그는 인식과 지각은 '거기에 있는 사물'에 의해 불러일으켜지는 것이지 데카르트의 관점처럼 머릿속에서 외부 세계와 독립적으로 알아서 만들어 내서 그것을 머릿속에서 조작하는 대상이 아니라고 보았다. 나아가 그것은 '계속되는 행위'로의 연결이 되어야 하는 것으로 그것에 대한 지향성을 형태 짓는 것이다.

이렇게 생각하면 지각과 인지가 상황에 의존한다는 것은 당연한 일이다. 인간이 상황 속에서 적절한 활동을 지향할 때 그 활동의 흐름 속에서 적절한 어포던스(행위 유도성)가 추출되기 때문이다.


**이미지의 창출 또한 상황적이다**

지금까지의 이야기는 예를 들면 여기에 있는 '테이블'을 봤을 때 때로는 그것이 '꽃병 등을 두는' 곳으로 보이거나 '수명이 다 된 전구를 교환하기 위해' 밟고 올라갈 곳으로 보이거나 혹은 '큰 지도 같은 것을' 펼쳐 보는 곳으로 보인다는 현상을 설명하는 것까지라고 하면 문제가 없다.

그런데 대응하는 실재가 없는 '이미지'는 어떻게 될까. 이미지는 역시 '머릿속'에 사람이 만들어 내는 것이 아닐까? 내가 오랫동안 고민하고 있었던 문제가 바로 이것이었다. 즉, 깁슨 심리학의 입장에서 '이미지'를 어떻게 생각하면 좋을지가 문제였다.

자, 그러면 여기서 다시 '용 이야기'로 돌아가 보기로 하자. '용이 살아 있다'라는 부분을 마치 용이 근처에 있는 것처럼 상상하고 읽은 선생님은 자신의 '낭독의 지식'을 최대한으로 동원해서 '목소리를 내는 방법'을 궁리하고 '놀람의 표현'의 일반적인 특징에 기초해서 말에 강약과 억양을 넣어서 읽었다. 이것은 앞에서 말한 표상주의적 지식관으로 본다면 완벽한 퍼포먼스였을 것이다. 그때까지 자신이 쌓아 왔던 국어 지식, 낭독에 관련된 지식 등 모든 것을 집결한 성과였다. 표상주의가 다루어 온 '문맥'의 정보 처리를 수행하고 전후 문맥으로부터 '여기는 이런 문맥이니까 이런 목소리로 이런 식으로 말하는 것이 적절하다'라는 생각하에 개개 단어의 발성을 결정하였다. 그런데 다케우치 선생은 그것이 틀렸다고 말하는 것이다. 그는 계속해서 "용은 어디에 있는가?"라고 묻는다. 그리고 나를 옆에 서게 하고 딱 3미터 저쪽에 확실히 '용'을 거기에 두고 그것에 대해서 온몸으로 게다가 옆에 있는 나까지 끌어들여서 '반응'해 보여주었다.

그러면 다케우치 선생이 거기에 '반응'한 '용'은 어디에 있는가? 다케우치 선생의 '머릿속'인가 아니면 '바깥'인가? 당연한 말이지만 그것을 다케우치 선생의 '머릿속'이라고는 할 수 없다. 왜냐하면 옆에서 보고 있는 나에게도 그것이 다케우치 선생 전방 3미터에 있는 것으로 보였기 때문이다. 그렇다고 그것이 (당연한 말이지만) 현실의 '바깥'에 실재하고 있지는 않다. 거기에 직접 가서 손을 뻗어 만질 수 없기 때문이다.

거기서 내가 '발견'한 것은 다름 아닌 '용'이 다케우치 선생의 동작, 목소리, 옆에 있는 나, 3미터 전방의 '공간', 주위에 보고 있는 사람들, 그러한 모든 것이 서로 호응하고 있는 관계로서 그 '장'이 전체로서 어포드하는(산출하는) 곳으로서 '거기'에 출현 혹은 만들어진 것이라는 점이다.

다케우치 선생은 그러한 '전체'를 '연출'하였다. 거기에 있는 것은 모든 것의 '상호관계'이다. 모든 사물과 사람의 상태가 서로 호응하는 관계에 있다. 그것은 당초 다케우치 선생이 명확하게 '3미터 전방의 거기'에 용을 설정한 것에서부터 시작된다. 그것에 대응해서 다케우치 선생의 몸뿐만 아니라 주변에 있는 우리의 시선이 '거기'를 향하는 것 또한 다케우치 선생의 용이 극명하게 그려지는 것에 작용한다. 나아가 그것이 다케우치 선생과 주변 사람들의 반응을 보다 적확하게 초점의 대상으로 삼는다…. 이러한 것들의 상호작용이 순식간에 이루어져서 전체를 만들어 낸 것이다.

이렇게 본다면 실재물의 '지각'과 그 '이미지화'는 결국 같은 것이다. 즉, 보통의 '지각'의 경우 처음에는 외부 세계의 사물이 인식자에게 '그것으로 향하는 행위'를 유발affordance한다. 그래서 인식자가 거기를 향하기 위해 자세를 갖춘다. 그것이 외부 정보의 어포던스를 보다 적절하게 추출시켜서 자연스럽게 몸이 거기에 좀 더 확실하게 향하도록 작용한다. 그 행위가 이번에는 외부 세계의 어포던스를 좀 더 확실히 추출시킨다…. 이 같은 식으로 순환 관계를 구성한다.

한편 '이미지'의 경우는 먼저 인식자 측에서부터 '향하는' 자세를 만드는 것부터 시작된다. 그것이 외부 세계의 시공간에 확실한 사물의 이미지를 만들어 낸다. 그 이미지가 이번에는 인식자의 전신의 자세를 갖추게 하고 나아가서는 그 주변 사람과 사물을 거기에 한층 적확하게 '향하도록 attune 만들어 간다. 따라서 우리가 실재의 인식으로부터 '새로운 것'을 발견하거나 배우는 것과 완전히 똑같이, 이미지를 명확히 해 나가는 과정을 통해서 우리는 역시 '새로운 것'을 주변의 사물과 사람들의 움직임에 도움을 받아 발견하고 배우는 것이다.

이 점이야말로 표상주의가 설명하지 못했던 '이미지의 창조적 작용'이다(표상주의가 설명할 수 있는 것은 기껏 해 봤자 기존 지식의 재구축이거나 아니면 새로운 '연합'에 지나지 않는다). 우리는 사물로 향하는 과정에서 무의식 중에 잠재해 있던 외부 세계의 어포던스를 추출하는 능력이 각성되고, 거기에 초점을 맞추기 위해 외부 세계의 사물에 대한 인식이 적확해지고, 우리의 인식이 대상뿐 아니라 그 주변의 '상황'에 대해서도 열리게 된다.

이렇게 해서 '연기하는 것'이 '인식하는 것'이고 나아가 '이미지를 떠올리는 것'이 외부 세계를 향하는 것이고 나아가 그것이 또한 외부 세계의 실재(리얼리티)을 적확하게 또한 새롭게 아는 것이 된다.

내가 다케우치 선생의 짧은 '레슨'을 통해서 충격적으로 배운 것은 이러한 것이었다. 이렇게 배운 이야기를 하자 다케우치 선생은 내가 설명한 인식에 대한 깁슨의 관점이 자신이 배운 후기 스타니슬라브스키의 연극론과 통하는 점이 있다는 것 그리고 거기서부터 인간의 몸을 외부 세계에 여는 레슨을 생각해내 실천해 왔다고 말씀하셨다(竹内敏晴, 1988). 그 후 내가 문득 생각한 것이 있다. 그것은 애당초 왜 다케우치 선생의 '레슨'이 필요했는가 하는 문제이다. 만약 지각이라는 것, 인식이라는 것이 애당초 깁슨이 말하는 대로라면 사람은 아주 자연스럽게 '외부 세계에 열린' 인식을 할 수 있을 것이다. 그런데 많은 이에게 그것은 아주 어려운 일로 느껴진다. 그 열성적이고 경험 풍부한 교사의 낭독이 다케우치 선생에게 "용은 어디에 있습니까?"와 같은 부정적인 반응을 불러일으킨 것은 어떤 이유에서일까?

이 물음에 대한 나의 가설적 대답은 다음과 같다. 표상주의적 관점이란 실은 전통적인 '학교 교육'에서 만들어진 관점과 공통하고 있어서 그것이 어느샌가 교사의 지식관, 이해관에 침투하고 있고, 따라서 그것을 통해서 자란 우리에게도 침투해 있다는 것이다. 그리고 우리는 '영상' 미디어에 둘러싸여서 이미지를 만들기 전에 시각만의 의사疑似 이미지를 외부 세계와 분리해서 맛보는 것에 익숙해 있다. 따라서 외부 세계의 '정말로 거기에 리얼한 것'에 온몸을 향하게 해서 거기로부터 어포던스를 적확하게 추출하는 능력을 죽이고 있든지 퇴화시키고 있다.

말을 바꾸면 우리는 '머릿속만으로' 표상을 만지작거리고 '그럴 듯한' 세계를 만들어 내고 만족하도록 교육받고 있는 것이다. 즉, 우리는 의사적 표상의 조작이라는 활동에 초점을 맞추고 그런 정보의 추출에만 관심을 갖도록 길들여지고 있다.

다케우치 선생이 도전해 온 것이 이러한 '표상주의'에 대한 본래의 인식의 회복이 아니었을까. 이것이야말로 오늘날 우리에게 가장 필요한 것 아닐까.

# 3. 상황이란 도대체 무엇인가?

## 외국어를 배우는 것의 의미

'상황situation', '상황학습situated learning' 그리고 '상황인지situated cognition'는 당연한 말이지만 전부 외국어이다. 국내에서만 서식하는 이른바 '무늬만 상황학습론자' 그리고 '무늬만 상황인지론자'들은 이 세 개념이 '외국어'라는 소박한 사실을 철저히 잊고 있는 듯하다. 그러다 보니 '무늬만 ~ 자들'은 이 '개념'을 만든 사람들이 분절한 세계, 이 개념들을 통해 떠올린 관념 그리고 이 개념이 열어 보여주는 세계에 자신들이 아직 전혀 가닿지 못하고 있음을 전혀 시야에 넣지 못하고 있다고 생각한다. 더군다나 '상황학습'과 '상황인지'라는 개념은 일상에서 사용하는 개념과는 획을 긋는 학술 용어이다. 학술 용어는 일상 용어로는 담아 내지 못하는 우리의 삶을 정치하고 정교한 언어로 포착하는 기능을 한다. 이 사실 또한 국내에서만 서식하는 '무늬만 ~한 자들'은 철저히 외면하고 있는 듯하다.

두말할 필요도 없이 사고는 언어로 편성되는데, 그때 언어는 사고 형식의 수단이 아니라 그것 자체가 이미 하나의 사고이다. 말을 바꾸면 세계를 의미로 나누는 방식, 즉 세계의 분절이 다르기 때문이다. 예를 들어 영어에서는 대화를 나누는 상대방이 선생님이든 유아든 상대를 가리켜 'YOU' 혹은 'first name'으로 부른다.

자신을 가리킬 때는 상대방에 따라서 '나', '저'라고 하지 않고 그냥 'I'라고 하면 충분하다(일본어의 경우는 더 세분화되어 있어서 와타시, 와타구시, 보쿠, 오레, 와시 등등이 있다). 그런데 이런 현상을 언어의 문제에 지나지 않는다고 말할 수 없다. 그리고 예컨대, 영어에서 동사 활용은 주어에 따라서 'I am' 'You are' 'He is/She is'와 같이 변화한다. "이것은 의자입니다"와 같은 객관적 사실에 관해서 말할 때는 언제나 누구하고 말하든지 상관없이 'This is a chair'이다. 그런데 한국어의 경우는 말하는 상대방과의 관계에 따라서 이 '이다'가 변화한다. 말하는 상대에 따라서 '의자입니다', '의자이다(일본어는 더 세분화되어 있다. 입니다/이다 이외에 자신을 낮추고 상대방을 높이는 '이다'가 있다. 이런 표현을 겸양어라고 한다)'로 변화한다.

요컨대 '말'이 다르면 세계와 대면하는 방식, 타자와의 관계를 맺는 방식까지 달라진다. 그래서 자신이 쭉 익숙해져 온 자연과의 관계, 타자와의 관계 나아가 사회와의 관계를 다른 차원으로 재편성하고 변화시키려고 할 때는, 외국어의 말하는 방식 안으로 자신을 과감하게 던져 보는 것이 큰 의미가 있다.

세상과 맺어 왔던 방식과는 다른 방식으로 관계를 맺기 위해 자신을 열어젖히기 위해서는 다른 '언어'를 배우는 것이 큰 도움이 된다. 자신의 그것과는 이질의 사고법, 지각법을 자신이 이해할 수 있는 지평으로 무리하게 집어넣는 것이 아니라 그것을 그것 자체로 배우는 것, 그렇게 함으로써 역으로 자기 이해의 지평을 넓혀 나가는 것. 이것이 다른 언어를 몸에 통과시키는 것의 의미이다. 상황학습론과 상황인지론에서 정의하는 '상황', '학습', '인지' 등을 배우는 것은 다름 아닌 바로 이 일이다.

즉, 다른 사고방식, 느끼는 방식을 자신 안에 거주하게 함으로써 자신의 얼어붙은 생각을 흐물흐물하게 만들고 재편성해서 마치 다른 사람처럼 말할 수 있게 되는, 그런 묘한 희열이 외국어 공부에는 있다. 따라서 예컨대 영어를 익히게 되면 크게 도움이 되지만, 영어만 배운다면 다른 형태로 세계를 좁게 만들게 된다.

나는 아침마다 내가 사는 일광의 해변을 뛰고 걸으면서 '영어회화'를 듣고 말하고 익히는 것을 루틴으로 삼고 있다. 오늘은 'guilty pleasure'라는 표현을 익혔다. 이 표현이 등장한 것은 다음과 같은 문맥에서다.

Oh, I'm full. I ate more than I was supposed to.
This place will definitely be my guilty pleasure.

평소보다 너무 많이 음식을 먹은 남성의 걱정스러운 하소연이다.
"이 식당이 '길티 플레저'에 딱 좋은 곳이네요."
영어회화 프로그램 진행자는 이 길티 플레저를 때로는 그대로 사용하거나 '은밀한 낙' 혹은 '짜릿하지만 찜찜해'라고 한국어로 번역하였다. 'guilty pleasure'를 영영사전에서 찾아보면 다음과 같이 나온다.

something you enjoy, but feel guilty or embarrassed about liking.

당신이 즐기기는 하지만, 그럼에도 그것을 좋아하는 것에 대해 죄책감을 느끼거나 부끄러워하는 것. 예컨대 영화나 '드라마 몰아보기 Binge-watching', 밤에 라면이나 피자 같은 야식을 먹는 행위가 바로 이 'guilty pleasure'에 해당할 것이다. 이 'guilty pleasure'는 한국어에 일대일 대응이 되는 말이 없다 보니 그냥 '길티 플레저'라고 외래어 표기를 하는 것도 무리가 없을 것이다.

'guilty pleasure'라는 표현을 익힘으로써 외국어를 배우는 것의 의미를 다시 한번 되새겨 보게 되었다. 동의해 줄 사람은 별로 없겠지만, 우리가 외국어를 배워야 하는 가장 중요한 이유는 모국어적인 현실, 모국어가 만들어 놓은 '우리'에서 이탈하는 것, 모국어가 분절한 방식과는 다른 방식으로 세계를 보고 묘사해 보는 것, 모국어와는 다른 언어로 '자기 자신'과 삶에 대해서 말해 보는 것에 있다. 그것을 경험하는 것이 외국어를 배우는 가장 큰 이유라고 생각한다.

그러고 보니 최근에 만난 지인이 존 듀이가 쓴 《민주주의와 교육》에 등장하는 '책임'이라는 번역어가 도무지 마음에 들지 않는다고 토로하였다. 나는 이 지인의 위화감에 적극적으로 동의한다. 그도 그럴 것이 '책임'이라는 이 말, 영어의 'responsibility'를 한국어로 옮긴 것이다. 그런데 이 'responsibility'라는 '말'에는 한국어의 '책임'이라는 말에서는 간취할 수 없는 독특한 함의가 들어 있다.

'responsibility'는 문자 그대로 번역하면 '리스폰드respond하는 능력', 즉 타자로부터의 '요구'와 '부름' 혹은 '호소' 등에 대응하는 능력이 있다는 것을 의미한다. 그것을 라틴어 어원으로 분해하면 "누군가로부터의 약속에 약속으로 갚아 주는 것re-spondere"을 의미한다.

한국어로 '책임'이라고 하면 '국가의 일원으로서 책임', '학교 구성원으로서 책임', '가족의 한 명으로서 책임'… 같은 식으로 조직을 구성하는 '일원'으로서 맡아야 하는 일을 떠올리게 된다. 혹은 "책임자 나와!!!"라는 식으로 누군가의 잘못을 따져 묻고 추궁할 때 사용한다. 그런데 그것은 익명의 일에서의 책임이지 다름 아닌 이 고유한 '내'가 누군가로부터 호소 혹은 부름을 받고 있다는 '함의'는 없다. 이에 비해서 서구 사람들은 전통적으로 사람으로서의 'responsibility'를 타자로부터 말 걸기, 혹은 부름에 대한 응답이라는 시점으로 포착해 왔다. 이 타자는 그들에게는 다름 아닌 '신神'일 수도 있다. 그래서 서구 사람들은 '직업'을 말할 때 특히 '소명'과 '천직'의 의미를 담아서 'calling' 혹은 'vocation'이라고 부른다. 그것은 바로 뭔가를 하기 위해 '신'으로부터 부름을 받는다는 감각이다.

모리타 마사오 선생이 쓰고 내가 번역한 《계산하는 생명》에 한국어에는 그 말로 분절한 의미 세계가 없는 'responsibility'의 의미를 제대로 짚어 주는 다음과 같은 이야기가 등장한다.

티모시 모턴은 《하이퍼객체Hyperobject》에서 지구 환경 위기에 직면하고서도 여기에 '응답'하지 못한 채로 있는 우리의 모습을 소녀가 도로에 뛰어나오려 하는 데도 도우려 하지 않는 '무책임'한 인간에 비유하고 있다.

어린 소녀가 트럭 앞으로 뛰어나오려 하고 있다. 마침 모르는 사람이 거기를 지나간다. 그는 소녀를 도와야 할지 잠시 생각하는데, 정말로 그렇게 해야 할지 확신이 없다. 그래서 일련의 간단한 계산을 해 본다. 트럭이 감속한다 해도 아이를 구할 수 없는 속도로 달리고 있지는 않은가. 만약 그렇다면 거기서 더 감속하면 구할 수 있는가. 트럭의 운동량이 감속하였다 해도 소녀와 격돌할 정도로 큰가 … 그는 결국 트럭이 소녀와 추돌할 것이라는 결론에 도달한다. 눈앞에서 그의 생각대로 된다. (중략)

인간이 생명체라고 하면 눈앞에서 아이가 도로에서 튀어나오려는 모습을 목격하면 생각할 것도 없이 손을 내밀 것이다. 이것이야말로 문자 그대로의 responsibility이다. 'responsibility'는 '책임'이라고 번역되는데 문자 그대로는 '응답respond'하는 '능력ability'을 의미한다.

녹아내리고 있는 빙산과 사라져 가는 생물다양성, 붕괴해 가는 해양 생태계 등 환경 이변에 대해서 우리는 어린 소녀를 대하는 것과 똑같이 재빠르게 응답하지 않고 있다. 마치 도로에서 튀어나오는 아이를 눈앞에 두고도 차에 치일 '증거'가 갖추어질 때까지 움직이려고 하지 않는 기계처럼 '계산'만 하고 움직이지 않는다. _ 박동섭 옮김, 《계산하는 생명》, 191-192쪽.


그러고 보면 티모시 모턴이 사용한 이 'responsibility'라는 말의 용법에는 맹자의 '측은지심'과 통하는 구석이 있는 것 같다. "사람은 모두 차마 어찌할 수 없는 마음을 갖고 있다"(《맹자》, 〈공손축장구 상公孫丑章句 上〉). 사람은 타인의 고통을 간과할 수 없다. 어린아이가 우물에 빠지려는 것을 보면 사람은 손을 내민다. 아이의 부모와 친해지려 한다든지 붕우의 칭찬을 얻으려고 하는 계산이 있어서가 아니다. "측은지심이 없으면 사람이 아니다." 어떤 것도 생각하지 않고 아이를 구하는 것이다.

이 모턴이 사용한 'responsiblity'라는 말의 용법과 그것에 대한 모리타 선생의 해석을 읽어 보면 '외국어'를 배우는 것의 의미가 좀 더 명확히 다가올 것이다.

작년에 레비나스 관련 번역서를 두 권 출간하였다. 한 권은 《레비나스, 타자를 말하다》(세창출판사, 2023)이고 또 한 권은 《우치다 다쓰루의 레비나스 시간론》(갈라파고스, 2023)이다. 이 책에서 철학자 레비나스는 'responsiblity'라는 말의 용법을 서구 사람들이 사용하는 것과는 또 다른 용법으로 사용한다. 영어의 'responsibility'는 프랑스어로는 'responsablité'라고 하는데, 레비나스는 이 말에 자신만의 고유한 함의를 담고 있다. 레비나스는 이 responsablité를 다음과 같이 사용한다. "나는 내가 받은 박해에 관해서조차도 유책입니다. 단, 유책인 것은 나 혼자입니다."

탁월한 레비나스 연구자이면서 자칭 그의 제자인 우치다 다쓰루는 레비나스의 'responsabilité'라는 개념에 대해 다음과 같이 해설한다.

> 내가 '유책성有責性'이라고 번역한 프랑스어 'responsablit'는 'respondre 할 수 있는 능력·가능성'을 의미한다. respondre de는 '응답한다'를 의미하고 respondre de는 '책임을 진다'를 의미한다. 그래서 이 말을 '응답가능성'이라고 번역하는 사람도 있다.
> 그런데 외국어를 번역할 때 그것이 분절하는 세계의 모습이 우리가 일본어로 분절한 세계의 모습과 다름을 늘 의식해야 한다. 그래서 '두 가지 다른 의미를 갖는다'는 표현은 실은 틀렸다. 이것은 '대답한다'와 '책임을 진다'를 똑같은 동사로 나타내는 세계의 일이다. _ 박동섭 옮김,《우치다 다쓰루의 레비나스 시간론》, 125쪽.

나는 이 인용 글귀에서 '대답한다'와 '책임을 진다'를 똑같은 동사로 나타내는 세계의 일이라는 문장에 방점을 찍고자 한다. 그 세계의 일을 한국어와 일본어로는 도무지 표기할 방법이 없다. 방법이 없다는 것은 그렇게 사고한 적이 없다는 것을 의미한다. 표기할 방법이 없고 사고할 방법이 없으면 어떻게 해야 하는가? 대답은 아주 간단하다. 그 언어를 새롭게 배우는 것 이외에는 방법이 없다.

실제로 레비나스는《탈무드 강화講話Quatre lectures talmudiques》라는 책에서 'responsabilité'를 다음과 같이 사용하고 있다.

> 나는 내가 범하지 않은 죄과에 관해서 유책일 수 있다. 나의 것이 아닌 참화를 받아들일 수 있다…. (중략) 인간적 세계가 가능하기 위해서는 정의의 재판이 가능하기 위해서는 모든 것에 관해서 타자에 관한 책임을 맡아 줄 누군가가 거기에 있을 필요가 있다. _ Levinas, 1968, p. 32.

'내가 범하지 않은 죄과에 관해서 유책일 수 있다'. 이것이 '유책성'이라는 말의 특수한 레비나스적 정의다. 우리는 보통 '책임을 진다', '책임을 추궁당한다', '책임을 강요당한다'는 부정적인 문맥에서 이 말을 빈번히 사용하지만, 레비나스의 용법은 그것과는 전혀 다르다.

레비나스는 프랑수아 푸아리에와의 대화에서 다음과 같이 자신의 '유책성'에 대한 정의를 설명하였다.

> 푸아리에: 타자에 대한 타자를 대신하는 것으로서 유책성은 구체적으로 어떠한 행위로 실현되게 되는 걸까요?
> 레비나스: 타자는 그 모든 물질적 궁상을 통해서 나에게 다가옵니다. 때로는 타자에게 음식을 제공하는 것이, 때로는 옷을 입혀 주는 것이 문제가 됩니다. 그것이 성서가 말하고 있는 것입니다. 굶은 자에게는 음식을 제공하라. 벌거벗고 다니는 자에게는 옷을 입혀 줘라. 목마른 자에게는 물을 먹

여 줘라. 몸을 뉘일 장소가 없는 자에게는 집을 빌려 줘라. 인간의 물질적 측면, 물질적 생활, 그것이 타자에 대해서 내가 배려해야 할 일입니다.

지금까지 종종 인용한 마태복음 25장의 대화를 떠올려 보세요.

> (마 25:42) 내가 주릴 때에 너희가 먹을 것을 주지 아니하였고 목마를 때에 마시게 하지 아니하였고
>
> (마 25:43) 나그네 되었을 때 영접하지 아니하였고 헐벗었을 때 옷 입히지 아니하였고 병들었을 때와 옥에 갇혔을 때 돌보지 아니하였느니라 하시니
>
> (마 25:44) 그들도 대답하여 이르되 주여 우리가 어느 때에 주께서 주리신 것이나 목마르신 것이나 나그네 되신 것이나 헐벗으신 것이나 병드신 것이나 옥에 갇히신 것을 보고 공양하지 아니하더이까
>
> (마 25:45) 이에 주가 대답하여 이르시되 내가 진실로 너희에게 이르노니 이 지극히 작은 자 하나에게 하지 아니한 것이 곧 내게 하지 아니한 것이니라 하시리니

타자에 대해 나는 먹을 것, 마시는 것에서부터 시작할 유책성을 지고 있습니다. 이른바 내가 쫓아낸 타자는 내가 쫓아낸 신과 같습니다. 과실을 범하지 않았음에도 죄의 의식을 갖는 것, 나는 타자를 알기 전에 존재하지 않았던 과거의 어느 때부터 타자와 관계를 맺고 있었습니다.

_ Levinas & Porie, 1996, p.114.

이 성구는 도대체 무엇을 우리에게 가르쳐 주는가? '지극히 작은

자', 즉 '과부, 고아, 이방인'들, 지극히 약한 자들에 대해서 주를 대하는 것과 똑같이 대해야 한다는 것은 '윤리적 명령'일까? 약한 자들을 주를 대하는 것과 똑같이 환대하지 않았다는 계율을 어긴 죄로 이 사람들은 문책을 받는 것일까?

레비나스가 말하고 싶었던 것은 그것이 아니다. "주여 언제 우리는…."이라고 말하는 사람들의 반문하는 말이 잘 보여주듯이 그들에게 '범의犯意'가 없기 때문이다. 그들에게는 죄를 범했다는 자각이 전혀 없다. "뭐라고요? 도대체 언제 이야기인가요? 내가 무엇을 했다고 말씀하시는 겁니까?"와 같은 식으로 당혹할 수밖에 없는 노릇이다.

'지극히 작은 자들'에 대한 배려의 결여를 어떤 '역사적 사실'로써 생각하면 이 성구는 아마도 윤리적으로는 아무런 의미가 없을 것이다. 그렇다고 하면 이 '문책 받는 사람들'이 재심 청구를 할 것임이 틀림없다. "언제 어디서 누가 어떤 식으로 '지극히 작은 자들'을 박해했는지 입증해 봐라" 같은 식으로 사법의 어법으로 말할 수밖에 없는 노릇이다.

당연히 그것에 대해서 '주' 측도 증인을 불러와서 "봐라. 이러이러한 식으로 박해를 하지 않았는가. 그러니 당연히 신의 벌을 받아야 한다"와 같은 논증을 펼친다고 하면 결국은 단순한 '권선징악설'이 되고 만다. 레비나스는 나쁜 일을 저지르면 신에게 문책을 받는다는 이른바 '권선징악, 인과응보'의 법리를 아무리 쌓아 본들 인간은 조금도 윤리적으로 되지 않는다고 보았다.

그래서 이 마태복음의 성구가 우리에게 가르쳐 주는 것은 '박해'한 사실이 실제로 있었는지 여부와 상관없이 오히려 사실에 앞서서 "책임이 나에게 있다"라고 손을 들어 주는 자의 출현을 주가 요청하고 있다고 해석해야 할 것이다. 무릇 인간 세계에서 일어난 일 모든 것에 관해서 인간의 한 사람으로서 "나에게 책임이 있다"라고 선언하는 것을 "누가 무엇을 하였는가? 어떤 식으로 유책한가? 진상을 밝혀라?"라고 '심문'하는 것보다 우선시하는 의식의 양태를 이 성구가 우리에게 가르쳐 주고 있다고 생각한다.

하여 우치다 선생님은 레비나스 철학을 제대로 이해하기 위해서는 '레비나스어'를 따로 배울 필요가 있다고까지 말씀하고 계신다.

이처럼 외국어 학습이란 본래, 자신의 종족(한국어를 사용하는 한국인)은 이해할 수 없는 개념과 존재하지 않는 감정, 미지의 세계를 읽어 내는 방식을 다른 언어 집단으로부터 배우는 일이다. 그런데 예컨대 "나는 꼭 하고 싶은 말이 있다. 그런데 영어를 할 수 없으면 내 마음을 제대로 전할 수 없기 때문에 영어를 공부한다"라고 말하는 사람은 자신의 신체 실감에 걸맞은 영어는 사용할 수 있게 될 것이다. 그런데 이런 사람은 그다음으로는 나아갈 수 없다. 본래 '외국어'라는 것은 '자기표현'을 위해서 배우는 것이 아니다. 자기를 풍부하게 하기 위해서 배운다. 토익 점수 등을 높여서 자신을 외부에 과시하기 위해서가 아니라 '외부'를 자기 안에 들여놓기 위해서 배운다.

이해할 수 없는 말, 자신의 신체 안에 대응물이 없는 개념과 감정에 노출되면, 그것이야말로 외국어를 배우는 것의 가장 큰 의미라고 나는 생각한다. 예컨대 'You don't want to miss that'이라는 표현이 있다. 언뜻 한국어의 감각으로 보면 "당신은 그것을 놓치기를 원하지 않는다" 정도로 해석이 가능할 것 같다. 그러나 이 문장의 의미는 전혀 다르다. "당신은 그것을 꼭 봐야 된다"라는 의미이다. 처음에는 그 의미가 잘 와닿지 않지만 반복해서 이 '다른 언어'에 노출되다 보면 어느 때 문득, 모어의 어휘 꾸러미에는 없고 그 외국어에밖에 존재하지 않는 말에 자신의 신체가 동기同期하는 순간이 찾아온다. 그것은 어떤 의미에서 자신의 발밑이 무너지는 듯한 경험이다. 자신이 태어나서 쭉 갇혀 있던 '종족의 사상'이라는 감옥의 벽에 균열이 생겨, 거기서부터 태어나서 한번도 맛본 적 없는 감촉의 '바람'이 불어 들어온다. 외국어를 배우고 익히는 일은 그런 '생성적'인 경험이다. 외국어를 습득하는 이유는 그 '한바탕 청량한 바람'을 경험하기 위해서이다. '영어를 잘하면 취직에 유리하다'와 같은 자신의 기존 잣대에 기초해서 외국어를 배우는 사람들은 아무리 해당 언어의 어휘가 늘어도 아무리 발음이 좋아져도 자신의 우리에서 빠져나갈 수가 없다.

이와 마찬가지 논리로 〈Situated Learning〉, 〈Situated Cognition〉을 궁여지책으로 어쩔 수 없이 〈상황학습〉, 〈상황인지〉로 일단은 무리해서 한국어로 번역은 하지만, 이 어휘 꾸러미를 창시한 사상가들이 이 말을 통해서 '분절'하려고 한 의미 세계는 한국어에는 존재하지 않는다는 사실을 늘 명심할 필요가 있다.

한데 그 사실에 무자각하다면, 상황Situation은 주체의 그 어떤 행위와 삶과도 독립적으로 저기 저만치 독립된 어떤 실체(명사) 혹은 '독립변수'로 미리 존재한다는 자신의 좁디좁은 사고'틀' 안에서 소화되고 그 수명을 다하게 된다.


인간은 자신의 세계와 구성적으로 상호의존 관계를 맺는다. '장안 하늘에 뜬 한 조각의 달長安一片月'(이백)도 이미 시적 화자의 객관적 외부에 따로 존재하는 게 아니다. 인간이라는 주체는 외부를 '상황'이 되게 하고 대상을 의미의 초점으로 바꾼다. 나의 선택에 의해서 내 세계는 그 풍경을 바꾸고, 세계의 변화는 거꾸로 나의 주체적 개입을 재촉하며, 다시 이 개입은 내 주체의 성격과 지향을 재구성한다. _ 김영민, 2017, 55쪽.

독자 여러분은 이런 식으로 '상황' 혹은 '세계'를 이미지화하고 관념화한 적이 그동안 있었던가? 혹은 이런 식으로 '상황'을 일상에서 생각하고 정의해 본 적이 있었던가? '상황학습' 그리고 '상황인지'에서 말하는 '상황'은 아직 우리에게는 미지의 '관념'이라고 생각하는 것부터 시작해야 하지 않을까.

그리고 모국어의 감옥과 자신의 사고에 속수무책으로 갇히고 거기서부터 한걸음도 나가려고 하지 않는 이들은 다음과 같은 말도 안 되는 허접한 생각들에 기초해서 '학술 논문'을 대량 생산하게 되고, 그것의 문제점을 아무도 지적하지 않는 세상이 되고 만다.

## 상황에 대해 좀 멈춰 서서 생각해 보기

이번 장의 제목대로 '상황'이란 도대체 무엇일까? 질문을 이렇게 툭 던지기는 했지만 늘 그 대답에는 곤궁함을 느끼는 나 자신을 발견하고 만다. 그만큼 '상황'이라든지 '문맥'이라는 미지의 개념을 그것을 전혀 모르는 사람들에게 설명하는 일은 수월하지 않다. '상황'이라든지 '문맥'은 게슈탈트 심리학의 용어를 사용하면 '그림'에 대해 '땅' 혹은 '지평'과도 같은 것으로, 예컨대 특정한 인식 대상을 '그림'으로서 두드러지게 해 주는 '배경(땅)' 부분을 가리킨다. 그런데 상황 혹은 맥락은 "그것은 무엇인가"와 같은 물음으로는 낚아채기가 곤란하다.

만약 그것이 가능하다고 하면, 그런 '상황'에 초점을 맞추는 좀 더 큰 '다른 상황'이 발생한다고 말하지 않으면 안 된다. 예를 들어 이런 회화 상황을 생각해 보기로 하자.

대학 교수가 수업에 늦게 온 학생을 나무라려는 의도로 "지금 몇 시입니까?"라고 발화한다. 그러자 학생이 "오전 10시 20분입니다"라고 대답한 일이 있었다고 하자. 교수는 학생이 늦게 온 것을 나무라는 의미로 "지금 몇 시입니까?"라고 말한 것이지 학생에게 시간을 묻고 있는 것이 아니다. 그런데 분위기 파악을 하지 못한 학생이 시각을 대답하는 바람에 교실 분위기가 좀 얼어붙어 버렸다. 그럴 때는 그 장에 있는 사람들은 새삼 "지금 이 일이 일어난 '상황'은 무엇인가"에 초점을 맞추게 되는데, 그러한 '상황의 의식화' 자체는 '분위기 파악을 하지 못한 일의 발생'이라는 보다 크고 중대한 상황 속에서 비로소 떠오른 것이다.

한편 우리가 의도적으로 '상황을 만드는' (혹은 연출하는) 일도 있다. 중요한 손님을 맞이하기 위해 방을 깨끗이 청소하거나 방을 꾸미는 일이 거기에 해당한다. 혹은 너무나 고지식한 논의가 계속될 때 일부러 농담을 던짐으로써 예를 들면 "밥 먹고 합시다"와 같은 말을 해서 '분위기를 바꾸는' 상황을 만들기도 한다.

그런데, 이렇게 생각해 보는 것까지는 좋았는데, 한편으로는 '상황'이라는 것을 점점 포착하기가 무척 어려워짐에 망연자실할 것만 같은 느낌이 든다. 의식할 수 없어 보일 것 같으면서도 의식할 수 있고, 외부 세계를 물리적으로 바꾸지도 않았는데도 의식상으로는 바꿀 수 있기도 하니 말이다. 물론 외부 세계 자체를 의도적으로 바꾸어 상황을 만들어 낼 수도 있다. 그렇다고 하면 이건 도대체 어떻게 된 일인가. 예컨대 마치 유령과 같이 '실체'가 없는데도 그렇다 해서 단지 마음속에서 공상만 하고 있을 뿐인 것도 아니고….

### '지'(앎)의 원천은 어딘가

'상황'에 관해 제대로 생각하기 시작하면 이처럼 그 정체를 파악하기가 어렵게 되는 것. 우리가 '뭔가를 안다'는 것을 생각할 때 모종의 '억견doxa'에 사로잡혀 있어서 그런 것 아닐까? 그것은 우리가 '뭔가를 안다'라는 것의 원인을 모두 우리 '머릿속'이라는 특정한 '장소'에 존재하는 '지식'이라는 실체(즉 '지식의 표상')에 귀속시키는 시점을 무심코 취해 버리기 때문은 아닐까. 우리 머릿속에 '지식'이라는 것이 딱 장착되어 있어서 외부에서 무슨 일이 일어나든 아랑곳하지 않고 그것이 그대로 바깥으로 표출된다는 것이 많은 사람이 가진 '지식관' 아닐까. 그리고 우리는 뭔가 '상황'과 같은 정보를 '외부'에서 머릿속이라는 '내부'로 집어넣어 그 지식을 편집하고 '그 장에 맞춰서' 내놓게 된다는 이미지를 갖고 지식과 상황의 관계를 생각하기 십상이다.

그래서 이런 지식관을 무심코 받아들이다 보면, 이른바 '내부'에 갖춰져 있는 지식을 '현실의 적용 장면에 맞춰' 편집할 때의 '참고 자료' 정도로 보며 '상황'이라는 것은 어떤 것일까를 묻게 된다. 예를 하나 들어 보면 이런 지식관에서는 '언어'의 발화와 이해를 가능하게 하는 것은 문법 지식과 어휘의 의미에 관한 지식이라는 흔들림이 없는 지식이 일단 먼저 있고, 그것이 현실 장면에서는 담화 상황에 맞춰서 수정되어 발화된다. 그리고 어떤 특정한 발화가 그러한 상황에 맞춰서 이해되는 것으로 다뤄져 담화 상황에 어울리는 '수정' 방식에 관한 지식이 보충된다고 하는 흐름이 매우 자연스럽게 다가온다.

자, 그러면 이번에는 그 '외부'에 있는 '상황'이 어떠한 형태로 '내부' 인 '머릿속'으로 들어가는가를 밝히지 않으면 안 된다. 형편이 이렇다 보니 다양한 '상황'의 가능성을 일반화한 지식을 또 머릿속에 상정해서 그것이 구체적인 상황에 대응해서 적용된다는 식으로 '머릿속(내부)'과 '상황(외부)'의 관계를 생각하게 된다. 그런데 이런 식으로 머릿속(내부) 과 상황(외부)의 관계를 도식화하는 것은 처음에 설정된 '상황'이 그 후 모든 정보 처리를 결정해 버리고 말아서 의도적으로 '상황'을 새롭게 설 정하는 일이나 "상황을 애써 바꾸어 보자"고 하는 행위를 설명할 수 없 게 된다.

그리고 이런 일도 생각할 수 있다. 우리가 외부 세계에 뭔가 조작을 한 것이 외부 세계 측에 변화를 가져와서 예상도 하지 못한 방향으로 상 황을 바꿔 버리는 일 말이다. 이런 '예상도 할 수 없는 전개'에 대응한다 는 것을 '머릿속의 지식'으로 모두 처리할 수 있을 리 없다.


### 깁슨의 생태학주의


'머릿속의 지식'이라는 '내부'와 '상황'이라는 '외부'를 이분법적으로 설정하지 않고 양자의 관계를 새롭게 포착하려고 한 사람이 바로 앞서 잠깐 다뤘던 제임스 깁슨이라는 심리학자다.

우리 인간은 책상 앞에 미동도 하지 않고 앉아서 '머릿속'에서 이것저것 생각을 하는 것이 아니라 늘 환경 속을 움직이면서 돌아다니고 있다. '움직이고 돌아다닌다'라고 해도 그냥 주위를 왔다 갔다 하는 것이 아니라 '뭔가를 하려고' '어딘가에 가려고' 하고 있다.

깁슨이 생애를 통해서 던졌던 물음은 사람과 동물이 '돌아다니는 행위'를 통해서 세계가 어떤 식으로 되는지를 알고, 자신이 어디를 어떻게 움직이는지를 알고, 어디로 향하는지를 알고, 이런저런 도구가 어디에 어떻게 도움이 되는지를 알고, '바늘에 실을 어떻게 통과시킬까, 자동차를 어떻게 운전할까 등 어떤 일을 하는 그 방법을 사람은 어떻게 알까'와 같은 것이었다.

깁슨은 이러한 문제에 대해서 '지식' 같은 것이 머릿속에 미리 장착되어 있다고 생각하지 않고 지식은 '환경' 자체에 존재한다는 시점을 제안하였다. 단 이때 그는 '환경'이라는 것을 생명 혹은 생체와 독립한 것으로 생각하는 것이 아니라 특정한 생체와 상호의존적 관계를 가지면서 생성되는 것으로 보았다.

이 '생체'와 '환경'과의 상호의존적 관계를 생각한다는 것은 말처럼 그렇게 알기 쉬운 일이 아니다. 이 상호관계를 예를 들어 쉽게 풀어 보기로 하자. 예를 들어 '신맛'이라는 것을 생각해 보자. 우리는 '식초는 시다'라고 말하는데, '신맛'이라는 것은 딱히 '식초' 그 자체가 '인간'과 떨어져서 갖고 있는 성질이 아니다. '신맛'이란 어디까지나 '인간 ~에게'라는 주석이 따라붙는다. 다른 동물에게는 어떤 맛인지 알 수 없지만, 적어도 효모군에게는 '신맛'이 아닐 것이다. 즉, '신맛'은 인간이 자기 마음대로 혀끝에서 발생시키는 것이 아니라 '식초'라는 실체에 의해 불러일으켜진 것이라고 할 수 있을 것이다.

한편, '식초'의 관점에서 보면 인간이 '맛을 봐 준' 덕분에 자신의 '신맛'이 현재화된 것이라고 할 수 있다. 이런 식으로 '환경'이라는 것 자체를 특정한 생체가 생활하고 있는 '생태계' 혹은 '생활 공간' 속에서 상호 의존해서 '발현하는' 성질이라고 생각하자는 발상이다.

'환경' 혹은 '상황'을 이런 식으로 정의하면, 뭔가를 알아차리고 지각한다는 것은 환경 속 사물의 속성, 즉 외부 세계가 그 생체의 활동을 유발하거나 방향 짓는 성질을 '직접 끌어낸다'라고 할 수 있다. 깁슨은 그러한 '생체의 활동을 유발하고 방향 짓는 성질'을 '어포던스affordance'라고 명명했다. 즉, '지각'이란 생체가 자신이 하는 활동의 흐름 속에서 외부 세계로부터 자신의 어포던스를 직접 끌어내는 행위를 가리킨다.

이 말은 뭔가를 '본다'는 것은, '그것에 어떤 조작을 가하는가'와 같은 행위와 그 무엇인가가 어떤 어포던스를 제공하는가가 쌍이 되어 인식되는 것이지 인식자 측의 행위 의도와 신체활동과 관계없이 단지 특정한 시각적인 자극 패턴이 '머릿속'에 비치는 것은 아니라는 것이다. 예를 들면 시신경이 정상인 선천적 시각 장애인이 개안 수술을 받아도 실제로 그것 이전에 촉각만을 통해서 획득되었던 사물의 어포던스를 시각에 대응시키는 학습 과정을 거치지 않으면 '보이지만 보이지 않는' 상태에 머물 수밖에 없는 사례를 보면 잘 알 수 있다.

이것과 똑같이 어떤 대상의 '의미'라는 것도 그 대상 독자의 '객관적 성질'만으로 규정되는 것도 아니고 그렇다고 인식자의 개인적인 주관으로 정해지는 것도 아닌, 대상이 인식자를 유발afford하는 '활동'이 어떤 범위 내에서 생체들 사이에서 공통적이어서 상호 전달 가능한 것을 가리킨다고 볼 수 있다. 혹은 의미는 역시 생체들 사이에서 전달할 수 있지만 기존의 습관과는 다른 '새로운 활동'을 유발해야 해서 대상을 '새롭게 보는 일'도 있는데, 이것이 바로 '은유'라고 생각할 수 있다. 예를 들어 한때 '남자는 늑대다'라고 말했던 것은 '친절한 오빠'처럼 다정하게 접근해 오는 '남자'에게 그 겉으로 보이는 어포던스에 끌리지 않고 오히려 '언제 어느 때라도 덮칠지 모르는' 대상으로 보고 "그러한 가능성을 가진 어포던스 특성에 주목하자"는 일종의 경고였다.

### 복잡한 '기능'을 습득한다는 것은

한 명의 인간이 하나의 사물과 철저하게 관계를 맺다 보면 계속해서 새로운 활동이 '유발'되고 그것에 동반해서 새로운 어포던스가 발생하는 상호관계의 생태계가 확대되어 간다. 자동차 운전을 할 수 있게 되는 것도 핸들을 비롯한 기어와 같은 운전석 주위의 다양한 장치와 운전자의 활동 사이에서 만들어지는 '어포던스와 활동의 막대한 연대의 흐름'이 형성되는 것이라고 묘파할 수 있다.

실제로 자동차 운전 기술에 숙달한다는 것은 '자동차와 인간이 일체가 되어 적절한 어포던스를 끌어낼 수 있는 것'이지 자동차와 동떨어져 인간 머릿속에서 '솜씨'만 갖추는 '앎'이 아니다. 따라서 그러한 운동 기능은 '머리로 생각해' 본다 해서 나오지 않으며 자동차 운전석에 실제로 앉아 봤을 때라야 비로소 '손발이 알아서 움직이는' 형태로 발휘된다.

타자를 능숙하게 치는 타자수도 어느 문자가 어디에 있는지를 '기억'하는 것만으로 재생하는 것은 아주 곤란한 일이지만 특정 단어를 치려고 타자기 앞에 앉았을 때에는 자연스럽게 손가락이 움직인다. 즉, 기능을 숙달한다는 것은 '몸을 어떻게 움직일 것인가'를 '머릿속 지식'으로 획득하는 것이 아니라 외부 세계 사물의 어디를 어떻게 조작을 가할지 몸 전체로 그것에 어떻게 대응할지를 습득하는 것이다. 그것은 그때까지 습관으로 익히고 있던 틀린 어포던스 추출 경향을 억제하고 새로운 어포던스로 향하는 것이나 다름없다.

깁슨의 '어포던스' 관점에서 본 인간(내부)과 상황(외부)의 관계를 다음과 같이 묘사할 수도 있을 것이다. (도구라는) 모종의 힘을 이용하는 것은 틀리지 않지만, '상대의 힘을 내가 이용한다(여기서 '상대의 힘'이란 도구로부터 빌려오는 힘이라는 의미도 있다)'는 문형은 틀렸다. 이때 힘을 이용하는 것은 나도 아니고 상대도 아니다. 나와 상대가 서로 맞닿음으로써 비로소 그 장에서 고유하게 성립한 '나와 상대를 함께 포함하는 복소적複素的 신체'다. 자동차를 운전하는 경우를 생각해 보면 이 말의 의미를 이해하기 쉬울 것이다.

내(주체)가 '운전자'이고 상대(상황)는 '자동차'다.

일단 사람과 사물은 따로 존재한다. 그런데 이 '나'는 자동차의 운전석에 타는 순간, 자동차에 갇히고, 안전띠에 묶이고, 몇 가지 기구를 움직이는 것 이외의 동작은 금지당한다. 그런데 자동차를 운전한다는 것은 그런 초기 조건을 받아들여야만 하는 것이다. 자유자재로 손발을 움직이고 360도 시야를 확보한 상태에서 운전을 하고 싶다 해도 무리이다. 자동차는 각각 특성이 있다. 배기량도 다르고, 차폭도 차 길이도 차 높이도 다르다. 가속 페달 반응도 다르고, 브레이크의 유격도 다르고, 핸들링도 다르다. 우리가 자동차 '운전'을 한다는 것은 그때마다 새로운 '구속 조건'을 받아들이는 것이다. 그러나 어떤 경우에도 '운전'한다는 조작의 본질은 바뀌지 않는다. 미끄러지듯이 차를 움직여서 신록이 멋진 교외의 널찍한 거리를 달릴 때 "나는 자동차의 동력을 이용해서 공간 이동을 하고 있다"라는 식으로 생각하는 사람은 없을 것이다. 그럴 때 운전자와 자동차는 한 몸이 되어 어디까지나 '복소적'인 신체를 형성하고 있다. 운전하는 행위 속에서 비로소 구축된 '복소체'를 애써 나누어 "여기서 여기까지가 '나'이고 저쪽은 기계"라고 주장할 필요가 없다. 운전자가 기분이 좋으면 차 또한 기분이 좋은 것, 그것이 바로 깁슨의 어포던스에서 우리가 길어 올려야 할 '주체'와 '상황' 그리고 '인간'과 '외부 세계'와의 관계일 것이다.

### 어포던스와 '경향성'

여기서 잠시 깁슨의 어포던스를 철학자 길버트 라일의 '경향성'이라는 개념과 대비시켜 보자. 라일의 경우는 사람이 '지적'으로 된다는 것을 그 자신이 더욱 탁월한 '경향성'을 획득하는 것으로 본다. 즉, '지성'의 원인은 '그 사람이 소유하는' 특성이고 그 사람이 소유하는 것이 무엇인가를 기술하는 것이 '지적인 것'을 기술하는 것이 된다.

그런데 깁슨의 경우는 지성의 원천을 '환경' 측에 내재하고 있고, 사람이 '지적'으로 된다는 것은 그가 외부 세계의 사물(환경)에 열리는 일이다. 즉, '지적'이라는 것은 바깥의 '거기'에 있는 '그곳'에 주목하고 그것이 제공하는 어포던스에 대응할 수 있게 된다는 것이다.

'지적'이라는 특성을 '그 사람이 갖고 있는' 지식에 귀속시키지 않고 그/그녀가 외부 세계에 열릴 때 양자의 상호작용으로서 '구축되는' 특성으로 본다는 것은 '지능 연구'에 있어서도 중요한 의미가 있다. 즉, 사람이 어떠한 '지능'을 '머릿속'에 만들어 내는가를 연구하는 것이 아니라 '어떠한 상황에서 어떠한 지적인 행위가 적절히 발휘되는가'를 상황과 세트로 연구하지 않으면 의미가 없다는 것을 의미한다.

이것은 '지적'이라는 것을 분석할 때 분석 단위unit of analysis가 주체의 '심적 특성'이어서는 안 되고, 그렇다고 외부 세계에 있는 사물의 '객관적 특성'이 되어서도 안 됨을 의미한다. 다름 아닌 양자는 '떼려야 뗄 수 없는' 관계이고, 만약 '분석'한다고 하면 인식 주체의 '그 장에서의 활동activity'이라는 단위밖에 없다는 것이다. 나아가 깁슨은 사람이 (오랜 진화의 역사를 거쳐서) 환경에 (묘하게 인공적인 것이 아니라) 아주 자연스러운 생태학적으로 타당한 것이라고 하면, 그에 대한 '조작'도 자연스럽게 그 상황에서 만들어지기에 그것에 동반되는 환경의 어포던스가 적절하게 추출된다고 보았다. 물론 환경이 복잡하고 행위 의도가 너무나도 다양화되었을 경우는 '적절한' 어포던스 대신에 '잘못된' 혹은 '서투른' 어포던스가 추출되어 (우리 문화의 기준에서 보면) '틀린' 혹은 '어긋난' 행위가 유발될지 모른다. 따라서 환경 세계(상황)를 적절하게 가늠하는 것이 중요한 포인트가 될 것이다.

이것은 아이나 다른 문화 사람들이 (우리 문화 속에 사는 어른의 기준에서 볼 때) '지적'이지 않다고 판단되기 십상이지만 실은 그들이 자신의 생활환경 속에서, 생태학적으로 타당한 '활동' 문맥 속에서 아주 '지적'으로 행위한다는 것을 의미한다. 그런데 이것을 단지 그들의 의외의 '유능성' 같은 것에 귀속시키는 것은 라일이 '경향성'을 '머릿속의 지식'에 귀속시키는 것과 똑같은 이유로 역시 틀렸다.

### 도구로 확장되는 세계(도구와 어포던스)

우리는 도구를 사용함으로써 어포던스를 바꿀 수 있다. 벽에 튀어 나온 '못'은 늘 '걸린다'든지 '상처를 입게 하는' 것으로 사람 눈에 비친 다. 그러나 망치를 들고 있으면 그것을 '박아 넣음으로써' 그러한 어포 던스를 소멸시킬 수 있다. 따라서 그 못에 옷이 걸려 버린 사람은 '걸리 는' 어포던스를 소멸시켜야 하기에 옆에 망치가 있으면 곧 그것을 손에 들고 못을 벽에 박아 버릴 것이다.

만약 망치가 없으면 예를 들면 문진(종이 누르개)이라든지 돌멩이 가 있으면 그것을 '무심코 손에 들고 못을 칠'지도 모를 일이다. 여기서 주의해야 하는 것은 ① 우리 활동 속에서 어포던스를 바꾸고 싶다는 과 제가 의식에 떠올라, ② 바람직한 어포던스 변경의 도구를 외부 세계에 서 찾고, ③ 외부 세계의 '걸맞은 사물'이 '그런 도구로 보이게' 되고, ④ 그 것을 손에 들고 사용해 본다. 이와 같은 네 가지 국면phase이 있다는 것이 다. 여기서 ③의 '그런 도구로 보인다'는 것이 아주 중요한 점으로 예를 들어 문진이라든지 돌멩이가 '걸맞은 형태를 갖고 있으면', 게다가 인간 측에 '못을 처넣을 사물 찾기'의 마음이 있으면, 갑작스럽게 '그것에 사 용할 수 있는 사물'로 보인다는 것이다.

이처럼 '도구'의 형태와 기능은 일대일 대응처럼 결정되는 것이 아 니라 모종의 형태가 이쪽이(예를 들면 인간 측이) '어떤 특정한' '도구적인 눈'으로 보는 것을 통해서 '거기에 사용할 수 있는 도구'로써 비로소 보 이는 것이다. 바위가 의자 혹은 테이블로 보이는 것과 똑같이 주체 쪽에 서의 "무엇을 할 수 있는 도구가 없을까"라는 마음가짐으로부터 일종의 '간주'가 발생하고, 하나의 사물이 다양한 도구로 '우리 눈에 띄게' 되는 것이다.

이러한 메커니즘을 좀 더 파고들면 '안다Knowing'는 것에 관해서도 새로운 관점을 끌어낼 수 있다.

### '안다'는 것은 '도구로 안다는 것'

우리가 '도구'와 같은 것으로 외부 세계의 어포던스를 바꿀 수 있다는 것에 주목해 보자. 그렇게 하면 외부 세계는 단지 행위를 촉발하는 가능성으로서의 어포던스를 제공할 뿐만 아니라 그 어포던스를 바람직한 방향으로 변화시킬 수 있는 존재로도 보이게 된다. 그렇게 되면 외부 세계에서 그 변화를 가져올 '도구'가 부상한다. 즉, 외부 세계는 행위를 촉발하는 '행위적 어포던스'의 집합일 뿐만 아니라 행위적 어포던스를 바꾸기 위한 '~을 위한 도구로서 사용할 수 있다'는, '도구적 어포던스'의 집합을 부상시켜 준다. 주체 쪽에 그런 '도구 찾기'의 마음이 없다면, 문진은 서류 위에 두는 것일 뿐이고 돌멩이는 단지 걷는 것에 방해가 되는 것일 뿐이다.

여기서 이야기를 전개해 나가려면 아무래도 다음 두 가지 전제가 필요하겠다. 즉, 첫 번째로 인간의 신체도 '도구'이며 이른바 (우리 인간이 인공적으로 만들어 낸) 도구는 신체의 연장이라는 것. 두 번째로 '안다'는 것은 늘 처음부터 '뭔가(도구)로 안다는 것Knowing with'이다.

통상 우리가 어떤 인공물을 도구로 사용하지 않고 (맨손으로) 외부 세계를 '아는' 경우, 우리 무의식 중에 '신체'라는 도구를 외부 세계의 어포던스에 맞춰서 적절하게 구사하려는 자세를 취한다고 할 수 있다. "벽에 튀어나온 못을 '이것은 지나가다가 걸리면 위험하겠구나' 하고 보는 것은 보는 동시에 '손'이라는 '내적 망치'를 들고 마음속에서는 그것을 '벽 속으로 쳐넣는' '자세'를 만드는 것'"이 된다. 즉, 우리는 '신체'라는 목공 도구 세트를 하나씩 갖고 세계를 돌아다니고 있다. 이것저것 타고 난 도구(손과 발)를 어떻게든 제대로 사용해서 외부 세계 안에서 '공작'할 수 있는 것을 찾아 다니는 것이다. 그리고 뭔가를 발견하고는 그때마다 마음속에서 도구(손과 발)를 치켜들고 그 각각에 '자세'를 취한다.

이것이 깁슨이 말하는 어포던스 추출의 흐름인데, 내 언어로 바꿔 말하면 "신체='도구에 의한' 어포던스 변경의 자세 만들기"가 될 것이다. 즉, 신체로 외부 세계에 응답한다는 것은 잠재적으로 외부 세계의 어포던스를 자신의 활동에 적합하게 만들려고 '공작'을 해 보려는 것이라고 할 수 있다.

### '도구의 불투명화'와 '장난감'

그러면 진짜(인공물로서의) 도구를 사용한다는 것은 무엇을 의미할까. 프로 목수가 진짜 목공 도구를 자유자재로 쓰는 것을 이른바 맨손으로, 신체라는 '생득적인 자연' 도구를 자유자재로 쓰는 것에서 자연스럽게 연장된 것이라고 간주할 수 있을까.

자신의 신체를 도구로 자유자재로 쓰면서 외부 세계의 어포던스에 대응하는(그것에 '공작'을 가하려 하는) 것일 뿐이라면, 인간뿐만 아니라 곤충도 그렇게 하고 있다. 단, 그냥 무의식적으로 외부 세계에 '반응할' 뿐인 상태로는 '신체'라는 도구는 완전히 '투명'한 것에 그친다. 즉, 그것을 애써 '사용하고 있다'는 의식이 없다. "외부 세계란 무엇인가. 외부 세계를 어떻게 할 것인가"와 같이, 외부 세계 그 자체에 의식에 집중되어 있어 거기서부터 한걸음 떨어지는 일을 할 수 없다. 따라서 태어날 때부터 갖춰진 (신체라는) 목공 도구를 사용할 수 없는 상태에 대해서는 말 그대로 '손도 발도 나가지 않는' 상태로, 곤충이라고 하면 아마도 인식 대상도 되지 않을 것이다.

그런데 인간의 경우 자신의 손과 발을 의식화(불투명화)해서 그 '몸의 행위'를 궁리할 수 있다. 다름 아닌 신체라는 도구의 사용 방식 그 자체를 '앎'의 대상으로 삼아 이것저것 조작하고 움직임으로써 가상적인 장면에 가상적으로 응답해 볼 수 있다.

이렇듯 자신의 신체를 '불투명화'하고 대상화해서 그 움직이는 방식과 자세를 궁리하여 보다 세련되고 보다 정치하게 '몸을 움직이는 방식'과 '자세'를 만들어 내려고 한다. 이런 일은 적어도 곤충은 할 수 없는 일이다. '자신'에게 어떤 도구가 태어날 때부터 갖춰져 있는지, 그것은 어떻게 움직일 수 있는지를 따지는 '반성적'인 활동이기 때문이다. 이러한 '신체=도구'를 대상화해서 바라보고 갖고 놀면서 "이런 도구였으면 좋겠다"라는 기대가 탄생한다(손이 조금, 30센티미터만 길면 좋을 텐데라든지). 그러한 기대가 높아 갈 때 문득 외부 세계의 사물을 보면 바로 그것(손을 '30센티미터' 늘릴 수 있는 도구로서의 '막대기')가 눈에 들어온다. 즉, 외부 세계의 '도구적 어포던스'라 해야 하는 것이 '부상되고' 지각된다. 그것은 외부 세계에 (직접 행위로서) 무엇을 할 수 있다는 '행위적 어포던스'가 아니라 무엇이 '어떤 도구(신체의 연장)이 될 수 있는가' 하는 '도구적 어포던스'의 직접적 지각이다. 여기서 '막대기'는 '손의 연장'으로 지각된다(이것이 곤충과는 다른 점일 테다). 막대기를 손에 든 순간 막대기와 손은 일체가 되어 다시 투명하게 되고, 막대기 끝에 있는 바나나에 의식

이 집중된다. 그렇지만 막대기는 들기 어려우므로 사용하다가 떨어뜨
릴 수도 있다. 그렇게 되면 이번에는 '막대기와 손'의 조합 자체를 대상
화해서 그것을 어떻게 하면 '제대로 결합할 수 있을까'에 관해 '어떻게
쥘까'와 같은 손의 양상과 '어디를 쥘 수 있을까'와 같은, 막대기의 양상
을 하나의 조합으로 동시에 음미한다. 여기서도 일시적으로 막대기를
갖고 노는 것이 개입한다. 이렇게 우리는 도구를 '갖고 노는 것'을 통해
서 그 도구와 신체 사이의 '익숙함'을 획득한다. 그 결과 '막대기'는 이미
그것과 '익숙해진' 신체의 연장이 되어 구체적으로 도구를 사용하는 상
황에서는 또다시 '투명화'되어 '손-막대기' 전체를 '손의 연장'으로 사용
하게 되고 '바나나를 따는' 현실 작업에 적용할 수 있게 된다. 이렇게 '막
대기 사용'에 숙달되어 간다.

방금 인간의 신체도 도구라고 말했는데 이번에는 말과 기호도 도
구라고 생각해 보자.


### 도구로서의 기호

애당초 '기호'라는 것을 인류는 어떤 식으로 발명했을까. 역사적으
로 기호로서 가장 오래된 것은 '달력'으로 이용된 것이다. 고대 사람들
은 농경 활동을 할 때, 천체의 '달이 차고 이지러지는 것'과 '별의 움직임'
과 연동해서 작업하는 것이 꼭 필요했기에 전체의 복잡한 변화 속에서
농경 활동에 필요한 정보로 '달이 차고 이지러지는 것의 주기성'이라는
어포던스를 끄집어내는 것에 골몰하였음이 틀림없다. '기호'는 그러한
어포던스를 끄집어내는 '도구'로서 궁리되었다.

즉, 기호로 표기된 '과거 일의 기록'은 사람들에게 '새로운 환경(혹

은 상황)'이 되고, 그것과의 관계 속에서 '천체 움직임의 규칙성'을 보기 쉽게 된다(즉, '천체의 움직임의 규칙성'을 어포드한다). 나아가 그것은 '앞으로 일어날 일'에 대한 준비도 어포드한다.

'기호'라는 것은 외부 세계의 어포던스를 확대하거나 초점화하는 '도구'이다. 그런 '도구'를 환경에 배치하고 집어넣음으로써 인류는 그 '환경'을 시간·공간적으로 확장해서 그와 동시에 '활동 범위'를 시간·공간적으로 확대해 왔다. 똑같은 이야기를 '언어'에 관해서도 말할 수 있다. 동물의 세계에서는 '감시하는 역할'이 적을 보고 "캭~" 하고 외치는 소리를 발생시키면(이것을 아직 '언어'라고 말할 수는 없을지 모르겠지만) 무리의 다른 동물들에게는 현실의 적을 직접 보지 않아도 '도망가는' 활동이 어포드된다. 외치는 소리 이외에 표정과 몸짓이 있을 것이다. 너무나도 "큰일이다!"라는 표정과 몸짓은 그 대상이 눈앞에 없는 사람에게도 마치 눈앞에 적이 있는 것과 똑같은 '공포 반응'과 '도주 행위'를 어포드한다. 처음에는 "어, 어, 저것은 무엇을 하는 걸까" 정도의 주목에서 그치지만 반복해서 일관적으로 사용되는 기호, 몸짓, 외치는 소리 등등이 진짜와 실제의 '적'의 어포던스를 대신하게 될 것이다.

사람들이 그러한 '어포던스를 유발하는 것=실물의 대용'을 적극적으로 '도구'로서 이용하고 그것이 언어 체계를 만들어 냈다고 생각할 수는 없을까. 단, 언어와 기호는 그것이 사람들의 집단 내에서 '공통으로 사용되게' 되면 단지 '사물'과 (한 명의) 사람과의 관계가 아니라 '사람'과 '사람' 사이의 관계에서 '사회적 활동'의 매체가 되고 그것을 '읽어 내는' 활동도 또한 사회적 활동을 매체로 삼게 된다.

또한 언어는 사회적인 활동과 외부 세계의 어포던스의 예기적予期

的인 추출 도구일 뿐만 아니라 다양한 도구를 '불투명화'하는 도구이기도 하다. 즉, 무의식적으로 사용하고 있는 도구를 의식화하고 대상화해서 그 형태를 음미하고 다른 도구와의 접합 관계를 세련화하기 위한 도구가 된다. 나아가 중요한 활동으로서의 언어는 지식을 도구로 하기 위한 도구가 된다. 이것을 설명하려면 다시금 '지식'이란 무엇인가라는 문제를 여기서의 '도구론'으로부터 다시금 위치 지을 필요가 있다.

### '지식'은 '내적 도구'다

'지식'이라는 것은 '돌멩이와 같은 것이다'라고 말하면, 독자는 놀랄지 모르겠다. 돌멩이에는 특유한 형태가 있다. 그 형태가 '못을 벽에 박아 넣고 싶다'는 의도와 '뭔가 거기에 도움이 되는 것이 필요하다'는 것으로 외부 세계를 찾는 신체와 만났을 때, 돌멩이가 다름 아닌 '망치적 존재'로 보인다. 그리고 돌멩이는 그것을 사용하려는 '자세'에 의해 '망치적 기능'을 발휘한다. 여기서 '돌멩이' 그 자체의 특유한 '모양'이 마음대로 자동적으로 '망치적 기능'을 만들어 내는 것은 아니라는 점에 주의할 필요가 있다.

'망치 같은 존재'를 필요로 하는 상황과 그것에 대한 '도구적 태도'에 의해 지식이 발생하고 구축된다. 우리가 다양한 경험을 '하나의 덩어리'로 기억하는 것은 그런 '돌멩이'를 머릿속에 만들어 두는 것이다. 특정 범위 내의 다양한 상황에서 그것을 쳐다보면서, 다름 아닌 '사용할 수 있는' 기능을 자연스럽게 발생시키는 '도구'로써 그것을 머릿속에 '저장해 두는 것'이다.

따라서 지식은 그것을 '사용하려고' 하는 태도 혹은 자세가 없으면

의식상에 올라오지 않는다. 의식 내용은 실은 그것을 어떤 상황에서 사용하려고 하는가에 의존한다(돌멩이에서도 망치 같은 기능이 추출되는 것은 못이 나와 있는 상황에서이다. 다른 상황이라면 종이를 누르는 기능 따위가 추출될 수 있다). 따라서 인식자가 '획득하는' 지식의 내용이라는 것을 본인에게 말하게 하거나 어떤 상황하에서 추출하려 해도 시간 낭비이다. 돌멩이의 '모양새'는 '상황'과 '활동 의도', 자세 혹은 태도에 의해 다양한 '내용'으로 부각될 수 있는 것이기 때문이다.

똑같이 기억이라는 것도 과거 경험의 '덩어리'를 고유한 형태로 소유하고 있는 것이라고 볼 수 있을 것이다. '기억 내용'이라는 것은 상기하는 상황, 상기함으로써 무엇을 하려고 하는지(다른 사람과 대화하거나 장래에 대해 준비하는 등)와 같은 활동 의도, 자세 혹은 태도에 의해 크게 바뀔 수 있다. 그러나 과거 경험의 '도구 형태'는 바뀌지 않으므로 다양한 상기 내용에 모종의 일관성을 기대할 수 있다.

### 자신을 돌아보지 못하는 데서 일어난 오해

현대의 인지과학에는 크게 나누어 대립하는 두 가지 흐름이 존재한다. 한 가지 흐름은 잘 알려져 있기도 하고 우리에게 너무나도 익숙한 '전통적 인지심리학'의 흐름으로, 이 흐름에서는 '머릿속'의 인지 메커니즘과 지식 표상의 양상을 밝히는 것이 연구의 주된 목적이다. 여명기의 인지과학은 생물의 인지 시스템이 계산기와 똑같이 타율적으로 작동하는 것이라고 가정하였다. 이런 생각의 전제가 된 것이 '외부 세계로부터의 입력-(표상에 의한) 내적인 정보 처리-외부 세계로의 출력'이라는 모델이다.

이에 대비하여 1980년대 후반부터 이른바 '상황인지Situated Cognition' 라고 불리는 새로운 시점이 대두하기 시작했다. 이 흐름에 의하면, 그 이름에서 엿볼 수 있듯이 인지와 언어를 연구할 때에 '상황' 혹은 '문맥' 과 같은 것이 키워드가 된다. 이 입장에 따른다고 하면 모든 인지는 상황적인 것이고, 상황 속에서 어떻게 해서 인지와 의미가 상호행위적 interactive 혹은 상황적으로situated 조직되는가에 관심을 둔다.

전자인 전통적인 인지심리학은 의식하든 그렇지 않든 상관없이 데카르트주의적인 이원론을 베이스로 하고 있다. 이에 비해 후자 '상황인지'의 관점은 어디까지나 상호적 행위주의 혹은 대화주의이다. 그러나 'situated'라는 개념은 종종 '상황 의존적'이라고 번역되고, 그 번역으로 인해 오해를 받는 경우가 많다. 예를 들어 인지와 언어는 '상황 의존적' 인 측면과 '상황 독립적'인 일반적, 추상적 측면이 있다고 하는 이분법 이 그 전형이다. 그리고 '상황인지'의 관점은 인지의 상황 의존적인 측면만을 연구하고 있을 뿐 상황에 의존하지 않는 혹은 상황을 초월한 일반적인 인지, 추상적인 사고를 문제로 삼지 않는다는 것이다.

그런데 이 이분법은 어디까지나 인지심리학적인 관점을 취하게 되면 숙명적으로 나오게 되는 생각이다. 상황인지의 관점을 따르자면 애당초 그러한 이분법 자체가 이상하다. 어디까지나 모든 인지 혹은 언어 의 의미는 상황적이다.

'인지심리학'과 '상황인지' 사이의 논의가 '머릿속에 지식 표상이 있다'는 주장과 '그러한 표상은 없다'는 주장의 대립이라고 오해를 받는 일도 종종 일어나고 있다. 즉 상황인지가 '머릿속의 지식 표상은 없다' 고 생각한다는 것이다. 그러나 실제로 상황인지가 주장하고 있는 것은 '표상이 머릿속에 있다/없다' 혹은 '표상은 머릿속에 있다/바깥에 있다' 와 같은, 이분법적인 이야기를 그만두자는 것이다. 게다가 상황인지의 관점은 '인지 주체를 상황 속에 해소해 버리기 때문에 '자기'라든지 '주체'를 다루는 데 실패하고 말았다는 비판을 받는 일도 있다. 그러나 상황인지의 관점은 개인, 주체, 자기 vs 상황, 세계 사회와 같은 것들을 상호 대치하는 전통적인 이원론이 아니다.

앞에서 들었던 '개구리' 사례를 여기에 다시 가져와 보겠다. 상황인지론은 인간이라는 외부 관찰자가 아니라 개구리의 시점에 서 볼 것을 우리에게 촉구한다. 그렇게 되면 우리가 상정한 진짜 세계라는 것은 어디에도 없다는 것을 자각하게 된다. 개구리가 경험할 수 있는 것은 어디를 돌아봐도 개구리의 세계밖에 없어서 그렇다고 하면 개구리의 바깥에서 우리가 보고 있었던 것은 우리 인간의 세계일 수밖에 없는 것이다.

인지 주체의 외부에 인지 주체가 인식해야 할 진짜 세계가 있다는 가정으로부터 출발할 때는 '입력–정보 처리–출력'이라는 인지주의가 구축한 모델이 타당하다고 생각하겠지만, 어디까지나 인지 주체의 입장으로부터 보면 사태는 전혀 달라진다. 상황인지론은 있는 그대로 혹은 생생한 인지 현상을 포착하려 한다면 먼저 인지 주체의 외부에 진짜 세계를 주관하는 특권적인 관찰자의 입장을 버릴 것을 우리에게 말해 준다.

생물학자 야콥 폰 윅스퀼이 말하듯이 "객관적으로 규정된 숲이라는 것은 존재하지 않는다. 존재한다고 하면 산림관, 사냥꾼, 식물학자,

산책하는 사람 그리고 헨젤과 그레텔이 길을 잃어버린 메르헨märchen의 숲뿐이다"(Uexkull, 2010, p. 36). 여기서 윅스퀼이 말하는 '각자에게의 숲'이라는 것이 특정한 생체와 상호의존 관계를 맺으면서 비로소 모습을 드러내는 '환경'이 의미하는 것이다. 예컨대 헨젤과 그레텔의 '숲'과 사냥꾼이 느끼는 '숲'은 전혀 다른 '상황'일 것이다.

보다 발전적인 논의는 개인, 주체 그리고 자기와 같은 개념을 전통적인 이원론을 전제로 하지 않고 생각하면 그것들이 어떻게 다르게 보일까에 초점을 맞춰야 하는데, 그러한 발전적인 논의를 찾기란 아주 어렵다. 이처럼 인지심리학의 '상황학습론'에 대한 비판 혹은 이해(엄밀하게 말하자면 오해)는 많은 경우 인지심리학이 또 하나의 자신의 모습을 거울 속에서 보고 '그럴 리 없다'라고 화를 내고 있는 듯한 이미지로 표현할 수 있겠다.

### 문제는 무대와 무대장치다

상황인지는 인지심리학자들이 그들의 이론을 지탱하는 당연한 전제로 생각하는 연구를 위한 무대장치와 무대를 1980년대 후반 이후 다양한 각도에서, 다양한 형태로 고쳐 묻는 대상으로 삼았다. 여기서 말하는 인지심리학의 무대장치와 무대란 '지식 표상', '콘텍스트', '개인', '사회', '인지적인 도구'와 같은 개념 그리고 인지심리학에 특유한 실험적 분석, 프로토콜 분석 방법과 같은 것이다.

물론 무대와 무대장치를 둘러싼 상황인지에 대한 인지심리학 측의 반격 또한 만만치 않았다. 그러나 베라와 사이먼(Vera and Simon, 1993)

을 필두로 하는 인지심리학자들의 논쟁은 실은 '논쟁'이라기보다는 '상황인지'에 대한 오해로 끝나 버렸다. 그 이유는 사이먼으로 대표되는 인지심리학자들이 스스로 구축한 무대와 무대장치에 대한 반성적 물음 없이 어디까지나 그 무대 위에서 '상황인지'를 해석하고 비판했기 때문이다. 한편 상황인지 측은 인지심리학이 의거하고 있는 무대와 무대장치의 근본적인 재검토를 추구하고 있다.

예를 들어 전통적인 인지심리학에서 나온 개념 중 하나인 '전이 transfer'에 관해서 잠시 생각해 보기로 하자. 인지심리학에 의하면 '전이'를 둘러싼 이야기는 다양한 콘텍스트로 전이 가능한 일반적 지식과는 반대로 콘텍스트에 의존한 특수한 지식이라는 이분법을 전제로 하고 있다. 그리고서 인지심리학은 상황인지가 지식과 기능이 콘텍스트에 의존하고 있다는 것을 보여주는 실험적인 사실을 증거로 해서 지식의 '콘텍스트 의존성'을 주장하는 입장이라고 마음대로 해석해 버렸다.

이러한 인지심리학의 입장에서 보면 '상황인지는 전이는 존재하지 않는다고 주장하고 있는 것으로 비치게 된다. 그렇다되면 인지심리학자는 실제로 전이가 일어나고 있다는 것이 아닌가'라고 반론하고 싶어질 것이다. 즉, 상황인지의 주장에 대해서 인지심리학자들은 '일반적, 추상적 지식'은 실험실에서의 사실로 존재한다고 주장하고 싶은 것이다.

그러나 이러한 주장은 기존의 인지심리학의 무대와 무대장치에는 손을 대지 않고 어디까지나 그 무대 위에서 이야기를 끝내겠다는 태도이다. 상황인지에 의하면 애당초 각각의 입장에 따라 콘텍스트와 지식에 대한 정의가 달라서 콘텍스트로부터 자유로운 지식과 콘텍스트에 의존한 지식과 같은 이분법을 전제로 해서 이야기를 진행할 수 없다는 것이다.

상황인지에 의하면(Resnick, 1987) 첫 번째로 '전이'가 존재하느냐 아니냐는 문제가 되지 않는다. 여기서 문제가 되는 것은 실험실에서 어떠한 콘텍스트가 조직화되어 그 콘텍스트가 참가자에게 가시적으로 되는지 (혹은 가시화가 되지 않는지) 실험자와 피험자가 어떻게 협동적으로 게다가 어떠한 리소스를 조직화함으로써 국소적으로 '전이'라 불리는 것이 달성되는지이다.

상황인지에 의하면 '전이' 라든지 '일반적 지식'이라 불리는 것은 애당초 실험실이라는 독특한 콘텍스트의 조직화에서만 일반적으로 보이는 것에 지나지 않는다. 예를 들어 전이 실험에서는 피험자에게 먼저 "방사선을 분산해서 몇몇 방향으로부터 암세포에 집중적으로 쪼임으로써 정상 세포에 상처를 입히지 않도록 치료하는" 스토리를 제공한다. 그리고 다음으로 그 처음 스토리와는 전혀 관계가 없어 보이는 '두서너 개 좁은 길밖에 통하지 않는 적의 진지를 어떻게 공격할 것인가'와 같은 문제를 제공해서 '암세포의 치료 스토리'가 이 문제에 전이하였는지의 여부를 판단한다. 그러나 일견 관계가 없어 보이는 스토리를 관련짓는지 아닌지는 다름 아닌 거기서 어떠한 콘텍스트가 조직화되고 그것이 참가자에게 가시적인지 아닌지에 의존할 것이다.

많은 전이 실험이 요컨대 그 장면에서의 이른바 '콘텍스트 표식 Context Marker'을 어떻게 교묘하게 숨기거나 혹은 역으로 명시하는 것에 의한 조건 차이를 알아본 것에 지나지 않았다고 말하는 것도 가능하다. 게다가 이 경우 두 가지 스토리를 연결하는 '일반화'는 어디까지나 실험실 내의 콘텍스트에서만 의미를 갖는다. 예를 들면 현실에서 '두서너 개

길밖에 통하지 않는 적의 진지를 어떻게 공격할 것인가'와 같은 전술을 연마할 때 다른 다양한 조건을 고려하지 않고 〈방사선 치료 스토리〉를 그대로 응용하는 것은 매우 무모한 일이 될 것이다. 이 경우 역의 경우인 '적진을 공격하는 스토리'를 '방사선 치료' 사례에 적용하는 것 또한 무모한 시도가 될 것이다.

이렇게 본다면 인지심리학자가 주장한 전이 실험에서 일어났다는 '일반적 지식'은 아이러니컬하게도 현실에는 실험실 안에서밖에 사용하지 않는 '콘텍스트에 의존한 지식'이었던 것이다. 주류 심리학자들과 상황인지론자 사이의 논쟁이 이처럼 별 소득 없이 끝난 것은 여러 이유가 있겠지만, 무엇보다도 '상황'에 대한 정의가 전혀 달랐기 때문이다. 주류 심리학자에게는 '상황' 혹은 맥락은 어디까지나 주체의 외부에 객관적으로 존재한다는, 흔들림없는 전제가 확고하게 있다. 한 가지 재미있는 것은 그 '흔들림 없는 전제'라고 하는 것이 너무 깊숙히 내면화되어 있어서 좀처럼 정체를 드러내지 않고 당사자도 그것에 무자각적이라는 점이다.

반면에 상황인지론자가 생각하는 '상황'은 객관적으로 주체와 동떨어져 존재하는 모종의 '실체'가 아니라 주체의 행위 속에서 구성되고 재구성되는 산물이다. 이 양자 사이의 '상황'을 둘러싼 정의의 차이는 이 논쟁에서 보았듯이 결코 좁혀지지 않았다.

## 콘텍스트에 관한 두 가지 시점

〈상황학습에 근거한 교재의 수집과 개발: 중학교 수학 확률과 통계를 중심으로〉, 〈상황학습을 적용한 미술 수업이 초등학생의 자기 주도적 학습 능력 향상에 미치는 영향: 입체조형 디자인을 중심으로〉, 〈상황학습 이론을 적용한 시각매체 활용 디자인 교육 프로그램 개발 연구: 중학교를 중심으로〉, 〈상황학습 이론에 따른 함수 지도: 중학교 수학1을 중심으로〉, 〈상황학습 이론을 활용한 미술 관련 진로 교육 프로그램 개발 연구: 중학교 미술 수업 적용을 중심으로〉….

위에서 나열한 것은 '상황학습'이라는 키워드로 검색해서 찾은 국내의 몇몇 석사 논문들이다. 이 논문을 쓴 사람들이 의도하였든 하지 않았든, 그들은 전통적인 인지과학과 언어학에서 정의하고 있는 '콘텍스트(상황)'의 정의를 무조건적으로 채용하고 있다. 그런데 아이러니컬하게도 '상황인지'와 '상황학습론'에서는 이러한 콘텍스트에 대한 정의를 '상황인지'와 '상황학습론'에서는 철저한 비판의 대상으로 삼고 있다.《상황학습론》(Lave & Wenger, 1991)에서는 이 논문들에서처럼 '상황'을 어디까지나 바깥에 있는 것으로 가정하고, 그 상황에 영향을 받는 '주체의 각 교과에 대한 학습 능력의 향상'이라는 식의 어법을 절대로 사용하지 않는다.

전통적인 인지심리학에서는 콘텍스트(상황)를 단어와 문장 그리고 인지 과제의 해석틀과 같은 형태로 정적으로 혹은 미리 주어져 있는 것으로 다루고 있다. 그리고 인지심리학에서 스크립트script 이론처럼, 콘텍스트를 문장을 이해하기 위해 머릿속에 존재하는 '문맥적 지식'이라고 보는 시점도 일반적이다.

이처럼 그것이 머리 바깥에 있든지 혹은 안에 있든지 콘텍스트를 문장과 인지 과제 등을 해석하기 위해 '정적'으로 제공된 틀이라고 생각하는 것이 마치 상식인 양 우리의 생각을 사로잡고 있다. 예컨대 '추론과 계산에 미치는 콘텍스트의 효과'라는 연구 제목은 상징적이다. 이러한 인지심리학적인 관점에서 본다면 콘텍스트는 내적인 추론과 계산 프로세스에 효과를 미치는 요인(예컨대 일종의 독립변수)에 지나지 않는다. 마찬가지 논리로 조금 전에 인용한 논문들에서 '상황학습'은 각종 교과에 효과가 있는(있을 것으로 예상되는 그리고 논문 마지막에 결국 있다는 것으로 판명나는) 주체의 학습 능력 바깥에 있는 이른바 '외부' 요인에 지나지 않는다.

'지식과 이해의 양상에는 콘텍스트에 의존하는 것과 콘텍스트를 넘어선 추상적, 일반적인 것이 있다'라는, 인지심리학자가 자주 사용하는 이원론은 이러한 콘텍스트관을 전제로 한 것이다. 나아가 리소스와 도구를 인지심리학에서는 '머릿속'의 지식 표상에 대한 외부의 지식 표상이라고 정의하고 있다. 인지심리학에 따르면 도구는 예를 들면 인간이 태생적 한계를 가진 기억의 용량을 보강하거나 증폭시키는 역할을 한다. 즉, 어떤 활동과 콘텍스트를 조직화하지 않더라도 도구가 그것 자체로 어떤 기능과 힘을 갖고 있다고 보는 것이다. 이런 관점은 다양한 리소스와 도구는 그것 자체로 유용한지 아닌지를 평가할 수 있다는 식으로 리소스와 도구의 평가 방법까지 방향 짓게 될 것이다.

이러한 이른바 '정적인' 콘텍스트관과 도구관은 다양한 활동과 도구 사용의 장면에서 실제로 어떤 일이 발생하는지, 다양한 실천에서 상황적 행위와 상호행위가 어떻게 조직화되는지 보는 것을 방해하고 있는 것은 아닐까?

한편 상황인지의 관점에 의하면 콘텍스트는 미리 거기에 어떤 실체로 존재하는 것, 누군가가 제공하는 것이 아니라 활동에 관여하는 당사자들에 의해 즉흥적으로 혹은 국소적으로 이해 가능하게 되고 조직화되는 것이다. 그리고 콘텍스트의 조직화를 위해서는 다양한 리소스와 도구가 이용되고 그러한 리소스와 도구는 어떤 콘텍스트의 조직화 안에 묻혀 있다. 리소스와 도구를 이렇게 보게 되면 리소스와 도구는 그것 자체로는 평가할 수 없다고 말할 수 있을 것이다.

## 전통적인 콘텍스트관은
## 무얼 놓치고 있었는가?

러시아의 심리학자 알렉산더 루리아Luria, A. R.는 중앙아시아의 농부들을 대상으로 한 연구(Yasnitsky, 2020)에서 두 가지 종류의 삼단논법 과제를 농부들에게 제시하였다. 첫 번째 문제는 '목화는 고온다습한 곳에서 자란다. 이 마을은 고온 다습하다. 그러면 목화는 여기서 자라는가 아니면 자라지 않는가?'였다. 이 문제는 마을 사람들의 일상적이고 구체적인 경험에서 가져온 것이다. 또 다른 문제는 '일 년 내내 눈이 오는 북쪽 지방에서는 곰은 흰 색깔을 하고 있다. X라는 마을은 북쪽에 있다. 그러면 그 마을에 있는 곰은 흰색일까 아닐까?'라는, 농부들의 일상적인 경험과는 관계가 없는 것이었다.

루리아에 의하면 농부들은 자신의 구체적인 경험에 기초한 문제를 풀 때는 전혀 문제없이 정답을 맞혔다. 그들의 대답 중 전형적인 것은

"원래 그런 거야. 나는 이 몸으로 잘 알고 있거든" 같은 것이었는데, 이 대답에서 볼 수 있듯이 경험적 사실에 기초해서 자신의 대답에 대한 근거를 제시하려고 하는 것이었다. 이에 비해서 그들의 일상생활과 관계가 없어 보이는 '흰곰 문제'에 대한 농부들의 반응은 "그 곰이 무슨 색깔을 하고 있는지 내가 그것을 어떻게 알겠소. 그 곰을 본 것은 당신 친구지요. 그 친구에게 물어보시오" 같은 식의 대답이었다.

루리아의 연구를 예로 들면서 콜과 스크리브너(Cole & Scribner, 1974)는 이 두 종류 과제에 대한 농민의 반응이 '완전히 다르다'고 주장한다. 그러나 여기서 문제가 되는 것은 반응이 완전히 다르다고 하는 경우에 도대체 어떤 시점 혹은 콘텍스트 하에서 그렇게 말하는 것이 가능한가이다. 그것은 어디까지나 실험자가 구축하려고 한 삼단논법을 알고 있는지를 묻는 테스트라는 콘텍스트하에서만 가능한 것이 아닐까?

농부 측에서 본다면 두 가지 과제 모두 묻고 있는 것은 단지 '어떤 사실을 알고 있는지 모르는지'여서 목화에 관해서는 알고 있고 반면에 흰곰에 관해서는 모른다고 대답한 것에 지나지 않는 것 아닐까? 농부는 "원래 그런 거야. 나는 이 몸으로 잘 알고 있거든"이라고 말하든지 "그 곰이 무슨 색깔을 하고 있는지 내가 그것을 어떻게 알겠소. 그 곰을 본 것은 당신 친구지요. 그 친구에게 물어보시오"라고 대답함으로써 명백히 그가 이 '과제'의 콘텍스트를 어떻게 이해하였는지를 '사회적으로' 표시하고 있다.

요컨대 농부가 일종의 '추론 과제'를 푼다고 하는 콘텍스트를 실험자와 함께 조직화하고 있다기보다는 이것을 그냥 '뭔가를 알고 있는지 아닌지 자신에게 묻고 있다'는 콘텍스트로 이해하고 있음을 이런 '대답'

을 통해 표시하고 있는 것 아닐까. 혹은 이렇게 대답함으로써 농부는 자신이 실험자가 만들려고 한 콘텍스트를 공유하고 있지 않다는 것을 명시하고 있다. 즉, 굳이 인지심리학이 아니더라도 아주 상식적으로 이 사태를 이해하려 한다면 농부가 두 가지 과제에 대해 대답한 것을 다른 것이 아니라 완전히 똑같은 것으로 봐야 하는 것 아닐까?

한편 인지심리학의 틀에서는 루리아의 이 실험을 문제 내용의 차이에 의한 '문맥 효과'라든지 '영역 고유성'을 나타낸 것 혹은 농부의 반응이 '동형의 문제'에 대해 전혀 다른 반응을 한 것이라고 해석할 것이다. 그런데 이러한 인지(이 경우 논리적 추론)의 '문맥 효과'라든지 '영역 고유성'이라는 정식화가 논리적 추론 테스트라는, 실험자가 구축하려고 하는 콘텍스트를 흔들리지 않는 당연한 전제로 보고 있기 때문에 채용된 설명 원리는 아닐까?

상황인지의 관점에서 보면 실험자와 농부가 나눈 대화가 보여주는 것은 쌍방이 구축하려 하고 이해하려 한 콘텍스트가 어긋난 것이고 콘텍스트를 협동적으로 구성하려 한 것이 실패하고 나아가 그 어떤 정정도 이루어지지 않은 것일 따름이다. 혹은 역으로 그런 '정정'이 이루어지지 않음으로써 이것이 '실험 장면'이라는 것이 확실히 부각되었다고도 말할 수 있을 것이다.

삼단논법과 맥을 같이하는 것으로 심리학자 피아제의 보존 개념 발달을 알아보는 테스트가 있다. 여기서 말하는 보존이란 대상물의 겉모양이 바뀌어도 그 본질은 변화하지 않는 것을 이해하는 것이다. 예를 들어 똑같은 양의 액체를 폭이 좁은 용기에 넣든지 넓은 용기에 따르든지 그 액체량에는 변화는 없다. 폭에 따라 액체 높이에 차이가 발생해서 설령 겉으로 보기에는 차이가 많이 나 보여도 그 양은 변하지 않는다. 그러나 직관적 사고에 의존하는 유아의 경우, 겉보기에 속는 경우가 허다하다. 겉으로 보이는 액체의 높고 낮음에 좌우되어 액체의 양도 늘어났다거나 혹은 줄어든다고 생각하고 마는 것이다. 이것이 피아제가 고안한 보존 테스트 중 하나인 액체량 보존 실험이다. 이 테스트를 통해서 아이들의 지적인 유능함의 일단을 객관적으로 측정할 수 있다고 보는 것이다(Donaldson, 1978).

상황인지 관점에서 보면 이 사태에 몇 가지 의문을 충분히 제기할 필요성이 대두된다. 테스트에는 두 번 똑같은 질문을 아이에게 하는 것이 표준적인 절차에 포함되어 있다. 첫 번째는 똑같은 모양의 두 개의 컵에 액체를 따르게 해서 "어느 쪽이 많니? 똑같니 아니면 다르니?" 하고 묻는다. 두 번째는 똑같은 모양의 컵의 한쪽을 폭이 좁은 쪽에 옮기고 난 후 "어느 쪽이 많니? 똑같니 아니면 다르니?" 하고 묻는다.

조금만 생각하면 알 수 있는 일인데, 이것은 교실에서 자주 사용하는 '유도 질문'과 비슷하다. 교사는 자신이 바라는 대답이 아이에게서 나오지 않을 때는 대답이 들리지 않는 시늉을 하면서 똑같은 질문을 반복하는 경우가 많다. 만약 어떤 아동이 실제로는 겉모양이 바뀌어도 본질은 바뀌지 않는다는 것을 이해하고 있더라도 두 번 똑같은 질문을 받으면 어떻게 할까? 모든 아이가 그렇지는 않다고 하더라도 아이 중 일부가 일부러 어른이 똑같은 질문을 하고 있으니 대답을 바꾸는 것이 '무난'하다고 추리할 것이 틀림없다. 그 결과 보존에 관해서 유아의 유능함을 실제보다도 낮게 측정할 가능성이 있다는 것은 확실하다.

또 하나의 의문이 남는다. 이 사태뿐만 아니라 테스트에 공통적인 것은 그 '추상성'이다. 이 테스트에서는 테스트를 하는 좀 근엄해 보이는 심리학자 아저씨/아주머니가 용기 안의 액체를 왜 일부러 다른 용기에 옮기는지 아이는 알 길이 없다. 현실의 생활 장면이라고 하면 컵 언저리가 깨져서 위험하기 때문에 엄마가 다른 컵에 물을 옮겨 담았다든지 이쪽 색깔의 컵이 주스 색이 비치니까 옮겼다든지 등등, 나름 납득이 가는 이유가 있을 것이다. 그런데 테스트는 그런 구체적인 이유의 세계를 없앤 아주 추상적인 세계, 즉 현실 상황으로부터 분리된 장면을 애써 만들고 있다.

테스트는 애당초 추상적일 수밖에 없지 않나? 하는 의견도 있을 것이다. 그런데 그렇게 설정하지 않고서는 테스트가 성립하지 않는다 하더라도, 테스트가 추상적인 특수한 콘텍스트에 기초해서 성립하고 있다는 사실을 놓쳐서는 안 될 것이다. 여기에도 유아의 능력을 낮게 볼수 있는 위험이 도사리고 있다. 따라서 피험자가 논리적인 테스트(삼단논법 및 보존 과제)를 풀기 위해서는 이러한 종류의 '언어게임' 혹은 콘텍스트를 이해하고 그 이해의 사회적 표시를 통해서 실험자와 함께 콘텍스트를 조직화하는 것이 필요하다. 이러한 종류의 논리적 추론 테스트가 논리적 추론 능력을 측정한다기보다 어떤 종류의 언어게임에서 콘텍스트의 조직화에 참가할 수 있느냐 아니냐를 보는 것이라는, 관점의 변화가 필요하지 않을까?

이 분석을 통해 주류 인지심리학이 무엇을 보지 않았는지 혹은 무엇을 분석하지 않았는지를 살펴볼 수 있을 것이다. 그 사실을 정리해 보면 다음과 같이 된다.

'동형의 문제', '똑같은 문제', '그것에 대해 완전히 다른 반응'이라는 것을 도대체 어떠한 시점과 콘텍스트를 조직화함으로써 말할 수 있는가. 이러한 것들은 인지심리학에서는 지금까지 물음의 대상이 되지 않았다. 콘텍스트는 실험자에 의해 혹은 외부에 의해 주어지는 것이 아니라 나중에 콜(1996)이 지적하고 있듯이 활동에 참가한 이들이 함께 짜내는 coweave 것 아닐까? 그 함께 짜낸 콘텍스트를 이해하거나 오해하거나 그 이해와 오해를 사회적으로 표시하는 것도 단지 실험자 혼자서 하는 것이 아니라 활동의 모든 참여자, 즉 피험자도 하는 것 아닐까. 그리고 이러한 콘텍스트의 이해와 오해의 사회적 표시도 콘텍스트와 함께 짜내는 것 안에 포함되어 있을 것이다. 그러한 사실을 인지심리학 연구자, 실험자 들은 다루지 않았다.

## 앙상블로서의 콘텍스트

이런 질문을 하나 던져 보자. 앙상블에서 어떤 파트를 맡았을 때 자신이 들어갈 타이밍을 어떻게 포착하는가? 악보에 나와 있는 것만을 참조하더라도 진행 중인 앙상블에 관해서는 아무것도 알 수가 없을 것이다. 따라서 이 경우 악보뿐만 아니라 다른 연주자의 연주하는 모습, 지휘자가 지휘봉을 흔드는 방식, 방향, 표정과 같은 것을 리소스로 삼아 자신의 연주를 시작하는 시점을 결정할 것이다. 자신이 어떤 템포로 연주를 하는가 하는 것도 악보만으로는 정해지지 않는다. 어디까지나 그때까지의 연주 흐름에 걸맞은 형태로 자신의 템포를 조정함이 틀림없다. 매 연주마다 다른 연주자와의 상황적인 상호 조정이 필요할 것이다.

이러한 연주 과정에서 참가자 각각의 연주는 각각이 어떻게 행위하고 있는지 지금 연주가 어디쯤 와 있는지를 서로에게 표시하는 리소스이고 또한 각각이 서로에게 현재의 상태를 어떻게 이해하고 있는지를 표시하는 리소스이기도 하다. 연주에서 '콘텍스트'란 이미 주어진 환경과 같은 것이 아니라 각각의 연주자가 협동적으로 연출해서 만들어내는 행위로 구성되는 것이다. 그러한 콘텍스트 안에서야 개개의 연주자의 어떤 파트 어떤 부분의 연주라는 행위도 의미를 띤다. 즉, 콘텍스트란 연주라는 행위를 통해 협동적으로 만들어지는 것이고 또한 그 콘텍스트가 개개의 연주를 방향 짓고 연주의 의미를 보여주는 관계로 자리매김한다.

　연주 과정에서는 다양한 '경계'도 협동적으로 조직화되고 표시된다. 여기서 말하는 '경계'란 어떤 테마의 시작과 끝, 그 테마의 전개 혹은 그것이 유지되는 범위와 같은 것이다. 이러한 경계 짓기를 다른 연주자를 고려하지 않고 혼자서 실행할 수는 없다. 어디까지나 협동적으로 어떤 타이밍에서 연주의 '경계'가 표시되지 않으면 안 된다. 이러한 조직화된 경계는 콘텍스트 혹은 장면의 유지와 변화를 사회적으로(즉, 각각의 연주자 혹은 청중을 향해서) 표시한다.

　나아가 앙상블 연주라는 상호 행위가 구성하고 있는 조직화는 예를 들면 어떤 질서가 잡힌 계층적인 구조로서 사후에post hoc 분석할 수 있을 것이다. 그러나 그 구조를 표현하고 있는 일관성은 실제로는 국소적으로 또한 협동적으로 그때그때 달성된 것이다. 즉, 연주는 악보라는 각본script과 '플랜'의 자동적인 실행일 수 없다(Scheflen, 1973). 악보에 의한 표현은 다양한 리소스와 병치juxtaposition될 때에야 비로소 의미를 갖는 리소스의 하나에 지나지 않는다. 이러한 의미에서 '악보'에 충실한 앙상블도 즉흥 연주도 본질적으로 다르지 않다.

이렇게 본다면 '회화會話'는 앙상블과 같은 것이라고 말할 수 있고 또한 앙상블이 회화와 같은 것이라고도 말할 수 있다. 실제로 이 양자에는 비유 이상의 관계가 있다. 앙상블도 회화도 과정에서 사용하는 리소스와 행위의 양상은 다르지만, 양쪽 모두 협동적인 혹은 사회적인 상호행위이다. 다양한 리소스에 의한 국소적인 또는 상호적인 조정을 통해서 어떤 구조를 달성하는 상황적 행위다.

## 콘텍스트의 재정식화

지금까지 살펴본 상황인지가 정의하는 콘텍스트관을 다음과 같이 정리할 수 있다.

첫 번째로, 상황인지에 따른다고 할 때 콘텍스트란 연구자의 이론적인 정의와 객관적 정의의 문제 이전에 그 실천(예컨대 심리학 실험 테스트)에 참가한 이들에 의해서 조직화되고 또한 사회적으로 관찰할 수 있도록 표시되는 이른바 '국소적인 상황적 실천'이다. 즉, 콘텍스트란 미리 주어진 문장과 행위, 사태의 해석 틀 같은 것이 아니라 참가자들이 스스로 '표식marking'하거나 콘텍스트에 대한 이해를 서로 표시하고 조직화하는 국소적인 상황적 행위 안에 있다고 보는 것이다. 따라서 콘텍스트는 '환경' 안에 있는 것도 아니고 그렇다고 '머릿속'에 있는 것도 아닌, 'doing context together'라고 불러야 하는 혹은 함께 짜내는coweave 활동의 산물이라고 말하는 것이 적절할 '무엇인가'일 것이다.

이처럼 콘텍스트의 조직화란 당사자들에 의해 이루어지는, 그것을 질서 지우고 서로 이해 가능한 형태로 만들어 내는 계통적이고 숙련된, 따라서 자연스러운 실천이라고 재정의할 수 있다. 그리고 사후적으로 파악이 가능한 콘텍스트의 '구조'는 애당초 따로 주어지는 것이 아니라 어디까지나 그때그때 이루어지는 '상황적 실천의 결과물'이다.

# 4. 상황적 행위

## 표정 지각과 움직임

《백년 동안의 고독》의 저자 가브리엘 가르시아 마르케스가 쓴 일종의 르포르타주인 《칠레의 모든 기록》(2011)은 망명 감독 미겔 리틴 Miguel Littin의 칠레 잠입기를 다루고 있다.

1973년 9월 11일, 피노체트 군사 쿠데타로 해외로 망명한 영구 추방자 5천 명 명단에 올라 있던 미겔 리틴 감독은 독재 치하의 조국의 현실을 세계에 고발하기로 결심하고, 국내의 저항 단체와 접촉해 우루과이 사업가로 신분을 위장하고 변장한 모습으로 12년 만에 조국에 잠입한다. 미리 약속하고 다른 명목으로 입국한 이탈리아, 프랑스, 네덜란드 3개국 촬영 팀과 국내 비밀 조직의 청년들로 구성된 6개 촬영 팀의 도움을 받아 6주에 걸쳐 칠레의 현실을 담은 이 다큐멘터리를 완성한다. 이 소식을 들은 콜롬비아의 노벨문학상 수상 작가 마르케스가 리틴 감독을 설득해 영화에 나오지 않는 뒷이야기들을 책으로 펴낸 것이 바로 이 《칠레의 모든 기록》이다.

우리는 이 작품에서 한 인간의 얼굴을 그 사람으로 알아보게 하는 가장 결정적인 정보가 무엇인지 생각하게 만드는 하나의 사례를 발견할 수 있다. 칠레에서 반反군정의 상징적인 존재로 그 용모가 사람들에게 널리 알려진 영화감독 미겔 리틴은 촬영을 위한 밀입국을 하기 위해서 자신을 완전히 다른 사람으로 보이게 하도록 얼굴에 다양한 궁리를 하였다. 먼저, 오랫동안 자신의 얼굴을 덮은, 인격의 일부라고도 할 수 있는 수염을 깎고 머리카락도 짧게 자르고 도수가 높은 안경을 이용해서 눈의 형태와 눈매를 바꾸었다. 몸을 바꾸는 시도는 여기서 그치지 않고 돈 많은 우루과이인에 걸맞은 말투, 걷는 모양새, 몸짓 등 모든 것을 칠레의 반체제 조직으로부터 파견된 심리학자 두 사람의 지도를 받고 바꾸었다. 나중에 리틴은 몸을 바꾸는 것은 단지 표면만을 고치는 것이 아니라 계급을 바꾸는 일이고 특수한 심리적 훈련과 정신의 집중을 통해 비로소 달성할 수 있는 곤란한 작업이라고 술회하였다.

그러나 변장의 전문가들은 이러한 몸, 특히 그 얼굴과 같은 외형상의 변화가 우리가 인간의 표정을 알아보는 능력 앞에서는 본질적으로 무력하다는 점을 한마디로 충고해 준다. 아무리 완벽히 얼굴 형태를 바꾸더라도 일단 리틴의 얼굴이 감정의 파도에 덮여서 그 표면이 표정 근육의 움직임 아래 놓이게 되었을 때, 가면은 순식간에 벗겨져서 '날 것의 얼굴'이 나타났다.

아주 특수한 상황에서 미겔 리틴의 체험은 타자의 얼굴 속에서 우리가 무엇을 보고 있는가를 아주 잘 말해 주고 있다. 우리가 타자의 얼굴에서 보고 있는 것은 정지한 얼굴의 변형이 아니라 숨길 수 없는 '표정'을 만들어 내는 그 표면의 움직임에 있는 것이다.

얼굴 인상을 볼 때, 그 움직임의 요소가 얼마나 본질적인 부분을 이루고 있는가를 간단히 돌아보는 방법이 있다. 매일 만나는 가족 혹은 오래간만에 만나는 누구라도 좋으니 지금 눈앞에 없는 사람의 얼굴을 떠올려보면 쉽게 알 수 있는 일인데, 우리가 지식으로서 가진 '얼굴'은 언제나 어느 정도 표정을 띠고 있다. 표정이 없는 얼굴이라고 말하는 것을 떠올릴 수는 없는 노릇이다. 물론 '무표정'이라는 표정도 있긴 한데, 그것 또한 뭔가 '움직임'이 얼굴에 만들어 내는 표정의 일종일 것이다.

얼굴이 보이는 것은 언제나 표정 속, 즉 움직임 속에 있다. 그러나 안면의 근육 표정을 만들기 위한 움직임은 너무나도 미묘하다. 통상 우리는 얼굴을 보는 것이 그 움직임을 보는 것임을 자각하지 못한다. 우리가 표정이라고 부르는 얼굴의 가장 본질적인 특징 중 하나가 움직임에 다름없다는 것을 잊고 있다. 사실은 뭔가를 본다는 것은 '움직임(행위)'과 떼려야 뗄 수 없는 관계인데도 말이다.

## 걷기

평소에 우리가 늘 하는 '길을 걷는다'라는 아주 소박한 사례를 하나 들어 보자. 걷는 것을 조금 낯설게 보면, 어떤 대상은 그 모양form을 어떤 법칙에 따라서 변형시켜 나갈 것이고 또 어떤 것에 감춰져 있던 것은 모습을 드러내고 역으로 어떤 것은 보이지 않게 될 것이다. 그러고서 진행 방향에 눈길을 주면 눈앞의 대상은 연속적으로 확대되어 가는 것처럼 보일 것이다. 그 눈앞의 대상 중에 움직이지 않는 한 점이 있을 것이다. 그것이 다름 아닌 자신이 향하고 있는 곳을 나타내 준다. 이러한 이동에 수반되는 대상의 법칙에 따른 변형 패턴, 보이고 사라지는 패턴, 확대되는 대상 그리고 움직이지 않는 한 점과 같은 유동적인 정보를 계속 주워 담으면서pick up 우리는 걷고 있다. 그리고 지금 무엇이 어떻게 보이고 어떻게 위와 같이 대상이 계속 다르게 보이는가 하는 것은 단지 환경이 어떠한 것인가 하는 것뿐만 아니라 걷는 사람이 어디에 있고 어디를 어떻게 이동하고 있는가를 보여준다. 이런 사실은 다음에 자신이 어느 방향으로 어떻게 움직여야 하는지를 보여준다. 나아가 이동함으로써 새롭게 정보를 얻을 수 있다.

이처럼 걷는 것에 수반되는 지각의 프로세스는 프란시스코 바렐라가 말하고 있듯이 '행위'와 밀접한 관련이 있다. 혹은 이렇게도 말할 수 있다. 우리는 이동에 수반되는 어떤 법칙에 따른 변화의 정보를 계속 주워 담으면서 행위하고 있다.

그런데 이러한 걷는 행위가 우리에게 가져다주는 프로세스는 일상에서는 전혀 의식되지 않는 것이라서 "자 그러면 어떻게 해서 거기에 이르게 되었는지?"라든지 자신이 이동한 상세 코스에 대해서 질문을 받아도 제대로 대답할 수 없음이 틀림없다. 그리고 애써 자신의 보행에 관해서 말하려고 하면 조금 전 기술한 프로세스와는 전혀 다른 '이야기'로 걷는 것에 관해서 말할 것이다. 예를 들면 "나는 이러한 의도로 이 방향을 향해서, 그 후에는 다른 일을 하고 싶어져서 방향을 전환해서 다른 방향으로 걸어갔다"와 같은 설명으로.

한데 걸을 때 우리는 다름 아닌 '상황적'으로 눈앞의 환경에 계속 동조하면서 적절하게 그 안을 탐색navigation하고 있다. 역으로 말하면 우리에게 그것이 명제적이든 이미지든 간에 세계에 관한 표상과 계층 구조적인 행위의 '플랜'이 머릿속에 있어서, 우리가 그것에 현재의 지각과 행위를 조회하면서 행위하는 것이 아니다. 이처럼 걷는다는 것은 직접적, 유동적인 외부 세계의 정보를 이용하면서 국소적으로 눈앞의 환경에 연속적으로 계속 동조하면서 이동하는 '상황적 행위'와 다름없다.

서치만(Suchman, 1987)이 지적하듯이 물론 이러한 행위의 계열을 바깥에서 바라보면 체계적으로 보이고 환경에 관한 머릿속의 표상과 계층 구조적으로 구성된 플랜이 머릿속에 미리 존재해서 그것에 따라 우리가 행위하고 있는 것처럼 설명할 수도 있다. 그러나 그것은 실제로는 우리가 평소에 수행하는 상황적 행위와는 다른 차원의 '이야기'에 불과하다. 즉, 애써 자신의 행위에 관해서 설명해 달라고 부탁받았을 때에나 그렇게 말하는 것이지 현실에서 걷는 행위와 거기에 수반되는 지각의 프로세스에 관해서는 아무것도 말해 주지 못한다.

자신이 걸을 때 실제로 하는 일과 그 '바깥'에서 걷는 일에 대해 말하는 것의 이러한 차이는 자전거를 타는 행위를 잘 생각해 보면 이해하기 쉽다. 보통 자전거를 타지 못하는 사람이 자전거를 탈 줄 알게 되면 자신이 자전거 덕분에 빨리 달릴 수 있게 되었다고 생각하기 십상이다. 즉, 그는 자전거를 타지 않았을 때와 비교해서 운동 능력이 '증폭'되었다고 생각한다. 우리는 자전거를 타는 것을 이런 '증폭 관점'에서 보는 것을 '상식'으로 생각한다. 그런데 이런 이른바 '증폭 관점'에 대해서 심리학자 노먼(Norman, 1991)은 '외부에서 본 관점System View'과 '당사자가 본 관점Personal View'을 대비시키면서 우리의 상식을 전복한다. 여기서 말하는 '외부에서 본 관점'은 자전거를 타는 행위자와는 독립된 관찰자의 시점에서 '자전거 타기'를 바라보는 것이다. 이 관점에서 보면 몸을 이용해서 달리고 있을 때보다 자전거를 타고 달릴 때 달리는 능력이 향상된 것처럼 보인다. '당사자가 본 관점'에 기초하면 자전거를 타고 있는 당사자는 자전거가 넘어가지 않도록 몸의 균형을 유지하는 등 자전거를 타기 위해 필요한 다양한 행위를 '새로운 과제'로 인식하면서 자전거를 타지 않을 때와는 다른 행위를 할 필요가 있다.

그럼에도 '걷는 행위'와 마찬가지로 우리 대부분은 자전거 타기를 외부에서 보는 사람은 말할 것도 없거니와 실제로 자전거를 타는 사람조차도 '자전거 타기'를 '외부에서 본 관점'으로 말하는 것에 익숙하다.

## 내비게이션

자, 그러면 이번에는 지도를 갖고 환경 속을 이동하는 경우에 대해서 생각해 보기로 하자. 이럴 때 지도를 보는 것은 환경 안의 어떤 '랜드마크'에 착목하는가를 방향 지워 줄 것이다. 한편 환경을 본다는 것은 지도의 어디를 주로 봐야 할 것인지를 방향 지워 줄 것이다. 이처럼 지도를 본다는 것과 환경에 대한 관찰은 서로서로 조직화하고 있다. 그리고 이럴 때 도구로서 지도는 이동하는 사람에게 이미 환경의 일부를 구성한다. 즉, 지도와 환경은 병치됨으로써 혹은 서로가 서로에게 영향을 주면서 이동하는 사람에게 전체로서 새로운 환경 혹은 상황을 형성하고 있다고도 말할 수 있다.

이처럼 지도에 의지해서 목표로 하는 곳을 찾아가는 것은 환경 속의 어떤 지점을 목적지로 삼고 이동하는 행위가 지도를 이용하는 조건을 만들어 내고 또한 지도를 통해서 특정한 상황을 만들어 냄으로써 '보는' 인지적 행위가 실천적 혹은 상황적으로 재조직되고 있다고 기술할 수 있을 것이다.

걷는 사례를 좀 더 확장해서 해상에서 항해navigation를 하는 사례에 관해 생각해 보기로 하자(Neisser, 1985). 예를 들어 추크 제도Chuuk Islands의 폴루왓Poluwat 섬 사람들은 항해할 때 바람과 파도, 조류 혹은 새가 나는 방향, 구름과 별, 선체를 때리는 파도 소리 등을 통해 주어지는 정보를 이용한다고 한다. 새가 나는 방향은 대개 근처에 있는 섬의 방향을 나타내 주는 것이고 특정한 곳에 있는 몇 가지 교차하는 파도의 패턴에 의해서 선체를 때리는 물소리도 바뀔 것이다. 나아가 별을 봄으로써 자신이 지금 어디에 있고 어디를 향하고 있는지를 특정할 수도 있다. 그리고 섬을 나갈 때는 자신의 진로를 유지하기 위해서 어떤 나무와 집이 겹쳐서 보이는 상태를 계속 유지하면서 조타하는 방법도 이용한다고 한다(Neisser, 1976).

여기서 폴루왓 섬 사람들의 항해 방법을 모두 소개할 수는 없지만, 기본적인 메커니즘은 길을 걷는 경우와 다르지 않다고 할 수 있다. 예를 들어 위의 예에서 특징적인 것은 환경(혹은 세계)이 늘 조타하는 행위와의 관계 속에서 지각된다는 점이다. 예를 들면 몇몇 파도의 어떤 교차 패턴을 지각한다는 것은 다음에 무엇을 볼 것인가 그리고 어떻게 조타를 할 것인가와 같은 행위를 이끈다. 나아가 새로운 행위는 자신이 어디에 있고 어떻게 움직일 것인가에 관한 정보를 인지 주체에게 가져다줄 것이다. 즉, 여기서 지각하는 것은 행위에 묻혀 있다. 혹은 지각하는 것은 배를 조타하는 일의 일부라고 기술할 수 있을 것이다.

나이서(Neisser, 1976)는 이상과 같은 항해에 관해 설명할 때 '정위定位 스키마orienting schemata'라는 개념을 사용했다. 그러나 '정위 스키마'는 환경과 독립해서 기능하는 것도 아니고 또한 환경이 제공하는 정보와 독립적으로 기술 가능한 '어떤 것'도 아니다. 그렇다고 한다면 항해할 때 일어나는 인간과 환경의 상호작용 전체를 가리켜 '정위 스키마'라고 말하는 것이 적절할 것이다. 그렇지만 여기서는 스키마라는 개념이 머릿속에 실체로 있는 '무엇인가'를 연상시키기 때문에 그것을 피해 지금까지 지식이라고 불려 온 것과 인지 과정이 환경을 포함하는 상호작용계라는 것을 강조하기 위해서 '연속적 동조 시스템'이라는 용어를 사용하기로 하겠다.

위의 항해 예에서 또 한 가지 특징적인 점은 행위에 수반해서 얻는 정보가 늘 유동적이라는 것이다. 예를 들면 연안沿岸을 항해할 때, 육상의 지형과 건물이 보이는 변화 패턴은 환경의 모습이면서 동시에 자신의 위치와 움직이는 방식을 나타내고 있다. 나아가 현재 보이는 대상의 변화 패턴은 단지 지금 어디인가 하는 것뿐만이 아니라 다음에 자신이 이렇게 움직이면 어떻게 될지를 시사하고 있다.

항해라는 행위를 요약하자면, 항해를 위해 필요한 '인지 과정'이 주류 심리학자가 주장하듯이 머릿속 세계에 담겨 있는 표상의 조작이 아니라 외부 세계와의 상황적인 끊임없는 상호작용의 연속이라는 것이다. 이런 항해의 프로세스를 '외부'에서 보고 나중에 정리해 보면 마치 군더더기 없는 플랜의 계층 구조에 따라서 행위가 컨트롤되는 것처럼 보이겠지만, 실제로 항해는 다름 아닌 상황적으로 외부 세계에 반응하면서 계속 행위를 생성하는 일련의 과정이다.

## 부엌에서 하는 기억 활동

평소에 우리가 부엌에서 하는 일들을 잠시 낯설게 보기로 하자. 부엌에는 조리기구, 식자재나 요리의 주재료 등 우리 식생활에 꼭 필요한 것들로 가득하다. 부엌이라는 장소도 그렇지만 여러 가지 도구나 재료도 우리를 위해 어떠한 형태로든 각자의 임무를 수행하고 있다. 이른바 의식 혹은 마음에 힘을 전적으로 부여하는 일을 잠시 멈춰 보면, 그런 환경 속에서 비로소 우리 인간의 가장 '알맞은 역할'이 정해진다 할 수 있다. 너무나도 당연해서 보통은 의식조차 하지 않는 것인데, 부엌은 미리 어떤 방식으로 구조화되어 있다. 조리기구, 식자재나 냉장고 등은 그것에 어울리는 장소에 각각 놓여 있다. 요리 재료를 예로 들어 보자. 채소는 냉장고의 채소 보관실에, 고기는 냉동실에 미리 분류되어 저장되어 있다. 또한 우리는 조리가 끝난 후에 다양한 도구와 재료를 원래 있는 곳으로 정리할 것이다.

이와 같이 부엌이라는 일상의 환경은 조리기구, 요리의 주재료와 조미료 같은 이른바 '기능적 자원functional resources'으로 가득 차 있다(Cole & Griffin, 1980). 이러한 기능적 자원은 따로따로 존재하는 것이 아니라 어떤 체계를 갖춘 형태로 배열되어 있다. 우리는 그러한 상황 속에서 그 상황에 딱 들어맞는 임무를 수행하는 존재가 된다.

그렇다면 '이러한 상황에서 우리의 인지 과정을 어떻게 생각하면 좋을까?'라는 물음이 당연히 떠오를 것이다. 전통적인 인지심리학의 주된 연구 대상인 '재생recall'이라는 활동을 이러한 일상적인 상황에서 생각해 보자. 우리가 수행하는 것은 주어진 환경을 반드시 전제로 한다. 예를 들어 식칼을 찾을 때 우리는 전혀 망설임 없이 식칼이나 가위 같이 비슷한 용도로 사용되는 것들이 놓여 있는 장소를 찾을 것이다. 이것은 어떤 의미에서는 심리학 실험실에서 이뤄지는 기억 과제와는 대조적이다. 부엌이라는 공간에서, 대상을 하나의 범주로 묶는 구조는 머릿속에 있는 것이 아니라 환경 속에 이미 주어져 있다. 바꿔 말하면, 우리 스스로가 '부엌'이라는 환경을 사전에 그렇게 구성해 두었다고 할 수 있다.

그러나 여기서도 '하나의 범주로 묶는 것'은 머릿속의 구성물이 아니라 어디까지나 환경의 구성 방식 속에 있다. 이러한 상황에서 우리 주체는 심리학 실험실에서 이뤄지는 기억(오로지 개인이 가진 기억력에만 의존하는 것) 과제가 일어나지 않도록 환경을 구성한다. 혹은 우리가 그 상황에서 기억 과제가 발생하지 않도록 환경을 구성한다고도 바꿔 말할 수 있다. 이렇게 과제를 바꿔 나가면서 우리의 '인지적 역할'도 바뀐다. 즉, 실험실에서는 '기억을 떠올려야 하는 사람'으로 살다가 부엌이라는 환경에서는 기억을 굳이 떠올리지 않아도 되는, 이른바 '보는 사람'으로 살게 된다. 그리고 그 상황에 맞게 개인의 인지 과정도 바뀐다.

## 때를 안다는 것—인지적 도구와 상황적 행위

지금까지 살펴본 것처럼 우리는 다양한 행위를 할 때 머릿속의 표상을 조작하기보다는 환경 속에 존재하는 모든 자원을 이용한다. 그 도구 중에는 자연환경 그 자체도 있지만, 인간이 역사적으로 만들어 낸 인지적 도구도 있다. 이러한 인지적 도구의 사용은 상황적 행위를 재구성한다. 콜과 그리핀(Cole & Griffin, 1980)은 매체 혹은 인지적 도구의 사용이 인간의 어떤 능력을 증폭하는 것이 아니라 활동을 재구성하는 역할을 한다고 보았다.

여기서는 '때를 아는' 예를 가지고 그 메커니즘을 구체적으로 생각해 보기로 하자. 아주 먼 옛날, 우리 인간이 태양이나 달 따위 천체의 운행처럼 오로지 자연현상을 통해서만 '때를 알 수 있던' 시절이 있었다. 태양의 기울기로부터 계절을 안다든지 달이 차고 기우는 것을 때를 알기 위해서 이용할 수도 있고 혹은 지금 창문 너머로 보이는 바깥 풍경으로부터도 계절과 대략의 시간을 알 수 있다. 이처럼 달력이 없는 시대에는 자연환경을 직접 이용하는 것 외에는 방법이 없었을 것이다. 즉, 환경의 양상과 그 다양한 변화가 자신이 시간적으로 어디에 있다는 것을 알게 해 주었고 그것을 사람들은 포착하고 있었다.

한편 이미 구석기 시대의 수렵 생활 때부터 '뼈 달력bone calender'을 이용했다는 역사적 사실이 있다. 그것은 동물의 뼈에 달이 차오르는 것과 기우는 것 그리고 그것에 대응하는 여러 동물이 그려져 있다는 사실로부터 추론이 가능하다. 아마도 달이 차고 기우는 시기에 수렵할 수 있는 동물의 그림을 그렸을 것이다. 이 경우 달을 보거나 뼈 달력을 보고 지금 무엇을 사냥할 것인지를 알았을 것이다.

나아가 보다 체계적인 달력이 만들어진 시대가 되자 아주 일부의 전문가를 제외하고는 사람들이 때를 알기 위해서 태양과 달의 운행과 같은 천체의 복잡한 운동 패턴을 이용할 필요가 없게 되었다. 달력과 시계 그리고 스마트폰 같은 인지적 도구에 의해서 혹은 숫자, 문자와 같은 매체에 의해서 우리는 지금 하루 중 어떤 시간대에 있는지를 아무 문제없이 알 수 있다.

물론 달력은 지도와 같은 것으로, 그것 자체가 '자신이 어디에 있는지'를 보여주지는 않는다. 그것과 함께 사회 제도적으로 지금 그 달력 속에서 자신이 어디에 있는지를 누군가가 알려 줄 필요가 있다. 그렇지 않으면 매일 자기 스스로 달력에 표시 같은 것을 해야 할 것이다. 이처럼 달력을 누구든지 손쉽게 이용하는 시대는 직접 자연환경을 통해서가 아니라 사회, 문자 매체와 같은 것을 통해서 때를 알 수 있는 시대이다.

이렇게 '때를 아는 메커니즘'에 관해서 생각해 보면 '달력'이라는 인지적 도구가 때를 아는 인지 과정을 재구성한다는 것을 알 수 있다. 혹은 때를 아는 '상황적 행위'를 재구성한다고 바꿔 말할 수 있을 것이다. 즉, 때를 알기 위해서 모아야 할pick up 정보는 달력의 사용 이전과는 다른 것이다. 달력, 시계, 스마트폰과 같은 인지적 도구가 때를 아는 과제를 '재구성한다'고도 기술할 수 있을 것이다. 그리고 '시간 개념'과 같은 시간에 관한 '이야기'도 바뀔 것이다.

이러한 인지적 도구에 의해서 때를 알기 위한 인지적 능력이 증폭된 것은 아닐 것이다. 그렇게 기술하기보다는 때를 알기 위한 외부 세계의 이용 방식과 무엇을 이용할 것인가가 바뀌었다고 말해야 할 것이다.

## 지각의 사회—도구적 조직화

제임스 깁슨(Gibson, 1979)을 필두로 하는 생태주의 심리학의 관점은 확실히 전통적인 인지심리학 혹은 지각 심리학과 결이 달라서 지각 연구에 큰 변혁을 가져왔다. 그러나 깁슨은 지각 주체의 능동성, 신체-행위성을 강조는 하고 있지만, 거기서 다루는 환경과 정보가 주어진 '자연'이라는 점을 넘어서지는 못한 것 같다. 예를 들면 우리가 한 개의 봉을 '봉'으로서 지각하기 위해서는 '봉'을 생산할 필요가 있을 것이다. 즉, 우리 인간이 생활하거나 관찰하는 환경은 '자연' 그대로가 아니라 도구적으로 그리고 사회적으로 다양하게 가공되고 추가되고 경계 지워져서 디자인되고 구조화된 것이다.

우리가 일상에서 늘 만나는 '물'에 대해서 잠시 생각해 보자. 우리는 '물'을 자연환경에 있는 그대로 만나는가? '불순물이 섞이지 않은 액체만의 성질'이라는 설명은 유사 이래 달라진 바 없다. 다만 우리는 사회·문화적 동물이고, 빈손이 아니라 도구를 매개로 환경과 마주하는 존재이므로, 마찬가지로 우리 삶에서 액체는 추상적인 것이 아니다. 우리는 액체를 문화적 진공 상태에서 만나는 것이 아니라 문화적 도구를 매개로 해서 알게 되고 다루게 된다. 만약에 도구가 없다면 난파당해 구사일생으로 당도한 무인도에서 겨우 찾아낸 샘물을 어떻게 옮길 것인가? 겨우 삽 모양으로 만든 양손은 액체를 운반하기에는 아무래도 성능이 떨어진다. 어렵사리 퍼올린 물이 몇 걸음도 못 가서 손가락 사이로 새어 나가고 말 테니까. 급기야 조난자는 '물이란 정말 다루기 곤란한 것'이라고 한탄할지도 모른다.

이런 사고 실험을 통해 액체의 성질이 액체만으로 결정되지 않는다는 사실을 비로소 알 수 있다. 넘치기 쉽고, 새기 쉬운 액체의 성질은 양손으로 물을 옮기는 조난자의 상황에서 특히 가시화된다. 물이 옮기기 힘들고 다루기 힘들다는 것, 우리가 일반적으로 지각하는 액체의 운반 가능성은 이처럼 이용 가능한 인공물과의 관계에서 비로소 성립한다. 물을 산다든지 수해를 입은 지역에서 음료수를 나른다고 할 때 전제가 되는 것은 양손과 같은 흘러넘치기 쉬운 용기가 아니라, 페트병과 음료수 탱크처럼 운반 성능이 좋은 인공물이다. 이때는 흘러넘치기 쉽고 새기 쉬운 액체의 성질은 상상하기조차 어렵다. 어떤 용기를 사용해서 액체를 운반하는가에 따라 액체의 성질이 크게 바뀐다. 액체를 계속해서 담을 수 있는 시간(금속 양동이, 종이 봉지, 삽 모양을 한 손), 용량(주전자, 물탱크), 방수 성능, 흔들림에 견디는 정도(뚜껑이 있는 머그컵, 병, 캔, 페트병) 등, 대략 말해도 운반 가능성에 관련한 것들은 액체만의 성질이 아니라 액체와 용기와의 관련성 속에서 경험할 수 있는 것들임을 알 수 있다.

흔들리는 버스 안에서는 컵에 담긴 물을 다루기 곤란하다. 흘러서 옷이나 몸이 젖기 전에 마셔 버려야 한다. 또 마시다 만 캔 음료를 그대로 가방에 넣는 사람을 보면 기겁할 게 분명하다. 이 정도는 어린아이에게도 상식이다. 용기는 언제 무엇을 마실까 하는 데도 영향을 미치며 이 모든 것은 결코 액체만의 문제가 아니다. 이처럼 우리가 늘 만나는 '물'은 자연 그대로의 물이 아니라 사회·문화적으로 가공된 물이다.

한때 프로야구를 좋아했던 나는 단 한번도 프로야구를 야구장에서 직접 본 적이 없었다. 적어도 초등학생이 된 큰아이가 아빠와 프로야구 경기를 꼭 봐야 한다는 숙제를 학교에서 받아 오기 전까지는 말이다. 그런데 아이와 함께 찾은 야구장의 관람석에서 나는 전혀 그 게임을 즐기지 못했다. 왜냐하면 TV에 길들어 있었던 나는 야구 경기의 상세함을 하나하나 슬로우 비디오로 다시 보여주지 않아서 공이 구르긴 굴렀는데 왜 저것이 안타인지, 왜 점수가 나는지, 왜 주자가 아웃되어 더그아웃으로 돌아오는지 판단할 수 없었기 때문이다.

돌이켜보면 나는 카메라 워크에 의해 재구성되고 아나운서에 의해 서술되고 해설가에 의해 해석되는 상황, 즉 영상 이미지와 음성 이미지에 의해 재구성된 새롭게 디자인된 현실에 의해서 게임을 체험하는 데에만 길들어 왔었다. 이렇게 프로야구 경기가 벌어진 야구 관람석에서 느꼈던 당황함을 돌이켜보니 이전의 고교 야구광이었을 때 운동장에서 즐기던 생생한 날것의 체험을 이제 나도 더는 감당할 수 없게 되어 버렸음에 씁쓸함조차 느끼게 되어 버렸다.

나는 이전에 고교 야구를 그라운드에 직접 가서 볼 때와는 다르게 TV라는 인공물artifact 덕분에 모든 날것이 카메라나 녹음기를 통해 브라운관으로 시각 혹은 음성 이미지로 처리되고 나서야 이해와 해석을 할 수 있게 되었다. 요컨대 '지각 가능한 현실'로 받아들이게 된 것이다. 아마 지금도 나를 비롯해서 우리는 사건 현장에 있는 사람보다 여러 방송국이 보여주는 뉴스에 의해 새롭게 구성된 현실로 처리된 이미지들을 통해 더 잘 사건의 상황을 이해하고 있지는 않은가?

# 5. 상황에 묻혀 있는 도구

### 코카콜라 병의 의미

웽거(Wenger, 1990)는 아프리카의 부시맨 사회에 떨어진 코카콜라 병을 둘러싸고 벌어지는 에피소드를 그린 영화 〈The Gods must be Crazy〉(국내에는 '부시맨'이라는 제목으로 개봉되었다)를 예로 들어 코카콜라 병과 같은 인공물의 의미의 이해에 관해 말한다. 코카콜라 병은 우리에게는 '물건' 그 자체가 아니다. 이 병은 어떤 장면(예컨대 운동 후/피자를 먹을 때 등)에서 마시는 코카콜라라는 음료와 분리할 수 없다. 혹은 웽거가 논문의 독자로 상정하고 있던 미국인에게 코카콜라 병은 코카콜라 회사의 독특한 이미지와 이 음료에 의한 카페인과 설탕에 의한 흥분 같은 것과도 연결되어 있다.

그런데 이 코카콜라 병이 다른 문화에 놓이게 되면, 자본주의 사회에서는 누구나 다 알고 있는 이 인공물이 애당초 갖고 있던 의미를 잃어 버리고 만다. 예를 들면 어느 날 부시맨들이 사는 마을에 하늘에서 떨어진 코카콜라 병은, 부족민들에게 신성한 어떤 것으로 다뤄지게 되는 등 전혀 다르게 이해되고 만다. 심지어 이 병을 서로 차지하려고 싸움까지 일어난다. 코카콜라 병의 의미는 그것이 존재하고 사용되는 우리의 생활, 문화적 콘텍스트에서 드러나는 것으로 웽거의 용어를 사용하자면 '문화적으로 투명culturally transparent'하다고 말할 수 있다. 그러나 그런 문화적 콘텍스트에 접근할 수 없는 경우, 코카콜라 병은 '문화적으로 불투명'한 존재가 된다.

웽거가 들고 있는 또 하나의 예는 내비게이션에서 인공물의 의미에 관해서이다. 예를 들면 모노그램(시간/거리/속도 계산 도표)과 지방규指方規는 항선의 내비게이션이라는 실천 속에 묻혀 있는 도구라서 이러한 도구의 의미는 실천에 참가하고 그 도구가 사용되고 그것에 관해서 말하는 장면에 접근하는 것을 통해서 드러난다. 혹은 다른 식으로 말하면, 문화적으로 투명하게 된다.

이에 비해서 도구가 이용되고 그 도구에 관해서 말하는 장면에 접근할 수 없는 경우, 그것은 문화적으로 불투명한 것이 된다. 웽거는 이러한 문화적으로 불투명한 도구를 '블랙박스'라고 불렀다. 요컨대 인공물 혹은 도구의 문화적 투명성, 불투명성은 다름 아닌 사람들의 실천에의 참가 혹은 실천 속에서 인공물이 사용되고 그것에 관해 말하는 장면으로의 접근access 양상에 의존하는 것이다.

### 도구의 도구성

우리의 삶은 도구와 떼려야 뗄 수 없는 관계에 있다. 예컨대 지금 내가 글쓰기 작업을 하는 데 필수불가결한 도구를 망라해 보면 책상, 의자, 데스크탑, 마우스, 램프 등등 셀 수 없이 많다. 이 도구들 중 어느 하나라도 없으면 그 순간 글쓰기 활동은 곤란에 맞닥뜨리게 된다. 이 도구 중에서 책상과 의자에 잠시 눈길을 줘 보기로 해 보자. 그 순간에 책상과 의자는 갑자기 낯설게 보이기 시작하면서 우리 삶에 당연한 것으로 생각하고 있던 이 두 가지 도구가 다른 모습으로 나에게 다가오기 시작한다.

책상과 의자 같은 것은 '단독'으로 존재하는 것이 아니라 애당초 어떤 생활, 활동 안에서 디자인된 것이다. 그리고 조금만 낯설게 보면 금방 알 수 있는 사실인데 우리는 의자, 책상과 같은 것을 어떤 특정한 장소에 어떤 형태로 배치한다. 즉, 그 의자와 책상이 어떤 도구인가 하는 것은 어떠한 장소에서 어떻게 놓이는가에 따라서 드러난다.

역으로 어떤 장소에 의자, 책상을 놓는다는 것이 그 장소가 어떠한 곳인지를 사회적으로 표시하고 있다고도 말할 수 있을 것이다. 말을 바꾸면 도구의 도구성은 그것 자체만으로는 성립하지 않는다. 건널목 앞에 떡하니 놓여 있는 책상과 의자를 잠시 상상해 보라. 그것들에서 우리가 평소에 책상과 의자에서 구하고자 하는 도구성을 찾아낼 수 있을까? 혹은 미술 전시회에 놓여 있는 '의자'는 그 전시회를 보러 간 관람객들에게 '앉는 도구'로 보일까?

어떤 장소에 칠판을 설치하는 것도 똑같다. 어떤 특정한 장소에는 칠판이 설치되어 있을 것이고, 그 칠판의 존재로 인해 거기가 어떠한 장소인지가 사회적으로 표시된다(Goodwin, 1981). 이러한 어떤 장소에서 다양한 도구의 배치가 사회적 상호 행위 혹은 상황적 행위의 상세(예를 들면 수업이라는 행위)를 절대적으로 명시하는 것은 아니지만, 거기서 어떠한 사회적인 사태가 일어날 수 있다는, 그 가능성을 표시하고 있다.

우리가 '대상을 지각하는 것'은 자연 환경이 아니라 이러한 디자인된 환경 아래에서이고 그리고 대상과 환경을 디자인함으로써 어떤 사회적 신체 배치를 조정coordinate하고 어떤 협동적인 지각의 양상을 가능하게 하는 것이다. 방금 나는 '자연환경'이라는 표현을 사용했다. 과연 그런 순수한 자연환경이라는 것이 우리 주위에 존재할까?

깁슨(Gibson, 1962)도 지적하고 있듯이 '자연과 인공이라는 이분법은 유해하다.' 우리는 아무리 굶고 있는 상황이라 하더라도 늑대가 하는 것처럼 자연에서 '먹을 수 있는 것'을 찾아낼 수 없다. 갑자기 마실 물이 떨어졌다고 해서 집 앞에 흐르는 강물을 떠서 먹을 수는 없는 노릇이다. 애당초 먹을 수 있는 것을 자연계 안에서 찾아다닐 필요가 없도록 생활을 디자인하는 것이 인간의 삶의 모습이다. 우리는 사회적으로 식재료를 생산하고 저장하고 유통하고 다양하게 가공하고 조리한다. 이렇게 '먹는다'는 행위는 어디까지나 어떤 생활의 양상, 활동의 양상 안에 묻혀 있다. 그리고 먹을 수 있는 것을 지각한다는 것은 어디까지나 이렇게 사회적으로 편성된 대상을 지각하는 것이다.

두 번째로 우리가 의자에 앉는 행위를 수행하는 것은 단지 의자가 거기 있으므로, 그것이 우리를 앉도록 유도afford하고 있기 때문이 아니다. 즉, 의자와 책상이 어떤 장소에 어떤 양상으로 놓여 있다는, 이른바 배치 디자인은 단지 앉는 것만을 유도하는 것이 아니다. 테이블, 책상 앞에 있는 것, 의자에 앉는다는 것은 어떤 사회적 포지션을 취하는 것이다. 그렇게 함으로써 어떤 사회적 입장을 만들어 낼 가능성을 표시한다. 내가 지금 내 방에서 의자에 앉아 있는 것은 '글쓰는 사람'으로서 자신의 정체성을 나와 우리 가족에게 보여주고display—의식하든 의식하지 않든—있는 것이다.

이와 같은 논리로 칠판 앞에 선다는 것은 꽤 특수한 어떤 사회적인 포지션을 취하는 것이다. 물론 그런 포지션을 취한다는 것이 연이어

나올 행위의 방향을 처음부터 끝까지 모두 결정하지는 않는다고 하더라도, 어떤 장면을 시작하려는 것이 표시되고 있음은 분명하다. 그리고 칠판 앞에 서는 것을 통해 어떤 신체적인 배치가 조정되거나(예를 들면 다수가 칠판 쪽을 향해서 자세를 바로잡는다든지) 어떤 사회적 장면(예컨대 누군가 한 명이 이야기하고 그 이야기를 많은 사람이 듣는)이 만들어진다. 이렇게 해서 어떤 장소에 서는 것은 어떤 사회적 관계를 만드는 것을 가능케 하고 또한 그 사실을 사회적으로 관찰 가능하게 하는 것이다.

세 번째로 다양한 도구, 자원은 단독으로 뭔가를 유도afford하는 것이 아니다. 예를 들어 칠판 앞에 서는 경우, 누가 그 포지션에 서는지는 예컨대 교사인지 학생인지 외부인인지에 따라서 그 사회적 의미가 달라진다. 혹은 누가 거기에 서는가에 따라서 앞으로 시작될 사회적 사건이 달라질 것이다. 그리고 그 포지션에서 말하기 시작한 내용이 무엇인지, 그 후의 청중의 반응이나 행위와 같은 것이 지금 이루어지고 있는 일이 어떠한 종류의 사태인지를 보다 상세하게 보여줄 것이다. 이런 사태의 추이를 지켜본다고 말할 때, 거기서 일어나고 있는 일이 무엇인지, 어떠한 종류의 말을 하는지, 칠판과 그 앞의 포지션에 누가 서 있는지와 같은 것이 없으면, 그것을 특정할 수 없음이 틀림없다.

역으로 도구로서의 '칠판'과 그 앞의 포지션의 의미는 이렇게 진행되어 가는 사태 속에서 명확해진다. 그리고 거기 서 있는 사람이 어떤 사람인가 하는 것도 미리 결정된 것이 아니다. 예를 들면 '교사'는 적절한 타이밍에 적절한 포지션을 취하고 적절한 도구를 사용해서 적절한 화법을 사용할 때에야 '교사'라고 할 수 있지 그렇지 않을 때는 '교사'와 '학생' 사이에 그때까지와는 다른 사회적 관계가 만들어져서 다른 사회적 사태가 시작될 것이다.

이처럼 도구, 포지션, 신체 배치, 사람, 회화 전체가 서로가 서로의 문맥을 형성하고 상호 의미를 상황적으로 구성하고 있다. 즉, 이러한 것들 모두가 사회적 상호행위, 상황적 행위를 위해서 상호 간 얽히고설킨 관계를 만들어 내는 일종의 자원들이다.

다시 한번 말하지만 칠판은 단지 뭔가를 쓰는 것을 유도afford하는 도구가 아니다. 의자는 단지 앉는 것을 유도하는 것이 아니고 의자에 앉는다는 것은 단지 물리적으로 혹은 신체 행위적으로 앉는다는 것을 의미하지 않는다. 의자와 책상은 어떤 장소에 배치되어 사회적 상호 행위 안에서 사용됨으로써 비로소 우리가 아는 의자로 혹은 책상으로 자리매김한다. 동시에 의자와 책상은 신체 배치, 포지션, 사회적 포메이션을 조정하는 것을 통해서 어떤 사회적 상호 행위 혹은 상황적 행위를 편성하는 것이다.

### 상황에 묻혀 있는 도구

지금까지 살펴본 바에 의하면 도구는 그것 자체로는 도구가 되지 않는다. 그리고 설령 도구가 그것 자체로 도구성을 띤 어떤 '실체'로 보인다고 한다면, 그것은 그 나름의 '사회적 편성'에 의해서이다. 굿윈(Goodwin, 1981)은 이러한 도구가 도구성을 띠게 되는 사태를 구체적인 일터work place에서의 사회적 상황 분석을 통해서 예증하고 있다.

다음은 14번 게이트에 들어오려고 하는 여객기 조종사로부터 플라이트 트러커flight trucker라 불리는, 공항 관제실ground operation room에서 발착 플라이트의 모니터 일을 하는 담당자에게 어떤 문의가 들어온 장면을 발췌한 것이다.

> 조종사: 14번 게이트가 막혀 있는 것 같습니다만 뭔가 지시는 없습니까?
> 관제사: 10분 전에 나갔을 텐데. 그렇게 되었기를⋯. 지금 트랩을 분리하고 있습니다. 곧 나갈 것입니다.
> 파일럿: 감사.

이 플라이트 트러커는 먼저 14번 게이트라는 말이 나오자마자 곧 자신의 신체를 각 게이트를 비추고 있는 TV 모니터로 향한다. 그러고서 운행예정표를 참조하고, 모니터에 비치고 있는 비행기의 항공 편명flight number을 특정하고, 운행예정표와 항공 정보를 보여주는 컴퓨터 디스플레이와 시계를 보고, 그것이 10분 전에 나간 비행기라는 것을 확인한다. 그다음 다시 한번 TV 모니터를 보고 '트랩이 분리되고 있다'는 상황 변화를 확인하고서 "그 비행기는 곧바로 14번 게이트로부터 나갈 것"이라고 예측하고 있다.

이런 작업 흐름에서 TV 모니터와 운행예정표 등과 같은 '도구'의 '도구성'은 활동의 전개 과정에서 그때그때 과제와 관계를 맺음으로써 비로소 '출현'한다. 즉, '14번 게이트가 막혀 있는 것 같다'는, 대기 중인 조종사의 문의가 몇몇 도구(아직 도구가 되지 않은 의미에서 '원도구'라 부르기로 하자)를 도구로서 출현시켜 도구에 의해 주어진 문맥의 탐색, 예를 들면 어느 모니터의 무엇을 봐야 할 것인지 그것이 무엇인지 어떻게 될 것인지와 같은 것의 탐색을 방향 짓는 것이다.

14번 게이트에 대기 중인 비행기가 있다는 상황 없이는 애당초 어떤 TV 모니터를 봐야 할지도 특정되지 않고, 설령 보아도 그것이 어떠한 것으로서 어떠한 다른 도구에 의해 특정되어야 할 것인지 방향 지워질 일도 없을 것이다. 그리고 '14번 게이트의 비행기로부터 트랩이 제거되고 있다'는 것을 봤다는 것의 의미도 다음에 그 게이트에 들어가야 할 여객기가 기다리고 있다는 문맥 안에서 그 의미가 출현한다.

이처럼 플라이트 트러커가 그때그때 어떤 도구를 어떻게 사용하고 그가 도구 안에서 주시해야 할 것을 보는가 그리고 관제사가 14번 게이트를 비추고 있는 모니터, 운행예정표, 시계, 플라이트 정보를 나타내 주는 컴퓨터 디스플레이를 본다는 것은 그 일이 다른 일을 하기 위한 문맥이 되기도 하고 역으로 다른 일이 그 일을 위한 문맥이 됨을 의미한다. 단독으로 모니터, 운행예정표와 시계를 보는 것만으로는 어떠한 의미도 구성되지 않을 것이다. 즉, 이러한 도구의 탐색을 통해서 비행기가 대기하고 있는 것의 의미, 예컨대 그것이 중대한 일인지, 별일이 아닌지가 특정되어 이어지는 회화와 행위를 방향 짓게 된다.

굿윈(Goodwin, 1981)의 말을 그대로 빌려와 보면, 이 사례는 모니터와 같은 도구는 그것 자체 단독으로는 도구가 되지 않는다는 것을 잘 보여준다. 도구의 사용은 회화를 하는 것과 같은 사회적 상호행위 안에 묻혀 있다. 그리고 하나의 도구 사용은 다른 도구 사용 안에 묻혀 있고, 회화와 다양한 도구의 사용이 서로가 서로의 문맥을 형성한다. 혹은 서로가 서로를 품고 있는 관계라고 바꾸어 말할 수도 있을 것이다. 이런 과정 속에서 예를 들면 모니터라는 도구가 비로소 그 도구성을 발휘한다고 할 수 있다.

# 6. 연구라는 이름을 빙자한 폭력

소설가 박완서의 단편소설 중《환각의 나비》라는 작품에 다음과 같은 이야기가 나온다.

영주가 학위논문으로 허난설헌의 시 연구를 택한 것은 허난설헌의 시에 끌렸기 때문이고 끌리게 된 까닭은 그의 짧은 생애에 대한 애틋한 감동 때문이었다. 허난설헌에 감동하기 위해 많은 지식이 필요했던 건 아니다. 그 시대 배경이나 집안 환경에 대해서도 보통 사람 수준의 상식이 전부였다. 물론 그녀의 한문 실력으로 난설헌의 한시와 직관적으로 만나는 건 불가능했다. 그녀가 매혹당한 것은 시 자체의 뛰어남보다는 한 뛰어난 여자를 못 알아보고 기어코 요절토록 한 시대적 사회적 요인들에 대한 자유로운 상상력이었다. 그러나 논문이 필요로 하는 것은 상상력이 아니라 출처가 분명하고 실증할 수 있는 지식이었다. 중학교에서 교편을 잡고 있던 그녀로 하여금 대학원에서부터 다시 시작할 수 있도록 충동질한 지도교수는 그녀의 상상력을 가장 경계했다. 영주가 제일 듣기 싫은 충고는 논문을 쓰면서 소설을 쓰고 있는 것처럼 착각하지 말라는 거였다.
그녀는 박사 학위에 걸맞는, 난설헌에 대한 지식을 쌓기 위해 연구라는 걸하는 동안 난설헌에 대한 매혹과 감동은 온데간데 없이 사라지고 난설헌이라면 넌더리가 났다. 난설헌에 대한 감동을 잃은 대신 얻은 것은 난설헌을 그럴듯하게 본뜬 수많은 제웅을 무자비하게 난도질한 한 무더기의 검부락지와 그리고 학위였다. _ 박완서, 2006, 223쪽.

지도교수가 영주에게 요구했던 것처럼, 진실은 그림 맞추기 게임 puzzle game 같은 기계적 확정성의 끝에 나타나는 슈퍼맨이 아니다. 배움이란 사실과 사물을 추상적으로 포장한 명사들을 주워 담는 것이 아니라 만남 속에 계시되는 무한한 가능성에 내 몸을 던져 엉켜 보는 것이다. 열린 마음으로, 또는 만남이 간직한 힘과 신비에 경외하는 자세로. 그러므로 말하자면 배움은 야구 글러브가 아니라 권투 글러브를 끼고 하는 운동이다. 그리고 등장인물 영주가 쓰려고 했던 '난설헌'이라는 인물 대신 '비고츠키'를 넣어도 전체 문장에 전혀 손색이 안 간다고 느끼는 것은 나뿐일까? 지금 대한민국에서 한 해 동안 쏟아져 나오는 비고츠키 관련 학위논문이나 학술잡지에 실리는 논문들을 '비고츠키를 그럴듯하게 본뜬 수많은 제웅을 무자비하게 난도질한 한 무더기의 검부락지가 아닌가?' 하고 따져 묻는 것은 꼭 필요한 일이 아닐까?

비고츠키의 지적 전통과 현상학의 전통을 갖고 있는 장삼이사의 사회학Ethnomethodology이라는 지적 전통에 기초하고 있는 상황학습론이 또 어떻게 한국 학회에서(그것도 질적연구학회) 난도질당하고 있는지에 대해 조금 이야기해 보고자 한다.

몇 년 전에 내가 두 시간짜리 발표를 위해 참여한 '교육인류학회'에서 에스노메소돌로지Ethnomethodology와 상황학습을 들먹이면서 다음과 같은 제목과 내용의 발표가 있었던 모양이다(나는 이 발표를 다행히도 듣지 않았다).

제목: '학습을 위한 상황'에서 '상황에 대한 학습'으로, 학습 디자인은 어떻게 달라질 수 있는가?

그럴듯해 보이는 제목과는 달리 내용은 그야말로 충격적이지 않을 수가 없었다. 먼저 발표집에 실린 이 논문 내용의 일부를 잠시 인용해 보기로 하자.

둘째, 상황이라는 개념은 그것에 내포된 불확정성으로 말미암아 개별성과 즉흥성을 전제로 하는데 이로 인하여 학습을 위한 일반화된 모형 혹은 설계의 대상이 어렵다고 보는 점이다. 나아가 그러한 어려움은 일회적이고 가변적이고 그 범위의 경계가 불명확한 상황 또는 맥락을 도대체 어떻게 객관화시켜 연구할 수 있을 것인가 하는 곤혹스러움과 맞닿아 있다고 보았다. 상황의 불확정성에 대한 이해는 학습을 이해하는 풍부한 지적 자산을 늘려가는 데에는 도움을 줄 수 있으나, 현실적으로 가용할 수 있는 처방적 모델을 제시해야 하는 교육 설계에는 오히려 걸림돌이 될 수 있다고 보는 것이다.

만약 이 글을 이 땅에 널리고 널린 양적 연구자가 썼다고 하면 '그러려니' 하고 생각하고 아무런 충격도 아무런 놀라움도 그리고 아무런 화도 나지 않고 태연하게 넘어갔을 것이다.

그런데 이 글쓴이가 이른바 질적 연구자이고 더군다나 이 질적 연구자가 자신의 질적 연구를 위한 이론적 토대로 삼고 있는 지적 전통이 현상학에 그 뿌리를 갖고 있는 에스노메소돌로지와 상황학습론이라고 주장하고 있다는 사실을 확실히 알고 있기 때문에 이야기는 달라진다.

우리 삶이 이루어지고 있는 이런 저런 상황은 글쓴이가 말하고 있듯이 물론 '개별성'과 '즉흥성'이라는 특성을 일부 갖고 있다. 하지만 그렇다고 해서 우리 삶이 뿌리 내리고 있는 상황의 특성이 전적으로 '개별성'과 '즉흥성'이라는 상투어로 설명이 완결될 수 있는 것처럼 '무조건 일시적이고 혼돈 상태'인 것은 아니라는 점에 주의를 기울일 필요가 있다.

좀 더 쉽게 이 말을 풀어 보기로 하자. 우리가 일상에서 늘 경험하는 '상황'은 이 글쓴이가 말하고 있는 것처럼 '일회적' '가변적'이라는 말로 결코 다 담아 낼 수 없다. 이런 식으로 이야기를 간단히 처리하는 태도를 널리고 널린 양적 연구자가 보였다고 하면, 나는 그것에 대해 전혀 문제로 삼을 생각이 없었을 것이다. 그런데 이 글쓴이는 자신을 에스노메소돌로지 연구자이자 상황학습론 연구자라고 이름을 내걸고 있지 않은가?

### 삶의 복잡성에 육박하려는 이론

나는 위의 상황학습론 연구자에게 베르톨트 브레히트의 교육극에 나오는 다음과 같은 이야기를 먼저 들려주고 싶다.

눈이 부시게 하늘 푸르른 어느 날, 세스나기 한 대가 천천히 비행하고 있었다. 바람이나 기온 등의 일기 조건도 완벽하리만큼 최상의 상태였다. 그러나 조종사는 약간 긴장해 있었다. 지금 비행기는 초저공 초저속으로 비행 중이기 때문이다. 강과 바다뿐 아니라 도시의 거리와 건물의 윤곽, 특히 높고 낮게 이어져 있는 산들이 손에 잡힐 듯 가깝게 시야에 들어왔다.

조금 아래 비둘기가 나는 것도 보였다. 이것은 흔하지 않는 일이었다. 비둘기가 날지 않아도 오늘은 평화로운 날이야. 조종사는 중얼거렸다. 그런데 그는 비둘기들이 나는 것을 보다가 이상한 사실을 발견했다. 비둘기들이 잘못 날고 있는 것이었다.

공기 저항을 최소화하기 위해 모든 비행 물체는 몸을 날아가는 방향으로 수평화, 유선형화해야 한다는 것이 비행의 제일 원칙이다.

그런데도 비둘기들은 몸체를 한껏 세우고 날갯깃을 전진 방향으로 잔뜩 치켜세웠다가 뒤로 젖히며 날고 있었던 것이다. 그것은 마치 공기의 저항을 흘려 버리려는 것이 아니라 온몸으로 느끼고자 하는 동작과도 같았다. 말하자면 비둘기들은 지금 비행의 제일 원칙을 무시하며 날아가고 있는 것이었다.

비행하는 순간 비둘기들이 불쌍해졌다. 이 원칙을 알지 못해 비둘기들은 그 조상들부터 얼마나 부질없는 수고를 해 왔으며 하고 있는가. 그러고는 이렇게 생각했다. 어떻게 이 사실을 비둘기들에게 알려 주고 학습시킬 방도는 없는가. 어떻게 저 어리석은 비행 방식에서 저들을 해방시킬 것인가.


브레히트의 이 이야기에는 소위 연구에 대한 유머러스하면서도 날카로운 풍자가 담겨 있다. 연구자가 바라보는 세상은 단순하다. 자신의 연구 틀에 들어오면 존재하는 것이고 그렇지 않으면 없는 것이나 마찬가지다. 비둘기는 과연 잘못 날고 있는 것인가?

나는 자칭 앞의 '에스노메소돌로지' 연구자의 모습이 비둘기가 잘 못 날고 있다고 한탄하는 조종사의 모습과 흡사하다고 생각한다.

브레히트가 풍자한 비행 조종사처럼 이렇게 철저히 외부에 서 있는 연구자의 입장에서 현상을 처리하는 태도는 연구자가 연구라는 이름의 잣대를 들이대기 이전에 이미 나름대로 잘살고 있는 사람들의 모습을 훼손시키지 않고 담아 내려 한 '에스노메소돌로지'의 정신을 문자 그대로 위배하고 있지 않은가? 나아가 우리 삶의 복잡성을 '학습'의 모델화를 빌미로 '일회적', '가변적'이라는 정형화된 단어로 처리하는 것은 일상의 복잡성에 육박하기 위한 '말의 발명'에 고심하는 에스노메소돌로지의 정신을 정면으로부터 훼손시키는 행위가 아닌가?

결론부터 말하자면 상황학습론은 우리가 살아내는 상황을 이 연구자의 주장처럼 '개별성', '즉흥성'이니 '일회적' 그리고 '가변적'이라는 폴더에 담아서 간단하게 처리하는 것을 지양한다.

다음으로 일상에서의 세 종류의 회화 유형을 잠시 살펴보기로 하자.

A 상황
가: 니 리포트 냈나?
나: 어.

B 상황
가: 니 리포트 냈나?
나: 니는?

C 상황

가: 니 리포트 냈나?

나: 마 나나라("제발 그냥 놔둬"의 경상도 버전).

방금 내가 예로 들었던 "니 리포트 냈나?"와 관련된 세 가지 회화 패턴 conversation pattern은 무엇보다도 우리의 징그러울 정도로 복잡한 삶의 모습의 한 단면이라고 할 수 있다.

질문을 하면 그에 대해 대답을 하는 경우도 있지만(A 상황이 그런 것처럼) 그렇다고 해서 질문하면 무조건 대답이 나오는가 하면, 반드시 그런 것도 아니다(B 상황은 질문에 대해 질문으로 응수하고 있다). 그리고 언뜻 '질문'으로 보이는 것도 문맥과 상대방의 반응에 따라 '질타'라는 의미를 띨 수도 있다는 것을(C 상황은 두 사람의 대화로 보아 질책-응수의 상황이라고 할 수 있다) 알 수 있다.

이런 필연에도 치우치지 않고(질문이 나오면 반드시 응답이 나와야한다는) 또 그렇다고 완전히 우연(내가 앞에서 인용한 질적 연구자의 표현을 빌리자면 '즉흥성')으로도 전락하지 않는(우리가 어떤 말을 들었을 때 그말에 대한 대꾸로 무슨 말이든 해도 좋다는 것도 아니다), 우리 삶의 복잡성을 철학자 김영민은 '우연적 필연성' 혹은 '빙충맞은 고집이 없는 필연성'이라는 조어로 기술한다.

내친김에 일상 회화를 하나 더 분석해 보기로 하자. 잔칫집이나 집들이 같은 곳에 가면 상다리가 부러지게 음식을 차려 낸 주인이 으레 하는 말이 있다.

"별로 차린 것이 없어 죄송하네요."

이 말을 들은 손님들은 그 순간 주인이 하는 말을 다시 주워서 입에
넣으려는 듯이 달려들어 말한다.

"무슨! 상다리가 부러지려 하는구먼."
"와, 점심 굶고 오길 정말 잘했다."

주인의 말은 진심이었을 수도 있겠으나(그러나 우리의 경험이 가르쳐
주는 바에 의하면 그렇지 않다), 설사 그랬다 하더라도 자신이 한 말에 손
님들이 아무런 대꾸 없이 젓가락만 들었다면 크게 상심할 것이다. 그런데
그렇게 인사치레로 말했음에도 아무런 대답이 없으면 크게 상심한다는
것 자체가 우리가 특정한 사회적 행위를 수행하고 있다는 것을 방증해
준다.

조금 더 깊게 생각해 보면, 이들은 서로 회화(인사치레로 말하기-그
인사치레에 화답하기)라는 사회적 행위로 이 상차림에 대한 겸손을 표명
하고 그 겸손에 대해 노고를 치하하는 어떤 사회적 상황을 달성하고 있
는 중이다. 이때 주인의 말인 "별로 차린 것이 없어 죄송하네요"는 그야
말로 '움푹 팬 곳slot'을 만들어 낸다고 볼 수 있다. 여기서 움푹 팬 곳이
란 '회화 분석'이라는 사상을 창시한 하비 색스(Sacks, 1963)가 말하는,
화자는 청자에게 어떤 특정한 말이 뒤따라 나올 수 있게끔 '위치'를 제
공한다는 의미다. 우리가 평소에 하는 말을 잘 관찰해 보면, 말을 듣는
이가 어떤 말을 하기 쉬운 상황이 되도록 여건을 마련해 준다. 예컨대

'대답'이라는 말이 나올 수 있도록 '질문'을 한다든지 '사과'라는 말이 나올 수 있도록 '질책'이라는 말을 상대방에게 하는 것처럼 말이다. 비유적인 표현을 사용하자면 상대방의 말의 중력에 이끌려 우리는 어떤 '움푹 팬 곳'에 떨어지게 된다. 이때 '움푹 팬 곳'은 말하는 이의 '인사'에 대해 '인사'로 나타난다든지 '질문'에 대한 '응답'으로 나타난다든지 '제안'에 대한 '거부'로 나타나기도 한다.

앞의 손님을 초대한 주인의 예를 다시 가져와 보면 그 주인은 "별로 차린 것이 없어 죄송하네요"라는 말로 상대방으로 하여금 자신이 차려 낸 음식에 대한 칭찬과 감사의 말을 할 '기회'(움푹 팬 곳)을 제공했다고 볼 수 있다. 하지만 회화 분석에서 놓쳐서는 안 되는 것 중 하나는 내가 한 말이 만들어 낸 움푹 팬 곳에 상대의 말이 수학 알고리즘처럼 늘 일관되게 굴러떨어지지는 않는다는 것이다. 말을 바꾸면 위에서 예로 든 것처럼 "무슨! 상다리가 부러지려 하는구만…."이라는 말이 무조건적으로 나온다는 보장은 그 어디에도 없다.

"아~, 진짜 먹을 것 없네. 다음부터는 밖에서 먹자."

이와 같은 반응도 (물론) 나올 수 있다. 실제로 허물없는 친구 사이에서는 이런 농담으로 주인의 '인사치레'를 받아치기도 한다. 물론 이 '말'이 농담이라는 것을 서로의 표정과 몸짓 그리고 연이어 나오는 화자와 청자의 말이 '표시'해 준다. 즉, 상대방에게 인사를 하도록 화자가 인사를 했다 해서 청자가 반드시 인사를 한다는 보장은 어디에도 없다는 것이다. 그럼에도 이 움푹 팬 곳이라는 비유가 회화 분석이 찾아내려는 질서나 규칙의 성격을 이해하는 데 도움이 될 수 있을 것이다.

이처럼 회화 분석이 조준하고 건져 올리려는 것은 자연과학이 대상으로 하는 질서나 규칙과는 본질부터 다르다. 회화에서 어떤 규칙과 질서를 읽어 내지만 '우연성'이 더해지는 묘미까지 포착하는 것이 바로 회화 분석이 하는 일이다. 회화 분석이 주목하는 복잡 미묘한 삶의 모습은 반복되는 '전형성'이 있으면서도 동시에 과학이라는 이름의 오라를 두른 개념의 체계 속에 액자화할 수 없는 생명력이 있다. 이런 의미에서 본다면 회화 분석은 그 전형과 생명력의 아슬아슬한 줄타기의 해부학이기도 하다.

여기까지만 보더라도 우리가 살아 내는 상황을 '개별성, 즉흥성', '일회적', '가변적'이라는 폴더 속에 무리해서 집어넣을 수 없음을 알 수 있다. 살고 느끼는 모습 그대로를 보여주되 개별의 특이성에 허우적대지 않고 그 모습의 보편성을 탐색하는 것, 이것이 바로 에스노메소돌로지의 정신이자 상황학습론의 글쓰기가 아니던가?

상황학습론과 에스노메소돌로지를 전공한다는 자칭 질적 연구자는 개별의 특이성은 결코 보편성으로 연결될 수 없다고 생각하여 그것을 배제함으로써, 그 결과 '인간의 무늬'라고 하는 보편성까지도 시야에서 지우고 만 것이 아닐까? 물론 그는 개별성, 구체성에 매이지 않은 '학습의 보편적 모델'을 저 논문에서 만들었을 것이다(틀림없이). 그러나 그것은 어디까지나 그/그녀의 머릿속에서 만들어진 환상에 불과한 것이 아닌가?

# 도대체 누가 '불확정성'을 정한단 말인가?

위의 글에서 이 질적 연구자는 '불확정성으로 말미암아'라는 표현을 사용했는데, 도대체 누가 불확정성을 정한단 말인가? 일상을 살아가는 우리 같은 장삼이사들이 '불확정성'이라고 느끼지 않고 나름 별 불편 없이 삶을 잘 꾸려 나가고 있는데 연구자가 지레짐작해서(이 글쓴이가 양적 연구자라고 하면 나는 이런 질책을 하지 않을 것이다) 함부로 '불확정성'이니 '즉흥성'이니 하면서 바깥에서 잣대를 들이대고 있는 것에 대해 나는 위화감을 느끼지 않을 수 없다.

이 연구자는 우리 삶이 복잡하다는 것을 '애매함'이나 '불확정성'이라는 말로 간단히 처리하고 있는 것 아닌가? 철학자 김영민은 우리 삶이 복잡하기는 하지만 결코 '애매한 것'과 등가는 아니라고 말한다.

> 복잡성의 인문학이 애매성을 옹호하는 듯한 인상을 준 것은 사실이다. 엄밀히 말하자면 이는 '옹호'하거나 혹은 비난할 수 있는 주장이라기보다는 오히려 우리의 삶이 늘 마주치는 현실의 제 모습에 가깝다. 그런데 삶의 곳곳에 침윤해 있는 애매성은 오히려 자연스러운 것이다. 그 애매성은 오히려 삶의 역사가 일천하지 않다는 분명한 증좌로서 읽혀져야 할 것이다. 이는 마치 바닷물이 짠물이 된 길고 긴 역사와 그 짠물 속에서만 살게 된 물고기들의 길고 긴 사연을 연상시킨다.
>
> 그러나 애매성은 복잡성의 철학에서 뜻하는 복잡성과 분별될 구석이 있다. 애매성은 결국 인간의 물음을 그 핵으로 삼을 수밖에 없는 인문학의 영역에서 말끔히 불식시키기 어렵고 또 "그 애매함은 인간 세상의 복잡성

에서 연유하는 자연스러움"이기도 하지만, 복잡성이라는 개념이 지닌 철학적 함의에 이르지는 못하기 때문이다.

우선 복잡성은 '혼란'이 원인이 되지 못한다는 점에서 애매성과 다르다. 일상을 살아가는 사람들은 사회화로 대변되는 문화적 순치와 훈련을 통해서 자신의 생활을 일관성 있게 조율하며, 별 혼란 없이 삶의 복잡성에 대응한다. 이런 점에서 우리의 삶은 복잡하지만 애매하지는 않다. 복잡한 현실은 정서와 행위의 다양성을 요청할 뿐이지만, 애매한 현실은 정서와 행위의 근거 자체를 앗아 가 버리기 때문이다. _ 김영민, 1996, 150-151쪽.


더 황당한 것은 연구자 자신도 일상을 살아가면서 자신의 몸과 행위가 놓여 있는 '상황'에 대해서 불확정적이라고 느끼지는 않을 거라는 사실이다. 이러한 자신이 이론적 근거로 삼고 있다고 믿고 있는 지적 전통과 배치되는 이야기가 소위 말하는 질적연구학회에서 버젓이 발표되고 또 그것에 대해 아무런 반론도 없이 끝나고 마는 이런 대한민국 학회의 현실이 참으로 암담하다는 말밖에 달리 할 말이 없다.

장삼이사의 사회학Ethnomethodology과 그 지적 전통을 따르고 있는 상황학습론에 대해서 나는 다음과 같은 김영민 선생의 기술만큼 명쾌한 기술을 지금까지 본 적이 없다.


우리의 인간스러움과 그 일상은 전권을 쥔 정답(真理: 필연성)에서도, 산산이 부서지는 오답(無理: 우연성) 속에서도 찾을 수 없다. 넓은 터와 긴 시간의 지평에서 넉넉히 드러나는 일리들과 그 운용의 묘에서 인간됨Being-Human의 모습이 제자리를 찾아간다.

우리들이 삶의 일상을 통해서 경험하는 현실은 이로정연理路整然한 코스모스도 아니고 앞뒤의 분별이 서지 않는 카오스도 아니다. 그것은 각자의 터와 역사의 구체성을 좇아 이치를 세우는 일리一理의 세계인 것이다. _ 김영민, 1996, 38쪽.

이런 세상을 읽어 내고 사람을 읽어 내고 우리의 일상을 읽어 내는 제대로 된 학인들의 말이 이 땅의 학회에 상식으로 등록될 때 우리는 《환각의 나비》에 나오는 제2, 제3의 영주를 만드는 일에 제동을 걸 수 있을 것이다(지금은 이런 영주들의 모습을 만들어 내는 것이 너무나도 당연한 일상으로 자리를 잡아 안타깝게도 이제는 누구도 그것의 진위에 대해 회의의 눈길을 던지지 않게 되어 버렸다).

나아가 백색의 앎이 잡색의 삶을 희롱하는 관계로서의 앎과 삶이 아니라 앎과 삶이 통풍하는 새로운 지知의 창조를 꿈꿀 수 있지 않을까?

# 7. 속성의 디자인

## 장애는 실체가 아니다

소설가 베르나르 베르베르가 사숙한 영국의 소설가이자 비평가 허버트 조지 웰즈(H. G. Wells, 1866-1946). 그가 1911년 위기에 찬 현대 문명을 비판하며 발표한 《눈먼 자들의 나라*The Country of the Blind*》라는 소설이 있다(Wells, 1911).

이 소설은 안데스 산맥의 험준한 골짜기에 있는, 세상과는 오래 전에 인연이 끊긴 '눈먼 자들의 나라'에 대한 이야기이다. 부족함 없이 살아오던 이 나라에 어느 날 갑자기 까닭 모를 병이 돌면서 사람들은 하나둘 눈이 멀어 간다. 병은 아주 천천히 번져서 사람들은 눈이 멀고 있다는 사실을 미처 깨닫지 못했다. 다음 세대들은 아예 보지 못하는 상태로 세상에 태어났고, 사람들은 이런 상황에 무감각했다. 나라를 뒤덮은 상황의 위험성을 자각하고 이를 막아야 한다고 주장한 몇 안 되는 이들 가운데 하나가 방법을 찾아 바깥 세상으로 나가지만, 지진으로 인해 바깥 세상과의 통로가 차단되고 만다.

오랜 세월이 흐른 뒤, 눈먼 나라에 사는 사람들은 많은 것을 잊었고, 또 많은 것을 새로 배웠으며, 보지 못한다는 사실을 빼고는 다들 유능했다. 먼 옛날 병의 퇴치법을 찾아 바깥 세상으로 떠났던 이의 15대손에 해당하는 후손이 기성세대가 되었다. 어느 날, 영국인 일행을 안내하기 위해 에콰도르 산지를 답사하던 누네즈가 길을 잃는 바람에 눈먼 자들의 나라로 들어오게 된다.

누네즈는 이들이 앞을 보지 못한다는 사실을 알고는 '눈먼 자들의 나라에서는 눈이 하나 있는 사람이 왕이 된다'라는 말을 떠올린다. 누네즈는 자신은 볼 수 있으니 이 나라의 왕이 될 수 있을 거라고 생각하지만, 이 생각은 머지않아 여지없이 깨진다.

누네즈는 먼저 '눈먼 자'가 '보이는 사람'인 자신을 인도하겠다는 말에 깜짝 놀란다. 누네즈로서는 일상을 뒤엎는 순간이었다. 볼 수 있다는 사실 하나만으로 눈먼 나라 사람들로부터 존경과 숭배를 받을 거라고 생각했는데, 기대와는 달리 자신을 무능력한 사람으로 취급한다는 사실에 충격을 받는다. 누네즈는 지금까지 자기가 살던 곳이 훨씬 훌륭한 곳이라는 점을 설명하려 하지만, 그들은 누네즈를 무식하고 미개한 이로 여길 뿐이다. 결국 누네즈는 눈먼 자들의 성화에 못 이겨 '본다는 것은 어리석다'는 사실을 인정하게 되며, 눈먼 나라에 동화되어 그곳 사람이 된다. 게다가 정부의 중책을 맡고 있는 야콥의 막내딸 메디나 사로테와 사랑에 빠져 청혼을 하기에 이른다. 야콥이 마을 장로들에게 이 사실을 알리고 의견을 물었을 때, 그들은 결혼을 허락하되 누네즈의 눈을 도려내서 그가 살았던 세계(볼 수 있는 세계)의 우월성을 주장하는 병을 완전히 고쳐야 한다고 주장한다. 의사에게 눈 수술을 받게 해서 누네즈를 완전히 이곳 사람이 되도록 하자는 것이었다. 이 사실을 알게 된 누네즈는 눈만은 잃고 싶지 않다는 생각에 필사적으로 도망친다. 눈먼 자들의 나라에 들어간 뒤로 한때 그곳의 왕을 꿈꾸었지만, 그를 기다린 것은 죽음뿐이었다.

눈먼 자들의 나라에서 왕이 될 수 있다는 처음의 기대와는 달리, 누네즈는 왜 이상한 사람, 무능력한 사람으로 취급받다가 결국 죽음에까지 내몰리게 되었을까?

아마 눈먼 자들의 나라에는 집, 건물, 도로 등 모든 환경이 시각을 이용하지 않아도 전혀 불편하지 않도록 만들어졌을 것이다. 그들은 시각을 잃었다는 자각이 아예 없고, 생활하는 데 불편함을 느끼지도 못할 것이다. 그렇기에 그들에게 본다는 것이 무엇이며, 그것이 얼마나 편리한지 알려 주는 일도 불가능했을 것이다. 유일한 외부인인 누네즈의 시각이 다른 감각보다 우월하다는 주장은 이 나라 사람들에게는 도무지 의미를 알 수 없는 기이한 외침에 불과했을 수 있다. 나아가 누네즈의 뇌에 어떤 이상이 있어서 알아들을 수 없는 이야기를 하고 다닌다고 판단하여 그의 눈을 없애야 한다는 결론에 도달하게 된 것이리라.

누네즈의 불행은 시각이 없는 것이 문제가 되지 않을 뿐더러 시각이 없는 그들이 나름의 유능함(예를 들면 후각이나 청각 등)을 발휘할 수 있도록 갖춰진 환경에서 기인했을 것이다. 어찌 보면 시각 능력이 쓸모없는 상황에서 상대적으로 촉각과 후각이 그들보다 떨어지는 누네즈가 무능한 사람으로 취급받은 것은 당연하다.

누네즈는 이 나라에 오기 전후에 이른바 생리학적으로 보았을 때 정상적으로 기능하는 시각을 갖고 있었다. 그러나 생리학적 사실은 그것만 갖고서는 사회적으로도 인정받는다는 것을 보증해 주지 못했다. 반대로 눈먼 나라의 사람들이 우리가 지금 살고 있는 세계에 발을 들여놓는다면, 틀림없이 장애인으로 받아들여질 것이다. 우리는 눈이 보이지 않는 것을 '문제'로 여기도록 우리의 환경을 계속해서 디자인해 왔기 때문이다.

사고 실험을 하나 해 보자. 예컨대 지금 있는 방에서 눈을 감고 현관 문 바깥까지 나가 보는 것이다. 이 간단한 목표를 달성하는 일이 얼마나 어려운지, 평소에는 순식간에 이루어지는 짧은 거리의 이동조차 결코 수월하지 않다는 사실을 금방 깨달을 수 있을 것이다. 실험하기 위해 일부러 눈을 감는 그 순간부터 혹은 진짜 사고로 인해 시력을 잃는 그 순간부터, 적어도 이 사회는 나를 '무능력한 자' 혹은 '장애를 가진 자'로 취급한다.

누네즈가 발을 들여놓은 눈먼 자들의 나라에서는 보이지 않는 것이 전혀 문제가 되지 않도록 환경(건물, 집, 도로, 제도, 언어, 인간관계 등)이 디자인되어 있다. 여기서 재미있는 것 한 가지는 '눈먼 자들의 나라'라는 말은 어디까지나 우리가 자의적으로 붙인 이름일 뿐, 누네즈가 불시착한 그곳에서는 '눈먼 자'라는 말 자체가 존재하지 않는다는 사실이다. 그 나라에서는 눈이 보이지 않는 것을 장애로 여기지 않을 뿐만 아니라, '눈이 보이지 않는다'는 말과 그 말이 열어 보여주는 현실 자체가 아예 존재하지 않는다.

이쯤 되면 '장애'가 더는 생물학적이거나 개인적인 현상이 아니라 개인을 둘러싼 환경과의 관계에서 가시화되고 지각되는 사회·문화적 현상이라는 생각에 이르게 될 것이다. 혹은 다음과 같이 바꿔서 말할 수 있을 것이다. 장애라는 속성은 단품으로 존재하는 것이 아니라 그 속성을 속성으로 우리 눈에 보여주는 디자인된 환경과의 관계 속에서 비로소 가시화되는 것이다.

능력 그리고 장애의 가시화

후기 비고츠키 학파의 대표주자인 마이클 콜과 그의 동료(Cole & Traupmann, 1981)의 논문에 등장하는 아치Archie라는 초등학생은 읽기 능력이 또래 아이들보다 뒤처진다는 이유 등으로 '학습장애아'로 진단받는다. 그런데 콜과 그의 동료는 담임 교사에게 그 사실을 듣기 전까지는 활기차게 요리 클럽에서 활동하고 있는 아치에게서 문제를 느끼지 못하고 오히려 방과후 클럽 내에서도 유능한 구성원으로 보고 있었다.

아치의 '학습장애아'라는 속성은 아치라는 개인에게 붙박여 있는 혹은 개인이 가진 소박한(절대적인) 현실이 아니다. 아치의 속성은 교실에서 빈번히 볼 수 있는, 그 한 명만을 지명해서 단어를 발성하는, 주위 사람과 도구의 도움 없이 혼자 힘으로 달성하지 않으면 안 되는 학교화된 schooled 과제 디자인에 의해서 가시화되고 있었다.

자, 그러면 이와 같은 사고 회로를 '방과 후 요리 클럽'에서도 작동시켜 보자. 아치가 보여주는 '활발한 참가자'라는 속성은 친구들과 의사소통을 하면서 보이는 요리 클럽 활동 디자인에 의해서 가시화되었다고 할 수 있다.

학습장애Learning Disability가 어떻게 사회적으로 구축되는지를 '애덤'이라는 아이의 추적 연구를 통해 밝힌 맥더모트과 후드(McDermott & Hood, 1982)은 '새끼줄'과 새끼줄을 만들어 내는 '짚'의 메타포로 '학습장애'라는 현상을 설명하고 있다.

예를 들자면, 우리는 '학습장애'를 통상 '개체의 속성', 즉 개인이 가진 문제로 다루는 것에 익숙하다. 즉, '짚'으로 본다는 말이다. 그런데 '학습장애'라는 속성은 연속해서 안정된 '실체'로 우리 눈에 보이기 때문에 ("저 아이는 공부를 못한다", "저 아이는 주의력 결핍이다" 등등) '짚'이라기보다는 '새끼줄'이다. 짚 하나로는 새끼줄은 만들 수 없으니까.

그렇다면 '학습장애'는 개인의 속성이 아니다. 맥더모트와 홋은 복수의 개인들이 만들어 내는 '문맥'이라는 새끼줄이 개체의 속성(공부 못하는 것/학습장애/ADHD 등등)을 가시적으로 만들어 준다고 보고 안정된 개인 속성과 환경의 분리라는 통속적인 생각을 비판하였다.

그러면 '학습장애'를 콜과 그의 동료(Cole & Traupmann, 1981)는 어떻게 다르게 들여다보았는지 좀 더 구체적으로 살펴보기로 하자.

아치는 교실에서 전형적인 학습 능력이 남들보다 뒤떨어지는 아이였다. 그는 초등학교 3학년이었는데도 읽고 쓰는 능력이 또래 아이들보다 뒤떨어져서 지능 테스트 성적은 초등학교 1학년 정도였다. 담임교사와 학교 심리학자의 이야기에 의하면 아치는 주의가 산만하고 집중력이 결여되어 있는 아이였다. 예를 들어 말놀이 게임에서 친구가 "beer와 wine은 왜 비슷하지?"라고 물어보았을 때 모두가 "마시는 것"이라고 대답했다면 아치는 "deer는 음료가 아니야!" 라고 대답하였다.

그러나 방과 후 요리 클럽에서 아치의 모습은 전혀 달랐다. 즉, 요리 클럽에서는 '학습장애아'의 모습은 사라지고 오히려 가장 유능한 클럽 구성원으로 탈바꿈하는 것이다. 예를 들면 그룹으로 나눠서 케이크를 만들 때, 아치는 레시피를 제대로 읽지 못함에도 불구하고 전체적인 활동을 늘 주도하였다. 즉, 오히려 제대로 읽지 못하는 것이 자신과 다른 아이들의 행동을 잘 조직하는 기술을 습득하는 데 도움이 되었다고 말할 수 있을 정도였다. 아치는 요리를 만들 때 레시피를 읽지 못할 경우 다음과 같이 친구를 적절히 활용했다. "리치, 컵 하나와 하나 반이라고 쓰여 있는지 확인해 봐!"라고 하면서 리치에게 레시피를 읽히거나 "테이블 스푼네 개"라고 말하면 파트너인 리치가 "티스푼 네 개"라고 고쳐서 말해 주었다. 이처럼 요리 클럽에서는 학교와는 달리 '읽지 못하는 것'이 전혀 문제가 되지 않았다.

왜 아치는 장면에 따라서 이렇게 다른 모습을 보이는 걸까? 요리 클럽에서 가시화된 아치의 '유능함'은 학교에서 일어나는 테스트 장면과 교실에서의 수업 장면의 '특수성'을 비춰 볼 수 있는 훌륭한 거울이 될 수 있을 것이다. 테스트 장면과 수업 장면 그리고 요리 클럽의 가장 큰 차이는 활동의 목적에 있을 것이다. 테스트와 수업에서는 자신의 지식과 능력을 교사와 동료 학생들에게 보여주지 않으면 안 된다. 교실이라는 사회 집단은 주로 '누가 머리가 좋은지?'라든지 '누가 잘 알고 있는가?', '누가 빨리 맞추는가?'와 같은 물음에 초점을 맞추도록 조직되어 있다. 말을 바꾸면 교실인일 때 학생은 교실이라는 상황에서 언제나 그 능력과 지식을 누군가에게 감시받고 평가받는 것이다. 혹은 '성공'과 '실패'가 모두에게 주목을 받도록 상황이 조직되어 있다.

따라서 서로 도와서 협력하는 것은 규칙의 위반이고, 교사의 질문과 테스트 문제에 대해서는 '스스로' 답을 찾지 않으면 안 된다. 예를 들어 외우는 것이 힘드니까 외우는 수고를 좀 덜기 위해서 책상 위에 내용을 써 놓는 것을 교실에서는 '부정행위'로 간주한다. 노트는 굳이 외우지 않아도 그것을 보면 내용을 알 수 있는 '도구'가 아니라 '외우지 않으면 안 되는 것들'이 쓰여 있는 것에 불과하다.

반면에 요리 클럽은 함께 무엇인가를 만드는 것이 주된 목적을 이루는 장이다. 일이 잘 되어 가는 한 서로서로 도와 줄 것이고, 그러한 협력을 비난하는 사람도 없다. 누가 머리가 좋으냐 나쁘냐 하는 것은 문제가 되지 않는다. 또한, 여기서는 작업을 쉽게 하려고 학교에서의 테스트와는 다르게 언제나 환경과 과제를 바꿀 수 있다. 아치의 '유능함'과 '무능함'은 '실체' 혹은 '명사'가 아니라 위와 같은 사회적 상황을 반드시 배경으로 해서 우리 눈앞에 가시화되는 것이다.

교실에서 보여지는 아치의 '무능함'은 일종의 실체로서 아치의 내면에 붙박이처럼 애당초 있는 것이 아니다. 그것은 다름 아닌 교실이라는 사회의 조직화 양상으로부터 발생하는 일종의 '불협화음'인 것이다. 그의 연주하는 소리(글 읽기)는 그것 자체만으로는 불협화음도 아무것도 아니다. 그러나 교실이라는 오케스트라의 연주 활동 안에서는 '어긋난 음'으로 취급을 받게 된다. 이처럼 아치의 '무능함'은 개인의 능력에 초점을 맞추는 그리고 누가 잘했느냐 못했느냐로 우열을 가리는 교실이라는 콘서트 장에서만 가시화되는 이른바 특수한 '불협화음'이다.

수업 중에 아치는 주위 사람과 도구의 도움을 빌리지 않고 자기 혼자 '능력'으로 과제를 수행할 것을 요구받고 있었다. 이러한 교실에서의 과제 디자인이 개인에 내재하는(내재한다고 믿게 만드는) '능력'의 부족으로서 과제의 실패를 부각시킴으로써 그의 '학습장애'가 가시화된 것이다.

이 분석이 우리에게 가져다주는 시사점은 통상 '장애'를 다룬다는 것은 능력의 부족을 메워 주는 교육적 대응과 연결되어 있음을 자각시켜 주는 것이다. 과거도 그렇고 지금도 그렇지만 장애아 교육에서는 '단순한 것에서 복잡한 것으로 스텝 바이 스텝'으로 훈련함으로써 목표로 하는 '능력'이 개인 안에 장착되는 것을 목표로 한다. 예를 들면 의자에 앉을 수 있게 되려면 먼저 복잡한 일상 장면으로부터 '앉는 것'만을 따로 분리해서 오로지 앉는 것만을 반복한다. 그것이 가능하게 되면 조금 더 복잡한 장면에도 앉을 수 있는 응용 훈련으로 이행한다. 그런데 이런 문화적 실천은 '앉는 능력'을 획득하기 위한 장면인 동시에 '앉는 능력'의 결여가 가시화되는 장면이기도 하다. 이처럼 '능력'과 '장애'는 사회적 디자인으로 가시화되는 측면을 갖는다.

## 속성의 개정

개인에 내재하는 능력관, 그것과 맥을 같이하는 장애관에서는 일상생활에서의 행위와 환경의 의미, 가치를 충분히 다룰 수 없다고 말할 수 있다. 왜냐하면 '의자에 앉는 능력'을 대표로 하는 '능력'의 획득, 회복 훈련은 개인을 일상의 복잡함으로부터 분리하는 것에서부터 시작하기 때문이다.

그런데 본래 일상생활에서 사람들의 '능력/장애'는 개인의 신체에 환원되지 않고(수렴되지 않고) 도구와 장소와 주위 사람들을 포함한 환경 안에 있다. 예를 들어 반신이 마비된 사람이 자동차에서 휠체어로 옮겨 탈 때 손잡이도 문도 요양인 혹은 보호자의 도움도 본인의 신체까지 모두 포함해서 구성되는 장면 안에서 옮겨 타는 것이 달성된다(尾出由佳, 2007).

뇌성마비이면서 소아청소년과 의사인 구마가야(熊谷晋一郞, 2008)는 개인에게 획득을 바라는 능력에 관해서 실제 생활 장면에서 "할 수 있지만 하지 않습니다"라는 어휘 꾸러미로 표현하고 있다. "자력으로 목욕

탕에 들어갈 수 있지만 하지 않습니다. 자력으로 그 일을 하려면 두 시간이나 목욕탕에 갇혀 있게 되는데, 그러다가는 하루가 끝나 버리고 맙니다"라고 말한다.

이런 장애인의 생생한 목소리를 듣다 보면 훈련이 장애자의 일상에 어떠한 의미와 가치를 갖는가와 같은 의문이 자연스럽게 생겨난다. 구마가야는 개인에 내재한다는 능력관의 한계에 의문을 품고 환경 측을 정비하였다. 화장실, 샤워룸, 현관과 같은 환경과 거기에 맞춘 자기 고유의 동작 패턴을 함께 변화시킴으로써 조금씩 조정해 나갔다. 이렇게 해서 주위 환경을 재디자인함으로써 자신의 '능력/장애'라는 속성을 개정한 것이다.

## 속성의 교환

'능력/장애'가 사회적 디자인으로 바뀐다는 것에서 알 수 있는 것은 속성이 절대적인 것이 아니라 변경도 가능하다는 것이다. 필요와 경우에 따라서는 지금까지와는 다른 속성과 교환함으로써 새로운 속성을 창조하는 것도 가능하다.

속성의 교환의 예로서 '성별'을 들 수 있다. 남자→여자라는 속성의 교환을 실천한 아그네스는 복장에서 말투에서 가족, 연인, 연인의 모친과의 관계에서 자신의 활동을 '여자'로서 디자인함으로써 '태어날 때부터 갖고 있던 남성'이라는 속성을 불가시화하고 대신에 희망하는 '여성'이라는 속성을 가시화하였다(Garfinkel, 1963).

이처럼 '여자/남자'라는 것은 '여자/남자'를 하는 것의 사회적 디자인이 그 버팀목이 되어 있어서 우리는 그렇게 하고 있는 사람들을 '여자/남자'로서 평소에 보고 있는 것이다. 성별이 일반적으로 타고난 것으로 다뤄지는 것은 실은 이러한 '남자/여자라는 것'의 사회적 디자인이 루틴화되어서 모든 장면의 배경에 깊게 묻혀 있고 자명시에 이르게 된 일상의 성의 실천의 측면을 자각하기 힘들기 때문이다.

### 속성의 창조

기성세대가 관리하는, 기성세대에 충실하고 선량한 '틴에이저'라는 것에 위화감을 느낀 미국의 젊은이 중에 스스로를 '핫로드스터'라고 부르는 새로운 속성을 창조한 사람들도 있었다(Sacks, 1979). 보통의 틴에이저들이 하지 않는 것, 튜닝한 차를 타고 돌아다니거나 도로에서 속도경쟁을 하거나 꾀죄죄한 느낌이 드는 티셔츠를 입는 것에 이르기까지, 또래와는 전혀 다른 행동을 함으로써 자신이 틴에이저가 아니라는 부정 이상의 새로운 속성의 가시성을 손에 넣은 예라고 할 수 있다.

'장애'에서 속성의 창조로 '당사자'라는 개념을 들 수 있다(中西正司, 2003). 자기 자신을 욕구의 주권자로서, 새로운 현실을 만들어 내려 하는 마이너리티에 속한 사람들을 '당사자'로 칭하고 있다. 이 연구자들에 의하면 어떤 사람이 '장애인'인 것은 개인에게 부족한 능력의 부재라는 의미에서 비장애인이 부여한 '장애인'이다. 여기에 저항해서 자신들 스스로 그 의미와 가치를 정의하는 '당사자'가 되는 것이라고 그들은 주장한다.

굿윈(Goodwin, 1981)은 Yes, No, And 이 세 가지 말밖에 하지 못하

는 실어증 환자가 자신이 놓여 있는 장에서 협동적으로 만들어지는 맥락을 이용하여 자신의 아내와 늘 병간호를 하는 전문 간호사와 전혀 문제없이 의사소통하는 장면을 상세히 분석해서 그의 생활상의 '유능함=능력'이 자신과 아내와 간호사 사이에 사회적으로 분산되어 있다는 socially distributed 것을 밝혔다.

그런데 그의 이 '능력(세 단어밖에 말하지 못함에도 불구하고 아내와 간호사와 의사소통할 수 있는 능력)'은 그가 원래부터 갖고 있었던 것이 아니다. 그것은 다름이 아니라 그가 뇌에 손상을 입고, 실어증에 걸리고 난 후에 오랜 시간에 걸쳐 획득한 것이다. 또한 그의 언어 능력 향상에 동반해서 이러한 능력이 획득된 것도 아니다. 그가 '재활센터'에 온 이래 13년간 계속 이 세 단어밖에 말할 수 없는 상태가 계속되었다.

그러면 그의 '능력'의 획득, 즉 '학습'이 어디서 발생했다고 생각하는 것이 좋을까? 많은 이들이 그의 '학습'을 그 비언어적 표현력의 향상과 관련 지을 것이다. 그러나 그의 비언어적 표현을 의미 있는 표현으로 가시화한 것은 바로 아내와 간호사였다. 그리고 그것이 가능한 것은 그녀들과의 관계 속에서뿐이었다. 만약 그가 전혀 다른 대인관계 속에 놓여 있었다고 한다면 그는 틀림없이 자신의 '유능함'을 발휘하지 못했을 것이다.

그 밖에 그의 유능함을 아내와 간호사의 이해, 추론 능력의 향상에 귀속시켜야 한다고 생각하는 사람도 있을 것이다. 그러나 만약, 아내와 간호사에게 고유한, 원래부터 '그러한 추론 능력'이라는 것이 있다고 한다면, 그 환자 이외의 실어증 환자를 만날 때뿐만 아니라 그 밖의 여러 장면에서 그 능력이 발휘되어야 할 것이다.

그러나 실제로는 그렇지가 않다. 아내와 간호사가 이 실어증 환자와 이야기를 나눌 수 있는 것은 이 특정 실어증 환자와의 생활 장면에서만 발휘되는 '유능함'일 것이다. 그의 '능력'은 특정한 인간관계와 일종의 생활상의 과제가 없으면 발휘되지 않는 아주 영역 고유한, 관계 고유한 속성이다.

## 속성끼리의 비교 불가능성

수학 역사상 큰 발견 중에 '수직선'이라는 개념이 있다. 그런데 수직선이라는 아이디어가 유럽 수학 텍스트에 처음으로 등장한 것은 의외로 늦어서 17세기에 접어들어서라고 한다. 영국의 수학자 존 월리스 John Wallis(1673-1703)가 저서 《대수학》에서 이 개념을 제안한 것이 최초라고 알려져 있다. 이 책에서 월리스는 다음과 같이 해설하고 있다(Wallis, 2004).

예를 들어 남자가 'A에서 B로' 5야드 앞으로 나아간 후에 'B에서 C로' 2야드 후퇴했다고 하자. 그가 C에 있는 시점에서(그때까지의 행진 전체 중에서) 얼마큼 전진하였는가? 혹은 그가 A에 있었을 때와 비교해서 얼마큼 앞으로 간 것일까?와 같은 물음을 받았다고 하면, 나는 (2를 5에서 뺌으로써) 그가 3야드 전진했다고 대답한다(왜냐하면 +5-2=+3이기 때문에).

그러나 그가 B까지 5야드 전진한 후에 D까지 8야드 후퇴했다고 하고 그 상태에서 그가 D에 있을 때에는 그가 얼마큼 전진했는가? 혹은 A에 있을 때와 비교해서 얼마큼 앞에 있는가?라는 질문을 받는다면 나는 -3야드라고 대답한다(왜냐하면 +5-8=-3이니까). 요컨대, 그는 무(원문에는 'nothing')에 비해서 3야드만 전진한 것이 된다.

수직선이라는 인공물의 발명으로 인해 사람들이 잘한다 vs 못한다/빠르다 vs 느리다/우등 vs 열등/정상 vs 비정상 등의 '속성'을 만들어 냈다고도 할 수 있을 것이다. 예컨대 수직선의 발명으로 인해 5라는 숫자는 3보다 크고 1이라는 숫자는 -2보다 크다는 것을 한눈에 파악할 수 있게 되었기 때문이다. 이 세계에서 '수 a를 더하다'라는 것은 수직선상에서 거리 a만큼 진행한 것에 대응한다. 단 a가 정의 수일 때는 오른쪽으로 진행하고 a가 부의 수일 때는 왼쪽으로 진행한 것이 된다. '수 a를 뺀다'는 것은 이것과는 역이다. a가 정의 수일 때는 왼쪽으로, 부의 수일 때는 오른쪽으로 거리 a만큼 진행한다.

그런데 수학자들은 여기서 생각을 멈추지 않았다. 자 그러면 '수 a에 수 b를 곱한다'는 것은 어떤 것일까? 수 b가 정의 수라고 하면 0에서 a까지 진행한 b배의 거리를 a와 똑같은 방향으로 이동한 것이 된다. 그렇다면 이번에는 b가 부의 수라고 하면 어떻게 될까?

구체적으로 b가 -1일 때, 즉 '수 a에 -1을 곱하는' 경우를 생각해 보자. 이때 a×(-1)=-a가 성립한다. -a란 수직선상에서는 0을 기점으로 딱 a의 반대 측에 있는 수를 의미한다. a에 -1을 곱한다는 것은 수직선상에서는 0을 기점으로 해서 a의 반대 측 장소에 이동한다고 해석할 수 있다.

이 사태를 다르게 말해 보자면 '0을 중심으로 a로부터 180도 회전한 장소로 이동한다'가 될 것이다. 이처럼 해석하면 '-1×-1=1'와 같은 식도 아주 자연스럽게 납득할 수 있을 것이다. 여기까지 오면 복소평면이 보이는 것도 이제 몇 걸음밖에 남지 않았다. 우리는 수의 세계가 1차원의 직선이라는 묘사로부터 출발해서 -1을 곱하는 것이 기하학적으로는 180도 회전을 의미한다는 인식에 이르게 되었다. 그런데 180도 회전이 허용된다고 하면 회전을 도중에 멈추는 일도 가능할 것이다. 예를 들자면 1을(시계 반대 방향으로) 90도만을 회전해서 거기서 멈추면 어떻게 될까. 시험 삼아 1을 90도만 회전한 곳에 상상 속의 수를 상정해서 그것을 i라고 이름 붙여 보기로 하자. 그렇다면 i를 곱한다는 것은 기하학적으로는 90도 회전을 의미한다고 해석하는 것이 가능하다. 90도 회전을 두 번 반복하면 180도 회전이 되니까 i×i=-1이 성립할 것이다.

이것은 우리가 지금 상정하고 있는 기하학적인 의미론에서는 자연스럽게 요청되는 것이다. 그러나 이 식을 잘 보면 i를 두 번 곱하면 -1이 된다고 쓰여 있다. 즉, i는 '2승 하면 -1이 되는 수', 즉 '허수'에 다름 아니다. 허수는 수직선상 어디를 찾아도 보이지 않았다. 그럴 수밖에 없는 까닭은 i는 0의 오른쪽도 아니고 왼쪽도 아닌 0의 바로 위에 있기 때문에 그렇다.

2승을 해서 마이너스가 되는 수의 의미를 어떻게 생각할 수 있을까? 이 물음은 오랫동안 수학자들을 고민하게 만들었다. 그런데 평면의 기하학을 생각하면 실로 선명하게 그것이 보인다. 루트 -1은 0을 원점으로 해서 1을 시계 반대 방향으로 90도 회전한 곳에 있다. 수는 수직선상에 나열하는 것뿐만 아니라 0 위에도 존재하고 있었던 것이다. 그것뿐만이 아니다. 2를 90도 회전시킨 곳에는 2i가 있다. -3을 90도 회전시킨 곳에는 -3i가 있다. 이렇게 보니 수의 세계는 0의 좌우뿐만 아니라 상하 방향에도 한없이 확장되고 있었다.

수학자들이 발견한 복소평면으로 인해 우리는 (주로) 학교에서 이루어지는 성적 평가 방법인 잘한다 vs 못한다/우등 vs 열등 식의 속성의 비교가 저차원의 평가라는 것을 알 수 있다. 예컨대 1보다 3이 큰 것은 수직선이라는 인공물을 통해서 단박에 알 수 있다. 그리고 -1이 -3보다 크다는 것도 마찬가지 논리에서 가능하다. 그런데 i가 큰지 1이 큰지 혹은 5가 큰지 -5i가 큰지는 더 이상 말할 수 없게 되어 버렸다. 좀 더 적극적으로 말하자면 비교하는 것이 의미가 없어지게 된 것이다(학교 현장에서 이런 수학상의 발명품을 받아들이는 것과는 별도로). 이처럼 복소평면이라는 인공물의 발명은 속성끼리의 비교를 무색하게 만들었다고 할 수 있다.

## 심리학이 가시화하는 '마음'

주류 심리학에서 취하는 인간상은 '인간은 먼저 개인이라는 실체이고, 개인이란 마음을 내장한 육체이다mind-in-a-body'라는, 흔들리지 않는 전제이다. 이러한 발상은 속성을 개인에 부속하는 것으로 포착하는 것을 의미한다. 이러한 인간관은 사물과 사람과의 연결이 있는, 환경 속에서 비로소 모습을 드러내는 마음을 다룰 수 없었다.

행위자의 주위에 있는 사물과 인간을 포함한 일상의 실천의 복잡함과 풍부함을 연구 대상으로서 다루기 위해서는 분석 단위를 사회·문화·역사적 장면과 도구로부터 분리된 개인으로 할 것이 아니라 '매개된 행위' 혹은 '매개된 수단을 이용하는 개인'으로 할 필요가 있다. 피아노를 연주하는 연주자를 떠올려 보자. 그/그녀가 홀로 피아노를 연주하는 것처럼 보이지만 연주자의 손가락은 피아노 건반이라는 도구 위를 달리고 있고, 눈은 악보라는 기보記譜 시스템의 정보를 입력하고 있다. 음악은 '지금 여기'에서 연주자 홀로 만들어 내는 것이 아니다. 지금 우리가 듣는 음악은 작곡가와 피아노, 피아노 제작자와 조율사 그리고 연주자의 악보와 연주 기술 같은 시공간을 초월한 '집합체'의 한 단면이다. 즉, 피아노 연주자의 주체성은 사회·문화·역사적 생태학의 지평 위에서 펼쳐진다. 이런 의미에서 매개 수단을 이용하는 연주자는 '사회 문화적 사이보그'이다.

## 속성을 산다는 것

우리는 매일 이러한 인공물과 사람에 의해 디자인된 실천을 수행함으로써 자신이 어떤 사람인가를 계속 가시화하고 또한 타자를 그러한 이로서 계속 인식하면서 현실을 살아가고 있다. '능력'을 개체에 붙박여 있는 것으로 보는 이유는 그것을 '사회적 현실'로 의식상에 떠오르게 하는 디자인 속에서 우리가 일상을 실천하고 계승해 왔기 때문이다. 그러나 그것을 개정하고 교환하고 창조하고 소거하는 일도 또한 실천을 통해서야 가능한 것이다.

비고츠키(Vygotsky, 1978)는 인간은 문화, 사회, 역사의 프로세스에 참가함으로써 비로소 의도적, 능동적인 주체가 될 수 있다고 생각했다. 문화, 사회, 역사는 인간의 행위를 방향 짓거나 제약하는 성질을 갖고 있는데, 동시에 인간에게 '자유로운 행위'의 가능성을 가져다주고 문화, 사회의 변화도 생성시킨다. 속성을 디자인함으로써 유지해

가는 것도, 재디자인에 의해 이를 개정하는 것도 우리이다. 속성과 그 대상화의 연구는 그러한 재디자인의 실천을 위한 기술이 될 것이다.

# 8. 디자인된 지성

한 가지 든 의문

〈상황적 로봇〉이라 불리는, 호주의 로봇 공학자 로드니 브룩스가 만든 로봇은 내부에 표상을 갖게 하지 않고 주위 환경을 '표상'으로 이용해서 움직이고 돌아다니도록 설계되어 있다. 이 상황적 로봇 이전에 있던 로봇은 그 내부에 환경의 기호적 표상을 만들어서 그 표상을 참조하면서 환경을 해석하고, 그 해석에 기초해서 행동하도록 디자인되어 있었다. 그러나 상황적 로봇은 기본적으로 그런 환경의 표상을 내부에 만들지 않고 환경의 구조를 그대로 이용해서 행동하도록 디자인되어 있다. 그렇기 때문에 이 로봇은 '환경을 표상하는' 셈이다.

이 상황적 로봇의 설계에서 지적 시스템의 분석 단위가 바뀌었다고 평가할 수 있다. 즉, '지성'은 로봇 내부에 있는 것이 아니라 '로봇'과 '환경'이라는 관계적 시스템 전체가 지성이라는 것이다.

이렇게 해서 '표상'을 갖지 않는 로봇이라 불리는, 이러한 종류의 로봇 군은 행동을 할 때 기호에 의한 표상을 필요로 하지 않는다. 즉, 세계, 환경과 같은 것에 관해 기호적으로 표상하는 프로그램을 준비하고 그러한 표상을 매개로 해서 "위험하니까 피하자"와 같은 상징적symbolic 조작을 하지 않는 것이다. 충돌 회피 모듈만으로 구성된 브룩스의 로봇은 계획이라는 것을 갖지 않고 장애물에 충돌하지 않고 돌아다니는 것뿐인 존재이지만 기존 로봇보다도 훨씬 인간의 지성과 가깝다고 할 수 있는, 제대로 환경에 적응을 하는 로봇인 것이다.

브룩스에 의하면 기존의 AI 연구는 고급스러운 것을 지나칠 정도로 많이 추구해 왔다. 그는 곤충으로 돌아가야 한다, 곤충 로봇처럼 짚신벌레라든지 개미라든지 그런 매우 단순한 곤충으로 돌아가도 좋지 않은가. 그렇게 주장했다. 그렇게 하는 것이 보다 제대로 움직이고 유연해서 환경이 조금 바뀌어도 적응할 수 있다. 그런데 기존의 표상 로봇은 환경이 조금만 바뀌어도 제대로 움직이지 못하는 것이다. 즉, 환경이 바뀌는 것을 상정할 수가 없다. 환경이 어떻게 바뀌는가 하는 것은 무한의 가능성이 있으므로 거기에 손을 대기 시작하면 무한의 가능성을 프로그램에 넣지 않으면 안 된다. 그러다 보면 아무리 시간이 지나도 프로그램이 완성되는 일은 없는 것이다.

그 환경의 정의라는 것은 그것이야말로 무한한 것이다. 그래서 표상을 만들지 않고 환경 그 자체를 표상으로 삼는 것, 즉 '환경은 이러이러한 것이다' 하고 추상적 지식 구조를 내부에 만드는 것이 아니라 환경의 구조를 그대로 이용해서 움직이도록 하는 장치를 만들면 된다는 것이 브룩스의 생각이다.

그런데 브룩스의 논문을 읽다가 문득 들었던 의문은 '표상을 갖지 않고' 움직이는 로봇이 인간의 지성과 가깝다고 생각하는 것이 '과연 누구인가?'였다. 그렇게 생각하는 것은 당연한 말이지만 '로봇'은 아닐 것이다. 그렇게 생각하는 것이 로봇이 아니라고 한다면 로봇 바깥에서 로봇의 행위를 관찰하는 특권적인 관찰자가 있다는 말인데, 그런 논리라면 '상황인지'의 사상과 모순되는 것은 아닐까? 상황인지는 어디까지나 상황 안에서 행위하는 '인지 주체'의 관점에서 눈앞에서 일어나는 일을 '기술'하는 것의 중요성을 역설한 사상이 아니던가?

## 개인을 넘어선 인지 시스템

1980년대에 인지과학 분야 혹은 그 관련 영역에서 다양한 형태로 고쳐 물어야 할 대상으로 부각된 것은 '지식 표상'이라든지 '인지 시스템'과 같은, 인지심리학의 '흔들리지 않을 것 같은' 기본 전제였다. 이러한 고쳐 묻기 중 하나의 전형을 러시아의 심리학자 비고츠키(Vygotsky, 1978)의 아이디어를 원류로 하는 사회·문화·역사적 접근 방식을 취하는 콜과 그리핀(Cole & Griffin, 1980)의 기능 시스템론과 비고츠키의 아이디어를 '사회적 분산 인지론Social distributed cognition'으로서 확장시킨 허친스(Hutchins, 1990, 1991; Hutchins & Klausen, 1996)의 정식화에서 볼 수 있다. 허친스는 대형 선박 팀에 의한 내비게이션에 대한 연구를 통해서 내비게이션을 위해 필요한 인지와 계산은 개인에 의해서가 아니라 다양한 도구를 포함한 팀에 의해 이뤄진다는 것을 밝혔다.

허친스에 의하면 내비게이션 팀에서 대표적으로 볼 수 있는 인지적 시스템은 '개인의 경계를 넘어서 확장성을 가지는 것으로 다수의 인간과 인공물 그리고 그러한 것이 작동하는 미디어를 포함하는' 것이다(Hutchins, 1996). 이러한 관점에서 보면 '지능이 존재하는 장소는 장치도 아니고 사람도 아닌, 양자의 상호작용 속에서 창조되는 기능 시스템 안에 있다'라고 말할 수 있을 것이다.

이와 같이 허친스의 '사회적 분산 인지론'에서는 인지 시스템의 단위가 인지심리학에서 상정하고 있는 개인이 아니라 개인을 넘어선 '사회-도구적인 시스템'이 된다. 그리고 브룩스의 상황적 로봇도 이런 기능 시스템론과 똑같은 시점을 취하고 있다고 할 수 있다. 예를 들어 브룩스의 로봇은 내부에 표상을 미리 프로그램으로 갖고 있는 것이 아니라 환경 그 자체를 '표상' 혹은 '모델'로서 사용하도록 설계되어 있다. 이런 의미에서 상황적 로봇도 또한 지적 시스템의 분석 단위를 바꾸었다고 할 수 있다.

### 보텀업bottom-up 시스템론

허친스(Hutchins, 1990)에 의한 다양한 도구를 포함한 내비게이션 팀 분석에서 또 하나 특징적으로 볼 수 있는 것은 이 시스템의 동작이 어떤 중심적인 프로그램 같은 것에 의해 컨트롤되는 것이 아니라 많은 국소적인 상호작용으로부터 이루어진다는 것이다. 허친스는 많은 국소적인 상호작용의 결과로서 어떤 질서를 만들어 내는 것이라서 이 시스템의 동작을 '디자인 없는 질서'라는 말로 개념화할 수 있다고 말한다.

허친스의 보텀업 기능 시스템론은 '복잡계'의 논의와 비슷하다. 복잡계에 관한 사례로는 벌이 스스로 분비하는 페로몬에 의해서 훌륭한 구조를 가진 돔 모양의 서식지를 만드는 것이 유명하다. 이 돔은 미리 만들어진 설계도라든지 플랜에 기초해서 만들어지는 것이 아니라 어디까지나 각각의 벌이 내놓는 페로몬에 각각의 벌이 달라붙음으로써, 즉 '국소적인 컨트롤'의 연속에 의한 결과로서 훌륭한 '구조'가 만들어진다는 것을 잘 보여준다.

이 사례는 역시 플랜과 환경에 관한 '내적인 표상'과 같은 것을 갖지 않고 환경을 직접 표상으로 이용하고, 국소적인 환경의 제약에 대응해서 '유연하게' 움직이거나 탐색하는 상황적 로봇과도 일맥상통한다.

### 개인이라는 단위를 넘어선 보텀업 시스템론에 대한 의문

허친스의 사회적 분산 인지론의 또 하나의 강조점은 예를 들면 '개인의 머릿속을 넘어선 사회-도구 분산 시스템을 봐야 한다'는 것이다. 그리고 브룩스를 필두로 하는 상황적 로봇 공학에서의 강조점은 시스템이 환경에 묻혀 있다embedded는 것이다. 요컨대 새로운 시스템론의 주요한 특징은 지적인 시스템의 '분석 단위'를 바꾸었다는 것이다.

그러나 단지 시스템의 분석 단위를 바꾼 것만으로 기존의 인지심리학적인 관점과 기본적인 점에서 큰 차이가 있다고 할 수 있을까? 오히려 사회적 분산 인지론도 그렇고 상황적 로봇도 그렇고 단지 큰 분석 단위를 포함하고 있을 뿐 결국 논의의 설정 방식은 인지주의, 계산주의, 표상주의와 그 어떤 차이도 없는 것이 아닐까?

사회적 분산 인지론에서도 상황적 로봇 이론에서도 또 하나의 강조점, 즉 시스템의 동작이 무수한 국소적인 상호작용으로부터 이뤄진다는 시점에 관해서는 어떤가. 이러한 보텀업 시스템론에 관해서는 시스템을 기술하는 시점이 문제가 될 것이다. 예를 들어 설령 시스템의 동작을 보텀업 프로세스로 기술한다 해도, 시스템을 일종의 '실재'로 간주하고 그것을 외부 관찰자의 시점에서 기술하는 한 전통적인 시스템론과 큰 차이가 느껴지지 않는다.

누가 시스템을 기술하는가?

사회적 분산 인지론과 상황 로봇론에서 물음의 대상으로 삼지 않았던 것은 개인을 넘어선 시스템 및 시스템의 단위와 단위 간의 경계를 특정하고서 그것이 지적이라든지 유연, 강건하다든지 기술하는 것이 도대체 '누구'인가 하는 점이다. 과연 이러한 시스템에 관한 기술이 초월적, 객관적인 시점으로부터 이루어지는 것일까? 그러나 개인을 넘어선 시스템의 기술과 분석의 양상, 그러한 단위 간의 경계에 관한 정의는 다양할 수 있고, 그러한 다른 이론 간의 절충 시도는 가능한 것처럼 보이지 않는다. 혹은 지적이고 유연하며 강건하다 해도 의미는 다양해서 일반적인 정의가 가능할 것 같지 않다.

그렇다면 오히려 문제로 삼아야 할 것은 어떤 시스템이 '지적'이라든지(예컨대 브룩스의 상황적 로봇이 지적이라든지) 유연하고 강건하게 보이는 것은 어떠한 관찰자에게 그러한지 그리고 어떻게 해서 그렇게 되는지일 것이다. 보다 구체적으로 말하면 허친스도 그렇고 브룩스도 그렇고 실제로는 '신'과 같은 초월적인 시점에서 '시스템'을 기술하는 것이 아니라 그들 자신도 또한 어떤 특별한 종류의 활동 안에서 시스템의 행위를 관찰하고 기술하며 시스템을 디자인하고 있다. 즉, 어떤 시스템이 지적이고 유연하며 강건하게 보이는 것은 그들 자신이 수행하고 있는 '활동'에 의존하는 것이지 시스템 자체의 특성만으로 그렇게 되는 것이 결코 아니다.

## 인간과 인공적 시스템의 상호작용

인간과 인공적 시스템, 즉 컴퓨터와의 상호작용에 관해서는 요제프 바이첸바움(Weizenbaum, 1976)의 고전적인 사례가 잘 알려져 있다. 바이첸바움은 '엘리자ELIZA'라고 불리는 프로그램을 비롯한 몇 가지 유사한 프로그램을 개발하고 그것들과 인간의 상호작용을 관찰하였다. 그가 개발한 프로그램 중 'DOCTOR'의 예를 검토해 보기로 하자. 다음의 회화 장면에서 볼 수 있듯이 피험자는 원격으로, 즉 상대가 보이지 않는 장소에서 텔레타이프라이터로 컴퓨터와 대화를 나누고 있다.

당신은 나의 아버지와 조금 닮았습니다.

C: 어떤 유사점이 있습니까?

그다지 적극적이지 않은 점. 그런데 당신은 내가 그 사실을 깨닫지 않았으면 한다고 생각합니다.

C: 왜 내가 적극적이지 않다고 생각합니까?

나에게 논쟁을 걸지 않으니까요.

C: 왜 내가 당신과 논쟁하지 않는다고 생각합니까?

내가 무서우니까요.

C: 내가 당신을 무서워하는 것에 만족합니까?

_ Weizenbaum, 1976, p. 13. 여기서 C는 컴퓨터를 가리킨다.


이러한 상황에서 인간인 피험자가 이 응답자를 인간이라 생각하고 회화에 꽤 많은 시간을 할애했다는 사실이 보고되었다. 이 보고를 통해 많은 사람이 바이첸바움의 프로그램은 튜링 테스트를 통과했다고 간주하였다. '튜링 테스트'란 어떤 시스템과의 질의응답과 인간과의 상호작용을 구별할 수 있는지 여부를 판별하는 테스트이다. 만약 구별할 수 없다면, 그 시스템의 내부 장치가 무엇이든지 상관없이 그 기계는 '지능'을 갖고 있는 것으로 판정받는다.

그런데 바이첸바움 자신은 이 'DOCTOR'에 지성이 있다는 것을 부정했다. 왜냐하면 이 프로그램은 너무나 단순한 것이라서 의미적인 처리라고 볼 수 있는 것은 아무것도 할 수 없었기 때문이다. 이 프로그램에는 '안녕하세요'라는 말을 입력하면 '안녕하세요'라는 말을 돌려주는 등 적당한 규칙과 키워드를 미리 설정해 두고, 만약 프로그램상의 리스트에 키워드가 없을 때는 "좀 더 상세하게 설명해 주세요"라고 대답하도록 프로그램되어 있다. 요컨대 이 'DOCTOR'는 미리 설정해 둔 키워드에 기초해서 반응하거나 그것과 연합하고 있는 것의 결과를 내어놓는 등의 단순한 처리를 하는 것에 지나지 않기 때문에 실제로는 지적인 시스템이라고 말할 수 없는 노릇이다.

여기서 문제는 피험자 입장에서 봤을 때 어떻게 'DOCTOR'가 '지적'으로 보이는가 하는 것이다. 서치만(Suchman, 1987)은 사람들이 일상적으로 사용하는 '해석의 다큐멘터리적 방법documentary method'이 'DOCTOR'를 지적으로 보이게 해 준다고 지적한다. '다큐멘터리적 방법'이란 가핑클(Garfinkel, 1967)이 만든 개념인데 '상대방이 마음이라든지 지성을 갖고 있다'라는 전제가 실제 회화를 하는 과정에서 보이는 것의 '해석의 리소스'로 이용되는 한편, 회화 중에 보이는 것을 그러한 마음이라든지 지성과 같은 '실체'가 존재하는 것의 증거로서 이용하게 되는, 사람들이 늘 사용하는 일상적인 방법이다.

예를 들면 'DOCTOR'와 회화를 나누는 경우, 만약 컴퓨터가 "예"라든지 "좀 더 말해 보세요"라고 응답했을 때 그런 말을 들은 피험자는 보통이 상대방이 지성이 있고 어떤 의도가 있기 때문에 이런 반응을 보이는 것이라고 컴퓨터의 '응답'을 해석할 것이다. 즉, 상대 측에 목적이라든지 의도 같은 것이 있다고 상정하고 그것을 전제로 해서 상대가 말한 것을 해석하는 것이다. 그것과 동시에 피험자는 상대방의 응답을 지성과 의도가 존재하는 증거로서 이용할 것이다. 요컨대 피험자는 컴퓨터의 반응을 의도가 있다는 전제하에서 해석하고 그 반응을 의도가 존재한다는 증거로서도 이용할 수 있는 '순환적 참조 관계' 안에 있다고 할 수 있다.

그렇지만 실제로는 '다큐멘터리적 방법'을 이용하기만 해서는 'DOCTOR'에 지성과 의도가 있는 것으로 보이지 않을 것이다. 'DOCTOR'와의 회화 장면에서 중요한 것은 어디까지나 어떤 콘텍스트를 계속 조직화하면서 'DOCTOR'의 반응을 보는 것이다. 즉, 이 장면에서는 피험자에게는 마치 'DOCTOR'가 심리학적인 치료와 진단을 수행하는 임상 의사와 같은 존재라는 교시를 사전에 제공하고, 게다가 피험자는 'DOCTOR'의 모습을 직접 볼 수가 없었던 것이다.

역으로 'DOCTOR'를 다른 콘텍스트를 조직화해서 피험자와 만나게 했을 경우, 바이첸바움이 제시한 사례와는 전혀 다른 상호작용이 조직화되었을 것이다. 예를 들어 사전에 피험자에게 제공하는 교시가 "이것은 컴퓨터인데 이 컴퓨터의 지적 수준이 어느 정도인지 체크해 보세요" 같은 콘텍스트였다면, 인간과 기계 사이에는 전혀 다른 커뮤니케이션이 이루어졌을 것이다.

이렇게 좀 더 상세하게 이 프로젝트를 들여다보면, 바이첸바움이 그가 의식했던 의식하지 않았던 상관없이 'DOCTOR'뿐만 아니라 그것과 회화를 나누는 콘텍스트까지도 함께 디자인했음을 알아차릴 수 있다.

## 지성의 지위를 고쳐 묻기

이미 살펴본 것과 같이 바이첸바움은 그 프로그램이 단순하다는 것을 밝힘으로써 'DOCTOR'가 '지성을 갖고 있다는 것'에 관해서 부정적인 시각을 밝혔다. 그런데 이러한 발상을 뒤집어 생각해 보면, 바이첸바움이 인간은 무조건적으로 '지성을 갖고 있다는' 것, 즉 독립된 '실체'로서 지성이 존재할 수 있다는 것을 전제로 하고 있다고 말할 수 있을 것이다.

이러한 생각에 비해서 미국의 사회학자 해럴드 가핑클이 취하고 있는 관점은 어떤 독립된 실체로서 당연히 '인간 내부'에 존재한다고 우리가 간주해 온 '지성'과 '의도'와 같은 것을 근본적으로 다시 검토해 보자는 것이다. 이 재검토를 위해 가핑클이 고안한 실험에서 사용한 장치는 'DOCTOR'보다 훨씬 단순한 것이었다. 즉, 상대방이 지적이거나 의도를 갖고 있는 것처럼 보이기 위해서는 'DOCTOR' 같은 프로그램조차도 필요치 않다는 것이다.

가핑클의 실험(Garfinkel, 1967)에서 학생들은 다른 방에 앉아 있는 카운슬러(실은 컴퓨터)에게 자신들의 개인적인 문제에 관련한 질문을 하도록 지시를 받았다. 단 학생들이 할 수 있는 질문 방식은 상대방이 예/아니오와 같은 형식으로 대답할 수 있는 것으로 한정되었다. 한편 카운슬러는 학생들의 질문에 대해서 미리 설정된 난수표에 의해 무작위로 '예/아니오' 둘 중 하나를 대답하는 것에 지나지 않았다.

이러한 회화의 흐름 속에서 학생들에게는 '카운슬러'의 대답은 당초부터 어떤 의도하에서 이루어진 대답이라는 전제로 받아들여졌을 것이다. 동시에 그 카운슬러의 대답은 학생들의 질문에 대한 '성실한 답변'으로 받아들여졌다. 예를 들면 카운슬러의 '예/아니오'라는 발화는 학생에게 자신의 문제 해결에 도움이 되는 것을 의도한 일종의 조언의 증거로서도 해석되었다. 그리고 학생은 자기 자신이 질문 안에서 정식화한 것을 카운슬러의 대답의 배후에 있는 조언으로서 이해하였다. 요컨대 상대방이 단지 무작위로 반응하는 '예/아니오'의 응답이 지적이라든지 의도를 갖고 있는 것으로 보인 것은 학생 측이 그 응답을 '배후에 있는' 의도의 증거로서 해석한 것에 의한 것이었고 역으로 미리 의도가 있다는 것을 상정해서 '예/아니오'의 응답을 해석한 것에 의한 것이었다.

이러한 장면에서 학생들이 사용한 '방법'이 다름 아닌 '다큐멘터리적 방법'이다. 가핑클에 따라서 좀 더 일반적인 화법으로 말해 보자면 '다큐멘터리적 방법'이란 예를 들면 '마음'이라든지 '지성'과 같은 실체가 실제로 회화가 이루어지는 과정에서 보이는 것의 '해석의 리소스'로서 이용되는 한편, 회화 과정에서 보이는 것을 지성과 마음과 같은 '실체'가 존재하는 증거로서 이용하는 이른바 '사람들이 일상에서 이용하는 방법 Ethnomethod'을 의미한다.

그러나 가핑클이 이 실험을 통해 우리에게 일깨워 주는 것은 상호 행위 안에서 단지 사람들이 일상에서 이용하는 방법이 어떤 것인가 하는 문제뿐만이 아니라 '심리학적 리얼리티'의 지위가 어떠한 것인가의 문제이다. 전통적으로는 심리학에서도 AI에서도 자율적으로 행위하는 개체의 마음, 의도, 플랜과 지식 표상과 같은 것이 '미리' 존재하는 것으로 그러한 것을 전제로 해서 다양한 것을 논의하고 그 메커니즘이 어떠한 것인가를 연구하고 나아가 그것을 기술적으로 재현하려고 해 왔다. 이 점에 관해서는 바이첸바움의 프로젝트도 예외는 아니었다.

그러나 가핑클이 지적하는 것은 오히려 어떤 사람의 마음, 의도, 내면과 같은 것은 특정한 상호 행위 안에서 조직화되고 역으로 그러한 상호 행위를 조직화하는 리소스라는 것이다. 즉 우리는 행위와 발화로부터 '실재할 것이라고 생각하는' 상대방의 마음과 지성 그리고 의도와 같은 것을 추론하고 있는 것이 아니라 상대방의 행위를 어떤 '질서 잡힌' 것으로 설명하기 위한 '리소스'로서 마음과 지성 그리고 의도와 같은 것을 이용하는 것이다. 역으로 상대방의 특정한 행위 방식이 (상대방 내면에 있을 것이라는) 지성, 의도가 존재하는 것의 증거로 채택되거나 혹은 지성, 의도와 같은 것을 '관찰 가능하게' 하고 또한 설명 가능한 것으로 만들어 준다.

이처럼 가핑클에 의하면 마음, 지성, 의도와 같은 것은 상호 행위의 과정에서 조직화되는 것이다. 즉, 어떤 상호 행위 과정에서 마음, 지성, 의도와 같은 것이 서로에게 서로의 행위를 질서 잡힌 것으로 설명하기 위한 리소스로서 이용되고, 동시에 쌍방의 행위는 서로 상대방에게 마음, 지성, 의도와 같은 것이 존재한다는 것을 관찰 가능, 설명 가능하게 하는 리소스로서 이용되는 것이다.

그리고 마음, 지성, 의도와 같은 것의 상호 행위적 구성은 가핑클의 실험에서도 사람들이 '다큐멘터리적 방법'을 이용하는 것만으로 이뤄진 것은 아닐 것이다. 역시 여기서도 피험자와 'DOCTOR'와의 회화 장면과 똑같이 '예/아니오'라는 무작위의 응답이 어디까지나 어떤 콘텍스트를 계속 조직화한 것과 밀접한 관련을 맺고 있다. 즉, 상대방과의 회화 면에서 피험자는 마치 상대방이 (실은 컴퓨터임에도) 심리학적인 치료와 진단을 수행하는 임상 의사인 것처럼 교시를 받았던 것이다.

## 새로운 시스템론은
## 무엇을 디자인하고 있는가?


　지금까지 책에서 직접적으로 비판의 대상으로 삼았던 것은 전통적인 인지심리학, AI 연구에 대해서였다. 그러면 '새로운 시스템론', 예를 들면 허친스의 사회적 분산 인지론, 브룩스를 필두로 하는 '상황적 로봇'에 관해서는 어떠할까? 전통적인 AI 연구에서는 '인지주의', '프로그램주의', '표상주의'에 기초해서 '실체'로서 지성을 상정하고 그것을 기계적으로 실현하려고 하였다. 이에 비해서 '새로운 시스템론'에서는 그러한 실체로서의 지성을 다루는 관점을 버린 것처럼 보인다. 예를 들면 '새로운 시스템론'에서는 바이첸바움의 사례가 잘 보여주듯이 어떤 내부 구조를 가진 시스템의 행위와 그것을 관찰하는 인간에 의한 그 시스템 내부 구조의 이해는 크게 어긋나 있기 때문에 역시 인지주의, 프로그램주의 혹은 표상주의를 근본적으로 다시 물을 필요가 있다는 느낌이 든다. 그리고 사회적 분산 인지론에서는 개체를 넘어선 보다 큰 시스템, 즉 '기능 시스템'을 새로운 분석 단위로 삼았고, 상황적 로봇에서는 시스템은 환경 안에 묻혀 있는 것으로 다루고 게다가 시스템과 환경의 경계는 명확하지 않다는 관점을 취하고 있다.

　그러나 분석 단위를 바꾸는 것만으로 기본적인 시점이 바뀌었다고는 할 수 없다. 예를 들면 상황적 로봇도 여러 모듈을 갈아 끼우면서 역시 설계자가 그것이 지적이라든지 유연하게 움직인다든지 자율적으로 보이는지 아닌지를 염두에 두면서 설계한 것이다. 즉, 이 점에서는 브룩스의 상황적 로봇도 전통적 AI와 차이가 없다. 여기서도 다시 어떤 (개체를 넘어선 보다 큰) 시스템이 어떻게 해서 관찰자와 설계자에게 지적으로, 유연하게 그리고 강건하게 보이는지, 질서 잡힌 행위를 하고 있는 것으로 보이는지 묻지 않으면 안 되게 된다.

이 정도까지 면밀하게 검토하고 보니, 여기서 시스템의 관찰자와 설계자의 입장이 'DOCTOR'와 상호 행위를 한 피험자와 기본적으로는 비슷하지 않은가라는 의문이 고개를 쳐든다. 이미 살펴본 것과 같이 피험자에게 'DOCTOR'가 지적으로 보인 것은 'DOCTOR' 그 자체가 지적이기 때문이 아니라 지성과 의도 같은 것을 리소스로 삼아서 사용하는 '다큐멘터리적 방법'을 사용했기 때문이고, 역으로 어떤 콘텍스트를 조직화함으로써 이러한 다큐멘터리적 방법이 이용 가능하게 되었다고도 할 수 있다. 개체를 넘어선 시스템을 관찰하거나 디자인하는 경우에도 똑같은 이야기를 할 수 있지 않을까?

예를 들면 허친스와 브룩스가 그 개체를 넘어선 시스템의 행위를 관찰하거나 이해할 때 '편견' 없이 그렇게 하는 것이 아니라 그것을 기능적인 시스템이라든지 일종의 계산 시스템이라 상정하고 그에 기초해서 관찰하고 있는 것 아닐까. 그러한 상정에 기초해서 혹은 그러한 리소스를 이용해서 그들은 시스템의 행위를 질서 잡힌 어떤 것으로 설명하고 있는 것이다. 환경을 기술하는 경우도 똑같다. 예를 들어 '환경 안에 있는 것이 장애물'이라든지 '로봇이 장애물을 피한다'와 같은 기술이 이루어질 경우, 여기서는 이미 어떤 목적적 행동이 상정되어 있다. 혹은 이러한 기술은 특정한 목적을 가진 행동을 상정했을 때에만 가능하다.

이와 같이 사회적 분산 처리 시스템을 관찰하는 경우도 그렇고 상황적 로봇의 행위를 관찰하는 경우에도 관찰자는 그때마다 어떤 목적적인 행동을 상정해서 관찰하고 있을 것이다. 그렇지 않으면 그 시스템이 유연하다든지 강건하다든지 혹은 '로봇이 장애물을 피했다'와 같은 현상은 보이지 않을 것이다. 즉, 이러한 경우 관찰자는 시스템이 내부에 플랜을 갖고 있다고 상정하고 있는 것은 아니지만 역시 어떤 목적적 행동이라는 리소스를 이용해서 상황적으로 시스템의 행위를 질서 지우고 가시화하고 이해 가능한 것으로 삼는 것이다.

이렇게 본다면 로봇을 설계할 때 실은 설계자는 로봇 이상의 것을 설계하고 있다는 것을 알 수 있다. 즉, 'DOCTOR'의 사례와 똑같이 이러한 것의 설계에는 로봇과 동시에 로봇이 움직이기 위한 콘텍스트, 활동 그리고 환경과 같은 것도 디자인되어 있는 것이다.

이러한 콘텍스트하에서 비로소 로봇이 '지적으로 행위'하는 것이다. 좀 더 정확하게 말하면 관찰자와 디자이너에게 지적이라든지 유연하다든지 강건하게 보이는 것이다. 혹은 어떤 목적적 행동에 비춰 보고 나서야 비로소 가능하게 되는 유연성, 강건성과 같은 판단 기준에 기초해서 로봇을 관찰하면서 모듈을 갈아 끼우거나 추가하는 것이다.

이처럼 어떤 시스템이 지적이라든지 유연하다는 것은 시스템 자체가 그렇기 때문도 아니고 개체를 넘어선 시스템이 그런 것도 아닌, 그 시스템의 관찰자, 설계자, 이용자의 활동에 의존한 것이다.

물론 로봇을 포함한 지적 시스템을 설계할 때는에 '내부'를 설계할 필요가 있다. 그런데 그 내부는 동시에 디자인된 인간적·사회적 콘텍스트, 환경과 분리해서 설계할 수 없다. 시스템의 설계자는 특권적, 객관적으로 시스템에 지성, 유연성, 강건성을 볼 수 있는 것이 아니라 어떤 콘텍스트를 디자인하거나 활동을 상정할 때 그리고 어떤 리소스를 이용할 때 비로소 시스템에 지성, 유연성, 강건성을 볼 수 있는 것이다. 그렇다면 새로운 '내부 구조'와 '분석 단위'를 생각하는 것이 새로운 것이 아니라 설계자 및 로봇의 디자인과 환경, 콘텍스트의 디자인의 관계를 다시 포착하는 것이 새로운 문제가 아닐까. 그리고 이 지적 시스템의 설계 문제는 다양한 도구의 디자인에 관한 논의와 연속선상에 있다.

## 교실의 튜링 테스트

### 다이얼로그에 의한 지성의 확인

'기계는 사고할 수 있을까?'라는 물음을 처음으로 던진 사람은 현대 AI의 아버지라 일컫는 영국의 수학자 앨런 튜링Allan Turing이다. 그는 기계(컴퓨터)를 갖고 인간의 사고 과정을 시뮬레이션 할 가능성이 있다고 주장하였다. 1950년의 일이다.

튜링은 계산 기계에 지능이 실현되는지 여부를 정하는 판단 기준으로 어떤 게임을 고안하였다. 게임의 규칙은 아주 단순하다. 각각 떨어진 곳에 있는 두 개의 방에 한쪽에는 사람이 그리고 다른 한쪽에는 기계가 준비되어 있다. 피험자는 다른 방 안을 들여다볼 수 없다. 텔레타이프라이터를 통한 질의응답만을 단서로 어느 방에 있는 것이 사람이고 어느 쪽이 기계인지를 맞추는 것이 이 게임의 목적이다. 이 유명한 이론상의 게임을 튜링 테스트Turing Test라고 부르는데, 이 테스트를 통과한 기계, 즉 피험자가 이 기계의 응답을 인간의 그것과 구별할 수 없다고 판단한 기계는 지능을 인정할 수 있는 것이다. 그가 보여주는 견본을 인용해 보겠다.

대화 1 튜링 테스트에 합격한 응답

Q: 포스 브릿지를 주제로 소네트를 만들어 보세요.

A: 그 질문은 패스하겠습니다. 시를 쓴 전례가 없습니다.

Q: 34957에 70764를 더하세요.

A: (30초 정도 지나서 답한다.) 105621[저자 주: 계산 틀림].

Q: 체스를 할 줄 압니까?

A: 예.

Q: 나의 킹은 K1에 있고 나는 다른 말은 가지고 있지 않습니다. 당신의 킹은 K6, 룩은 R1에 있습니다. 당신이 할 차례라면 그 방법은?

A: (15초 지나서) 룩을 R8에 체크!

 

튜링의 주장은 이 게임에 성공하면, 그 내부 메커니즘이 어떻든지 관계없이 '지성'이 있다고 판단해도 좋다는 논리이다. 즉, 이 테스트에 통과한다는 것은 기계가 지성을 갖고 있음을 증명하는 충분한 증거가 된다. 이것을 일반화해서 튜링은 똑같은 입력에 대해 인간과 컴퓨터의 출력이 비슷하다면 양자를 동등하다 봐도 좋다고 주장한다. 즉, 입·출력만 똑같으면 내적인 메커니즘이 어떤 것인가를 물을 필요가 없다는 논리이다. 이러한 관점은 '인지주의 심리학'의 뒤집기인 '행동주의' 혹은 '행동 환원주의'라고 명명이 가능하다.

여기서 말하는 인지주의는 플랜이라든지 지식과 같은 것이 인간 혹은 컴퓨터의 내부에 일종의 실체로서 있다는 관점을 취하는데, 이와는 반대로 튜링은 어떤 자극에 대한 행동만을 거리로 삼을 뿐 내용은 관계가 없다는 관점이다. 이것은 다름 아닌 행동 환원주의로 의도라든지 그러한 종류의 내적인 것으로 상정되는 것에 대해서는 일절 관심을 두지 않는다는 의미이다. 그러나 어떤 의미에서 튜링의 주장은 인지주의와 동전 양면의 관계이다. 인지주의가 지성을 내면에 환원해서 설명한다면 튜링의 입장은 지성을 행동에 환원하는 셈이 된다. 그러니 양쪽 관점 모두 내면과 행동을 깨끗하게 이등분하여 한쪽은 내부에 있는 무엇인가가 지성의 실체이고, 다른 한쪽은 바깥의 행동이 지성의 실체라고 주장하는 것에 불과하다.

이 AI 지능 테스트의 흥미로운 점은 테스트 개발자의 의도와는 전혀 다르게 실체로서의 지능을 판단 기준으로 하지 않고 판단은 어디까지나 관찰자의 '지성의 이야기'를 토대로 이뤄진다는 것이다. 즉, 내부에서 어떠한 처리가 이뤄지는지 어떠한 지식을 가졌는지로 판단하는 것이 아니라 질의응답이라는 대화의 장에서 상대방의 행위 안에서 관찰자가 지성을 느끼는지가 관건이 된다. '지성이라는 것은 대상의 행위와 관찰자의 상호 교섭 안에서 발생하는 것이다.' 튜링 테스트의 배경에서 우리는 관계론적 지성관을 볼 수 있다.

이 테스트는 대화 관계 안에서 대상의 움직임을, 행위 안에서 지성을 느끼는 우리의 생태학적인 인식을 대표하고 있다고 할 수 있을 것이다.

### 엘리자

키보드를 이용하는, 즉 문장에 의한 커뮤니케이션이라는 한정적인 조건하에서라도 상대방이 지성을 갖고 있다고 느끼게 하는 기계를 실현할 수 있는 것일까? 공상과학소설이라면 모르겠지만, 현실에 기초를 둔 지성, 아이덴티티를 가진 인격을 공학적으로 창조한다는 것은 생각하기 어렵다. 그런데 많은 사람의 테스트를 거친 튜링 테스트에 합격한 소프트웨어가 존재한다. 그것도 근 50여 년 전인 1964년의 일이다. 그것은 MIT의 요제프 바이첸바움에 의해 개발된 사람과 영어로 대화할 수 있는 프로그램 엘리자이다.

엘리자에게는 로저스 학파의 심리 치료자라는 꽤 특수한 역할이 부여되었다. 컴퓨터는 카운슬러이고 대화자는 클라이언트 그리고 양자의 대화는 심리 임상 카운슬링 장면이라는 색채를 띠고 있다. 이 프로그램이 사용되는 상황은 다름 아닌 앞에서 소개한 튜링 테스트 그 자체이다. 대화자는 텔레타이프라이터를 통해서 컴퓨터=엘리자에게 말을 건다. 컴퓨터는 엘리자라는 프로그램의 질문과 재촉에 따라서 문장을 판단하고 응답을 만들고 텔레타이프라이터를 통해 문자를 만들어 낸다.

바이첸바움의 저서(Weizenbaum, 1976)에 등장하는 엘리자와의 대화 기록의 일례를 소개해 보면 다음과 같다.


대화 2. 엘리자와의 대화

C(Client): 당신은 우리 아버지와 닮았습니다.

ELIZA: 어떤 유사점이 있습니까?

C: 그다지 적극적이지 않은 점. 하지만 나에게는 그런 점을 드러내지 않았으면 좋겠어요.

E: 왜 내가 적극적이지 않다고 생각합니까?

C: 나에게 논쟁을 청하지 않으니까요.

E: 내가 당신과 논쟁을 하지 않는 것은 왜 그렇다고 생각하나요?

C: 내가 무서우니까….

E: 내가 당신을 무서워해서 만족합니까?

## 다이얼로그가 만들어 내고 유지하는 지성

여기서 주의를 기울여야 하는 것은 대화 상대자가 엘리자의 모놀로그에 잠자코 귀를 기울이고 있는 것이 아니라 대화라는 커뮤니케이션 관계 속에 있다는 것이다. 엘리자의 지성은 다름 아닌 대화라는 양자의 적극적인 참가를 기초로 하는 상호 교섭 안에서 만들어지고 유지되고 인식된다.

엘리자의 지성은 컴퓨터 안에 프로그램화라는 형태로 내장된 다양한 기술적 장치device가 만들어 내는 것이 아니라 대화라는 양자의 협력관계 속에서 만들어지고 유지되는 것이다. 양자의 발화가 대화의 의미에서 제대로 조화를 이루는 것이 엘리자의 지성을 뒷받침하는 버팀목이 된다. 대화를 나누는 자신은 누구인가, 상대방은 누구인가, 어떠한 상황인가 같은 것이 대화 관계 안에서 공동으로 유지된다.

즉, 마음이나 지성이라는 것이 실제의 커뮤니케이션 과정에서 우리 눈에 마치 손으로 잡을 수 있는 '실체'로 보이는 것이다. 비록 극히 적은 수의 응답만을 하는 셈이지만, 그 응답의 끈을 연결해 가면서 점과 선으로 연결되어 뭔가 마음이 있는 것처럼, 즉 그 응답이 지적인 것이라고 해석하려 하는 것이다. 뭔가 마음이 있는 느낌이 든다는 식으로 생각하면 역시 다른 여러 응답도 그럴듯하게 들린다는, 일종의 '순환'이 만들어진다.

엘리자에게 카운슬러라는 아이덴티티를 부여하는 것은 정밀한 소프트웨어 기술이 아니다. 엘리자에게 그 특정한 아이덴티티를 부여하는 것은 늘 클라이언트로서의 하모니를 울려 퍼지게 하면서 계속해서 말하는 대화 상대자이다. 대화 상대자의 존재 없이는 엘리자의 지성도 아이덴티티도 나타나지 않는다. 물음을 던지고 서로 계속해서 대답하는 이 대화를 유지하지 않고서는 '엘리자의 지성'은 탄생하지 않는다.

여기서 대화자가 다른 대화를 구성하는 것도 가능하다. 임상 카운슬러로서 엘리자의 튜링 테스트를 정지하고 잡담하는 튜링 테스트로 바꿔 보기로 하자. 그러면 그토록 조화로웠던 양자 간의 대화가 곧바로 불협화음으로 삐걱거리기 시작하는 것을 알 수 있다. 엘리자는 잡담의 튜링 테스트에는 결코 합격할 수 없다. 의미적인 해석이 필요한 문장에 종종 어림짐작이 어긋난 응답을 하고 자신에게 던져진 질문에는 대답을 못한다. 만약 대화자가 일상적인 회화를 시작하면 엘리자의 지성도 아이덴티티도 바로 그 자리에서 붕괴되고 곧 잘 만들어진 기계가 앵무새처럼 사람이 한 말을 되풀이하고 있다고 모두 알아차리게 될 것이다.

여기서 튜링 테스트를 새롭게 읽어 보자. 즉, 대화 안에서 지성의 유무를 측정하는 오리지널의 의미를 넘어서서 대화 안에서 지성의 양상을 구성해 가는, 대화하는 양자가 적극적으로 참가하는 활동이라는 측면에 주목해 보는 것이다. 이 활동은 특정한 상황에서 지적이라는 것이 어떤 것일까 따져 묻는 지성의 이야기에 의해 방향 지워진다.

앞의 튜링 테스트가 상정한 문답도 일종의 지성을 만들어 내는 대화로 볼 수 있다. 튜링이 원래 기계상에서 재구성이 가능하다고 말한 지성은 실은 보통 인간의 지성이다. 따라서 이 튜링 테스트가 생각해낸 테이블 위의 대화는 그러한 '사람 냄새나는 지성'이 나타나는 장을 만들어 내도록 구성되어 있다. 사람이라면 시를 창작할 수 있다. 그러나 누구나

시를 쓸 수 있는 것은 아니다. 사람이라면 계산기처럼 빠르게 계산할 수 없다. 생각하는 데 적어도 30초는 걸릴 것이고 복잡한 계산은 틀릴 수도 있다. 이 대화의 배경에 이러한 '지성관'이 있다고 볼 수 있다.

이 가상적인 질의응답 장면은 우리가 대화하는 상황 속에서 상대방의 응답에 지성을 인정하는 것과 동시에 만들어 내는 것도 수행한다는 것을 시사한다. 대화라는 공동 작업 안에서 지성이 만들어지고, 서로의 아이덴티티가 형성되고, 그 장의 의미가 유지되어 간다.

**교실이 창조한 튜링 테스트**

대화 속에서 지성이 있는지 없는지 묻고 만들어진다는 것의 전형적인 예를 우리 주위에서 늘 이루어지고 있는 문화적 활동 안에서 찾아볼 수 있다. 여기서 한 가지 탐색하고자 하는 것은 컴퓨터와의 키보드를 매개로 한 대화가 아니라 학교라는 제도적인 교육의 장면에서의 대화이다. 무대는 교실, 등장인물은 교사와 학생들이다.

수업에서의 대화

(스튜어트는 '이등변삼각형'의 의미를 모른다고 한다.)

교사: 이등변삼각형이란 게 어떤 거지? 마크 가르쳐 줄래? 이등변삼각형이 뭐지? (마크의 머리에 손을 갖다 댄다. 마크는 히죽거리고 있다.)

학생: 그것은 / 전부의 변이 똑같은 길이가 아닌 것.

교사: 전부의 변이 똑같지 않다. / 그럼 몇 가지는 똑같니? / 이등변삼각형이다. (손가락을 두 개 들어올린다.)

학생: 두 변.

교사: 두 변이 똑같다. / 그렇지 두 변이 똑같은 삼각형을 말하는 거지.
/ 그러면 세 변은 / 그런 삼각형은 뭐라고 하지?

학생: 정삼…. / 교사가 고개를 끄덕거리기 시작한다. / 정삼각형.

교사: 그렇지, 정삼각형. _ Edwards & Mercer, 1987.

어느 교실에서나 볼 수 있을 듯한 일상적인 수업 풍경인데, 이 대화는 '교실의 튜링 테스트', 즉 '학교적 지성'의 양태를 만들어 내고 유지하기 위한 과정이라고 볼 수 있다.

이 교사는 에드워즈와 머서(Edwards & Mercer)가 '단서에 의한 이끌어냄clued elicitation'이라고 부르는 교육적 기술을 빈번하게 사용하고 있다. 즉, 제스처와 타이밍을 잘 맞춘 끄덕거림으로 학생을 원하는 방향으로 이끌고 있다. 이 대화상의 전략에 의해 학생이 질문에 혼자 힘으로 대답하고 있다는 모양새가 유지된다.

그러나 이 대화는 교사 측으로부터의 일방적인 컨트롤에 의해서 진행되는 것은 아니다. 학생들의 반응도 교사의 발화에 절묘하게 조화되도록 이루어지고 있는 점에 주목할 필요가 있다. 모호하게 대답하거나 교사의 눈치를 살피면서 대답함으로써 학생도 교사의 '단서에 의한 끌어냄'을 역으로 끌어내는 해답상의 고안을 수행하고 있다. 에드워즈와 머서는 이러한 교실에서의 특수한 대화를 학생이 교사의 머릿속에 준비된 정답을 맞히는 '추측 게임guessing game'이라고 부른다. 더 중요한 것은 이것이 학교적 지성의 양태를 유지하기 위한 '학생-교사의 공동 작업'이라는 점이다.

교실에서 벌어지는 다양한 대화상의 전략은 질문을 받으면 지식을 내뱉는 것과 같은, 그 장의 국소적인local 모습을 만들기 위해 이루어지고 있다. 이것이 동시에 획득되어 머릿속에 축적되어 지식이라고 불리는 것의 실체화가 이루어지는 것을 우리는 '학습'이 되었다고 말한다. 그런데, 이러한 머릿속 지식은 원래부터 있었던 것이 아니라 제도적인 교육의 장에서 특수하게 나타나는 것으로, 교사의 발문과 테스트와 같은 다양한 형태를 취하고 반복되는 질문과 대답에 의해서 비로소 탄생하는 것이다. 테스트를 받는 것을 전제로 머릿속에 축적하기를 요구받는 지식은 학교를 대표로 하는 제도적인 배움의 장에서만 의미를 갖는 인공물(Norman, 1989)이다. 학교 교육이라는 상황에서 이용되고 활동을 구성하고 가치를 갖는, 비유를 들자면 학교에서만 유통되는 '교환 불가능한 화폐' 같은 것이라 할 수 있다.

이러한 지식의 등장 자체는 역사상으로는 근대에 이르러서야 이루어진 것이다. 활동으로부터 추출되어 교환과 축적이 가능한 지식은 근대의 발명품이라고 생각할 수 있다.

무라카미 요이치로(村上陽一朗, 1986)에 의하면 이러한 '기술의 지식화'가 나타나게 된 것은 드니 디드로의 《백과전서》(1772-1780)부터이다. 본문 21권, 도판 12권에 걸친 다양한 영역의 막대한 지식의 카탈로그가 출판될 때까지 지식이 직인들의 활동으로부터 추출되는 일은 없었다. 당시 프랑스에 있던, 푸른나무靑木라고 불리는 민중 책의 발행 리스트가 이 사실을 잘 뒷받침해 주고 있다. 이 리스트를 보면 태반은 소설이고 기술서(매뉴얼)라는 카테고리에 속한 책은 거의 없다(Robert, 1988). 물론 이것이 우리의 선조가 지적인 활동을 수행하지 않았다는 것을 의미하지는 않는다. 지식이라는 화폐가 사용되도록 하는 활동을 구성하지 않은 것뿐이다. 메뉴팩처를 지탱하고 있던 것은 도제적인 분업 체제였고 다양한 분야에서 고유하게 세련된 도구류였다. 활동의 기초는 동료와 도구와의 분업이지 학교에서 강조되는 것과 같은 축적하고 시험을 치르는 지식은 아니었다.

아름답게 조화를 이룬 질문과 대답으로 유지되고 있는 튜링 테스트는 대화의 장이 다른 종류의 튜링 테스트로 바뀜으로서 붕괴된다. 이러한 관점을 갖고 '전철학적 경험'을 다룬 도입부에서 잠시 소개한 사례에 대해 이제는 '상황인지론자' 관점에서 다시 분석을 시도해 보기로 하자.

초등학교 5학년 학생들에게 다음과 같은 곱셈 문제를 내 보았다.

"1개에 7그램 나가는 동전이 8개 있습니다. 총무게는 어떻게 될까요?" 이 질문에 전원이 "(7×8=) 56그램"이라고 정답을 맞혔다. "1장에 30원 하는 도화지를 6장 샀습니다. 전부 얼마일까요?"이 문제도 똑같이 전원이 "(30×6=) 180원"이라고 정답을 맞혔다.

그들은 모두 훌륭한 문제 해결자이고, 초등학교 5학년이 이 정도의 문장제를 틀리는 경우는 없을 것이다. 그런데 내가 이 연구에서 보려고 한 것은 위에서 제시한 간단한 문장제를 풀 수 있는지 아닌지가 아니다. 테스트 용지에 이러한 교과서적인 문제와 함께 상식적으로는 해결 불가능한 모종의 '이상한 문제'를 넣었다. 결과를 보기로 하자. "사과가 4개, 귤이 7개 있습니다. 곱하면 전부 몇 개일까요?" 이 문제는 명백히 난센스고 해결이 불가능한 문제지만, 테스트에 임한 78명 중 70명은 "(4×7=) 28개"라고 대답하였다. "체중 6킬로그램의 초등학생 5학년 학생이 8명 있습니다. 전부 몇 킬로그램일까요?" 이 문제는 있을 수 없는 비현실적인 수치를 포함하고 있지만, 거의 전원인 77명이"(6×8=) 48

킬로그램"이라고 대답하였다.

이런 결과에 대한 한 가지 해석은 학교의 영향으로 아이들이 현실감을 잃어버린 '계산 기계'가 되어 버린 것은 아닐까일 것이다. 여하튼 사과와 귤을 곧이곧대로 곱해서 그리고 6킬로그램이라는 초등학교 5학년 학생의 체중을 의심도 하지 않고 계산하는 것이다.

여기서 주목해야 할 것은 아이들의 해답이 '계산 기계'적으로 보이는 것이 어디까지나 특권적인 외부자의 관찰이라는 틀 안에서라는 점이다. 역으로 '질서는 내부에서 발견되고 산출된다'는 회화 분석의 관점에서 본다면, 아이들은 '저마다의 합리성'에 기초해서 교실에서 그야말로 '잘 살고' 있다. 아이들은 '계산'이라는 '텍스트에 기초한 리얼리티text-based reality' 바깥 세계에 예컨대 '체중 6킬로그램의 6학년 초등학생'은 상식적으로는 존재할 수 없다는 것을 인정한다. "그런데 학교 문제니까 그다지 이상하지 않아요!" "문제로 나왔으니 풀면 되는 거죠 뭐"와 같은 말과 함께 말이다.

'사람들의 방법Ethno-method'의 관점에서 보면 계산자들이 순식간에 모든 것을 기호로 변환시키는 활동(문장제에 등장하는 사람이 초등학생이든 어른이든 상관없이 숫자만을 갖고 조작하는 활동)을 실현하기 위해서는 실은 막대한 '준비'가 필요하다는 것이 우리 눈에 가시화될 것이다. 기호를 인식하거나 쓰기 위한 계산자의 지적 운동계는 물론이거니와 신체를 둘러싼 환경, 교실이라는 문화 속에 구축된 언어(I-R-E: 지금 몇 시 입니까?/오후 2시 30분입니다./참 잘했어요. 즉, 교사의 질문Initiation: 학생의 대답Response: 교사의 평가Evaluation)와 미디어, 학교라는 제도가 계산의 성립을 지탱하고 있다. 종이와 연필만 있으면 계산을 할 수 있는 것이 아니다. 기호를 기호로서 성립시키는 문맥을 구축하는 데 인류는 수천 년에 걸친 노력을 기울여 왔다. 따라서 특권적인 관찰자의 입장에 서서 앞의 문장제에서 아이들이 대답하는 방식을 '설명'하려 든다면 계산은 '개인의 머릿속'에서만 이루어지는 활동일 수밖에 없을 것이다.

여기서 다시 한번 '전철학적 경험' 장에서 내가 예로 들었던 것을 가져와서 그것에 대해 한걸음 더 들어간 분석을 시도해 보겠다.

선상에 양 스물여섯 마리와 염소 열 마리가 있다. 이때 선장은 몇 살인가?

40년 전, 수학 교육 전공자인 어느 프랑스 연구자가 이 문제를 초등학교 저학년 아이들에게 내 보았다고 한다. 그러자 대다수 아이들이 '36'이라고 대답하였다. 물론 배 위에 동물이 몇 마리 있든지 선장의 나이와는 아무런 관계는 없다. 그런데 이런 풀 수도 없는 난센스 문제에 대해 아이들은 반사적으로 문장 안에 나온 숫자를 합해서 그럴듯한(?) 대답을 찾아낸다. 이런 결과에 대해서 주류 심리학의 관점을 취하는 사람과 '상황인지론'의 관점을 취하는 사람은 분명히 다른 해석을 내놓을 것이다(여기서 '주류 심리학의 관점'=일반인의 관점이라고 보아도 거의 무방하다).

첫 번째 해석(주류 심리학적 관점에 기초한 해석)은 학교의 영향으로 아이들이 현실 감각을 잃어버린 '계산 기계'가 되어 버렸다고 보는 것이다. 그리고 이런 해석 후에 한걸음 더 나아간 이야기를 우리는 반드시 듣게 된다(그런데, 여기서 한걸음 더 나아간 이야기로 우리를 추동시키는 것이 일종의 '사고 정지'라는 것에 유념할 필요가 있다). "아이들에게 현실 감각을 잃게 하는 이런 교육은 문제가 있으니 '새로운 교육 방법'이 필요하다." 그리고 새로운 방법론을 찾는데 몰두하기 시작한다. 바로 그 새로운 방법은 수업에 '아이들의 현실 감각을 키워 줄 수 있는 내용'을 도입하는 실천으로 연결된다.

그런데 방법론 찾기에 급급하기에 앞서 우리가 물어야 하는 것은 왜 아이들의 대답이 우리 눈에 '계산 기계'로 보일까?일 것이다. 그들의 행위가 우리 눈에 맹목적이고 어리석은 '계산 기계'로 보이는 까닭은 일상의 지식과 상식을 참조해 보면 해결 불가능하다고 당연히 판단할 '기이한 문제'를 전혀 주저하지 않고 풀어 버리기 때문일 것이다. 이 사실은 학교의 지식을 참조하고 학교에서 통용되는 상식을 들이대면 일상의 문맥에서 작동하던 '기이함'은 '당연함'으로 바뀌게 된다는 것을 역조사照射해 준다. 아이들이 '현실 감각'을 잃어버렸다는 해석은 따라서 '학교와는 다른 상황'에서의 '지성의 이야기'를 적용해 보았을 때 나타난다.

선장의 나이가 서른여섯 살이라고 대답한 아이들은 학교 안에서 혹은 실험실 안에서 충분히 '현실적real'이고 그 상황에 걸맞은 행위를 수행하고 있다. 아이들에게 주의를 환기하면 배 위에 있는 양의 숫자와 염소 숫자를 더한다고 해서 그것이 곧 바로 선장 나이로 이어진다는 것은 말도 안 된다는 것을 다들 인지하게 된다. 그러고서는 입을 모아 "학교 문제이기 때문에 전혀 이상하지 않다", "시험문제로 나왔으니 그냥 풀면 된다"라고 하며 당연한 표정을 지을 것이다.

여기서 상황인지론자는 우리에게 너무나 익숙한 언명인 "아이들의 모습이 이러하니 교육을 저러저러한 식으로 바꾸어야 한다"는 섣부른

결론을 내리지 않는다. 그 대신에 다른 물음을 떠올리고 그 물음을 정교화하는 쪽으로 사고를 가동한다.

"지금까지의 우리가 행해 온 교육은 무엇이었을까?" "우리가 공동으로 유지하고 있는 이 '지식' 혹은 '지성'을 만들어 내는 '활동'은 도대체 무엇인가?" "교실에서 혹은 실험실에서 아무 문제 없이 훌륭하게 작동하고 있는 이른바 이 '학교적 지성'은 '지성'이라는 것이 무엇인가를 탐구하기 위한 어떤 단초가 될 수 있을 것인가?" 등등.

이런 물음들을 탐구한 후에야 비로소 나올 수 있는 교실인들의 '삶'에 대한 정치한 기술은 다음과 같을 것이다.

이런 현상(기이한 문제에 대해 당연한 듯 대답하는 현상)은 아이들과 교사의 입장에서 보면 '학교'라는 하나의 상황을 계속 잘 살기 위한, 즉 현실에 충실하려고 하는 기본적인 심성에 이끌린 활동에 다름 아니다. 문자 그대로의 의미에서 그들은 교육이라는 이름의 '삶'을 충실하게 살고 있다. 따라서 어느 날 다른 '지성의 이야기'에 노출될 때까지(나는 개인적으로 이것에 희망의 단초를 찾으려고 한다) 그 고유한 지성(이른바 학교교육에 특화된 지성)을 만들어 내는 시스템은 독자적인 조화를 유지한 채 계속 재생산될 것이다.

상황인지론의 근간이 되는 명제를 떠올려 보자.

'지성'은 개인의 머릿속에 존재하는 것이 아니라 상황 속에서 혹은 사람들 사이의 조화 속에서 출현한다. 이 명제가 진지하게 받아들여진다면, 필경 우리는 '지성'이란 늘 붕괴 가능성 또한 내포하고 있다는 '사고'로까지 이끌리게 될 것이다.

## 인지적 실재물로서의 지식

이렇게 보면 지식은 어딘가에 '있는' 저장물로서가 아니라 사회적 상호 교섭의 장에서 지식으로서 '성립하거나' '달성된다'는 것을 알 수 있다. 이 시점에서 도달한 곳은 지식의 저장 장소를 묻는 시점이 인간 연구에 어떤 의미가 있는가라는 회의의 표명이다. 철학자 김영민은 장소로서의 지성을 논하는 것에 대해 다음과 같이 비판한다.

> "어디에 쌓아 둔다"는 발상이 가능한 소이所以는 인간을, 그리고 특히 정신을 장소적·공간적인 개념으로 오인한 데 있다. 데카르트가 정신의 본성을 '사유하는 실체'라는 말로써 파악하려 했다는 고전적인 인용을 재론하지 않더라도 실상 '무엇을 담아 놓을 수 있는 상자' 같은 것으로 마음을 영상화·공간화시키는 태도—이것은 내가 '시각적 낭만주의'라고 부르는 정신의 혼동을 적절히 예시한다—는 일상인들이 마음에 대해서 갖는 기초적인 상상력을 지배한다. 그러나 마음을 상자같이 꽉 막혀진 어떤 것something으로 보는 소위 '명사적 사고'는 무슨 실험과 검증을 거쳐 밝혀낸 생리학적인 탐구 결과가 아니라 잘못된 유비 관계analogy가 빚은 시각적인 오류에 가깝다. _ 김영민, 1994.

지식의 기원을 찾아보면 거기에는 '텅 빔'으로서의 '원지식'만이 있을 뿐이다. 다소 손으로 만질 수 있는 것에 부딪혔다고 생각하면 그것은 머릿속 혹은 상황 속의 구성 개념으로서 특정되는 지식일 뿐이고 그 어느 것도 우리의 지식을 이용한 활동의 모습을 제대로 그려 내는 데 도움이 되지 않는다. 그러나 우리는 확실히 지식을 이용하고 있다. 지식을 '갖고' 있거나 지식을 '익히거나' '전달하거나' 한다. 무엇인가를 지식이라 이름 붙이고 그 지식을 실재물로서 이용 가능하게 하는 활동이 있다.

우리는 시계視界의 끝자락에 희뿌옇게 보이는, 즉 포착할 수 없어 보이는 많은 것들을 '이름 붙이기'라는 추상화를 통해 한입에 덥석 물 수 있다. 이름이 붙어 있는 것은 사람들이 이름을 붙임으로써 인지적 실재물Cognitive Realia이 된다. 인재적 실재물이라는 표현은 정말로 실재하느냐 그렇지 않으냐가 중요한 것이 아니라 그것을 모종의 '실재물'로서 다루는 사람들의 활동activity이 존재함을 나타내기 위해서 사용하는 것에 불과하다. 그런데 이 '인지적 실재물'은 사람이 만들어 낸 것임에도 그 구속력은 우리가 상상하는 것보다 훨씬 강력하다. 예컨대 '인종'은 대표적인 '인지적 실재물'이다.

2001년 아카데미 시상식에서는 〈트레이닝 데이Training Day〉에 출연한 덴젤 워싱턴이 남우주연상을, 〈몬스터 볼Monster's Ball〉에 출연한 할리 베리가 여우주연상을 수상하였다. 당시 이 뉴스를 보고 "미국에서 인종차별이 꽤 해소되었구나"라고 많은 이들이 생각했을 것이다. 그런데 당시 나는 "좀 이상하다"라고 느꼈다. 그 말인즉슨, 지금까지 그녀가 나온 영화를 몇 편이나 봤으면서도, 할리 베리가 '흑인' 여배우라고 생각한 적이 없었기 때문이다. 나는 그때 "할리 베리가 '흑인'인 거야?" 하며 깜짝 놀라고 말았다. 그녀를 피부색이 진한 할리우드의 미녀 여배우라고 생각했을 뿐이었기 때문이다. 할리 베리는 그 얼굴 형태나 선에서 알 수 있듯이 백인종의 피가 농밀하게 흐르고 있다(실제로 그녀의 어머니는 백인이다). 그녀를 왜 '아프리카계'로 구분하고 본인도 '아프리카계'라는 것의 자부심을 그렇게 떠들썩하게 말하는가. 자, 그렇다고 하면 그녀의 선조에 포함된 '유럽계' 사람들의 입장은 어떻게 되는가. 그것을 잘 모르겠다.

게다가 생각하기에 따라서는 '아프리카의 이브'를 공통의 선조로 한다고 보는 현세 인류는 전원이 '아프리카계'라고 할 수 있지 않을까. 이런 '자의적'인 인종 구분(그야말로 '인지적 실재물'로서의 인종)이 우리 사회에 어떤 이익을 가져다주는지 나는 잘 상상할 수 없다.

'구분'에 관해서 내가 아는 한 가장 제대로 된 이야기를 들려준 사람은 레비스트로스이다. 그는 "어떠한 분류도 카오스보다는 낫다"라는 탁견을 남겼다. 나도 이 말에 동감한다. 그런데 '인종'과 같은 혼란을 증대시키는 자의적 분류는 누구를 위해 무엇을 위해 존재하는 것일까?

2001년 아카데미상 수상에 대해 미국 언론은 상을 받은 두 사람이 '흑인'이라는 사실에만 초점을 맞추어 반복해서 보도하고, 두 사람이 어떻게 훌륭한 배우로서 연기했는지에 대해서는 거의 언급하지 않았다. 나는 이것이 '이상하다'고 생각했다.

아카데미상은 관객의 감동을 불러일으키는, 배우의 질 높은 연기력에 대해 상을 주는 것이지 거기에 '피부 색깔'은 아무런 관계가 없을 것이다. 그러나 수상자도 미디어도 모두 '그것만' 말하고 있다는 인상을 지울 수 없었다. 그런 종류의 기사를 읽다 보니 점점 "그런 것 아무렴 상관없잖아. 이제 좀 그만하자 마이 무따 아이가"라고 생각하게 되었다.

"그런데 잠깐만요. 실제로 할리우드에서는 지금까지 노골적인 인종차별이 계속됐잖아요. 그 핸디캡을 딛고 배우로서 정점을 찍었다는 것은 '한쪽 다리만으로 알프스의 고봉을 정복한 등반가'와 똑같아서 역시 그들의 탁월성을 방증하는 데이터로서 우선 언급해야 하는 것 아닌 가요?" 이런 목소리가 들린다.

음…. 그런 생각도 있구나.

그런데 나는 '인종'은 '신체적 핸디캡'과는 다른 일이라고 생각한다. '한쪽 다리가 없다'는 것은 해부학적 현실이지만 '인종' 같은 것은 인간 의 망상 속에서밖에 존재하지 않는 '인지적 실재물'이니까. '인종'을 근 거로 타인을 차별하는 인간도 차별받는 인간도 전부 포함해서 "나는 … 사람이다"라고 칭하는 인간 같은 것 따위는 이 세계에 한 사람도 존재하 지 않는다.

모두 단지 '만들어 낸 이야기(인지적 실재물)'를 하는 것뿐이다.

인간이 '만들어 낸 이야기'를 하는 것 중에는 유쾌한 것과 생산적 인 것도 있지만 그렇지 않은 것도 있다. 그럴 때는 바로 "이제 그만둡시 다. 그것은…"이라고 말하는 것이 어른다운 대응이라고 나는 생각한다. '만들어 낸 이야기'가 가져올 해악을 억제하는 가장 좋은 방법은 '만들어 낸 이야기'를 그만두는 일이다. '인종' 개념이 사라져도 아무도 곤란하지 않다. 그런 것 따위 결국 그냥 인간이 만들어 낸 '이야기'에 불과하니까. 조금만 생각하면 금방 알 수 있을 텐데 말이다.

라캉이 발견한 것은 우리가 늘 자신의 과거에 관해서 '전미래형'으 로 말한다는 사실이다. 여기서 말하는 '전미래형'이라는 것은 "내일 오 전 중에 나는 이 일을 마쳤을 것이다", "늦어도 5월에는 이 책《심리학의 저편으로》가 출간되어 있을 것이다"와 같은 문형에서 볼 수 있듯이 미 래의 어느 시점에서 완료한 동작과 상태를 지시하는 시제를 의미한다. 타자가 나를 인지해 주기 위해서는 '과거에 있었던 일'을 '앞으로 일어날 일'을 목표로 해서 말하는 수밖에 없다. 즉, 우리는 미래를 향해서(타자로부터의 '승인'을 획득하기 위해서) 과거를 떠올린다. 우리가 자신의 기원(예를 들면 '흑인'이든 '백인'이든)을 말하는 것은 '진실'을 알리기 위해서가 아니라 어떤 '이야기' 속에 자신과 청자를 함께 '얽혀 넣기' 위함이다.

'기원'과 '종별'이라는 것은 그러한 '생존 전략' 중 하나이다. 할리 베리에 관해서 당시 내가 묻고자 했던 것은 '아프리카계'라고 자신을 칭함으로써 어머니(유럽계)를 자신의 기원으로부터 배제했을 때 그녀가 무엇을 하려고 했던 것일까이다.

"당신은 그렇게 함으로써 무엇을 하려고 하는 건가?" 이것을 라캉은 '아이의 물음'이라고 불렀다. 나는 이 '아이의 물음'을 내가 '이상하다'고 느낀 것에 대해 정조준하였다. 만약 그녀가 '흑인'이라는 그녀의 아버지(아프리카계)를 '기원'에서 배제하고 "나는 백인입니다"라고 자신을 칭했을 경우 무슨 일이 일어났을까? 그 '거짓말'을 질책하는 사람이 틀림없이 있었을 것이다. "왜 당신은 자신 안에 흐르는 아프리카계의 피를 부끄러워하나. 당당하게 커밍아웃하면 될 것을…." 하고 충고하는 사람이 틀림없이 있었을 것이다. 그러면 왜 그녀가 자신의 어머니(유럽계)를 '기원'에서 배제하고 인종으로서의 귀속성을 '사칭'한 것에 관해서 당시(내가 아는 한) 그 거짓말을 '질책하는' 사람이 한 명도 없었을까.

이유는 간단하다. 그것은 '정치적 옳음political correctness'을 선택했기 때문이다. 아프리카계는 미국 사회에서는 '피억압 인종'이기 때문에 할리 베리는 애써 "나는 피억압 인종 측에 선다"라고 선언하였다. 그녀는 '옳음'을 선택하였다. 그리고 미디어는 그 선택을 하지 않은 경우보다도 많은 박수를 그녀에게 보냈다. 물론 나는 그 일을 책망하지 않는다. '옳은 선택'을 하였으므로 책망할 근거는 없다. '옳은 선택'을 하기 위해 그녀는 '이야기'를 말하는 것을 그만두지 않았다. 좋고 나쁨을 떠나서 인간이란 '그런 일을 하는' 생명체이기 때문이다.

그런데 할리 베리가 "자신의 기원에 관해서 '이야기'를 하고 있다"는 것에 관해서 관계자 전원이 '알고 있으면서' '모른 체 하는' 얼굴로 결정을 본 것은 "좀 그렇지 않습니까"라고 나는 생각한다.

"왜 그녀는 이런 '만들어 낸 이야기'를 하는 것일까?"와 같은 물음을 각성시키는 것은 지성을 활성화하는 데 있어 중요한 일이다. '인종'이라는 것은 그녀가 그랬던 것처럼 모종의 이데올로기적인, 경우에 따라서는 공리적인 판단으로 '어느 쪽에 귀속할 것인가'를 선택할 수 있는 혹은 선택을 강제당하는 '허구'에 불과하다. 그 일을 우리가 이런 기회에 때때로 떠올려 언어화시켜 둘 필요가 있다고 생각한다.

인간들의 사회는 다양한 '만들어 낸 이야기'로 분절화되어 있다. 레비스트로스에 의하면 그것은 카오스에 단락을 넣고 차이를 만들어 내고 그렇게 함으로써 '차이를 넘어서는 커뮤니케이션', 즉 증여와 우애를 동기 짓기 위함이다. 인간과 인간 사이의 커뮤니케이션을 활성화시키는 것, 그것이 다양한 레벨에서의 '차이'의 인류학적인 효과이다. 인간이 만든 제도에는 '인간이 만들어 낸' 나름의 의미가 있다. 그것을 제대로 간파한 상태에서 사회 제도에 관해서 생각하고 싶다. "옛날부터 있는 제도이므로 사수하자"라고 말하는 사람의 말에도 "옛날부터 있는 제도이므로 바로 없애 버리자"라고 말하는 사람의 말에도 나는 찬성하지 않는다.

"옛날부터 있는 제도인데, 이건 애당초 '무엇 때문에' 만든 거야?"와 같은 '아이의 물음'을 소중히 여기고 키우고 싶다.

교실이라는 공간에서 이루어지고 있는 회화 패턴을 통해서 우리 눈앞에 생생하게 나타나는 개인의 '능력'이라는 이름의 인지적 실재물에 대해서도 우리는 똑같은 태도를 보여야 할 것이다.

"옛날부터 있었던 제도인데, 이건 애당초 '무엇 때문에 만든 거야?'" 이런 물음을 던지고 그것이 현재의 사람들을 옥죄고 힘들게 한다면 슬슬 폐기 처분해야 하지 않을까라고 제언하고 싶다.

## 새로운 언어게임을 살기

### '질문'의 형식을 빌린 '투정'

지금은 횟수가 확 줄었지만, 한때는 전국 여기저기에서 교사 대상으로 강의를 제법 많이 했었다. 그런데 강의가 끝날 무렵이 되면 빠지지 않고 나오는 질문 중 하나는 "오늘 교수님 좋은 말씀 잘 들었습니다. 그런데 내일부터 교실에 가면 저는 어떻게 하면 될지 그 방법을 좀 가르쳐 주시면 고맙겠습니다"와 같은, 애처로운 표정을 동반한 물음이었다. 그것뿐만이 아니다. "그래서 대안이 도대체 무엇이란 말입니까?" 같은 투정 섞인 물음 또한 예외 없이 나오는 질문 중 하나였다.

그런데 이런 물음들은 다름 아닌 사람들이 어떤 문제에 봉착했을 때 소위 전문가들이 만든 카탈로그나 매뉴얼에 자신의 문제를 일일이 대조해 봄으로써 정답을 찾으려고 하는 것의 발로 그 이상도 그 이하도 아니다. 이러한 물음들에 대해서 나는 당시 별로 친절한 회답을 하지 않았다. 그런 물음들에는 다음과 같이 무심하게 대답했다. "강의

만 들었다면, '요컨대', '한마디로,' '다 제쳐 놓고', '결국은… 대안이 뭡니까'?"와 같은 질문을 입에 수시로 담는 것에 대해서 전혀 위화감을 느끼지 못하는 분이라면, 미안한 말이지만… '배움'과는 인연이 없는 것 같습니다. 그러고 보니 이런 질문도 받은 적이 있다.

비고츠키를 15시간 이상 연수를 들었는데 아직도 왜 비고츠키를 공부해야 하는지 잘 모르겠습니다. '한마디로' 비고츠키를 왜 공부해야 하는지 가르쳐 주십시오.

나는 이런 유형의 질문에도 쿨하게 속사포처럼 대답하고 재빨리 그 자리를 떴다. "그런 '한마디로' 어떻게 됩니까?"라든지 '요컨대 지금 당장 어떻게 하면 좋습니까?'와 같은 질문을 하지 않는 '사람'이 되기 위해서 비고츠키를 공부해야 합니다." 혹은 그날 기분에 따라 다음과 같이 대답한 적도 있다. "그런 말들을(요컨대, 한마디로, 결론은, 대안이 뭡니까? 등등) 입에 담는 것을 자제하는 사람이야말로 배우는 이로서의 정체성을 가진 사람입니다."

이만큼이나 궁지에 몰린 상태에서 그런데도 "나는 어떻게 하면 좋겠습니까?"라고 사태 해결의 구체적 방법에 관해서 타인에게 의견을 구한다는 태도, 바로 그 안에 '이만큼이나 궁지에 몰린 주원인이 있다'고 생각하기 때문이다.

"나는 어떻게 하면 좋을까요?"라는 물음 안에는 실은 '물음'이라는 것 이외에 또 하나 심층의 함의가 있다. 그것은 일종의 투정 부림, 불만 제기 그리고 책임자 소환 요구이다. "도대체 어떻게 된거야?"라든지 "그래서 도대체 우리는 어떻게 하면 좋습니까?"라는 어법은 표면적으로는 '물음'의 형태를 띠고 있지만, 실은 물음이 아니다. "누군가 책임을 져라"라고 말하고 있다. '누군가 (나 대신에) 어떻게든 좀 해 봐라"라고 요구하고 있다.

이러한 요구는 물론 '책임자가 있는' 상황에서는 적절하다. 맥도널드에서 주문한 '치킨버거'가 15분을 기다려도 나오지 않으면, "어떻게 된 겁니까?"라고 목소리를 높여도 된다. 그 경우에 점장이 "앗 미안합니다"라고 뛰어올 개연성은 높다. 그러나 예를 들어 아마존 급류를 타고 내려가는 도중에 보트가 전복해서 아나콘다와 악어가 눈앞에 나타났을 때는 "책임자 나와라"라고 말하는 것은 시간 낭비이다. 그럴 여유가 있으면 필사적으로 헤엄을 쳐서 육지로 탈출하는 것이 낫고, 아니 그것 이전에 먼저 배를 타기 전에 보트의 안전성과 가이드의 인간적 신뢰성에 관해서 음미해야 할 것이다.

"나는 어떻게 하면 좋을까요?"와 같은 물음은 이미 자신이 놓여 있는 상황에 관한 하나의 예단을 포함하고 있다. 그런 물음을 태연하게 입에 담는 사람은 "미안합니다. 이제부터는 제가 어떻게든 하겠습니다"라고 말하는 '점장'이 존재한다는 것을 전제로 하고 있다. 하지만 세상에는 '점장이 없는' 국면이라는 게 존재한다. 우리가 겪고 있는 곤란에 관해서 아무도 책임을 져 주지 않는, 누구도 상황 설명을 해 주지 않는, 누구도 어떻게 하면 좋을지 가르쳐 주지 못하는 국면이 엄연히 존재한다.

그리고, 2024년 많은 분야에서 우리는 이 '점장'이 존재하지 않는 현실을 살아가고 있다. 특히 교육 문제와 관련해서 말하자면, 우리가 안고 있는 대부분의 교육 문제에는 '맥도널드의 점장'이 존재하지 않는다.

이런 '매뉴얼을 추구하는' 물음들이 난무하는 이유를 새삼 분석해 보면, 그것을 사람들의 '유아성'에서 찾을 수 있다고 생각한다. '매뉴얼 만능주의' '전문가 의존주의'는 이 '유아성'에 대한 고착을 의미한다. "나는 성숙하고 싶지 않다"는 것을 자신도 모르게 커밍아웃 하고 있는 것이다. 성숙해서 복잡한 문제를 다룰 수 있는 사회적 능력을 획득할 마음이 없다. 정치가와 정책 입안자와 전문가가 전부 결정해서 대화도 합의도 필요 없이 '내'가 손쉽게 따를 수 있는 시스템을 만들어 주었으면 좋겠다고 요구하고 있다.

### 민주주의라는 시스템은 성숙한 시민을 요구한다

단순한 시스템이라면 유아도 쉽게 다룰 수 있다. 그러나 인간이 오랜 역사에 걸쳐 만들어 낸 많은 '시스템'은 단순하지가 않다. 국가가 그렇고 학교가 그렇고 의료가 그렇고 사법 체계가 그렇다. 나아가 '민주주의' 같은 시스템은 복잡하므로 그것을 제대로 다루기 위해서는 성숙한 개인이 필요하다. 2024년 국회에서 안건으로 올라온 많은 법안이 이른바 '민주적'으로 처리되고 있다는 사실을 우리는 TV 뉴스 및 신문 등을 통해서 늘 접하고 있다. 비근한 예로 공수처 설치를 비롯하여 이런저런 법안들이 '민주적'으로 안건에 올랐고 실제로 몇몇 법안들이 '민주적'으로 채택되고 있다. 그래서 '제도'로서의 민주주의는 오늘날에도 건강하게 살아 있다고 할 수 있다. 그런데도 나는 이 민주주의가 작금 쇠퇴하고 있다고밖에 말할 수 없다. 그러면 무엇이 쇠퇴하고 있다는 말인가?

그것은 다름 아닌 민주주의의 마음이다. 말을 바꾸면 국민의 이 땅에 '민주주의를 계속 살게 하기 위한 노력'이다. 물론 '민주주의'라는 제도는 살아 있지만, 그 제도에 생명력을 부여하는 힘은 고갈되어 가고 있다. 다음과 같은 예를 떠올리면 제도는 살아 있지만 '힘'은 고갈되어 간다는 것의 의미가 좀 더 선명하게 다가올 것이다.

예컨대 자동차는 있지만 휘발유가 없다. 조리기구는 있지만 식재료가 없다. 컴퓨터는 있지만 OS가 없다. 스마트폰은 있지만 유심칩이 없다. 그것과 똑같은 경우이다. 그것이 내가 한국 민주주의에 대해 위기의식을 느끼는 이유이다.

시험 삼아 지금 거리에 나가서 길을 걷고 있는 사람을 아무나 붙잡고 "민주주의가 기능하기 위해서 가장 중요한 것은 무엇이라고 생각합니까?"라고 물어보길 바란다. 대부분 사람이 일단 놀랄 것이고, 잠시 생각에 잠긴 후 '다수결?'이라고 대답할 것이다. 드물게 '소수 의견의 존중'과 같은 말을 하는 사람이 있을지도 모르겠지만 생각 끝에 그것 이상의 이야기(예를 들면 "모든 시민이 평등하다"라든지 "저항권, 혁명권이 보장되는 것"이라고 대답하는 사람은 1퍼센트에도 미치지 못할 것이다)를 아마도 들을 수 없을 것이다.

이런 현상은 어찌 보면 당연하다고 생각한다. '민주주의에 있어 가장 중요한 것은 무엇인가?'와 같은 질문을 우리나라 사람들은 평소에 그 누구로부터 받지 않기 때문이다. 부모로부터도 학교의 교사로부터도 근무하는 직장의 상사로부터도 그 누구로부터도 '그런 질문'을 받지 않기 때문이다. 그런 의식상에 떠오른 적 없는 질문을 갑자기 받는다고 해서 제대로 된 대답을 하는 것이 오히려 이상할 것이다.

당연한 말이지만 질문을 받은 적이 없으면 생각하지 않는다. 만약 질문을 받았다 해도 그런 경우는 "민주주의가 뭐야, 먹는 거야?"라든지

"가장 중요한 것이든 무엇이든 한국에 민주주의 같은 건 없잖아?!?" 따위의 냉소적인 반응을 취한다.

TV 토크쇼의 영향 때문인지 요즘 사람들은 어느 시대라도 '깊게 뭔가를 생각하는 것'보다도 '어떤 물음에도 즉답할 수 있는 것'을 우선시한다. 그렇게 하는 것이 쿨하고 스마트하게 보인다고 생각하고 있기 때문이다. 그런데 그런 냉소적인 태도에 눌러앉아서 깊이 뭔가를 생각하는 습관을 버려 버리면 사회제도가 와해할 때 무엇이 일어났는지 모르게 된다. 사회적 변동이 일어날 때 무엇이 일어나고 있는지 '모르면', 누구든지 높은 확률로 곤욕을 치르게 된다는 것을 역사는 잘 가르쳐 준다.

'민주주의와 같은 시스템을 운영하는 데 있어 가장 중요한 것은 무엇인가?'라는 물음에 대해서 내 생각은 이렇다. 그것은 '사람들의 시민적 성숙'이다. 쉽게 말하자면 일정한 수의 국민이 '어른이 되는' 것이다.

민주주의 정체正體는 '일정한 수의 어른'이 제도의 요로에 배치되지 않으면 기능하지 않는 구조이다. 왕정이나 귀족정과 같은 비민주적인 정체는 '어른'이 소수라도 존재하면 아무 문제가 없다. 극단적인 이야기이긴 한데 독재자 한 명이 '어른'이면 나머지는 독재 체제를 기반으로 해서 상의하달로 결정해 버리면 그 나라는 별 문제 없이 잘 돌아간다. 아니 이렇게 말하는 것이 더 적절할 것이다. 왕정이나 귀족정에서는 오히려 독재자 이외에는 '일의 옳고 그름을 자신의 머리로는 판단하지 않는 것'이 더 낫다. 독재자가 효율적으로 통치하고 단기적으로는 국민에게 행복을 가져다주는 사례를 역사상 얼마든지 열거할 수 있다.

시스템이 제대로 돌아갈 때는 그것으로 충분하다. 그런데 어떤 이상적인 정체도 예상치 못한 요인의 개입으로 위기 상황에 직면하게 된다. '위기 상황'이라는 것은 동시다발적으로 곳곳에서 시스템의 파탄이 현재화되는 것이다. '위기 상황'은 중앙 관제탑이 기능하지 못하게 되는 사태를 의미한다. 그런 경우에는 각각의 현장 담당자가 지시를 기다리지 않고 자유 재량으로 최적이라고 믿는 조처를 취하는 수밖에 없다. '현장에 무슨 일이 일어나도 먼저 위의 지시를 살펴서 지시가 올 때까지 그냥 기다린다'는 것은 비민주제의 기본 원칙이다. 이 원칙을 지키면 시스템이 와해되는 일이 일어나게 되는데, 우리는 그것을 '위기'라고 부른다. 뜨거운 프라이팬에 손이 닿았을 때는 "앗 뜨거워!" 하고 물러나는 것이 옳은 대응이지 "지금 뜨거운 프라이팬에 손가락을 데었는데요. 어떻게 대응하면 좋을지 지시를 내려 주시기를 바랍니다"라고 지휘부의 지시를 기다려서는 화상이 진행될 뿐이다.

중요한 말이기 때문에 큰 소리로 이야기하겠다. '민주제'는 효율적으로 기능하기 위한 시스템이 아니다. 따라서 효율적인 정체를 바란다면 독재 제도밖에 방법이 없다. 시진핑의 중국도 푸틴의 러시아도 에르도안의 터키도 두테르테의 필리핀도 보기에 따라서는 아주 효율적인 정체이다. 그런데 이런 정체는 '동시다발적으로 복수의 곳에서 시스템이 파탄하는 사태'에는 대응할 수 없다. 국민들이 자기 책임으로 그리고 자유 재량으로 최적해로 사태에 대처하는 훈련을 받은 적이 없기 때문이다. 그들은 그런 일을 하면 심한 처벌을 받는다는 것만 알고 있다.

따라서 민주제는 '평상시를 위한 시스템'이 아니라 '비상시를 위한 시스템'이다. '비상시야말로 중앙에 권한을 집중해야 한다'고 생각하는 사람이 있는데, 이야기는 완전히 역이다. 평소 중앙에 권한을 너무 집중시키고 있다 보니 일어나지 않아도 될 비상사태가 일어나게 된다. 시스템의 요로에 '제대로 된 어른'이 일정 수 배치되어 있어서 '트러블의 싹'을 자기 재량으로 알뜰하게 제거하면 '대부분의 비상사태'를 회피할 수 있다.

천재지변이라도, 코로나-19 같은 범유행이라도, 원자력발전소 사고라도 그런 사태의 도래를 언제나 계산에 넣고 있는 '어른'이 있어서 가능한 한 준비를 해 두면 어떤 일이 일어나도 그것은 '비상' 사태가 아니다. '평상시'와 '비상시'는 디지털 선으로 경계를 그을 수 있는 것이 아니다. 그것은 아날로그적 연속체이다. '평상시'의 구조가 유연하고 자율적이고 다양한 사태에 대응할 수 있는 것이라 하면 '비상시' 발생 가능성 그 자체가 억제된다. '민주제'는 그러한 구조를 의미한다. 위기가 닥쳐 왔을 때 자기 판단으로 움직일 수 있는 '어른'이 있기에 살아남는 구조이다.

정치의 역사가 '전체'로서의 독재 체제로부터 민주제로 이행해 온 것은 그렇게 이행하는 것이 집단의 생존 전략상 유리했기 때문이다. 그래서 나는 작금의 한국의 '민주주의'에는 위기의식을 느낄 수밖에 없는 것이다. 대통령 마음대로 시스템의 요로에 꼭 필요한 자주적, 자율적으로 사고하고 판단하고 행동할 수 있는 '어른'을 배치하는 것을 그만두고 상의하달로 최적화된 '예스맨'으로 다 덮어 버렸기 때문이다.

스스로 생각하지 않는다. 판단하지 않는다. 행동하지 않는다. 그냥 상위자의 지시에는 따른다. 그것이 자기 이익을 최대화하는 방법임을 많은 사람이 잘 알고 있다.

민주주의 정체는 자신의 머리로 뭔가를 생각할 수 있는 성숙한 시민을 일정 수 확보할 수 없으면 독재 국가로 퇴행한다. 우리가 지금 바로 그 현실을 겪고 있다. 그래서 민주주의는 "부탁이니까 제발 어른이 되어 줘"라고 우리의 소매를 붙잡고 간청한다. 우리는 당연히 그 간청에 귀를 기울여야만 한다.

### '복잡한 현실'을 '복잡한 채'로 다루기

이처럼 민주주의는 '복잡한 현실'에 대응하기 위해 만들어진 '복잡한 시스템'이다. 따라서 당연한 말이지만 '한마디로', '요컨대', '다른 것 다 집어치우고 그래서…' 같은 말을 거리낌없이 입에 담는 유아도 다룰 수 있는 단순한 시스템으로는 '복잡한 현실'에 결코 대응할 수 없다. 복잡한 상황에서 복잡한 시스템을 제대로 다루는 일은 개개인이 스스로 '복잡한 존재'로 거듭나는 것을 통해서만 가능하다. 그것은 '생명체'로서는 당연한 일이다. 그러므로 시스템을 단순화하면 할수록 시스템은 기능 부전에 빠지게 될 수밖에 없다.

복잡한 현실에 대응하기 위해서는 복잡한 시스템을 제어할 수 있도록 인간 그 자체가 복잡하게 되지 않으면 안 된다. '아이도 손쉽게 조작할 수 있는 간단한 방법 혹은 매뉴얼'을 제공한다는 것은 아이의 성숙에 아무런 도움이 되지 않는다. 물론 아이도 쉽게 조작할 수 있는 것을 제공하면 모종의 '전능감'을 갖게 될지 모른다. 하지만 '성장의 묘미'는 체득할 수 없다. 그런데 성장을 재촉하는 것은 '전능감'이 아니라 '부전감' 혹은 '부족함'이다. 자신은 할 수 없는 것이 있다. 그것을 할 수 있게 되고 싶은 '부전감'이 아이들의 '배움'에 발동을 건다.

'복잡한 시스템'이 복잡한 현실에 적절하게 대처할 수 있다. 그래서 '이야기를 복잡하게 하는 것이 지름길이다'라는 역설이 발생한다. 지금

심리학의 저편으로

내가 이야기하고 있는 것이 바로 그것이다. 이야기를 점점 복잡하게 해서 '심리학'을 이야기하다가 '영화' 이야기, '논문' 이야기, '생명' 이야기로 그리고 '민주주의' 이야기로 확장된다. 다루는 주제도 계속 늘어나고 있다.

그 결과 우리가 당면하고 있는 문제가 어떤 역사적 문맥에서 나왔고 그것에 어떻게 대처하면 좋을지 흐릿하긴 하지만 뭔가 윤곽이 드러났다고 생각하지 않는가?

그런데도 아마도 이 책을 읽고 있는 독자는 아랑곳하지 않고 "자 그러면 어떻게 하면 좋겠습니까?"라는 질문을 내게 할 것이라 생각한다. 그 질문에 대한 대답은 "이야기를 단순하게 하는 것을 그만둡시다"이다. 말을 바꾸면 "자 그러면 어떻게 하면 좋습니까?"라는 질문에 단일한 대답을 추구하지 않는 것, 좀처럼 답이 나오지 않는 것에 대해 괘념치 않는 지적 폐활량을 기르는 것이 중요하다고 말하고 싶다.

우리는 사실 해결이 몹시 어려운 문제 앞에 서 있다. 그리고 그것이 어려운 문제이면 문제일수록 그것과 마주하는 것은 우리의 시민적 성숙에 꼭 필요한 일이다. "이러한 난문에 직면해서 다행이다" 그렇게 생각해 보는 것. "복잡한 현실에 직면하는 것은 나에게 축복이다"라고 생각의 전환을 해 보는 것. 그것이 바로 성숙하는 데 있어 꼭 필요한 여정이다. 이 책에서 주제로 다룬 '상황학습론'이나 '상황인지론'이라는 '복잡한 현실'을 '복잡한 채'로 다루려는 학술이 국내에서 유아들의 손에 의해 얼마큼 왜곡되고 단순화되었는지 독자 여러분은 다시 한번 상기해 주시길 바란다.

## '학교 언어게임'에서 탈피하기

존경하는 우치다 다쓰루 선생이 쓴 《무도론》이라는 책에 다음과 같은 구절이 나온다.

오늘 아침 합기도 수련에서도 똑같은 말을 하였습니다. '눈앞에 문제가 있고 그것의 정답을 맞히는 것이 급선무다'라는 틀로 세상일을 생각해서는 안 된다는 이야기입니다.

무도의 경우는 상대방이 뭔가 기술을 걸어 온다는 초기 설정을 합니다. '붙잡기', '던지기', '누르기'라는 식으로 이쪽의 자유도를 떨어뜨리고 가동역을 한정시킵니다. 그것에 대해 같은 기술로 돌려주거나 다른 기술로 되받아치거나 상대방을 꼼짝 못하도록 하는 공격을 가합니다.

그런데 이때 상대방이 목덜미를 붙잡는다든지 정면에서 파고들어 온다든지 어깨를 누르는 설정을 '문제'로 포착하고 "자 그러면 거기에 대해서 어떻게 대처하면 '정답'인가"라는 식으로 생각하면 '무도적'으로는 이미 끝입니다. '물음'에 대해 '정답'을 말할 의무가 자신에게 있다. 그 대답이 옳았는지 틀렸는지는 상대방에게 '기술이 먹혔다/먹히지 않았다'는 식으로 사후에 판정을 받는 것이다. 이렇게 발상하는 것이 '선수를 내주는 것'입니다.

'선수를 내주는 것'은 반드시 진다는 것을 의미합니다. 상대방이 먼저 '장'을 설정하고 그것에 대한 자신의 반응에 점수를 매기는 것. 제대로 대응하면 좋은 점수가 매겨지고 반대로 잘못 대응하면 나쁜 점수가 매겨지는 것. 상대가 문제를 만들고 출제하고 채점하는 것. 그 상대가 '평가

하는 측'에 있고 이쪽이 '평가받는 측'에 있는 것. 이 '비대칭성'을 가리켜 '선수를 내주는 것'이라고 말합니다. _ 內田樹, 2021, 37-39쪽.

그러고 보면 현대인인 우리는 사실 이런 틀밖에 모른다고 해도 과언이 아니다. 아이 때부터 쭉 그런 틀 속에서 능력을 평가받아 왔으니까. 앞에서 예로 든 "저는 어떻게 하면 좋겠습니까?", "대안이 어떻게 됩니까?", "내일부터 당장 써먹을 수 있는 팁이나 답을 가르쳐 주세요"와 같은 물음은 자신도 모르게 이 '질문-정답'이라는 틀에 자신을 스스로 가두는 것을 의미한다.

이런 '질문-정답'이라는 틀이 가장 확고하게 자리 잡은 곳은 두말할 필요도 없이 바로 학교다. 교사가 만든 문제에 답안을 작성하면 점수가 매겨져 돌아온다. 회사에 근무하게 되어도 그렇다. 상사에게 일을 명령받고 그것을 해내면 근무 고과를 받게 된다. 이런 틀 속에서 '좋은 점수·좋은 고과'를 받는 것이 인생의 목적이 된다. 그런데 이것은 제도적으로 혹은 조직적으로 '선수를 빼앗기는' 인간을 만들어 내는 것을 의미한다.

물론 세상일이 '수험'과 '비즈니스'만으로 이루어졌다고 하면 그것으로도 충분하다. 그런데 아주 소박한 사실이지만, 세상은 그것뿐만이 아니다. 이 틀에 너무 익숙해져 버리면 세상의 모든 문제에 대해 "그런 것이다"라는 생각에 속수무책으로 사로잡히게 된다. 학교와 회사와 같은 닫힌 집단 내부에서 정해진 규칙 안에서라고 하면 일종의 '게임'으로서 그 틀을 이용해도 상관없다.

그런데 '문제 출제자'가 있고 '답안 작성자'가 있고 어떤 기준에 기초해서 채점이 이루어진다는 것은 생명체가 놓인 환경 중에서는 아주 예외적인 것이다. 시험 점수가 낮아도 근무 고과가 낮아도 그것으로 생명체가 죽지는 않는다. 그런데 학교와 회사로부터 한걸음만 나가면 거기는 훨씬 복잡한 현실이 기다리고 있다. 그 현실 세계에서는 '물음과 대답'이라든지 '업무 명령과 고과'와 같은 단순한 틀로 문제가 일어나는 일은 거의 없다.

현실 생활에서는 문제가 출제되기 전에 문제 그 자체가 일어나지 않도록 대비하는 것이 훨씬 중요하다. 문제를 풀기 시작하기 전에 문제를 다 풀지 않으면 안 된다. '무도적 사고'에 의하면 위기 상황에서 얼마큼 빨리 탈출하는가를 다투는 능력을 기르기보다도, 오히려 위기와 만나지 않는 능력이 더 중요하다(內田樹, 2021). 위험한 곳에 가지 않는다는 말이다. 오답하면 목숨이 달린 물음 앞에는 서지 않는다는 것이다.

영화 〈다이하드〉의 주인공인 존 맥클레인 형사(브루스 윌리스)는 상대방 악당에게 "너는 있지 말아야 할 시간에 있지 않아야 할 곳에 있다 wrong time wrong place"라는 말을 자주 듣는다. 이 악당의 말은 맥클레인의 '우여곡절'의 삶의 모습을 적확하게 표현하고 있다. 맥클레인 형사가 끊임없이 사건에 말려드는 것은 '있지 말아야 할 때 있지 않아야 할 곳에' 있기 때문이다. 그는 '있지 말아야 할 때 있지 않아야 할 장소'에 빨려 들어가듯이 다가가기 때문이다. 그 말인즉슨, 그에게 그것을 감지할 센서가 갖춰져 있다는 것이다. 그런 센서가 없으면 딱 맞춰서 살인과 테러 현장에 있을 수 없기 때문이다.

그 센서를 자신의 일신을 위해 사용했으면 그는 평생 한번도 범죄 현장을 만나지도 않고 총을 뺄 일도 없었던, 운 좋은 형사로 정년퇴직했을 것이다. 그런데 그는 그것이 가능하지 않았다. 맥클레인 형사는 '있지 않아야 할 때 있지 않아야 할 장소'에 끌리고 만 것이다. 그의 경우는 거기서 일어날 트러블을 해결할 고도의 능력이 자신에게 있다는 것을 왠지 알고 있어서 그것을 발휘하고 싶다는 욕구에 저항할 수 없어 자신도 모르게 그런 상황에 말려드는 것이다. 한데 맥클레인 형사 같은 고도의 능력이 없는 우리 같은 평범한 사람은 '있지 말아야 할 곳에 있지 말아야 할 때' 있어서는 안 된다. 그런 상황과 때에 "위기를 탈출했다"라든지 구사일생으로 살아남았다" 같은 마인드로 세상을 살아서는 안 된다.

따라서 '호신술' 같은 말은 무도가에게는 금지 용어이다. '호신술'에는 '이렇게 습격을 당하면…'이라는 초기 설정이 있다. 그것을 어떻게 물리칠 것인가를 궁리한다. 그런데 '공격을 당한다'는 것은 '선수를 뺏긴다'는 의미로 '무도적' 관점에서 보면 있어서는 안 되는 일이다. 난문에 정답을 맞히지 않으면 생사가 왔다 갔다 하는 상황에 내몰리기 때문이다. 그래서는 '장을 주재한 것'이 되지 않는다. 설령 그때는 어떻게 하다 보니 기술이 잘 걸려서 당면 문제를 해결했다고 해도 '선수를 빼앗긴' 것에는 다름이 없다.

학교 교육의 최전선에 있는 아이들은 물론이거니와 교사들 또한 물음과 대답'이라는 틀에 자기도 모르게 깊숙이 몸과 마음을 담그고 있다고 생각한다. 그러다 보니 모든 일을 그 틀에서 생각하는 습관에 익숙할 대로 익숙해 있다. 배움도 성장도 모두 이 '난문과 정답'의 틀 안에서 이루어진다고 굳게 믿고 있다.

우리 삶은 그렇게 단순하지 않다. 물론 그런 틀 안에서 개발하거나 함양할 능력과 자질도 있다. 그러나 그것은 아이들 안에 잠재하고 있는 능력의 극히 일부에 불과하다. 이것은 우리가 인간으로서 살아갈 때 실제로 필요로 하는 능력 중 극히 일부이다. 그 나머지 대부분은 '난문과 정답'이라는 틀로는 대처할 수 없다. 너무 복잡하기 때문이다. 그래서 그러한 난문에 대답할 필요가 없는 곳으로 옮길 필요가 있다. 그것이 '선수를 친다'라는 말의 의미다.

예컨대 대학과 학회와 같은 시스템이 본연의 의미를 잃어버리고 쇠퇴하고 있을 때 보통은 "어떻게 하면 이 시스템을 개선할 수 있을까?"와 같은 식으로 물음을 세운다. 실제로도 다들 그렇게 물음을 세우고 여러 개선책을 모색하고 있다. 그런데 그런 식으로 물음을 세우는 것이 바로 '선수를 빼앗긴다'는 의미이다. 그래서는 '시스템 내부적'인 물음에 '시스템 내부적인' 대답으로밖에 상대할 수 없다.

시스템 그 자체가 소리를 내면서 무너지고 있을 때 서야 할 곳은 시스템 '외부'이다. 우리는 바깥으로 나갈 수밖에 없다. 시스템 바깥에서 생각하지 않으면 안 되는 것, 해야 하는 것이 많이 있다. 나의 경우를 말하면 대학이라는 시스템 바깥에 나와서 강연과 집필과 번역 등의 일을 하면서 삶을 꾸려 나가고 있다.

그런데 지금 내가 하는 일은 "몇 월 며칠까지 정해진 글쓰기 틀에 맞춰서 논문을 투고해라"라든지, "이런 글쓰기는 논문 형식에 맞지 않으니까 전부 다 고쳐라(혹은 게재 불가다)"라든지, "학생들이 매 학기 하는 강의 평가에 정해진 점수를 달성해야 한다"라든지, "1년에 연구 실적을 몇 편 이상 제출해라"와 같은, 정해진 '난문'에 대답하는 형식을 취하지 않는다. 채점자가 눈을 부라리고 빨간 펜을 쥐고 기다리고 있는 것도 아니다. 시험 감독이 연신 시계를 보면서 남은 시간을 체크하는 것도 아니다.

심리학의 저편으로

독립 연구자로 살아가는, 즉 시스템의 바깥에 서는 것은 나 스스로 선택한 삶의 방식을 구체적으로 어떻게 꾸려 나갈 것인가이다. 시스템 (대학) 바깥에서 어떻게 '유쾌'하게 살아갈 것인가. 그것은 개별적이고 구체적인 일이라서 어디에도 '정답' 같은 것은 없다. 스스로 "이렇게 사는 것도 나쁘진 않구나" 하고 생각하면 그것으로 된 것이다. 누구도 채점하지 않는다. 그 누구도 고과를 매기지 않는다.

## 무문맥의 삶으로서의 독립 연구자

얼마 전 여행차 다녀온 일본 시즈오카현의 '하마마쓰'라는 역에 다음과 같은 포스터 문구가 있었다. "그렇다 교토에 가자." 알아보니 이 문구가 채용되고 나서 꽤 시간이 흘렀음에도 지금도 여전히 사용되고 있을 정도로 손님을 모으는 데 효과적이라고 한다. 이 선전 카피 문구인 "그렇다"라는 말은 사실 문맥이 무엇인지 알 수 없는 이른바 '무문맥적'인 표현이다.

어디에 여행을 갈 것인지 이것저것 생각해서 인터넷에서 검색하고 경비를 알아보고 일정을 정해서 이윽고 "자 그러면 가성비가 가장 좋은 이런 교통편과 숙소를 정해서 교토에 가기로 하자"라고 하는 게 아니다. 길을 걷다 혹은 식사 중에 혹은 일손을 잠시 놓았을 때 문득 "그래 맞아 교토에 가자"라는 생각이 든다는 것이다. 전단이 없다. 갑자기 움직이는 것이다.

무도에서는 이런 상태를 '무심無心' 혹은 '무문맥'이라고 한다(內田樹, 2021). 무심코 어떤 동작을 하고 싶어진다. 그런데 그것이 결과적으로는 공격에 대한 최적의 대응이 되었다. 어디까지나 '결과적'이다. 그것을 목표로 한 것은 아니다. 문득 그 동작이 하고 싶어졌을 뿐으로 뭔가에 '대응'한 것도 아니고 몸을 (휙) 돌려 비킨 것도 아니다. 그래서 상대방에 뒤처지는 일도 아니다. 나 또한 누군가가 '독립 연구자'로 살아갈 것을 제안한 것도 아니고 누군가가 어떻게 살 것인가를 물어서 그것에 대한 대답으로 '독립 연구자'가 된 것도 아니다. 그냥 문득 그렇게 살고 싶어서 이 길을 선택한 것뿐이다.

'대응한다'는 것은 '선수를 빼앗긴다'는 의미이다. 상대방으로부터의 '공격'이라는 문제가 먼저 있고, 이에 '정답 맞히기'로 대응한다는 틀 속에 있음을 의미한다. 이 경우는 공격해 들어오는 상대방은 '문제 출제자'이고 '나'는 '시험 응시자'가 된다. 문제를 내는 쪽도 채점하는 쪽도 상대방이다. 그런데 선수를 빼앗기고 싶지 않으므로 '선수를 치자'라고 생각하는 것도 '난문'에 적절하게 대처하는 틀에 묶여 있는 한, 이미 선수를 빼앗기고 있다. 문제는 움직임의 선후·빠르고 느림이 아니다. '무심'이라는 것은 "그렇다. 이것을 하자"와 같은 자발만이 있고 달성할 목적이 없다. 무엇을 위해 '이런 일(예컨대 독립 연구자의 삶)'을 하고 싶어졌는지 나 자신도 여태껏 잘 모르겠다.

대기록을 세운 스포츠 선수가 경기 후 인터뷰에서 "이것은 그냥 저한테는 통과점이니까요"라는 말을 하는 경우가 있다. 주위 사람들이 "굉장하다, 최고다"라고 부추기는 것을 전혀 신경을 쓰지 않고 무심한 듯 그렇게 대답하는 것은 이 스포츠 선수가 '성공 체험에 주저앉는' 것을 두려워하기 때문이다. 자신이 이룩한 오늘의 달성을 '성공'으로 간주하고 경쟁 상대에게 "이겼다"라고 총괄하면, 거기서 멈출 위험성이 있음을 그들은 알고 있다.

그러고 보면 나의 '독립 연구자'라는 삶은 일종의 '수행'이라고도 볼수 있다. '수행'이라는 그 모든 활동이 '그냥 통과점'이라고 생각하는 마음 자세다. '독립 연구자'라는 삶을 시작하고 나서 그냥 이 길을 묵묵히 걷는 것뿐으로 "이 길의 최종 목표는 어디인가?" "지금, 나는 전 여정 중 어디쯤 왔는가?" "다른 사람과 비교해서 나는 얼마큼 길을 많이 답파하였는가?"와 같은 물음은 아무런 의미도 없다. 수행 중에 누군가에게 이겨도, 누군가보다 강해져도, 누군가보다 정교해져도, 누군가에게 져도, 누군가보다 약해도, 누군가보다 못해도, 그런 것은 아무런 의미가 없다. 의미가 있다고 생각하면 거기에 주저앉고 만다. 결코 "해냈다"라든지 "알았다"라고 생각하지 않는 것. 자신을 '영원한 초심자'로 간주하고 묵묵히 계속 걷는 것.

그것이 바로 '난문-정답'이라는 학교 언어게임에서 벗어나서 '독립 연구자'로 사는 나의 새로운 언어게임이다.

# 9. 상황학습론 개관

## 그들만의 리그에서 통용되는 화법

종래의 인지심리학에서 취했던 관점 및 그 관점과 상호 연동하는 학교 학습이 만들어 내는 인지와 학습에 대한 정의에 따르자면, 인지와 학습은 개인이 내부에 가진 지식 상태와 변형 혹은 개인과 독립적으로 존재하는 지식이 개인의 내부로 들어와서 정착되는 것이다. 그리고 문화와 상황과 같은 개념은 그러한 개인의 인지와 학습에 영향을 주는 환경적인 '요인'으로 다뤄진다.

이러한 관점에 비판적인 입장을 취하는 상황학습론의 창시자인 레이브와 웽거(Lave & Wenger,1991)에 의하면 전통적인 인지심리학은 학습을 그것이 학습자 스스로 발견한 것이든, 타인으로부터 전달받은 것이든, 타인과의 상호작용으로부터 얻은 것이든, 이를 개인 학습자가 '지식을 내면화하는 과정'이라고 다뤄 왔다. 이와는 대조적으로 상황학습론에서는 학습을 '전인격적whole person' 문제와 관련된 것으로 본다. 혹은 학습이라는 것은 '실천 공동체community of practice'에의 참가 형태의 변형이라고 본다(Lave & Wenger, 1991: 15).

방금 내가 기술한 '상황학습론'은 상황학습론을 창시한 레이브를 비롯하여 상황학습론 연구자들이 즐겨 사용하는 설명을 그대로 가져온 것이라기보다는 나름 나 자신의 언어로 고쳐 써 본 것이다. 그럼에도 학습은 '전인격적 문제'와 관련된다든지 학습은 '실천 공동체의 참가 형태의 변형'이라는 상황학습론에서 말하는 학습에 대한 정의는 '상황학습론'에 대해 전혀 문외한인 사람은 물론이거니와 '상황학습론'이 무엇인지 어느정도 알고 있는 사람에게도 여전히 높은 벽이다..

상황학습론에 대한 이해를 돕기 위해서 상황학습론 연구자 중 그 누구도 사용한 적이 없는 어휘 꾸러미와 화법으로 상황학습론에 대한 이야기를 풀어 나가 보도록 하겠다. 그것이 진정한 의미에서 '상황학습론'이라는 사상을 2024년 대한민국에서 부활시키는 일이기도 하기 때문이다.

## 신체성과 상황의존성

몬티 파이튼Monty Python의 코미디 콩트 중 〈철학자 축구 팀The philosophers's Football Match〉이라는 것이 있다. 이것은 고대 그리스와 독일 철학자들이 축구로 대결하는 초현실적인 희극이다. 고대 그리스 팀에는 소크라테스, 플라톤, 아리스토텔레스와 아르키메데스 등 쟁쟁한 멤버가 있고 독일 팀 또한 칸트, 헤겔, 하이데거, 마르크스 등 호화로운 포진이다.

처음에 심판인 공자가 시합 개시 호각을 분다. 그런데 철학자들은 아무도 볼을 차려고 하지 않는다. "과연 볼은 존재하는가", "애당초 축구란 무엇인가", "애당초 사람들이 여기에 모여 있는 이유는 무엇인가" 등 각각의 철학적 사색으로 바쁜 모양새다. 그러다 보니 그대로 전반전이 아무 일도 일어나지 않은 채로 끝나고 만다. 드디어 후반전이 끝날 무렵

아르키메데스가 "유레카(알았다)"라고 외치고 결국 볼을 찬다. 거기서부터 고대 그리스 팀이 맹렬하게 공격해서 아르키메데스가 사이드에서 크로스를 올리자 소크라테스가 헤딩으로 깨끗하게 골을 넣는다. 마르크스가 오프사이드라고 주장해 보지만, 심판인 공자는 대꾸하지 않는다. 결국 시합은 고대 그리스 팀의 승리로 끝난다.

상황인지론을 필두로 하는 현대의 인지과학에서는 생명체의 인지를 특징짓는 중요한 성질로서 신체성embodiment과 상황의존성situated 그리고 환경의 정보를 살려서 판단하는 인지의 확장성Extendedness을 들고 있다. 몬티 파이튼이 묘사한 철학자들의 우스꽝스러운 축구 경기 묘사를 떠올려보자. 고대 그리스 팀과 독일 철학자 축구 팀 선수들에게 필요한 것은 다름 아닌 이러한 생명체다운 지성일 것이다. 일단 심판이 시합 개시 호루라기를 불면 바로 시합을 진행해야 한다. 축구 경기에 임하는 선수에게 중요한 것은 '축구란 무엇인가에 대한 사색'도 아니고 '시합에 대한 묘사'도 아니고 '자신의 무지에 대한 반성'도 아니고 더군다나 '자신의 행위에 대한 근원적 물음'도 아닌 축구 선수가 해야 할 일(패스와 드리블을 하면서 슛을 해서 골을 넣는 일)을 하는 것이다.

그런데 철학자들의 사고는 시합(상황학습론자가 즐겨 쓰는 말로 바꾸면 '실천 공동체')의 진행으로부터 동떨어져 있다. 동적으로 축구라는 세계와 상호작용하는 것이 아니라 추상적인 언어 세계에 갇혀서 결론이 나올 때까지 움직이려고 하지 않는다. 말을 바꾸면 나름 실천 공동체에 참가는 하였지만, 그것은 어디까지나 사색과 자신의 무지에 대한 반성을 주된 실천으로 하는 철학자들의 실천 공동체에 참가한 것일 따름이다.

'상황학습론'의 관점에서 이 코미디 작품을 분석해 보면, 무언가를 학습한다는 것을 단순히 지식을 내면화하는 차원을 넘어서 자신이 놓인 세계와 어떻게 관계를 맺을 것인가 하는 이른바 '전인격적' 문제와 관련된 것으로 봐야 함을 시사해 준다. 나아가 학습은 개인이(여기서는 축구 선수) 어떻게 축구라는 실천 공동체에 완전한 참가자full participant 로서 참가하는지 그 과정이 바로 그 자체임을 시사해 준다.

레이브와 웽거(Lave and Wenger, 1991)가 주장한 '참가로서의 학습'이라는 시좌에서 보면 축구 선수(학습자)는 그 공동체(축구 팀)의 실천을 구성하고 있는 것의 '전체상'을 그려 낼 수 있는 사람이다. 그 '전체상'이라는 것은 평소에 왜 훈련을 해야 하는지에 대한 자각, 자신의 팀원들과 호흡을 맞추는 일의 중요성, 팀을 승리로 이끌기 위해 자신이 맡은 포지션에서 어떤 창의적인 궁리가 가능한지 나아가 팀원들이 어떤 일에 기뻐하고 역으로 화를 내고 가치를 두는지 등등까지도 포함되어 있다. 그것이 바로 레이브와 웽거가 말한 '학습은 전인격적 문제'와 관련이 있다는 것이 의미하는 것이다.

그런 면에서 본다면 이런 '실천'을 구성하고 있는 것의 '전체 그림'이 완전히 빠져 있는 '그리스 철학자'와 '독일 철학자'가 학습을 하는 일(축구라는 실천 공동체의 구성원으로서 참가하는 것)이 일어나지 않은 것은 당연한 일일 것이다.

## 테이프를 듣는 실천 공동체 vs
## MP3를 듣는 실천 공동체

2000년대 초반에 소위 'P2P 프로그램'이라는 게 있었다. P2P란 Peer

to Peer의 약자이다. peer는 친구라는 말로 peer to peer는 친구가 친구에게 보낸다는 의미이다.

　　P2P는 무료로 MP3 파일이나 영화 파일, 사진 등을 내려받을 수 있는 시스템이었다. 이런 P2P 프로그램에는 프루나pruna, 당나귀, 파일구리 등이 있었다. 이 P2P 프로그램에 대해 음악을 만드는 사람들이 음악 창작을 저해하는 '불법'이라고 규탄의 대상으로 삼았던 적이 있다. 이런 상황에 이르게 된 것은 음악의 재생 원리가 디지털화된 것에 기인한다. 아날로그 코드는 아직 '물건'적인 요소(물질성)가 농후하다. 일단 앨범은 크고 두께도 있고 부클릿과 사진을 포함해서 재킷 디자인은 방에 장식해 둘 수 있는 것으로 나름의 '물질성'을 갖고 있었다. 즉, 아날로그 레코드는 재생음의 소스로서의 기능 이외에 책과 그림으로서의 유용성도 같이 갖고 있었다. 그래서 음악의 배포를 물품 판매의 유비analogy로 말할 수 있었다. 그런데 음악 미디어가 디지털화되고 나서부터는 이야기가 달라졌다. 디지털은 물질성을 거의 느낄 수 없기 때문이다. 아날로그 시대를 사는 사람으로서 손으로 만질 수 없는 것에 관해서 '소유'라는 개념을 갖는 것은 어려운 일이다.

　　내가 갖고 있는 레코드판과 테이프를 "좀 빌려줘" 하고 친구가 가져가 버리면 빌려준 나는 레코드판과 테이프가 돌아올 때까지 음악을 들을 수가 없다. 그런데 누군가가 소유한 음악의 디지털 데이터를 "좀 복사하게 해 줘"라고 말해도 복사를 허용한 쪽은 그것을 통해서 어떤 현실적 손해를 입는 일은 없다. 복사를 해 주고 나서 자신이 음악을 들을 수 없게 되는 것은 아니기 때문이다. 소유한 영화 파일을 친구에게 메신저나 메일로 보내도 그 영화 파일이 사라지는 것도 아니다.

그래서 우리는 MP3와 같은 디지털 음원이 처음 등장했을 때 디지털 데이터를 주고받는 것에 '물건'을 주고받는 것과 똑같이 '과금'한다는 발상에 좀처럼 적응할 수가 없었다. 우리는 '사용하면 줄어드는 것'에는 사용자가 대가를 지급해야 한다는 것을 안다. 예컨대 식당에서 밀면이나 돼지국밥을 먹고 돈을 내지 않으면 안 된다. 그런데 '사용해도 줄지 않는 것'에 사용자가 대금을 내는 것에는 좀처럼 실감이 동반되지 않는다. 먹어도 먹어도 줄지 않는 밀면에 대해서라면 돈을 내라는 말을 들어도 "그런데 밀면이 하나도 안 줄었거든요!!"라고 말하고 싶어진다.

디지털 데이터에 과금하는 경우는 결국 그때그때 '데이터가 물건인 경우에는…'과 같은 상상적인 치환을 하지 않으면 무엇이 일어나는지를 제대로 이해할 수 없다. 이 전자 펄스를 '상상력을 동원하여 물품으로 치환하는' 절차에 대해 많은 사람이 납득할 수 없었을 것이다. 대다수 사람이 "공짜라서 복사했는데 비용이 발생한다고 하면 그런 것은 필요 없다"라고 말하고 싶어 하는 영상 및 음성 데이터를 PC에 보관하고 있는 셈으로, 그것을 반드시 '발생할 수도 있었던 이익'에 직접 손해를 끼친다고 말할 수는 없기 때문이다.

상황학습론의 관점에서 보면 디지털 세계에 참가하기 위해서는(말을 바꾸면 디지털 세계에서 사는 방법을 학습하기 위해서는) 레코드판이나 테이프와 같은 아날로그 음악을 듣는 실천 공동체에서 MP3와 같은 디지털로 음악을 듣는 실천 공동체로 이행할 필요가 있다. 이렇게 이행할 때, 음악을 매매하는 행위 형태와 그것의 의미도 바뀌게 된다. 예컨대 아날로그 음악 시대와는 달리 데이터를 복사해도 음악이 사라지거나 줄어드는 일은 일어나지 않지만, 그럼에도 매매가 가능하고 매매가 가능하다는 것은 그것을 무단으로 복제하여 유포하는 행위가 창작자의 창작 의욕을 꺾는 것으로 연결될 수 있다는, 새롭게 사회적으로 구성된 관념을 소비자가 받아들일 필요가 있다는 것이다. 그리고 2024년을 살아가는 사람 중에 한때 '아날로그 음악 세계'라는 공동체의 구성원이었던 적이 있는 사람 중 많은 수가 '디지털 음악 세계'라는 공동체의 구성원으로 이행한 것에 성공했다고 할 수 있다.

## 학습은 누군가가 되어 가는 일 혹은 누군가로 거듭나는 일

이러한 관점에서 본다면 새로운 지식을 얻는다는 것은 개인이 어떤 기능과 지식을 단지 내면화하는 문제를 넘어선다. 그것은 레이브와 웽거가 다음에서 진술하고 있는 것과 같이 보다 큰 관계의 시스템 위에 놓아두고 논의해야 한다. 그리고 보다 큰 관계의 시스템 위에서의 개인의 정체성identity 형성과 관련 지어 논의해야 한다.

즉, 특정한 실천 공동체의 구성원이 되는 것은 '완전한 참가자full-participant'가 되는 것, 구성원이 되는 것, '한 사람 몫을 해낼 수 있는 사람a kind of person'이 되는 것을 의미한다. 이러한 관점에서 본다면 새로운 활동에 참여할 수 있게 된다는 것이라든지 새로운 작업과 기능을 수행할 수 있게 된다는 것이라든지 새로운 이해에 도달할 수 있게 되는 것은 학습이라는 활동의 정말 일부분에 지나지 않는다. 그리고 대부분의 경우 우연적인 것에 지나지 않는다. 활동, 작업, 기능 그리고 이해는 독립해서 존재하는 것이 아니다…. (중략) 인간은 이러한 관계에 의해서 정의되는 것과 동시에 이러한 관계를 정의한다. 따라서 관계가 변하면 학습의 모습 또한 변하게 된다. 학습의 이러한 측면을 무시하면 학습이 정체성 형성을 포함한다는 것을 간과하게 된다. _ Lave & Wenger, 1991: p. 53.

레이브와 웽거는 '학습' 개념 정의에 '정체성' 형성이라는 차원을 도입한다. 말을 쉽게 바꾸면 '학습'이란 특정한 실천 공동체에서 '한 사람 몫을 해낼 수 있는 누군가'로 거듭나는 과정이라는 의미이다. 몬티 파이튼이 그려 낸 〈철학자 축구 팀〉예를 가져와 보면, 학습이란 '축구'라는 실천 공동체가 규정하고 있는 다양한 규칙에 따르기도 하고 때로는 역으로 규칙을 어기면서 플레이를 수행하는 '축구 선수'가 되어 가는 과정이다. '축구 선수'가 되는 것은 '축구란 무엇인가?'를 근원적으로 따져 묻고 '축구라는 경기를 객관적으로 묘사하고', '축구를 해야 하는 당위성'에 대해 의심하는 철학자의 실천 공동체에 소속된 구성원의 행위와는 달리 각자 맡은 포지션에서 최선을 다하는 것이다. 즉, 수비수는 수비수로서의 역할에 충실하고 미드필더와 공격수는 각각의 포지션에서 최선을 다해 경기에서 승리하는 것을 목표로 하는 사람이 되는 것이다. 나아가 국제 경기 등에서 승리함으로써 국가의 위상을 빛내는 동시에 그런 경기에서 눈부신 활약을 보임으로써 외국 리그 이적을 통해 자신의 몸값을 올리는 사람이 되는 것이다.

학교로 눈을 돌려보면, 교실이라는 실천 공동체에서 '무엇을 할 수 있게 된다'고 하는 것은 예컨대 수학 문제를 푸는 활동이 있다고 하면, 문제를 수식과 공식에 맞게 풀어내는 것 이상이다. 이는 그 수학 문제가 지금 어떤 상황(일상과는 다른 교실이라는 제도적 상황)에서 성립하고 있고, '누가(교사가) 그 문제를 내는가? 그리고 '누구로서(학생으로서) 수학 문제를 푸는가?'와 관련된다. 즉, 수학 문제 풀기라는 활동에 참가함으로써 학생은 '교실인'으로서 정체성을 형성하게 된다. 여기서 무엇이 가능하게 되었다고 하는 것은 참가 형태의 변화(예컨대 초등학교 1학년 교실의 학생으로서 수학 문제를 푸는 것이 불가능한 상태에서 1학년 학생으로서 같은 수학 문제를 풀 수 있게 되는 것)와 어떤 포지션을 획득하게 되는 것, 즉 전인격적 문제whole person issue이다.

수학 수업 시간에 교사가 낸 문제, "아버지가 키우는 소 열 마리에게 풀을 먹이러 산에 갔습니다. 소들이 풀을 먹는 동안 잠깐 졸았습니다. 소들의 울음소리에 깜짝 놀라 눈을 떠 보니 소 여섯 마리가 사라진 것을 알게 되었습니다. 자, 그렇다면 당신은 소를 몇 마리 집에 데리고 갈 수 있습니까?"에 곧바로 10 빼기 6은 4라고 대답하는 사람이 된다는 것이 바로 뭔가를 '학습'했다는 의미이다. 학교라는 실천 공동체에서 수학 문제를 제대로 푸는 사람이란 예컨대 집에 소를 데리고 가다가 또 소를 잃어버릴 수도 있는, 현실에서 일어날 법한 가능성은 일단 전혀 시야에 넣지 않는 사람이 된다는 것이고 나아가 "소를 잃어버린 죄책감에 저는 집으로 돌아갈 수가 없습니다"와 같은, 일상에서는 충분히 일어날 수 있는 가능성에 애써 눈길을 주지 않는 사람이 되는 것이다.

상황학습론의 관점에 따르자면, 일상에서 학교로 막 이행했을 때의 자신과 이행 후 어떤 실천(예컨대 수학 수업)을 경험한 후의 자신은, 그야말로 사람이 달라질 수밖에 없는 것이다. 수영을 모르는 사람이 수영을 배운다는 것은 단지 '수영 기술을 획득했다'에 그치지 않는다. 지상을 걷는 것 혹은 지상에서 호흡하는 것과는 전혀 다른 몸의 사용 방식을 습득하지 않으면 헤엄을 칠 수가 없다. 그것은 삶의 방식 그 자체를 근본적으로 바꾸는 일이다.

이처럼 상황학습론은 주류 심리학에서 학습을 정의할 때 놓친 개인이 어떻게 공동체와 관계를 맺으면서 어떤 특정한 사람으로 되어 가는지에 천착한다고 할 수 있다.

### 교실인이 되는 것의 의미

다음과 같은 문제가 나오면 당신은 어떻게 대답할까?

문제 1:
(1) 모든 바나나는 핑크색입니다.
(2) 존은 지금 바나나를 먹고 있습니다.
(3) 존이 먹고 있는 바나나는 핑크색입니까?
문제 2:
(1) 모든 물고기는 나무 위에서 살고 있습니다.
(2) 톳은 물고기입니다.
(3) 톳은 나무 위에 살고 있습니까?

물론 두 문제 모두 정답은 "예"일 것이다.

그런데 이러한 비현실적 삼단논법 문제를 보통의 4세 아동, 언어 능력이 4세아 수준 경도의 학습장애아 그리고 언어 능력 4급 레벨의 자페아(각각 15명에게)에게 내어 보니 보통의 4세 아동의 정답률은 28.9퍼센트, 학습장애아의 정답률은 26.4퍼센트, 자폐증아의 정답률은 76.8퍼센트였다. 보통의 4세 아동 대부분과 학습장애아는 "바나나는 노란색인데?!?"라든지 "물고기는 당연히 물속에 살지!!"라고 말하면서 '삼단논법'을 무시하고 이른바 '현실적'인 대답을 하였다. 그런데 자폐아는 이런 '비현실적 삼단논법'에 대해서 거의 문제없이 정답을 맞혔다.

다음으로 각각의 문제에 "실은 이것은 옛날 이야기인데…"라든지 "이런 이야기가 있었단다…"와 같이 뭔가 첨언을 하고서 문제를 내어 보니 보통의 4세 아동은 65.0퍼센트, 학습장애아는 53.0퍼센트와 같이 정답률이 상승했는데 그에 비해 자폐아는 41.2퍼센트로 오히려 정답률이 떨어지고 말았다. 이러한 연구 결과에 관해서 물론 여러 가지 설명이 가능할 것이다.

발달심리학자 베론-코헨(Baron-Cohen, 2008)에 의하면 인간의 뇌에는 '남성뇌'와 '여성뇌' 두 종류가 있다고 한다. '남성뇌'는 체계적인 systematic것을 좋아해서 "만약 ~ 라고 한다면 ~ 이다"와 같은 논리로 사고하는 것에 강점을 보인다. 반면에 '여성뇌'는 세상일을 '공감적'으로 포착하는 것을 선호해서 '이야기 세계'를 읽어 내는 사고에 적합하다고 한다. 여기서 말하는 '남성뇌'와 '여성뇌'라는 것은 남성은 일반적으로 '남성뇌'가 우위에 있고 여성은 일반적으로 '여성뇌'가 더 잘 작동한다는 의미이지 남녀의 성별에 그대로 대응한다는 것은 아니다. 나아가 베론-코헨은 자폐증의 경우 '남성뇌'가 극단적으로 우위에 있다고 주장한다. 그렇다고 한다면 자폐아는 '비현실적 삼단논법' 문제가 그대로 제시되었을 경우 '시스템 사고'에만 기초해서 대답하고 있는데, "옛날 이야기에 의하면…"이라고 단서가 붙는 순간 "어떻게 생각하면 좋을지" 몰라서 손을 놓게 되었다고 볼 수 있다. 반면에 보통의 4세 아동은 적어도 '여성뇌'적인 사고도 할 수 있기 때문에 그쪽 사고로부터 도움을 받아서 생각을 하기 때문에 정답 맞추기가 수월해졌을 것이라고 분석하는 것도 가능하다.

그러나 나는 이 이야기를 조금 다른 관점에서 분석해 보고자 한다. 실은 이것과 비슷한 '삼단논법' 테스트가 과거 아프리카 라이베리아의 쿠베르족 성인을 대상으로 해서 그들의 '논리적 사고 능력'을 연구할 목적으로 이뤄진 적이 있다.

문제: 거미와 흑사슴은 늘 함께 식사를 합니다. 지금 거미가 식사를 하고 있습니다. 그러면 흑사슴은 식사를 하고 있을까요?

실험 결과에 의하면 이 문제에 대해서 다음과 같은 회화가 이어졌다.

피험자: 그들은 덤불 속에 있는가?
실험자: 그렇습니다.
피험자: 두 마리가 식사를 하고 있다고?
실험자: 그렇습니다.
피험자: ….
실험자: 처음 질문을 다시 하겠습니다.
피험자: 그 녀석은 모르겠네. 나는 그 장소에 있었던 게 아니니까. 어떻게 그런 질문에 대답을 할 수 있단 말인가?

실험자: 대답할 수 없습니까? 그 장소에 없었다고 해도 생각하면 알 수 있지 않은가요?

피험자: 아 그런가. 흑사슴은 식사를 하고 있어.

실험자: 이유를 말해 주세요.

피험자: 흑사슴은 하루 종일 돌아다녀서 덤불 속의 초록 잎을 먹고 있으니까. 좀 쉬다가 다시 일어나서 돌아다니면서 먹지.


이런 실험을 수행한 후기 비고츠키 연구자의 대표격인 마이클 콜(Michael Cole, 1998)은 인간의 사고는 자신들이 매일 수행하고 있는 '문화적 실천'과 밀접한 관계를 맺고 있어서 '형식논리에 따라서 생각하는' 것(예컨대 삼단논법)은 서구의 '학교적' 문화에 고유한 것에 지나지 않는다는 사실을 밝혔다. 이른바 '학교적' 문화에 익숙하지 않은 쿠베르족의 입장에서 본다면 '생각한다'는 것은 말해진 내용을 본인 나름으로 해석하고 여러 가능성에 관해서 상상력을 발휘하는 것이지 구체적인 문맥과 내용으로부터 벗어난 '논리'에만 따르는 '사고'라고는 생각할 수 없는 것이다.

이렇게 생각하면 취학 전인 4세 아이가 '학교적schooled' 문화의 산물인 '형식논리'에 따르는 사고를 할 수 없어서 쿠베르족의 사람들처럼 그것을 '이야기 속의 세계'로서 받아들이는 것이 훨씬 수월하다는 것도 납득할 수 있다. 그런데 이렇게 생각하니 '자폐아'는 '학교적 문화'를 너무나 일찍 받아들이고 있는 것 아닌가 하는 분석도 가능하다. 그럼 여기서 새삼 '학교적' 문화에서 키워진 사고(앎의 방식)을 생각해 보기로 하자. '학교'에서 지식은 늘 '주어지는', 즉 생각한다는 것은 '주어진 지식'에 기초해서 그 '지식'의 틀 내에서 거기서 제시된 절차를 밟는 것이 요구된다.

자기 나름의 경험에 비춰 보고 자기 나름으로 상상력을 구사하는 것은 당연히 해서는 안 되고 피해야 할 것으로 간주된다. 그런데 학교 문화에서 키워진 사고는 마이클 폴라니(M. Polanyi, 2015)가 '개인적 지식personal knowledge'이라는 용어에서 단죄하고 있듯이 'detachment(무관여의 사고)'이다. 우리는 '과학적 지식'이라는 것을 개인을 벗어난 객관적이고 보편적인 '실재'로서 생각하기 십상인데, 폴라니는 이를 큰 잘못이라고 말한다. 그는 '과학적 지식'이란 개인이 자기를 대상 세계에 '투입'해서 상상력을 최대한도로 가동시켜서 '납득하는(모순이 해소되어 만족하는)' 것이라고 보았다.

그렇다면 학교 교육 안에서 '키워지는' '앎의 방식'은 폴라니가 단죄하고 있는 '무無관여(자신과는 전혀 관계가 없는)'적 사고에 의한 '주어진 지식'에 따라서 그 틀 내에서 제시된 절차만을 묵묵히 밟아 가는 '앎의 방식'일 것이다. 그리고 그런 자신을 전혀 '관여'시키지 않는 사고가 극단까지 간 상태가 '자폐아'가 보이는 사고가 아닌가 하고 생각할 수 있지 않을까? 이러한 학교 교육 안에서 키워진 특수한 '앎의 방식'을 아무런 비판 없이 따르는 것 또한 레이브와 웽거의 입장에서 본다면 '특정한 종류의 학습'이 이루어졌기 때문에 가능한 것이다. 이런 '앎의 방식'을 채택함으로써 아이들은 그렇게 '교실'이라는 실천 공동체에 정통적으로 참가하게 된다.

## 실천과 실천 공동체

상황학습론을 이해하기 위한 중요한 개념인 '실천practice'과 '실천 공동체community of practice'란 무엇인가에 관해 몇 가지 사례를 통해서 살펴보기로 하자.

레이브와 웽거(Lave and Wenger, 1991)는 실천에 관한 다양한 사례를 소개하고 있다. 라이베리아의 양복점, 미 해군, 유카탄 반도의 산파, 미국의 정육점 등의 사례이다. 레이브와 웽거에 의하면 라이베리아의 양복 만드는 사람들의 경우, 도제들은 장식품과 버튼 옷의 다양한 부분의 재봉과 옷감의 재단과 같은 의복 생산 프로세스 중 특정한 공정에 배당된다. 이러한 의류의 생산이라는 활동에 따라서 이 각 프로세스에서 필요한 다양한 도구도 배치되어 있다. 이 사례에서 보면 의복의 생산활동이 다름 아닌 '실천'이고 이 의복 제작을 위해서 조직화된 사회적 집단은 '실천 공동체'이다.

그런데 실천 공동체는 단순히 지역공동체, 회사의 부서, 학교의 클래스, 가족과 같은 제도적인 사회 조직을 일컫는 말이 아니다. 실천 공동체는 어디까지나 사람들이 '어떤 특정한 실천을 공유'함으로써 구성되는 것이다. 중요한 점은 이 의복 제작을 위한 공동체가 단순히 제도적으로 조직화되어 있다기보다도 '의복 제작'과 같은 '실천에 의해서 조직화'되어 있는 것이다.

몬티 파이튼의 '고대 그리스 철학자 vs 독일 철학자' 축구 경기의 예를 다시 가져와 보면 '축구팀=실천 공동체'가 아닌 것이다. 실제로 축구 경기에 참여하면서 이 스포츠가 정해 놓은 다양한 규칙을 지키거나 때로는 위반하면서 드리블하고 패스하고 슈팅을 때리고 골을 넣고 때로는 심판에게 어필하고 골 세리머니를 하는 등의 '실천'을 통해서 비로소 '축구 팀'이라는 실천 공동체가 구축된다.

실천에 관한 또 하나의 예는 허친스(Hutchins, 1991)의 연구에도 잘 나와 있다. 허친스에 의하면 대형 선박의 항해는 방위측정기록계, 작도계 등으로부터 구성되는 사회적 집단에 의해 관리되고 운영된다. 또한 해도에 배의 위치를 좌표에 그려 넣기 위해 해도, 항해, 지방, 모노그램(시간/거리/속도 계산 도표)과 같은 다양한 사회. 역사적 인공물artifact이 사용된다. 허친스는 대형 선박의 항해가 사회·역사적 인공물과 내비게이션 팀의 앙상블에 의해서 운영된다고 지적한다. 즉, 이 대형 선박의 위치 결정과 같은 인지적 활동은 항해 팀과 사회·역사적 인공물의 공동 작업에 의해 성립한다. 물론 허친스가 들고 있는 내비게이션의 활동도 또한 실천의 일종이라고 볼 수 있다. 그리고 여기서도 이 집단은 단순히 제도적으로 조직화된 것이 아니라 어떤 실천을 공유하고 있으므로 실천 공동체라고 부를 수 있다.

지금까지 검토해 본 사례로 본다면 '실천'이라고 하는 것은 사람들이 협동적으로 사회·역사적 인공물을 계속 사용하면서 무엇인가를 생산, 창조하거나 보수, 관리하거나 어떤 장소로 향하는 활동(예를 들면 선박의 항해 등의 활동)을 수행하는 것이라고 생각할 수 있다.

'실천'을 위와 같이 정의하면 '실천 공동체'를 의복을 생산하거나 선박을 항해하거나 관리 보수하고, 무엇인가를 연출하거나(음악, 연극 등), 교육학 연구와 부품 개발 같은 실천을 위해 조직화된 사회적 집단이라고 정의할 수 있다. 요약하자면 실천 공동체는 이웃과 가족, 회사의 부서와 학교의 클래스 등과 같은 제도적인 사회조직과 똑같지 않다. 그것은 어떤 특정한 실천을 공유하고 있는 집단을 일컫는 말이다(Wenger, 1990).

이런 관점에서 보면 '실천'은 '문화적 실천'과도 호환 가능하다고 할 수 있다.

## 문화를 정의하기

'문화'와 '문화적 실천'에 관한 정의가 많이 있는데, 여기서는 사에키 유타카(佐伯胖, 2002)가 내린 정의를 채용하도록 하겠다. 사에키는 인간을 자신의 생활을 '보다 나은 것으로 하고 싶어 하는' 존재로 전제한다. 그리고 그것을 위해 인간은 다음과 같은 네 가지 활동을 수행한다고 본다.

(1) '좋은' 것이란 본래 어떤 것인가를 찾기(가치의 발견)
(2) '좋은' 것이라 생각하는 가치를 공유하려고 하기(가치의 공유)
(3) '좋은' 것이라 여겨지는 것을 만들어 내기(가치의 생산)
(4) '좋은' 것이라 여겨지는 것을 많이 남기거나 확장하는 기술을 개발하기(가치의 보급)

사에키는 이러한 인간의 행위를 통해서 만들어진 것을 '문화'라고 부르고 (1)~(4)와 같은 인간의 활동을 '문화적 실천'이라 부르고 있다(佐伯胖, 2002).

여기서 중요한 것은 우리 인간이 자신이 참가하는 집합적 활동의 공동체에 특유한 의미와 가치를 생산하고 그것을 공유하려는 존재라는 것이다. 축구 클럽이든 학교 활동이든 행정 사업이든 심리학 연구든, 우리는 거기에 소속하는 한 해당 '집합적 활동(예컨대 축구)'에 있어 의미 있는 기술과 인공물을 만들어 내고 그 인공물에 의해서 재구성된 세계를 살게 된다. 이러한 사실과 관련해서 마이클 콜(Cole, 1998)은 다음과 같이 말하고 있다.

도구를 만드는 것에 덧붙여서 인간은 후속 세대가 이미 작성된 도구를 재발견하도록 준비한다. 문화적 존재가 되는 것, 타자가 문화적 존재가 되도록 준비하는 것은 문화화enculturation라고 불리는 단일한 과정과 밀접하게 연결되어 있는 부분이다. ⋯ 이 시점에서 본다면 문화는 그 역사적 경험의 여정에서 사회적 집단에 의해 축적된 인공물의 '전체 집합'으로서 이해할 수 있다. 그 총체에서 어떤 집단의 축적된 인공물, 문화는 다음으로 인간 종에 고유한 발달의 매체로 간주된다. 그것은 '현재의 역사'이다. 그 매체 내에서 발달하고 다음 세대에서 그러한 것들이 재생산되도록 준비하는 능력이 우리 인류라는 종에 특수한 특징이다. _ Cole, 1998, p. 125.

통상 인간의 문화는 후퇴하지 않는다. 지금까지 쌓아 온 것 위에 구축하기 때문이다. 올림픽 기록이 자주 경신되는 이유가 여기에 있다. 앞 세대가 만들어 놓은 연습법과 테크닉, 이론, 옷과 신발 등의 도구. 그러한 것의 축적 위에 새로운 세대는 시작한다. 지구 규모의 천재지변과 같은 일이 일어나지 않는 한, 모든 것이 제로가 될 때까지 리셋되는 일은 없다. 우리는 어떤 실천에 참가함으로써 그때까지 문화적 실천을 수행해 온 사람들이 축적한 문화를 재발견, 경험하고 그들이 준비해 온 인공물을 이용한다.

실천하기 시작하는 것은 단지 일상적으로 특정한 행위를 수행하는 것과는 다르다. 그 실천을 하는 사람들의 동료가 되고 '초심자'가 되는 일이다. 우리의 실천은 그러한 경로를 거치고, 그렇게 우리도 또한 문화적 실천을 수행하는 문화적 존재로서 사회집단의 일원이 된다.

## 심리학이라는 문화적 실천

'문화'와 '실천'을 위와 같이 정의한다고 하면, 예를 들어 심리학을 전공하는 학생에게는 '통계'와 '실험'도 문화적 실천 중 하나라고 고쳐 볼 수 있을 것이다. 학습자가 필요한 통계 처리와 실험 방법을 1부터 다 만들어 내는 것이 아니다. 심리학에서 통계적인 기법과 실험은 이미 중요한 연구 수단으로서 확립되어 있다. 그러나 이 통계와 실험의 의미는 '심리학 통계법'과 '심리학 기초 실험' 강의를 듣는 것만으로는 좀처럼 이해하기 어렵다. 선행 연구를 읽거나 스스로 질문지(앙케이트)를 작성해서 스스로 실험을 디자인하고 거기서 얻은 데이터를 입력하고 분석함으로써 심리학의 통계와 실험의 의미를 서서히 알아 가게 된다.

통계적 방법과 심리학 실험은 심리학적 연구의 신뢰성과 타당성을 보증하는 문화적 도구이고, 심리학적 연구를 공표할 때 빠트릴 수 없는 아이템이다. 그리고 다른 누군가의 연구에 있는 실험 방법과 다른 사람이 이용한 통계 방법과 다른 사람이 도출한 통계 결과도 늘 재해석되고 실험과 통계 이용법을 유지하고 더 세련시키는 원동력이 된다.

이 일련의 과정은 심리학 연구라는 '문화적 실천'에 참가해서 실제로 통계와 실험을 이용하는 문화에 묻혀 있는 상태가 아니라면 이해하기 힘들다. 이러한 심리학 연구에서의 심리학 통계라고 하는, 다른 누군가가 만들어 놓은 문화적 실천의 역사적인 축적을 자신의 심리학 연구 안에 재편해 가는 것이 문화와 인공물의 전유appropriation이다. 여기서 말하는 '전유'란 타자와 문화에 속해 있는 무엇인가를 받아들여 그것을 자신의 것으로 하는 과정을 가리킨다(Wertsch, 1998).

심리학 통계를 전유한다는 것은 막연하게 심리학 통계 수업을 수강하는 상태와는 아주 다르다. 전유를 통해서 우리는 심리학 연구를 통계를 넘어서서 볼 수 있게 될 것이다. 어떠한 통계 방법의 가능성이 있는가를 전유하면 실험 계획과 질문지의 작성 방법도 영향을 받을 것이고 계획 그 자체도 투명하게 된다.

심리학의 실천 공동체에 참가한다는 것은 심리학자들이 사용하는 어휘 꾸러미를 자연스럽게 사용하고 그들의 시각으로 세상을 보고 그들의 사고 회로로 사고한다는 것을 의미한다. 이런 문화적 실천은 모든 '집합적 활동'에서 볼 수 있다. 심리학과 같은 학문만의 특별한 일은 물론 아니다. 좀 더 친근한 예를 들면 연애와 같은 '일상적 실천'에서도 이런 식으로 말할 수 있을 것이다. '약지에 반지를 끼우기', '다른 이성과 친하게 지내지 않기', '톡이 오면 바로 답장하기'와 같은 일은 우리 문화에서는 당연하게 공유된 '연애의 실천'이다. 문화 안에 묻혀 있는 지혜와 수단을 자신의 것으로 전유함으로써 이러한 실천은 재생산되고, 연애 또한 당사자에게만 그렇게 보이는 것이 아니라 연애 당사자들에게도 제삼자에게도 확실히 연애로 보인다.

이처럼 인간은 문화를 계승하고 세련화하고 재생산하고 있다. 신참자가 참가하고 매일 실천하는 것이 이 사이클의 에너지가 된다. 역사적으로 만들어진 행위 X에 대해 잠시 생각해 보자.

우리들은 식후와 취침 전에 당연하다는 듯 행위 X를 수행한다. 행위 X를 위한 다양한 시판 상품goods이 커다란 시장을 형성하고 있다. 그것에 관한 전문적인 연구 기관과 이론, 교수법, 병원 심지어는 그것을 제대로 수행하지 않았을 때에 치러야 하는 대가를 인식시켜 주는 홍보 문구 및 동영상, 그것에 관해 부모가 아이에게 타이르는 교육적인 문구가 있는 등 행위 X는 다름 아닌 지금 우리들의 일상이다.

어릴 때부터 행위 X는 거의 예외 없이 모든 가정과 학교에서 장려되고 있다. 우리는 "행위 X를 방금 했기 때문에"라고 누군가가 권한 음식을 거절하기도 한다. 이런 문화적 환경에 계속 노출되다 보면 "행위 X를 하지 않으면 기분이 찝찝하다"라는 느낌까지 급기야는 갖게 된다. 이러한 감각은 태어날 때는 갖고 있지 않았던 일종의 사회적 DNA라고 이름 붙일 수 있을 것이다. 행위 X를 제대로 하지 않으면 우리에게 해를 끼치는 자그마한 악마와 같은 심볼까지 우리들은 문화적으로 공유하고 있다.

자, 이 정도까지 이야기하면 행위 X가 무엇인지 감을 잡을 수 있을 것이다. 행위 X는 바로 '양치질'이다. 그런데 현대를 살아가는 우리에게 너무나도 당연한 이 일상은 시대와 문화가 다르면 전혀 당연한 것이 되지 않는다. 누군가가 권한 과자를 거절하는 이유로 "벌써 양치질을 했기 때문"이라는 이유가 언제 어디서나 누구한테든 통한다고 단정 지을 수는 없는 노릇이다. '양치질'이 누군가의 고독한 독창이라고 한다면, 그것은 이미 사라져 버리고 말았을 것이다. 그러나 양치질은 역사적으로 새로운 실천으로서 참가하는 멤버를 증가시키고 그렇게 함으로써 좀 과장되게 말하자면 세계를 디자인했다.

인공물을 이용하고 역사적으로 새로운 행위의 대상(예컨대 양치질)을 가지고 세계를 바꿔 나간다. '행위의 대상'으로 대상화된다는 것은 바꿔 말하면 그렇게 대상화하는 인공물을 이용해서 그렇게 대상화함으로써 비로소 생길 수 있는 동기를 갖는 것이다.

지금 우리가 일상에서 당연한 듯 사용하고 있는 스마트폰의 경우

를 생각해 보자. 유선 혹은 무선으로 연결된 데스크톱이나 랩톱과 같은
PC가 있음으로 비로소 연결 가능한 인터넷 세계를 넘어서서, PC를 지
참하지 않아도 길을 걷는다든지 커피숍이라든지 지하철 안에서 심지어
첩첩산골에서도 언제든지 누구와도 인터넷 공간을 매개로 커뮤니케이
션 하고 싶은 수요자의 욕구가 먼저 있어서 스마트폰이 나오게 된 것이
아니다. 그게 아니라 스마트폰이라는 첨단 테크놀로지가 만들어지고,
그것으로부터 이익을 얻는 스마트폰 비즈니스가 만들어지고, 와이파이
와 3G, LTE 그리고 요즘에는 5G 같은 네트워크 기술이 체계화되고 나
서야 비로소 '스마트폰 수요', 즉 스마트폰을 갖고 싶고 이용하고 싶은
수요자의 욕구가 등장한 것이다.

칫솔을 든다는 것은 역사적으로 새로운 '치아'를 만나는 일이다. 그
것은 이미 소박한 신체의 일부로서의 치아가 아니라 새로운 구강 케어
의 대상으로서의 치아이다. 우리는 '양치질' 이전의 사람들과는 다른 '치
아'를 인식한다. 다른 동기를 갖고 '치아'를 대한다. 이러한 도구를 매개
로 한 대상과 동기의 상호작용으로서 우리는 존재하고, 우리가 마주하
는 세계가 있다고 할 수 있다.

## 실천 공동체는 명사가 아니다

실천과 실천 공동체의 개념 정의와 관련해서 웽거(Wenger 1990:
51)는 '사회와 문화의 형태를 포함하는 세계의 구조 자체가 행동을 규정
하지 않는다. 오히려 이러한 것은 리소스인 동시에 제약constraint이다'라
고 지적하고 있다. 예를 들어 제도적 단위인 회사의 부서라든지 학교의

클래스, 가족과 같은 구조는 때로는 어떤 특정한 실천을 공유 가능하도록 하는 공간을 제공한다. 다른 한편으로는 제도적 단위의 경계는 구성원이 공간을 공유하는 것을 방해하기도 한다. 이 의미에서 제도적 단위는 자원도 제약도 될 수 있다.

레이브와 웽거에 의하면 실천 공동체가 반드시 '함께 똑같은 공간에 존재하고 엄밀히 정의되어서 특정할 수 있는 집단 혹은 사회적으로 가시적인 경계'를 갖고 있다고는 할 수 없다. 그러나 '참가자들이 자신들이 무엇을 하고 있는지 또한 그것이 자신들의 생활과 공동체에 있어 어떤 의미가 있는지에 관한 공통 이해가 있는 어떤 활동 시스템으로의 참가'(Lave & Wenger, 1991: 98)를 수행하고 있는 것이다. 웽거(Wenger 1990)는 실천 공동체를 다음과 같이 정의한다.

그들을 '실천 공동체'로 있게 하는 매우 중요한 포인트는 그것이 직접적이든 간접적이든 물리적인 공존과 그 밖의 방식을 통해서 '무엇을 하는 방식'과 '서로 접촉하는 장면'을 공유하고 있다는 것이다. 즉, 그들은 실천을 공유하고 있는 것이다. 공유된 실천이라고 하는 것은 그들 모두가 종사하는 활동, 그 공유하고 있는 활동에 관한 특별한 커뮤니케이션의 방식, 그 결과로서 그들이 공유하고 있는 관점과 흥미, 이해interests와 같은 것이다.

이 실천을 공유하고 있다는 것에 관한 구체적인 여러 측면은 실천 공동체라는 개념을 분석적으로 풀어낼 때 중요한 것이다. 왜냐하면 이 개념은 이 현실 세계에서 일어나고 공유된 실천이라는 것에 의해서 정의되고, 설명을 위해서 사용되는 구조적 특징을 전혀 전제로 하지 않기 때문이다. _
Wenger, 1990, pp. 145-146.

요약하자면 실천 공동체는 제도적 틀을 자원resource으로 계속 이용하면서 실천을 공유하는 과정에서 상황적으로 구성되고 재구성된다. 학교 교실은 실천 공동체의 제도적 틀을 제공하지만 실천 공동체 그 자체는 아니다. 교실이 그 교실에 있는 구성원에게 특정한 실천을 공유하는 실천 공동체로 작동하는 것은 다름 아닌 구체적 활동을 통해서이다. 교실에서 무엇이 가능하게 되었다고 하는 것은 어떤 포지션을 획득하게 되는, 즉 '전인격적 문제'이다. 예컨대 초등학생 아이들에게 현실성이 없는 수학 문제(6킬로그램의 6학년 학생이 10명 있으면 전부 몇 킬로그램일까요?)를 냈을 때, 아이들이 사칙연산을 적용해서 아무 저항감 없이 푸는 모습을 만나기란 어렵지 않은 일이다. 이러한 예에서 알 수 있듯이 교실이라는 실천 공동체의 참가자가 된다고 하는 것은 '누구로서(교실인으로서) 문제를 풀어 내느냐'와 관련된 것이다.

## 정통적 주변 참가론

레이브와 웽거(Lave and Wenger, 1991)는 일상적으로 학습이 일어나는 그 열쇠를 '공동체 참가'에서 찾는다. 레이브와 웽거가 들고 있는 문화적 학습의 과정으로 보면, 신참자는 주변에 머물면서도 '정통성'을 갖고 그 장에 참가한다. 이건 무엇을 의미할까? 예를 들어 레이브와 웽거가 필드워크한 라이베리아 양복점의 사례에서는 양복 공정에서 실수를 하더라도 금방 만회가 가능한, 예컨대 단추 달기와 소매의 바느질을 신참자에게 맡긴다. 중요한 일은 숙련된 장인이 맡는데, 신참자는 그 일련의 전 공정 과정을 볼 수 있다. 그렇게 함으로써 자신이 수행하고 있는 일견 지엽적으로 보이는 작업도 '양복 만들기'라는 전체 안의 일부라는 것을 알 수 있다. 그것은 놀이도 아니고 연습도 아닌 엄연한 '바느질'이라는 실천이다. 이처럼 주변적이면서 '정통성'을 갖고 바느질 실천에 참가하는 것이 신참자의 문화적 학습의 디자인을 생각해 볼 때 중요하다고 레이브와 웽거는 말한다.

신참자는 주변적으로 참가하면서 숙련자의 실천과 행위의 전체상을 파악하도록 요청받는다. 필요한 지식과 기법을 1부터 체계적으로 배울 수 있는 학습 키트가 준비되어 있는 것이 아니다. 그들은 숙련자가 무엇을 어떻게 하고 있고 또 어떠한 특유의 규칙이 있는가를 관찰하게 된다. 그리고 커뮤니티 안에서 모델과 규범을 찾아내고 '어떤 사람이 될 것인가' 하는 아이덴티티 획득 과정을 경험한다.

이러한 과정을 레이브와 웽거는 '참가participation'라는 개념을 사용해서 설명한다. 처음에는 '모델'이 되는 사람에 대한 동경에서부터 '참가'하기 시작했을 수도 있겠으나, 계속 참가함으로써 점차 '한 사람 몫을 해내는' 멤버가 되려는 동기가 생겨나게 된다.

이처럼 레이브와 웽거가 제시한 '정통적 주변 참가론'에서 집합적 활동의 참가자는 아무것도 없는 사회적 진공 상태에서 어디에 사용할지 알 수 없는 추상적인 가치와 기능의 체계를 습득하지 않는다. 커뮤니티에 참가해서 확실히 '누군가'를 지향하고, 무언가를 목표로 하고 있다. 고유의 문화와 문화적 실천, 가치, 기능 체계를 갖춘 집합적 활동을 계승해 가는 존재로서, 즉 정통적으로 참가함으로써 그 공동체가 인정해 주는 '구성원다움'과 자기 나름의 정체성을 구축해 나간다. 이처럼 우리는 매일매일의 실천을 수행함으로써 가치와 기능의 체계를 만들어 내고 그렇게 함으로써, 바꿔 말하면 집합적 활동의 공동체를 재생산한다.

## 실천의 문화 스케치하기

한국에서 태어난 우리가 한국인이 되는 것, 이는 대부분 사람에게는 그 어떠한 곤란한 점도 없다. 대부분 거의 문제없이 한국어를 익히고 한국인다운 행동과 한국인이 되기 위한 지식을 익힌다. 아이가 어른이 되는 것, 사람이 남성과 여성이 되는 것은 어떠한가. 똑같이 대다수가 시간이 지나면 자신의 성별과 나이에 걸맞은 말투, 행동을 몸에 익힌다.

경험을 통해서 할 수 없었던 것을 할 수 있게 된 것을 '학습'이라고 부른다면 이러한 것도 '학습'이다. 이런 일상에서의 '학습'이 학교로 대표되는 이른바 '공부'로서의 학습과 차이가 나는 점은 첫 번째로 놀랄 정도로 많은 사람이 거의 틀림없이 습득한다는 사실, 두 번째로 대부분 그것에 이렇다 할 '고생'을 동반하지 않는다는 것이다.

달성해야 할 과제를 아무런 고생 없이 거의 모든 사람에게 익히게 하는 교수 방법이 있다고 하면, 그것이야말로 교육의 꿈일 것이다. 그러나 그 꿈은 우리의 평소의 삶과 일 안에서 이뤄지는 '학습'에서는 당연하게 달성되는 경우가 많다.

이러한 일이 가능하게 되는 열쇠가 레이브와 웽거가 말하는 '참가'이다. 레이브와 웽거가 들고 있는 학습 과정에서는 신참자가 공동체에 '정통적'으로 그리고 '주변적'으로 참가하고 있다. 그들은 그러한 '참가'야말로 학습의 결정적 조건이라고 본다. '정통성'이라는 개념은 그 공동체의 한 사람 몫을 하는 구성원이 되는 것을 목표로 참가하고 있다는 것을 의미한다. 그 공동체의 베테랑을 보고 "저런 사람이 되고 싶다" 하고, 그 공동체의 뒤를 이으려고 하기에 '정통적'인 것이다. '주변적'이라는 것도 이 말이 가진 일반적인 이미지와는 달리 '참가'가 그 공동체의 성립에 필요한 요소라는 것을 나타내고 있다.

예를 들면 라이베리아 양복점 도제들의 단추 달기와 소매 재봉은 주변적인 작업이기는 하지만 한 벌의 옷을 만드는 전체성 안의 일부이다. 그것이 놀이도 아니고 연습도 아닌, '옷 만들기'라는 엄연한 문화적 실천이라는 사실은 누구에게라도 명백하다.

레이브와 웽거는 학습을 실천 공동체에의 참가 정도가 증가하는 것이라고 보았다. 공동체가 재생산되는 것, 즉 신참자가 베테랑으로 바뀌어 가는 것을 생각하면, 학습은 문화적 실천과 떼려야 뗄 수 없는 일체가 된다. 신참자가 정통적이고 동시에 주변적으로 참가하고 있는 이상, 즉 그 공동체의 멤버가 되는 것을 목표로 하고 있다면 학습은 반드시 계속 일어난다고 본다.

레이브와 웽거(Lave and Wenger, 1991)에 의하면, 이러한 참가로서의 '학습'에서 학습자는 그 공동체의 실천을 구성하고 있는 것의 '전체상=스케치'를 만들어 낼 수 있다. 그 스케치에는 평소에 자신이 어떤 삶을 살고 있는가에 대한 그림, 숙련자의 행동거지와 말투, 한 사람 몫을 할 수 있는 사람이 되는 여정 그리고 구성원이 무엇에 기뻐하고 역으로 싫어하고 가치를 두는 것까지 포함되어 있다.

이런 그림이 어떠한지는 자신이 참가하는 취미 공동체 그리고 일 공동체를 떠올려보면 알 수 있을 것이다. 기타를 치고 있다고 하면 기타 연주를 둘러싼 세계의 대략적인 모습, 숙련된 기타리스트의 행동과 말투 그리고 그 동호회의 가치관과 같은 전체성의 스케치를 그렇게 어렵지 않게 떠올릴 수 있고 그 전체성을 목표로 하는 자신을 발견할 수 있을 것이다.

반대로 학교 학습에서는 이 실천자로서는 당연한, 스케치를 그리는 일이 무척이나 어렵다. 그리려고 하면 그릴 수는 있겠으나 그것은 학교에서의 생활의 모습이거나 학교에서 특수한 학습과 특수한 머리를 사용하는 방식, 즉 '학교화된 사람들의 공동체'에 대한 스케치가 될 것이다.

학교에서 학습자는 뭔가 기능을 습득하는 일은 있어도(예컨대 '덧셈'이 가능하게 된다든지) '누가', '무엇을 위해서' 그 기능을 이용하는지에 대한 이해는 종종 결여된다. 말을 바꾸면 그 기능의 사용 문맥을 갖지 않는다는 것이다. 그 기능을 이용하는 동기가 결정적으로 결여되어 있다. 학교라는 문맥과 동기는 있지만, 이는 본래 응용해야 할 구체적인 문맥과 동기와는 거리가 있다. 그런 동기 없는 기능을 배우는 것은 비유적인 표현을 쓰자면 용도가 쓰여 있지 않음에도 불구하고 용법만이 상세하게 기술된 '취급 설명서'를 배우는 것과 같은 것이다.

'누구'로서 '무엇을 위해' 그 기능을 이용하는가는 예컨대 도제와 같은 상황 속의 학습에서는 명시할 것까지도 없는 아주 명확한 것이다. '도제'에 참가하는 사람들은 예컨대 '양복 만들기'의 스케치를 그리고 그 실천자다움의 이상을 쫓아서 활동한다. 그래서 그들에게는 무엇을 대상으로 할 것인가, 어떤 동기를 가질 것인가라는 생각이 먼저 있다. 이른바 지식과 기능의 '학습'은 부산물 혹은 레이브와 웽거의 용어를 빌리자면 '우연'에 지나지 않는 것이다. 그런데 그런 '학습'이 학교에서는 어느 정도 있는 것일까?

## 특수한 실천 공동체 중의 하나, 학교

학교를 특수한 학습 나아가서는 특수한 문화적 실천이 이루어지는 '실천 공동체'로 고쳐서 보게 되면, 학교는 어떤 감춰진 모습을 보여줄까? 그런 시점을 견지하면 우리 눈앞에는 아동들에게 중립적인 지식을 가르치고 보편적인 학습 장소로서 기능하는 장소로서의 학교가 아니라 특정한 학습관, 지식관, 발달관 그리고 능력관을 강화하고 유지하는 국소적인local 실천의 '장소' 혹은 특수한 학습 형태가 강조되는 실천 공동체로서의 학교가 보일 것이다.

일반적으로 학교에서는 교사가 전달하는 지식을 학생이 스스로 내부에 집어넣는 것을 '학습'이라고 정의한다. 연필과 노트를 사용해서 교과서에 쓰여 있는 내용을 참고로 교사가 제공하는 과제에 대해 가능한 한 머리만으로 사고할 것이 요구된다. 테스트 등을 통해서 펜 혹은 연필로 종이에 쓴 대답이 학생이 익힌 표현으로 해석되고, 그 익힘의 정도에 따라 학생 개개인이 평가된다.

이러한 학교의 학습 풍경 혹은 모습은 지식이 한 상황에서 다른 상황으로 운반 가능하다고 하는, 지식의 운반 가능성을 암묵적인 전제로 성립하고 있다. 따라서 학교에서 학습 결과 얻은 지식은 원래 그것이 발생한 상황 혹은 맥락과는 관계없이 세련된 형식으로 학습자에게 전달되는 것이 운반 가능성과 일반화 가능성을 높이는 데 있어서 중요하다 (Park, 2007). 학교에서 이루어지는 학습관은 지식 그 자체가 맥락으로부터 분리되어 '홀로 완결된self-contained' 것, 그 추상도가 높으면 높을수록 운반 가능성과 일반화 가능성이 유지된다고 하는 전제가 깔려 있다.

레즈닉(Resnick, 1987: 15)은 일상생활과 일터에서의 필드워크를 통해 얻은 아이디어에 기초해서 학교가 일상과는 다른 특별한 공간과 시간을 제공하고 있다는 전제에 기초해서 학교에서 일어나는 학습이 일상적 학습과 다른 점을 네 가지로 들고 있다.

첫째, 학교 바깥의 학습에서는 공동 작업자가 함께 협력하고 도구를 사용해서 특정한 일을 달성하는 이른바 공유된 인지shared cognition 혹은 분산된 인지distributed cognition가 중시되는 데 비해서 학교에서는 개인의 인지individual cognition에 초점을 맞춘다. 물론 학교에서도 집단 활동이 장려되지만 최종적으로 중요한 문제는 개개인이 혼자 힘으로 '무엇을 할 수 있는가?'가 부각된다.

둘째, 학교 바깥에서 뭔가 작업할 때 이용 가능한 도구는 경제적인 이유 이외에는 제한되는 경우가 없는데, 학교에서는 도구를 사용하지 않는 순수한 정신 조작pure mentation이 중시된다는 점이다. 학교 현장에서는 컴퓨터 등의 도입이 이전부터 논의되어서 실제로 교실에서 사용되는 경우는 있지만 학습의 성과를 평가하는 경우, 그러한 도구는 그것 자체의 학습을 문제로 삼는 경우 이외에는 사용을 제한하는 것이 보통이다.

세 번째 차이는 학교 바깥에서는 상황에 적절한 다양한 맥락적 추론contextual reasoning이 이루어지는데 반해 학교에서는 상징 조작symbol manipulation이 중시된다는 점이다.

마지막으로는 학교 바깥에서는 상황에 적합하게 발현되는 고유한 능력situation-specific competencies이 중시되는 데 반해 학교에서는 일반화된 학습generalized learning이 중시된다. 그리고 일터와 같은 학교 바깥에 눈을 돌리면, 교실에서와 같이 가르치는 장면을 의도적으로 조직화하는 일 없이 학습이 발생하는 경우도 많다는 것을 알 수 있다. 바깥에서 학교를 보면 학습에 관해서는 오히려 명확히 가르친다는 상황을 조직하는 것이 특이한 실천이라는 점이 부각되게 된다.

레즈닉의 논의는 우리가 평소에 너무나 당연한 것으로 여기고 있어서 반성의 대상조차 되지 않았던 학교를 특정한 학습관, 지식관, 능력관을 유지하고 강화하는 일종의 '실천 공동체'로서 가시화시켜 준다고 평가할 수 있다. 그 특징을 정리해 보면 학교 교육에서는 '개인이 도구 등의 외적 보조 자원을 사용하지 않고 순전히 머릿속에서 상징 등을 조작하는 것을 통해서 범용적인 지식을 배우는 것'이 장려된다고 할 수 있다. 이것은 상황적 자원과 사회·역사적 인공물artifact에 의존하지 않고 이른바 '홀로 완결된self-contained' 개인의 능력을 높이려고 하는 견해이다. 예컨대 교사가 학생에게 '지금은 옆 사람에게 물어봐서 문제를 푸는 것이 괜찮을지도 모르지만 학교를 졸업하면 무엇이든지 혼자서 헤쳐 나가지 않으면 안 된다'라고 말하는 것을 우리가 자주 접할 수 있듯이 학교 학습에는 '의존에서 자립으로'라는 발달관이 암묵적으로 깔려 있다.

그런데 학생의 능력이 학생 개개인의 내부에 홀로 실체로서 존재하는 것일까? 그것은 사회·문화적인 맥락과는 아무런 관계를 맺지 않는 '내적인 실체'로서 존재하는 것일까?

내 생각으로는 그것보다는 이러한 '개인의 능력'에 초점을 맞추는 것이 무매개non-mediation, 탈맥락decontextualization, 몰교섭non-negotiation적인 것으로 개인이 갖고 있다고 상정되는 능력을 가시화시켜 주는, 일종의 '문화적 실천'(Park & Moro, 2006)일 수 있다. 당연한 말이지만 이것은 개인의 능력이 문화 혹은 사회적 세계와 단절되어 있지 않다는 것을 의미한다. 개인의 능력은 홀로 존재하는 것이 아니라 늘 문화와의 관계 속에서 가시화된다.

학습에서도 개체 내부의 변화는 물론 있지만, 그것이 변화로서 해석되고 기술되는 것은 다름 아닌 이러한 문화와의 상호작용을 통해서만 가능한 것이다. 즉, 학교 안에서 이뤄지는 주체가 관계를 맺는 교과서, 책상, 교육과정, 교실과 같은 사회·역사적 인공물 그리고 주체끼리의 여러 상호적인 행위는 문화적인 이데올로기로서 '능력의 개인성'에 초점을 맞추는 문화적 실천이라고 할 수 있다. 그리고 학교는 그러한 특수한 문화적 실천이 이루어지는 '실천 공동체'이다.

## 학교라는 문화적 실천이 낳은 '학습관'

심리학에서 정의하는 학습관과 학교 교육에서 정의하는 학습관은 이란성 쌍둥이라 해도 과언이 아니다. 주류 심리학과 학교 교육에서 학습은 학습자 개인이 머릿속에 특정한 체계를 가진 지식과 기능을 획득하는 것으로 정의된다. 그런데 이러한 학습관은 실은 우리 연구자를 비롯하여 대부분 사람이 학습에 대해 내리는 정의이기도 하다. 여기서 '특정한 체계'라고 하는 것은 '이것 이것을 학습했다'고 하는 것을 명확히 구분하고 지적할 수 있는 것이고, 그러한 학습 내용은 나중에 다른 '체계'와 조합되거나 다음의 '체계'가 그 위에 축적되게 된다. 또한 이 체계는 나중에 조합될 수 있도록 특정한 맥락과 상황으로부터 독립된 일반적·추상적인 것이 되어야 한다.

이러한 학습관으로부터 다음과 같은 평가관이 도출된다. 즉, 평가란

학습자가 머릿속에 익힌 지식과 기능 체계의 정확함, 신뢰성, 타당성을 조사하는 것이다. 통상 그것은 연필과 종이를 가지고 문제를 풀게 함으로써 알 수 있다. 왜냐하면 지식과 기능이라는 것은 필경 머릿속에서 구조화되어 있는 기호와 표상의 체계임에 틀림없으므로 따라서 그것은 종이와 연필로 대답해야 하는 문제 해결 과정에서 표출되어야 하기 때문이다. 또한 여기서 전제로 깔린 것은 획득된 지식과 기능이 확실하면, 그것을 학습했을 때의 구체적인 맥락과 상황으로부터 독립된 혹은 그러한 구체적인 상황성을 제거한 일반적인 상황에서도 활용할 수 있어야 한다는 것이다. 그러한 '학습'에 의해서 획득된 일반화된 능력을 일컬어 '학력'이라고 부른다. 평가라고 하는 것은 다름 아닌 이러한 일반화된 능력을 조사하는 것이고, 그것을 위해 테스트에서 주어지는 문제라고 하는 것은 가능한 한 학습했을 때 주어졌을 맥락과는 독립된 의외성이 있는 새로운 맥락이든지 혹은 추상도가 높은 것이어야 한다.

게다가 평가에서는 다름 아닌 '개인의 능력'이 평가의 대상이 되기 때문에 테스트는 개인에 기초해서 이루어지고 그 결과는 개인 간의 비교라고 하는 형태가 될 수밖에 없다. 그 결과가 개인 간의 능력 경쟁이 되는지 그렇지 않는지는 평가론이 대처해야 할 문제가 아니다. 평가라고 하는 것은 과학적으로 엄밀하게, 가능한 한 객관적으로 학습자의 머릿속에 획득된 일반화된 지식과 기능의 체계를 검출하는 것이고, 이것은 교육·지도상에 필요한 것이다.

그렇다면 '교육'이라는 것은 지식과 기능의 체계에 기초해서 계열화된 순서에 따라서 아동의 발달 단계에 맞춰서 순차적으로 하나하나의 지식·기능의 체계를 확실히 아동에게 전달하는 것이 된다. 이때 아동이 학습할 때 깊숙이 관여했던 개별적이고 구체적인 맥락을 벗어나서 다른 맥락에서도 그 지식과 기능을 발휘할 수 있는 능력을 익힐 수 있게 하는 것, 즉 앞의 평가를 할 때 어떠한 문제가 나와도 정답을 맞힐 수 있도록 하는 것이 교사의 교육 능력이고 그것을 가능케 하는 이가 유능한 교사이고 가능하지 않다면 무능한 교사로 다루어지게 된다.

이상이 종래의 학습관과 거기서부터 도출되는 학력관, 평가관, 교육관이다. 이러한 것들은 모두 종래의 학습관으로부터 필연적으로 도출되는 것이고 전체가 '하나'이다. 그중 어느 하나를, 예를 들면 '평가관'을 (경쟁으로 치달을 수 있다는 이유로) 마음에 들지 않는다고 해서 그만둔다든지 다른 것으로 바꾸려고 해도 그것은 무리이다. 이러한 것들은 상호 밀접하게 관련되어 있기 때문에 어느 하나만 바꿔야 한다든지 바꾸고 싶다고 해도 그것은 원리적으로 불가능하다.

## 정통적 주변 참가론의 한계

레이브와 웽거(Lave and Wenger, 1991)에 의한 정통적 주변 참가론에서는 학습을 '사람이 실천 공동체에 참가하는 것을 통해 그 공동체의 구성원으로서의 아이덴티티를 형성하는 것'이라고 정의한다. 이 학습론이 열어 보여준 것은 학습이 '공동체에의 참가'라는 관점이다. 이것은 학습이 '공동적인 일'이지 개인의 일이 아니라는 것 그리고 특정한 문화적 실천에 참가하는 일이라는 것을 뜻한다. 나아가 상황학습론은 우리가 오랫동안 '상식'으로 믿고 있었던 '학습은 심리적 현상'이라는 것을 넘어서서 '학습은 어디까지나 사회적 사태'라는 사실을 일깨워 주었다.

게다가 통상의 학습에서 당연히 명시적으로 들고 나오는 '지식과 기능의 습득'이 '학습의 정의'에 포함되어 있지 않다. 그런데 이 상황학습론은 기본적으로 '인류학적 접근 방식'에 의한 학습론이기에 거기서 오는 어떤 한계가 분명 존재한다.

그것은 인류학이 연구 대상의 세계가 어떠한 것인지, 거기서 사람들이 어떻게 활동하고 있는지를 '보는' 학문이지 대상 세계를 조작하려 한다든지 바꾸려고 하는 것은 본래 관심 대상이 아니라는 점에 있다. 물론 그러한 뭔가를 '바꾸자', '조작하자'와 같은 행위 자체를 대상으로 해서 그러한 '변혁'이 어떻게 발생하고 어떻게 변화해 나가는지를 인류학적으로 분석하고 고찰하는 것은 가능하지만, 사람들(혹은 한 개인이) 그러한 변화에 '참가'하려 하는 '동기'에 관해서 이러한 연구는 일체 말해 주지 않는다.

정통적 주변 참가론에서는 '참가'가 없으면 학습은 일어나지 않는다. 단, '사람이라면 늘 뭔가에 참가하고 있기' 때문에 늘 '뭔가를 학습하고 있다'는 식으로 주장하곤 하는데, 교육과 같이 '바람직한 것'을 배웠으면 할 때는 어떻게 되는 것인지에 대해서는 상황학습론이 대답을 주지 못하고 있다. 나아가 상황학습론에서는 애당초 "사람은 왜 배우는가?"와 같은 근원적인 물음도 찾을 수 없다. 따라서 다음 장에서는 '상황학습론'을 어떻게 가치 지향적인 관점에서 재해석하고 확장할 수 있을지 논의를 시도해 보도록 하겠다.

# 10. 상황학습론 확장하기 I

### '교사'도 '교재'도 없는 도제 제도의 배움

도제 제도에서 '학습'이 어떤 식으로 이루어지는지 인류학자들이 흥미 깊은 연구를 한 것이 제법 있다. 그 연구에 기초해서 '도제 제도에서의 배움'을 심리학적으로 재검토하는 연구가 1985년을 기점으로 미국과 유럽 등지에서 이루어졌다. 그 연구 결과를 들여다보니 학교 교육에서는 당연한 듯 자주 사용되는 '교재'라는 말이 도제 제도 안에는 없다.

TV에서 도자기를 잘 만들어 내는 국보급 도자기공, 이른바 '장인'과의 인터뷰를 방영한 적이 있다. 리포터가 이렇게 질문을 던졌다.

선생님은 누구로부터 어떻게 지금과 같은 아름답고 훌륭한 도자기 굽는 기술을 배웠습니까?

리포터의 질문에 도자기 장인은 다음과 같이 주저 없이 대답하였다.

나는 그 기술을 누구한테 가르침을 받아서 얻은 것이 아니라 흙으로부터 그리고 도자기를 구워 내는 가마로부터 배웠습니다. 흙의 목소리를 들을 수 있을 때 비로소 좋은 작품이 완성됩니다.

그러고서 장인은 이렇게 덧붙였다.

나의 제자들도 나와 마찬가지로 흙으로부터 그리고 가마로부터 배워야 할 겁니다. 나는 내가 그랬던 것처럼 그들을 가르칠 수 없습니다. 그들은 반드시 흙의 목소리에 귀를 기울여야 할 겁니다. 그래야 나의 도자기를 넘어서는 도자기를 완성할 수 있을 겁니다.

이때 점토와 가마는 '교재'라고 할 수 있을까?

문화적으로 가치 있는 것을 하루하루 착실히 실천하고 있는 달인 곁에 있는 것만으로 '자연스러운 배움'이 성립한다. 흙의 목소리를 듣는다는 것의 의미는 풋내기는 전혀 알 수 없는 말인데, 명인의 일을 옆에서 지켜보고 있다가 보면 점차 "아아 이런 말이었구나" 하고 말이 아니라 '몸'으로 알게 된다. 그것은 '흙'을 '교재'로서 해서 가르침을 받은 것도 아니며 자신이 '알게 된 것'을 말로 쓸 수 있는 것도 아니다. 이 도제 제도의 현장에는 이른바 '교사'가 없다. 그리고 가르치기 위한 시간과 가르치는 것을 확실히 의식하는 행위 같은 것도 거의 없다. 뭔가 '배우고 있다', '배운다'라는 실감은 있지만 '가르치고 있다'거나 '가르치는' 시간과 행위는 거의 없다.

또 하나 중요한 점이 '도제 제도에서의 배움'은 도구와 쌍으로 뭔가를 생각한다는 점이다. 환경, 설비라고 해도 좋을 것이다. '사물' 혹은 '대상'과 관계를 맺으면서 생각하는 것이 특징이다. 옷을 짜는 기계, 점토 등 대상의 성질과 지적인 행위가 한 몸이 되어 일이 진행된다.

학교 교육에서는 상황이 다르다. 수업에서 새로운 단원을 도입할 때 이런저런 물건들을 갖고 와서 학생들에게 보여주는 경우가 있지만, 학습이 진행됨에 따라 점차 칠판의 그림만으로 혹은 문자만의 학습으로 이행한다. 그런데 도제 제도 안에서 이루어지는 '배움'에서는 대상과의 관계가 점점 깊어져서 도구는 몸 일부가 되고 이윽고 '대상'은 대화 상대가 된다.

브라질의 거리에서 사탕을 팔면서 생활하고 있는 아이들은 사탕 판매에 필요한 복잡한 계산법을 친구와 선배와 생활하면서 자연스럽게 습득한다. 캐러허와 쉴리만(Carraher&Schliemann, 1985)은 브라질 거리에서 사탕을 파는 6세에서 15세까지 아이들이 실제로 어떻게 사탕을 파는지 조사하였다. 연구 대상이 된 아이들은 학교 경험이 거의 전무한 아이들부터 7학년까지 학교를 다닌 경험이 있는 아이들까지 있었다.

이 연구에서 흥미로웠던 점은 사탕을 파는 아이 중 상당수가 숫자를 제대로 읽지 못한다는 사실이었다. 그런데 숫자를 제대로 읽지도 못하고 쓰지도 못하는 아이들이 지폐를 보면 곧바로 그 지폐의 액수를 알고 게다가 지폐의 숫자 부분을 가려도 그 지폐의 액수를 바로 맞히는 것이다. 그것은 사탕을 파는 선배와 도매상 점원 그리고 쇼핑객이 소리를 내서 읽는 것을 늘 보기 때문에 자기도 모르는 사이에 암기하게 되는 것이다.

그리고 사탕을 파는 아이들의 계산 방법을 자세히 조사해 보니 그들은 우리가 보통 학교 수학 시간에 하는 방법과는 다른 독특한 계산 방법을 사용하고 있었다. 그들은 이를테면 수를 분해해서 계산하기 쉬운 수로 '새롭게 정리하는 방식'을 채택하고 있었다. 예를 들어 28+26= 같은 계산에서 사탕을 파는 아이들은 곧바로 '30+24'니까 54라고 대답했다. 즉, '(28+2)-+26=(28+2)+(26-2)=30+24=54'라는 식으로 직관적으로 계산해 버리는 것이다. 이러한 계산 방식은 수식으로 표시하면 언뜻 보기에 꽤 복잡한 연산 조작 같아 보이지만 '지폐'를 모아서 합계를 내는 실제 장면을 상상해 보면 사탕을 파는 상황에서는 아주 합리적이고 효율적인 계산 방법이라는 것을 알 수 있다. 즉, 사탕을 파는 아이들의 계산을 보면 자신들의 경험을 통해서 '지혜로운' 계산법을 만들어 내고 있다는 것을 엿볼 수 있다.

말을 바꾸면 사탕을 팔 때 사용하는 '계산'이라는 조작이 단지 기계적인 숫자의 조작이 아니라는 것이다. 아이들은 '손해인가?/이익인가?', '팔리는가?/그렇지 않은가?', '돈을 벌 수 있는가?/그렇지 않은가?'와 같은, '실생활'에서의 절실한 문제를 염두에 두면서 계산을 하고 있었다. 그들에게 계산할 필요성, 계산의 의미/의의는 아주 구체적이고 친숙한 것이다. 그런데 이러한 현상은 학교의 정규 수학 수업에서는 거의 발생하지 않는 것으로 볼 수 있다.

그들의 계산 방법을 상세하게 분석한 결과, 그들이 학교 교육을 거의 받은 적이 없었음에도 불구하고 꽤 복잡한 계산을 할 수 있다는 것을 알 수 있었다. 그것은 실은 학교 교육에서 가르치고 있는 것 같은 '숫자'만을 조작해서 계산 결과를 도출하는 계산 방법이 아니라 '한 접시에 얼마'라든지 '한 상자에 얼마'와 같은 식으로, '용기'에 쓰여 있는 숫자를 '용기'의 이미지와 함께 '조작'해서 '계산'하는 것이다.

그래서 자연스럽게 육진법과 십이진법의 연산을 전혀 문제없이 풀 수 있는 것이다. 진법이 달라도 구체물과 함께 생각하기 때문에 정확하고 틀림이 없다. 산수 공식을 정확하게 암기하고 있는지 여부와 관계없이 '용기'에 넣으면 전체가 몇 개가 되는지와 같은 식으로 구체물의 이미지의 도움을 받아 계산하기 때문에 "이렇게 되기 때문에 이런 계산이 된다"는 것을 감각적으로 알고 '검산'도 할 수 있다. 스크리브너(Scribner, 1983)는 유제품 냉동 창고에서 우유팩 배송 작업에 종사하는 담당 직원이 현실의 활동 속에서 어떻게 수학 문제를 해결해내는지를 관찰했다. 우유팩 배송 담당이 사용하는 표기법은 다름 아닌 우유팩 박스를 기초로 해서 이루어졌다. 예를 들어 우유 24팩의 주문이 들어왔을 경우, 한 박스에 16팩의 우유가 들어가기 때문에 주문표에는 1박스+8팩이라는 의미에서 '1+8'로 표기한다. 배송 담당은 이 주문표에 따라서 먼저 박스 하나를 끄집어내고 또 한 다른 박스로부터 8팩을 끄집어낸다.

여기서 한 가지 재미있는 사실은 배송 담당의 이러한 분류 방식이 반드시 주문표의 기술대로 이루어지는 것이 아니라 자신의 움직임을 최소로 하는 방식으로 이루어진다는 것이다. 예를 들면 주문표에서 '1(박스)-6(팩)(16-6=10팩)'이라는 표기를 봤을 때, 만약 자신의 주위에 수량이 다 차지 않은 8팩 들은 박스가 있으면, 거기에 2팩을 넣어서 주문대로 10팩을 맞추는 방법을 취한다고 한다.

이것은 대상으로부터 배우기, 대상과 함께 배우기가 신체화되어 있으므로 가능한 것이기 때문에 학교 교육에서는 좀처럼 볼 수 없는 '배움의 실천'이라 할 수 있다.

## '배움', 함께 생각하고 함께 하는 것

도제 제도 안에서 일어나는 배움에서는 다른 사람들과 적극적으로 관계를 맺고 협력하는 것이 자연스럽게 이루어지는 데 반해 학교라는 곳은 친구들과 '같이 배운다는 것'을 공식적으로는 거의 인정하지 않는다. 배우는 것은 어디까지나 '선생님'이라는 창구를 통해서 가능한 것이다.

이전 일본 유학 시절에 참관한 수업에서 '삼각형의 합동'을 조사하는 것이 있었다. 프린트 한 장의 왼쪽 위에 표준의 도형 A가 있고 그 페이지 여기저기에 그 그림과 비슷한 그림이 다양한 각도로 흩어져 있었다. 이 중에서 A와 '겹치는 도형'을 찾으라는 것이 과제이다. "분도기와 자, 콤파스, 무엇을 사용해도 상관없다"라고 교사가 말했다.

그런데 아이들은 "무엇을 해도 좋다"는 것이 무엇을 하는 것인지 몰라서 어리둥절해 하고 있었다. 단지 막연하게 한 변의 길이를 재고서 "3센티미터"라고 쓴 후 멍청히 하늘을 쳐다보고 있다. 무엇을 위해서 무엇을 하는지 알지 못한 상태이다. 반면 감이 좋은 아이들은 "아마도 각도라든지 길이 같은 것은, 그런 것 아닐까. 계속 재 보면 되지 뭐"라고 말하고 사부작거리고 있다.

그런데 어느 아이는 옆에 앉아 있는 짝의 프린트를 들고 자신 것과 겹쳐서 창문의 빛에 비춰 보고 "앗 A와 D는 똑같다"라고 말한다. '합동의 조건'도 어떤 관계도 없다. 문자 그대로 '겹쳐 보면 아는 것', 바로 그것이다. 그 장면을 보고 있었던 나는 감동했지만, 담임 교사는 "앗 그것은 좀 곤란한데!!"라는 표정을 지으면서 애써 무시하였다. 그러고서는 이렇게 말하는 것이었다. "필통 안에 있는 도구만 사용해라."

한데 조금만 생각해 보면 이런 교사의 태도는 좀 이상하다. "똑같은 것을 찾아라"라고 말한 이상 다른 사람의 프린트물과 겹쳐서 본다는 것은 아주 순수하고 진지한 사고방식이 아닐까. 오히려 늘 "자신이 갖고 있는 것만으로 생각해라"라는 제약이 부자연스럽지 않은가?

이렇게 학교에서 추구하려는 '배움'이라는 것이 학교 바깥 사회에서 사람들의 자연스러운 배움과 비교해 보면 실로 부자연스럽다는 것을 알 수 있다. '학교'라는 곳은 한 명 한 명이 '힘을 기르는', '역량을 강화하는', '자신의 머릿속'으로 모든 것을 생각하도록 구조화되어 있다. 거기서 '학습'을 만들어 내려고 한다. 그런데 현실 사회와 도제 제도에서의 배움은 자신이 '모두와 함께 살아갈 수 있는 자신이 다른 사람들과 함께 해 나갈 수 있는' 것을 포착해 나가는 것이 진짜 배움인 것이다.

우리는 자신 안에 "공부를 시키는 것은 그 아이 자신의 머리를 좋게 하기 위함이다", "그 아이 자신의 머릿속에 뭔가 좋은 것이 딱 자리 잡을 수 있도록 하는 것이 배움이다"라는 발상을 깊게 내면화하고 있는데, 실은 이것이야말로 '학교'의 특수성을 부각시키는 이야기였다.

## 배움에서 '정통Legitimate'이라는 것의 의미

도제 제도의 배움 속에서 '배움'의 의미를 탐구하는 데 중요한 학술적 개념 중 하나가 '정통적 주변 참가'라는 개념이다. 앞서 간단히 둘러봤던 이 개념을 자세히 살펴보자. 이 말은 영어로는 'Legitimate Peripheral Participation', 약칭은 LPP이다. 이 발상은 도제 제도를 연구한 레이브와 웽거에게서 나왔다. 단, 오해해서는 안 되는 것 중 하나가 (이미 한국에서는 이 이론에 대한 오해가 광범위하게 이루어져 그것이 '진실'로 정착되어 버리고 말았지만) LPP가 도제 제도의 '학습'을 '학교'에서의 학습과 구별해서 한쪽이 다른 한쪽보다 낫다는 것을 주장하는 이론이 아니라는 점이다.

레이브와 웽거가 도제 제도에서의 '학습'에 대해 분석할 때 특히나 강조하는 것이 '정통적 주변 참가'라는 개념이다. 지금까지의 고찰에서 알 수 있듯이 확실히 '학교'에서의 배움은 도제 제도나 일상생활의 배움과 비교해 보면 상당히 특수하다고 할 수 있다. 학교가 학교라는 맥락에서만 주로 통용되는 독특한 '학습관'을 만들어 왔다는 것은 앞선 논의에서 살펴본 바 그대로이다.

그런데 레이브와 웽거가 주장하고 있는 것은 '학교 문화의 특수함'을 고발하는 것이 아니다. 그것보다는 주류 심리학에서 상정한 '학습'이라는 개념이 지금까지 주로 '학교 교육'을 모델로 해 왔기 때문에 편협하다는 것, 지금까지 그 편협성에 대한 반성 없이 그냥 그것을 지나쳐 왔다는 것 그리고 그 '학습관' 덕분에(?) 우리가 학습이라는 활동을 포착하는 데서 이렇게 저렇게 놓치는 것이 많았다는 것을 지적하면서, 일단 도제 제도에서의 학습의 분석을 통해 얻은 시점에 기초해서 도제 제도와 학교 제도 안에서 사람들이 배우는 현실을 고쳐 보면 무엇을 알 수 있을까 혹은 그동안 우리가 보지 못했던 것을 볼 수 있게 되지 않을까를 따져 보는 것이다.

그 결과 레이브와 웽거는 도제 제도에서라든지 일상에서 사람들이 뭔가를 '배우고 있을' 때 거기서 일어나는 일은 '정통적이고 주변적인 참가'와 다름없다고 결론 내렸다. 그런데 나는 여기서 이 학습이 정통적이라는 말을 학교에서의 학습을 논할 때에도 충분히 적용 가능하다고 생각한다. 그러면 여기서 말하는 정통적인 것이 무엇인지 잠시 고찰해 보기로 하자.

레이브와 웽거의 양복점 필드워크에 등장하는 초심자는 먼저 피복에 단추를 다는 일부터 시작한다. 단추를 다는 일은 나중에 수정할 수 있으니까 초심자에게도 시키는 것이 가능하다. 하지만 단추는 보이는 곳에 달기 때문에 양복이 완성되었을 때 매우 중요한 부분이다. 그런 중요한 일을 초심자 혹은 신참자가 담당한다. 그것이 학습은 처음부터 '정통적'이라는 시점을 끌어낸 것이다.

이는 말을 바꾸면 '학습'에는 본래 '거짓말'이 없다는 의미이기도 하다. 학교에서의 학습은 교재의 인공성 덕분에 혹은 교재가 현실 세계를 직접 반영한다기보다는 현실 세계의 표상이다 보니 거짓말처럼 보일지도 모른다. 그리고 뭔가 학교에서 학습했다고, 뭔가 알았다고 세상이 좋아질 것으로는 생각이 들지 않을지도 모른다. 공부한다는 것은 요컨대 시험을 위해 머릿속에 '지식을 집어넣는 것' 뿐이라고 생각해서 자신이 이 세상에서 뭔가 '좋은 일'을 하고 있다든지 누군가 다른 사람들과 연결되고 있다는 생각이 들지 않을지도 모른다.

그러나 학교에서 행하는 학습이라는 것도 '문화적 실천에의 참가'라는 관점에서 봤을 때 제대로 '학습이 일어났다'고 말할 수 있으려면 바로 그 학습한 것이 진실이어야 하고, 그것이 세상에 제대로 통용될 수 있는 것이라야 할 것이다. 말을 바꾸면 그럴 때에야 본래의authentic 혹은 진정한 지知에 비록 미약하긴 하지만 내가 한걸음 내디뎠다는 의미일 것이다.

그러한 자신이 아는 어떤 것에 대한 진실성과 타당성이라는 감각에 대한 육성은 불행히도 오늘날의 학교 교육에서는 구조적으로 배제되고 있지만, 정말로 '배웠다'라고 말하는 순간에는 그런 느낌이 제대로 전해오지 않을까. 그럴 때의 배움에서는 자신이 배운 것이 어떤 세계와 관계를 맺고, 거기서부터 어떤 새로운 세계가 열리는지에 관해서 막연한 예감이 탄생할 수 있을 것이다.

레이브와 웽거가 예를 들고 있는 양복점의 도제 제도 안에서 '단추 달기'를 통해 양복 만들기를 배우는 도제도 비록 그것이 보잘것없는 일이지만, 양복을 만드는 전체 공정 중에서 그 일이 얼마나 중요한 의미를 가졌는지를 예감하면서 그 일에 종사한다. 그와 같은 논리는 학교에서도 볼 수 있다. 즉, 학생이 비록 지금 당장은 기초적인 지식을 습득하는 과정에 있지만, 그 과정이 학문 세계와 연결되어 있다는 어렴풋한 감각을 학생에게 가져다준다.

학교 안이든 일상이든, 사람들이 뭔가 제대로 학습하는 세계에서는 인간이 살고 있는 것의 진실성, 타당성에 대한 실감, 즉 "지금 우리가 하고 있는 일이 (앞으로) 다양한 진실의 세계와 연결되어 있다"는 실감을 동반한다. 레이브와 웽거는 그것을 가리켜 '학습은 본래 정통적'이라고 정의하였을 것이다. 따라서 '정통적이지 않은(비정통적) 학습'이라는 것은 있을 수 없다. 혹은 그런 것은(비정통적인 것) 애당초 '학습'이 아니다라고까지 바꿔서 말할 수 있을 것이다. 그것이 레이브와 웽거의 "모든 학습은 정통적인 것이다"라는 언명에서 우리가 학교에서의 학습을 재고할 때 염두에 두어야 할 시사점이 될 것이다.

## 배움은 본래
### 주변적Peripheral인 것에서부터 시작한다

레이브와 웽거가 도제 제도의 학습에 관해서 논할 때 '주변Peripheral'이라는 말을 쓰고 있는데, 이 '주변'이라는 것이 무엇인지 음미해 보기로 하자. 이 말은 문자 그대로 어떤 학습도 주변으로부터 시작된다는 의미이다. 여기서 말하는 주변이란 도제 제도의 경우에는 초심자 혹은 신참자가 공동체에 들어와서 처음으로 맡게 되는 일이 전체 공정 중에서 영향력이 적은, 즉 실패해도 문제가 되지 않는 일단은 '주변적인 일'부터라는 의미이다.

주변적인 일은 '좀 틀려도 되고 실수를 해도 괜찮은 일'이다. 그런데 그런 일이라 해도 전체 공정 중에서 그 나름의 역할은 확실해서, 실패하면 그만큼 손해가 발생하기 때문에 그 책임에서 벗어날 수는 없다. 단, 그 손실을 비교적 쉽게 커버할 수 있는 일이 주변적인 일일 것이다. 양복점에서의 '단추 달기' 일은 그런 일이다. 그런데 이런 사실을 도제 제도에서의 학습뿐만 아니라 어떤 학습 활동에 대해서도 말할 수 있는 것이 아닐까? 예를 들면 새로운 PC를 구입해서 그 조작을 학습하려고 했을 때 처음에는 '아무리 실수를 해도 망가지지 않는' 부분의 조작부터 시작할 것이다. 갑자기 '프로'밖에 하지 않는, 예컨대 PC를 분해해서 내부를 들여다보거나 어떤 부분을 잘못 만지는 일을 하면 자칫 수리 불가능한 문제를 일으킬지도 모른다. 그런데 PC에 관해서 아무것도 알지 못하고 어디를 만져야 안전한지 전혀 판단이 서지 않은 상태에서 "자 이것을 학습하시오"라는 말을 들으면 시행착오가 전혀 허용되지 않는다고 생각하며 그 결과, 단지 말을 들은 대로 지시에 따르는 절차만을 통째로 암기하는 것으로밖에 대처할 수 없다. 그런 경우 지시대로 절차에 따르면 일단 '할 수는 있게' 되지만, 실제로는 아무것도 배운 게 없다.

좀 생각해 보면 수업에서 새로운 단원이 도입된 경우에도 똑같은 일이 일어날 가능성이 충분히 있다. 뭔가 의미 불명의 개념이 도입되어서 '틀리면 교사로부터 야단맞기 때문에 무섭다'와 같은 분위기가 조성되어 학습이 진행되면 '어쨌든 머리로 암기하는 것밖에 수가 없다'라고 체념하게 되고 따라서 의미를 생각하거나 이렇게 되면 어떻게 될까와 같은 여러 모로 궁리해 보는 일은 일어나지 않는다. 그렇게 되면 표면적으로는 '단계가 올라가는 것'으로 보여도 본래의 학습은 이루어지지 않는다. 수학 포기자가 나오는 것은 그런 상황으로부터 시작되는 것이 아닐까.

그런데 아무리 주변적인 작업이라 하더라도 그것이 전체 속에서 어떤 위치에 놓여 있는지가 학습자에게 대략의 판단이 서지 않으면 안 된다. 역으로 전체에 대한 뭔가 어렴풋한 수준이지만 파악이 안 된 상태에서 '이 정도만 연습하면 된다'라고 부과된 작업은 아무리 하더라도 학습이 되지 않는다.

## 자신이 참가해야 비로소 일어나는 '배움'

상황학습론에서 무엇보다도 중요한 개념은 '참가Participation'일 것이다. 참가는 사람들과 함께 어떤 공동체의 구성원으로서 특정한 문화적 실천에 가담하는 것이다. 레이브와 웽거는 누구든 특정한 공동체에 속하게 되는 것을 바로 참가라고 보았는데, 여기서는 참가의 개념을 가치 지향적인 개념으로 확장해서 이야기를 전개해 보도록 하겠다.

'참가'를 할 수 있으려면 그 전제로 커뮤니티(공동체)의 존재가 있어야 한다. 이것은 학교 교육에서는 의외로 무시되기 십상이다. 학교 교사가 재미있는 교재를 만들어 아이들이 거기에 적극적으로 반응하고, 그것으로 된 것 아닌가라고 생각하기 십상이다. 그런데 중요한 것은 그 아이들 마음속에서 실천자들의 공동체(수학자의 공동체/국어학자의 공동체 등등)와 연결되었다는 실감이 일어나는지 아닌지이다. 이런 공부를 하다가 이런 사람들과 연결된다는 느낌 혹은 그들의 세계에 들어가게 된다는 생각을 어렴풋하게나마 할 수 있게 되면 학습은 '진짜다워'진다. 수학도 그렇고 과학도 똑같다. 무엇을 배우는 것은 단지 재미있는 이야기를 듣고 감동하는 것뿐만 아니라 뭔가 새로운 세계가 보여서 거기에 '참가'한다는 실감이 일어나는 것이 중요하다.

그런데 우리는 학습을 개인의 머릿속에 지식이나 정보를 집어넣는 것만으로 성립한다고 생각하기 십상이다. 수학은 수학자가 하는 일을 우리는 멀리서 바라보고 있는 것뿐으로, 우리 자신이 '수학을 만드는 것'은 아니라고 생각하기에 십상이다. 그러나 실은 그렇지 않다. 수학을 안다고 말할 때, 그것이 아무리 미숙한 수준이라 하더라도 그 나름으로 '수학자가 된다는' 것이다. '생각해 본다는 것' 그 자체로 수학자, 과학자의 행위와 수학자 과학자가 협동하고 있는 실천 활동과 뭔가 연결점이 생겼다는 것이고, 그것이 바로 '참가'인 것이다.

경우에 따라서는 학교에서 배우는 '수학이 싫다' 하더라도 그 또한 훌륭한 '공동체'의 참가가 될 수 있다. 그것은 재미 없고 따분한 수학을 고발하고 좀 더 많은 사람들이 알 수 있고 많은 사람들이 재미를 느낄 수 있는, 즉 수학 자체가 그렇게 바뀌지 않으면 안 된다고 믿고 그렇게 노력하고 있는 사람들의 공동체에 '참가'한 것이 된다.

## 누군가로 거듭난다는 것의 의미

상황학습론에서는 모든 학습이 이른바 '어떤 사람이 되어 가는 것'이라는 이른바 '자기 만들기'이고, 이 자기 만들기도 전인격적인 의미에서의 자기 만들기가 되지 않으면 그것을 애당초 학습이라 이름 붙이기 곤란하다고 본다. 이것은 학습자의 '학습 동기'에 대한 해석을 기존의 주류 심리학과는 전혀 달리하는 것과 곧바로 연결된다. 예를 들어 주류 심리학에서는 외적 보상 때문이 아니라 '아는 것 자체가 즐거워서'와 같은 학습자의 말을 '내재적 동기'로 인해 학습이 성립하였다고 설명하는데, 상황학습론을 채용한다면 우리는 다음과 같이 해석하게 될 것이다. '뭔가를 알고 싶다'는 것만을 목표로 해서 몰두하고 있다 보니까 어느새 자기 자신이 이전의 자신과는 다른 어떤 사람으로—좀 과장되게 말하자면 학술적 탐구자—되어 갔다. 자신의 숙련 정체성을 자각하게 되어 참가 의식이 높아진 결과, 한층 깊게 일에 자발적으로 빠져들게 되었다.

예를 들어 한 초등학생이 '분수 나눗셈'에 막혀서 곤란을 겪고 있다고 해 보자. 기존의 학습관에서 본다면 이것은 '분수 나눗셈 공식을 제대로 외우고 있지 못하다'라든지 '잘못된 방법으로 나눗셈을 하고 있다'와 같은, 지식의 획득 상태(개인의 인지, 사고)와 관련된 것이라 생각할 것이다. 그러나 진짜 사정은 그러한 것보다도 그 아이가 '분수 나눗셈 세계 혹은 수학의 문화적 실천에 들어가는' 것 자체를 거부하고 있을지도 모른다. 즉, 이 '내'가 분수 나눗셈이라는 세계의 주민이 될 생각이 없는 것이다. 그 이유로는 선생님과 마음이 맞지 않을지도 모르고, 수학을 잘하는 친구를 너무 싫어해서 '저런 아이가 되고 싶지 않아서' 일지도 모른다. 혹은 수학 계산이라는 세계 그 자체가 자신과는 관계없는 세계로밖에 보이지 않아서 그럴지도 모른다. 이런 상태로 있는 한 교사가 아무리 열심히 '옳은 푸는 방식'을 가르쳐 주고 그 순간만큼은 분수 계산이 가능하다고 해도 금방 도로 아미타불이 될 가능성은 농후하다.

그런데 뭔가를 계기로 해서(담임 교사가 바뀌었다든지 새로운 친구가 생겼다든지 TV에서 본 우주비행사를 동경하게 되었다든지) 이런 개운치 못한 상태가 환해져서 그 아이가 '분수 나눗셈의 세계'에 들어가는 것을 스스로 납득하고 '분수 나눗셈을 술술 풀 수 있는 자신'이 되어 보고 싶다고 생각하게 되었다면, 분수 나눗셈이 막히는 것은 정말 아주 작은 한마디 힌트로 해소될지도 모른다. 혹은 누군가로부터 가르침을 받기보다도 스스로 여러 시행착오를 거치면서 알고 싶어지고 또 알게 되는 일이 일어날지도 모른다.

즉, 상황학습론의 아이디어에 기초해서 학습을 정체성의 형성과 관련된 활동으로 관점을 전환했을 때, 이 학습은 기본적으로 "내가 어떻게 된다"는 차원의 이야기가 된다. 물론 여기서 말하는 '내가 어떻게 된다'는 것은 개인에 국한된 이야기가 아니라 개인이 세계를 향해 열린다는 의미를 내포한다. 이런 입장에 서게 되면 아는 것 자체가 즐겁다='내재적 동기'만으로는 학습이 애당초 성립할 수는 없는 노릇으로, 학습이 이뤄진다고 할 때는 자신이 추구해 가야 할 '세계'가 확장되어 간다는 실감과 함께 그것에 대한 참가 의식이 자연스럽게 싹트는 것을 엿볼 수 있다.

# 11. 상황학습론 확장하기 Ⅱ

## 어떤 위화감의 정체

약 5년 전, 겨울방학에 한 달 동안 거의 매주 치과를 다닌 적이 있다. 안과, 이비인후과와 함께 치과가 일반 병원과 다른 점은 환자들 나이가 제각각이라는 점이다. 노인도 있고, 젊은 사람도 있고, 나 같은 중년도 있고, 초등학생도 유아도 있다. 보통의 일상에서는 가까이서 볼 수 없는 이런 사람들의 다양한 모습을 관찰하는 일은, 치료를 앞둔 불안을 완화하는 데 적잖은 도움이 된다. 치료 마지막 날 그 치과에서 나를 절로 미소 짓게 만든 일이 하나 있었다.

그 치과에는 주간지 말고도 그림책과 장난감도 배치되어 있었다. 네댓 살쯤 된 아이가 마음에 드는 그림책이라도 발견했는지 그 책을 가리키며 엄마에게 "저거 읽어 줘!"라고 조르기 시작했다. 엄마는 곧바로 아이가 고른 그림책을 집어 들고 아이를 무릎에 앉히더니 읽기 시작했는데, 정작 아이는 처음에만 책을 잠깐 들여다보는 척했을 뿐 이내 마음이 딴 데로 외출하고 말았다. 옆에 앉아 있던 또래 아이의 장난감에 온통 신경을 빼앗긴 것이다. 눈이 필사적으로 장난감을 쫓았다. 드디어 엄마는 책을 다 읽었고, 아이의 마음이 다른 곳을 향하고 있다는 사실을 눈치채고는 책을 덮었다. 그러자 득달같이 아이는 "한 번 더" 하고 졸랐다. "하나도 안 들고 있었잖아!" 엄마는 한숨을 쉬면서 다시 처음부터 그림책을 읽었다. 그러자 아이는 이번에도 초롱초롱한 눈으로 옆에 앉은 아이의 놀이를 주시했다. 그걸 눈치채고 엄마가 읽기를 그만두자 이번에도 바로 "좀 더" 하고 엄마를 졸랐다.

음…. 기묘한 일이었다. 들을 마음이 없는데도 '읽어 달라'고 조른다. 이때 아이는 도대체 엄마에게 무엇을 요구하는 것일까? 아마도 아이한테는 그림책 내용이 중요하지 않았을 것이다. 그림책보다 '엄마의 목소리가 자신을 향하고 있다는 그 사실'이 중요한 것 아니었을까. 즉, 아이에게는 텍스트보다 텍스트가 자신을 향해 있다는 콘텍스트가 중요하고, 책 속의 이야기보다 엄마 목소리의 감촉을 독점하고 싶었던 것이리라.

어느 신문에서 읽은 내용인데 낭독 기술을 가르쳐 주는 무료 강습소에 다니는 중장년이 늘고 있다고 한다. 이 기술을 익히면 자원봉사로 어린이집과 유치원 등에 가서 아이들에게 이야기를 들려주는 일을 할 수 있단다. 그 마음을 모르는 바는 아니지만 별로 감흥이 안 생긴다.

'만약 내가 아이라고 한다면….' 생각해 본다. 잠자리에 들 때 머리맡에서 엄마가 책을 읽어 준다고 하자. 그때 아이는 엄마가 전혀 머뭇거리지 않고 정확히 책을 읽어 주는 데 마음이 끌릴까? 그렇지 않을 것이다. 오히려 엄마가 졸린 데도 꾹 참고 자신을 위해 읽어 준다는 바로 그 사실에 끌리는 게 아닐까 싶다. 엄마의 목소리가 그 누구도 아닌 바로 자신을 향하고 있다는 데 말이다. 그러니 책을 읽다가 글자를 틀려도 상관없고, 극적인 억양이 없어도 문제 될 게 없고, 설령 졸다가 책 읽기를 중단해도 무방하다.

숙련되고 세련된 낭독에서 울려 퍼지는 것은 불특정한 사람들을 향

심리학의 저편으로

한 목소리이다. 높낮이가 있고 완급이 있는 맑은 목소리. 그것은 '나'를 향하고 있다기보다도 누가 들어도 귀가 호강하는 좋은 목소리이다. 그래서 보통은 아나운서와 배우, 성우 등 말하는 것을 직업으로 가진 사람들이 구사한다. 그러나 아이가 엄마의 낭독에서 바라는 것은 그런 목소리가 아닐 것이다. 자신이 누군가에게 소중한 상대라는 사실을 느낄 수 있는 것, 단지 그걸 바라는 것이다.

아이를 키우다 보면 아이가 부모 목소리의 결에 민감하다는 것을 자각하게 된다. 그런데 아이가 학교에 가게 되면서부터 부모의 목소리는 어느새 사회 최전선의 목소리로 바뀐다. 한때 우리 집에서 자주 들었던 목소리도 그런 사회의 목소리이다. "이번에도 1등 하면 네가 좋아하는 게임사 줄게", '만약 ~ 하면 ~ 해 줄게'와 같은, 사람을 대할 때 먼저 조건을 달고 그 조건의 달성 여부에 따라 사람을 판단하는, 우리가 사는 이 사회에 만연하는 목소리를 우리 집에서만이 아니라 다른 집에서도 듣기 어렵지 않을 것이다. 부모의 얼굴 뒤, 목소리의 배후에 '사회'가 통째로 들여다보이는 것이다.

'만약 ~ 하면 ~ 해 줄게'와 더불어 교육과 양육의 현장에서 자주 들을 수 있는 또 다른 말 중에 요즘 아이들이 자주 입에 담는 '이거 공부하면 어디에 도움이 되나요?'와 같은 말이 있을 것이다. 일전에 일본의 어느 중앙지에 도쿄 시나가와구가 다니고 싶은 초등학교를 아이들이 자유롭게 선택할 수 있는 시스템을 채택했다는 기사가 실렸다(每日新聞, 2012). 그렇게 되다 보니 학생들이 너무 많이 모이는 학교와 학생이 전혀 오지 않는 학교로 양극화가 일어났다. 그 기사를 좀 더 읽어 보니 학생을 많이 유치한 학교 교장의 담화도 같이 실려 있었다. 교장이 말하기를 "우리 학교에서 교육 콘텐츠는 상품입니다", "보호자들은 고객이라고 교사들에게 늘 말하고 있습니다"

교육을 일종의 '상품'이라고 보았을 때, 교육을 받는 사람(학생과 보호자)이 '고객' 혹은 '소비자'로 정해지는 것은 어찌 보면 당연한 수순이다. 상품에 관해서 그 유용성도 의미도 모르고 그것을 구입하는 소비자는 없다. 소비자는 상품 구입에 앞서서 눈앞에 진열된 상품의 가치와 유용성을 숙지하고 있는 사람이다. 아니 좀 더 정확하게 말하자면 상품의 가치와 유용성의 숙지가 의무 지워진다. 그래서 여러 경쟁 상품 중에서 가장 '비용 대 효과'가 좋은 것을 선택하게 되는 것이다. 우리가 학교 현장에서 자주 들을 수 있는, 학생이 뭔가를 배우기 전에 하는 말, "이걸 배우면 어디에 도움이 됩니까?"라는 말은 학교를 '가게'로 보고 부모를 포함해서 자신을 '고객' 혹은 '소비자'로 그리고 교육 활동을 '상품'으로 보는 것에서 연유한다고 분석이 가능하다.

러시아의 기호학자이자 언어철학자인 미하일 바흐친은 개인이라는 존재는 남들과 구분되는 하나의 생체 혹은 개체로 태어났음에도 사회생활을 통해서 적어도 두 가지 목소리를 동시에 구사할 수 있게 된다고 보았고, 이러한 능력을 '복화술'이라고 불렀다. 즉, 우리의 목소리는 늘 다성多聲적일 수밖에 없는 것이다. 문제는 많은 사람들이 스스로 자신들이 '복화술'을 구사하는 능력의 소유자라고 자각하지 못하는 데 있다.

바흐친에 따르면 화자가 발화를 생산할 때는 늘 사회적 언어social language가 그 근저에 있고, 사회적 언어에 기초해 화자는 개별의 목소리를 발한다(Bakhtin, 1981). 바흐친은 사회적 언어를 "어떤 특정한 사회체제, 어떤 특정한 시대 속 특정한 사회 계층(직업, 세대 등)에 특유한 형태로 존재하는 담화"(Holquist & Emerson, 1981: 430)라고 보았다.

사회적 언어의 구체적인 유형으로 바흐친은 "지역적 방언, 특유한 집단 행동, 전문용어, 계층 언어, 세대와 연령 집단의 특유한 언어, 선전문, 여러 단체들의 권위를 표현하는 말과 일시적으로 유행한 말, 특정 시기에 특정한 사회적, 정치적 목적을 위해 사용되는 언어"를 예로 든다(Bakhtin, 1981: 262). 바흐친이 말하는 복화술이라는 것은 어떤 목소리가 다른 목소리 혹은 사회적 언어를 품고 말하는 과정이다.

> 말 속의 말word in language은 반은 타자의 말이다. 이것이 '자신'의 말이 되는 것은 화자가 그 말 속에 자신의 '지향'과 '억양'을 심어 말을 지배하고 말을 자신의 의미와 표현의 지향성에 흡수할 때다. 이 수탈appropriation의 순간까지 말은 중성적이고 비인격적인 말 속에 존재하는 것이 아니라(왜냐하면 화자가 언어를 사전에서 가져오는 것이 아니기 때문이다) 타자의 혀 위에, 타자의 맥락 안에, 타자의 지향에 봉사해서 존재한다. 즉, 언어는 필연적으로 타자의 것으로부터 빼앗아 와서 자기 것으로 하지 않으면 안 된다. _ Bakhtin, 1981, pp. 293-294.

바흐친의 관점을 빌려 말해 보자면, '만약 ~ 하면 ~ 해 줄게!' 그리고 '이걸 공부하면 어디에 도움이 됩니까?'와 같은 발화는 자신의 '말'로 만드는 데 실패한 어디까지나 '타자의 말'이다. 전자의 '타자의 말'이 향하는 곳은 자신의 아이라기보다도 '사회 속에 있는 아이들 중 한 명one of them'이다. "엄마 친구 아들인 누구는 정말 열심히 공부한다"라고 말하면서, 그리하여 아이 또한 사회 속에 놓이게 된다. 말하는 쪽도 듣는 쪽도

'사회의 표준'이라는 틀 안에서 이야기를 주고받을 수밖에 없게 된다.

후자의 '타자의 말'은 가르치고 배우는 행위를 포함한 모든 인간의 행위와 삶을 '사고파는 것' 그리고 '비용 대 효과'로 재단하는 것의 원천인 작금의 시장경제 원리와 결코 무관하지 않을 것이다. 그리하여 '비용 대 효과'가 나쁘다고 판단되면(예컨대 시험문제에 나오지 않는다고 판단하면) 공부를 하지 않게 된다. 그리고 설령 공부를 한다 하더라도 아이들은 최소한의 비용(학습 시간)으로 최대한의 효과(좋은 성적)를 올리는 데에만 혈안이 되는 것이다.

이런 사회 최전선의 목소리, 말을 바꾸면 '타자의 말'만이 범람하는 현실 속에서 아이들은 어떻게 성장하고 무엇을 배울까? 이 물음에 대한 대답은 후술하기로 하고, 이 사태를 간단하게 해석하자면 뭔가 I(아이)의 성장에 있어서 반드시 있어야 할 YOU(부모 혹은 교사)의 존재, 좀 더 정확하게 말하자면 YOU(부모 혹은 교사)의 고유한 목소리가 철저히 빠져 있다는 느낌을 지울 수가 없다. 말을 바꿔 표현하자면 YOU가 I에게 특별한 존재가 아니라 사회의 '표준' 혹은 '평균'의 목소리를 100퍼센트 복화해서 구사하고 있는 것에 불과한 존재가 되어 버린 것이다. 그리고 비용 대 효과로 교육과 배움을 말하는 YOU 밑에서 '비용 대 효과'라는 '타자의 말'에 자신의 '지향'과 '억양'을 심어서 교육과 배움에 대해 말하고 생각하는 I가 나오기는 무척 힘든 일일 것이다.

그런데 이런 현상과는 역으로 I(학생)의 상대가 되어야 할 YOU(교사)의 존재, YOU(교사)의 목소리는 분명히 존재하지만, 그 이상도 그 이하도 아닌 것이 다음의 교실 사례일 것이다.

우리는 교실을 혹여 '작은 왕국'으로 보고 있지는 않은가? 교사는 그

왕국의 모든 것을 맡은 왕이다. 그 나라의 법률도 규칙도 그리고 가치관도 모든 것이 왕에 달려 있다. 그 왕국에서는 왕국의 고유한 법칙이 있다. '그것은 그 선생님의 방식이다'라는 것은 그 교실의 특유한 교실 운영 방식에 다른 선생님이 함부로 입을 댈 수 없다는 것을 의미한다.

물론 그 교실이 명백히 다른 교실에 피해를 준다든지 그 교실이 누가 보더라도 완전히 파탄되어서 학급 경영을 할 수 없는 상태가 되면, 그때는 '왕'의 자격을 묻게 될 것이다. 그렇지 않고 교실이 일단은 '별 문제 없이' 잘 돌아가고 있고, 어쨌든 연간 교육과정대로 수업이 이루어지고 있는 한, 거기서 어떤 일이 어떤 식으로 이루어지더라도 바깥에서 이렇다저렇다 입을 댈 수 있는 것은 아니다. 따라서 하나의 교실을 맡은 교사에게는 뭐니 뭐니 해도 학급 경영을 제대로 하는 것이 최대의 중심 과제가 된다. 바로 나라를 제대로 다스리는 것이 필요한 것이다. 그런데 왕에게 가장 두려운 것은 '아이들이 제멋대로 행동하는' 것이고, 교사가 예상할 수 없는, 따라서 관리할 수 없는 사태가 교사의 눈이 닿지 않는 곳에서 일어나는 것이다.

교사가 밤낮으로 걱정하는 것은 수십 명의 아이 모두를 어떻게든 자신의 '수중에 넣는 것'이다. 한 명 한 명 아이들과 강한 '유대'로 묶인다는 것은 결국 모든 아이의 손을 꽉 쥐고 교사의 눈이 미치지 못하는 곳에 함부로 뛰쳐나가지 않도록 하기 위함이다.

이상적인 교사는 이상적인 왕이다. 아이 한 명 한 명이 자유롭게 행동하고 있다고 확신시켜서, 다른 사람에게도 그렇게 보이도록 행동하게끔 하면서 실은 한 명 한 명의 아이를 '보이지 않는 끈'으로 꽉 묶어, 교사의 말고삐 하나로 교실이 움직이는 상태가 만들어진다. 이러한 것이 '이상적인 교실', 즉 '이상적인 왕국'이다.

한편 아이들은 교사의 열의와 성의를 느끼고 교사의 보이지 않는 끈에 의한 유대를 스스로 받아들여서 교사의 교실 통치에 협력하게 된다. '이 교실은 잘 되고 있다'라고 교사가 믿게끔 하고, 외부의 관찰자에게도 그렇게 생각하게 하고, 그 과정에서 자신들도 그렇게 믿고 교사의 '암묵의 기대'를 예측하여 그것에 대응하는 것으로 자신감과 자부심을 갖게 된다. 학습도 공부도 교사로부터 받은 개인적인 은혜에 대한 대응이고, 교사의 기대를 저버리려고 하지 않는 충성의 증거이다. 이렇게 해서 '이상적인 교실'이 교사와 아이들의 공동 작업으로 만들어진다.

그런데 이러한 '이상적인 교실'에서 일어나는 배움은 전부 '어떻게 하면 좋을까?'가 된다. 어떻게 하면 교사가 기뻐할까? 어떻게 해야 할까? 이 교실에서는 발언할 때는 어떻게 손을 들고 어떠한 말로, 어떠한 자세로 말할까? 노트 정리는 어느 때 어떻게 하면 될까?

어쨌든 교실은 '이런 식으로 되게 되어 있다'와 같은 규칙으로 가득하다. 그것을 지키지 않으면 교실의 웃음거리가 되고 만다. 그것을 지키는 한, 교사는 만족하고 교실은 평화를 유지한다. 교실에서 배우는 지식의 내용도 '정답을 맞히는 방식'에 관해서 '어떻게 하면 좋을까?'를 배우게 된다. '어떻게 하면 좋을까(정답을 맞힐 수 있을까)?'에 관해서 알기 쉽게, 친절하게 가르쳐 주는 교사가 '좋은 교사'다. 아무리 가르쳐도 정답을 맞히지 못하는 이른바 '학습부진아'에게는 정답을 맞힐 수 있을 때까지 몇 번이나 연습시키고 반복시키고 인내를 갖고 지켜보는 교사가 '이상적인 교사'가 된다.

그러다 보니 이런 교실에서 아이들은 늘 '어떻게 하면 정답을 맞힐 수 있을까?'에만 온 신경을 집중한다. 교사의 일거수일투족에서 어떻게든지 '이렇게 하라'는 암묵의 지시나 요구 사항을 읽어 내고, 교사가 바라는 '특정한 말하는 방식'을 포착하고 그것을 마치 '스스로 생각했다'는 것처럼 교사에게 말한다. 교사는 무의식 중에 '이렇게 해라'는 암묵적인 지시를 내리고 있는 자신의 행위에 대해서는 대개 무자각하므로 "아 그래 네가 스스로 생각한 거야? 훌륭해 훌륭해"라고 말하고 감격한다. 그것을 보고 다른 아이들도 "아! 이것으로 이 교실은 평화롭다"라고 안심한다.

그런데 교실의 구성원들이 강한 유대관계로 묶여 있어서 일견 아름답게 보이고 평화롭게 보이는 이 교실에는 과연 무엇이 빠져 있는가? 간단히 분석해 보면 여기에는 아이들이 배움을 통해서 느껴야 하고 도달해야 하는 사물과 현상의 '진실성' 혹은 '진정성'의 실감이 없다. "그것이 확실히 정말이라고 한다면 왜 그렇게 되지 않으면 안 되는 거야?"라는 절박함이 없다. 그리고 아이들 스스로의 "왜 그리 되지 않으면 안 되는데?"와 같은 자발적인 물음이 없다. 나아가 '교사가 말한 내용이나 교과서에 나와 있는 문제를 푸는 방식 말고 다른 가능성을 찾아볼 수 있지 않을까?'라는 탐구심도 없다.

또한 이런 교실에서는 '안다고 하는 것'의 의의가 교실을 넘어선 바깥 세계와 연결된다는 실감이 아이들의 마음속에서 자라날 여지가 없다. 이 교실에서 '지식'은 교사가 '나중에 시험에 내기' 때문에 '외워 두는 것'에 지나지 않는다. 자신이 교실에서 배우는 지식이 교실 바깥의 사회와 문화 속에서도 통용되고 누군가에게 도움이 되고 세상의 많은 사람이 하고 있는 것과 인연을 맺고 있다는 느낌이 없다.

앞에서 나왔던 '만약 ~ 하면 ~ 해 줄게'라는 발화에 대해서 나는 I에게 중요한 상대가 되어야 할 YOU의 고유한 목소리가 철저히 결여되어 있다고 혹은 YOU의 목소리가 표면적으로는 있기는 하지만 어디까지나 그건 '타자의 말'을 전부 복화한 것에 불과하다고 분석하였다. 그런데 지금 이 교실의 경우는 역으로 I와 YOU의 관계는 강한 유대로 연결되어 있고 구성원들 간의 공감의 깊이를 엿볼 수 있지만, I가 YOU를 넘어선 바깥 세계(여기서는 그것을 THEY 세계라고 부르기로 하자)와 만날 가능성은 애당초 배제되어 버린다. 말을 바꾸면 교실이라는 공간에서 배운 지식이 사회, 즉 바깥 세계에서 이루어지고 있는 일과 어떻게 연관이 되는지에 대한 실감이 학습자들에게 없다는 것이다.

　여기서 부모와 자식 간의 관계에 대한 분석 및 교실에서의 교사와 학생 간의 관계에 대한 분석을 위해 내가 가져온 I, YOU, THEY와 같은 개념은 사에키 유타카(佐伯胖, 1989a, 1989b, 1995a, 1995b, 2003)가 교육과 배움을 고쳐 보기 위해서 제창한 '도넛 이론'에서 차용한 것이다. 후술하겠지만 사에키는 교육과 배움에 있어 이 I, YOU 그리고 THEY가 상호 적절한 관계를 맺으면서 세계를 넓혀 나가는 것의 중요성을 역설하고 있다. 그리고 YOU와의 제대로된 관계가 결여된 부모와 자녀와의 만남 그리고 교사와 학생과의 만남이 가져올 수 있는 문제점을 지적하는 것과 동시에 I에게 YOU의 세계가 전부인 것으로 생각하게끔 만드는, 말을 바꾸면 THEY 세계와의 만남 자체가 차단된 것의 문제점도 지적하고 있다.

　사에키의 관점에 따르자면 위에서 내가 들었던 두 가지 사례 중 하나는 YOU와의 관계가 결여된 경우이고, 나머지 하나는 I가 YOU만 바라보다 보니까 THEY 세계와의 만남 혹은 관계가 결여되어 있는 경우라고 할 수 있다. 그렇다면 이러한 두 가지 문제는 왜 발생하는 것이며, 그것이 교육과 배움의 활동에 가져올 수 있는 문제는 무엇이 될 수 있을까?

## 도넛 이론의 원류

이 문제를 풀기 위해 도넛 이론을 살펴볼 필요가 있다. 도넛 이론의 원형은 인간이 복잡한 기계를 다루고 조작할 때의 '조작하기 편함' 혹은 '사용하기 편함'을 탐구하는 '휴먼 인터페이스 연구'에서 힌트를 얻어 사에키가 제창한 것이다(佐伯胖, 1989a). 사에키는 먼저 인간이 기계를 조작할 때 그 기계 자체가 인간의 동작 특성이나 심리 특성을 고려해서 만들어졌는지, 즉 그것이 '사람을 위한 설계'인지 여부를 논하기 위해 '제1접면 first interface'이라는 개념을 만들었다(佐伯胖, 1989a).

사용자가 기계에 어떤 작업을 시킬 때, 복잡한 명령어로 지령을 내리는 것이 아니라 예컨대 PC 바탕화면에 있는 아이콘을 클릭하여 작동이 바로 이루어지게 되면 '제1접면'의 조작성이 높은 것이다. 여기서 말하는 '접면'은 기계를 조작하는 장면에서 인간과 기계 사이에 커뮤니케이션이 성립한다는 것을 의미하고, 인간이 '하고 싶은 일을 곧바로 기계에 전하는 것' 이외에도 기계가 인간에게 전하고 싶은 것, 예를 들면 '그런 조작을 해서는 안 된다'든지, '지금 고장이 나 있다'든지, '현재는 ◎◎ 모드에 있다'와 같은 사안을 사용자가 곧바로 알 수 있게 하는 것도 제1접면으로서는 중요하다.

여기에다 사에키는 인간과 기계의 커뮤니케이션 문제를 다루면서 '제1접면'에만 머무르지 않고 관점을 확대하였다. 왜냐하면 '제1접면'만 고려해서는 인간에게 진정한 의미에서 편리한 기계가 되지 않는다고 본 것이다. 예를 들어 컴퓨터에서 인쇄 명령을 내릴 때 '프린터 아이콘'을 클릭하면 곧바로 인쇄 작업이 시작되는 것은 제1접면의 조작성으로서는 전혀 문제가 없지만, 사용자가 '인쇄된 활자가 바르지 못하다'든지 '프린터 잉크가 다 되었다'든지 '종이가 다 떨어졌다' 등등과 같이, 그 기계가 '현실 세계'에 어떻게 작용하고 있는지를 몰라서는 곤란할 것이다. 또한 인쇄 개시, 인쇄 종료 혹은 현재 몇 페이지까지 인쇄가 되고 있는지 등의 정보(기계가 '사용되고 있는 현장'의 정보)를 아는 것도 중요한 일이다.

이처럼 사용자는 특정한 기계를 통해 이루어지는 일이 그 작업 현장에서 얼마큼 문제없이 효율적으로 작동하고 있는지에 관한 정보를 잘 알고 있는지 여부를 음미하지 않으면 안 되는 것이다. 여기서 사에키가 '제2접면'이라는 개념을 추가한 것은 '기계가 현실 세계에 실제로 작용하고 있는 점'을 포착하기 위함이다. 따라서 사용자가 의도한 대로 일이 현실 세계에서 제대로 실현되고 있는지 여부 그리고 현실 세계에서 일어나고 있는 중요한 사태(예를 들어 프린트기 같으면 고장, 종이가 걸리는 일 등등)에 대한 정보가 사용자에게 제대로 전달되는지 여부가 제2접면에서는 중요한 문제이다.

사에키는 '사용하기 편리한 기계'를 이 제1접면과 제2접면 두 가지 차원에서, 즉 사용자와 기계, 사용자와 현실 세계 사이에 적절히 커뮤니케이션이 성립하는 문제의 지평 위에서 고찰한 것이다.

사에키는 이 인간과 기계의 커뮤니케이션의 문제를 곧바로 아이와 부모 혹은 교사와의 관계 문제에도 적용하였다(佐伯胖, 1989b). 즉, 제1접면인 '사용하기 편리한 혹은 쉬운 기계'에 해당하는 존재로서 'YOU적 타자'(교사, 보육자, 부모 등)를 상정하고 기계가 작용하는 현실 세계의 위치에 앞으로 아동의 활약이 기대되는 문화적 실천의 세계(THEY 세계)를 상정한 것이다. 이 도넛 이론으로부터 보면 아이는 YOU적 타자를 매개로 해서 혹은 그/그녀의 도움을 받아서 점차적으로 THEY 세계(문화적 실천의 세계)와 관계를 맺게 된다. 따라서 도넛 이론에 의하면 교육은 '사용하기 쉬운 기계'의 디자인과 똑같이 아이가 '문화적 실천'에 참가하는 것(THEY 세계에서 사는 것)을 가능한 한 적극적으로 도와주는 일이 되어야 한다.

### 교육과 배움의 도넛 이론의 구체적 양태

'교육과 배움의 도넛 이론'은 한마디로 하자면 배우는 자 혹은 학습자(I)가 외부 세계(THEY 세계)에 대한 인식을 넓히고 그 세계에 대한 인식을 깊게 하려고 할 때, 필연적으로 2인칭적 세계(YOU 세계)와의 관계를 경유해야 한다고 보는 교육과 배움에 대한 이론이다. _ 佐伯胖, 1995a.

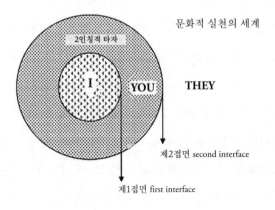

여기서 말하는 I/YOU/THEY 관계라는 것은 '나'와 타자, 세계와의 관계를 가리키는 것뿐만이 아니라 도넛 이론이라는 아이디어가 인간과 도구와의 관계에 관한 탐구 과정에서 싹튼 것처럼 '나'와 도구artifact와의 관계 그리고 도구와 도구가 작용을 미치는 대상 세계와의 관계이기도 하다는 것을 의미한다.

사에키는 또한 이 관계의 메커니즘을 통해서 I와 YOU와의 경계(제1접면)와 YOU와 THEY와의 경계(제2접면) 각각의 접면 구조에 초점을 맞춰서 각 접면에서의 상호작용의 양상에 관해서 고찰하였다(佐伯胖, 1995b). 따라서 이 두 가지 접면이라는 개념은 학교 교육에서 교사, 교재 그리고 학생 간의 관계 구조 전체를 시야에 넣은, '교육'과 '배움'을 고찰하고자 할 때 아주 유용한 도구가 될 수 있을 것이다.

### 2인칭적 도구의 세계

우리가 무엇을 배울 때 거기에는 반드시 어떠한 도구artifacts가 개입한다. 여기서 말하는 도구라는 것은 문화적 매개물cultural mediation을 가리키는데, 그것은 말과 기호와 같은 비물리적인 것부터 문자 그대로의 도구(기구, 장치)까지를 포함한다. 그 어느 것도 거기에는 특정한 약속(규칙, 제약)이 있어서 그 규칙과 제약을 숙지한 상태에서 사용할 필요가 있다.

I 입장에서 보면 도구는 그것과 처음으로 만났을 때는 어디까지나 외부 세계(THEY)이다. 이 단계의 도구를 가리켜 사에키는 'THEY적 도구' 혹은 '3인칭적 도구'라고 부른다(佐伯胖, 2003). THEY적 도구는 I에게는 '처음 보는 타자'와 같이 어떻게 사용하면 좋을지 모르는 상대이다.

따라서 그것 자체를 배울 필요가 있다. 이 도구의 정체는 무엇인가, 어떤 구조를 갖고 있는가, 어떤 절차와 순서로 사용하는가, 어떤 제약이 있는가 등등을 배워야 하는 것이다.

그러다가 그것의 사용에 익숙해져서 능숙하게 사용할 수 있게 된 단계에서는 도구가 나의 신체 일부가 되어서 비유를 들자면 '두 번째 몸'이라 할 수 있는 상태가 된다. 그런 상태가 된 도구를 사에키는 'YOU적 도구' 혹은 '2인칭적 도구'라고 부른다(佐伯胖, 2003). 이 경우 사용자는 도구에 뭔가 문제에 생겼을 때를 제외하고는 도구를 사용하는 것 자체를 잊어버릴 정도로 도구에 익숙해진다. 사에키는 사용자가 도구와 이 정도 관계가 되었을 때에는 이번에는 그 도구를 통해서 펼쳐지거나 혹은 엿볼 수 있는 외부 세계(THEY 세계)에 관심을 기울여야 한다고 주장한다.

교실 상황에서 말해 보자면 '교재'가 이러한 도구에 해당한다. 교재가 아이들에게 제시되었을 때는 무엇보다도 교재 그 자체를 배우게 되기 때문에 처음에는 THEY적 도구로 기능하지만, 교재를 어느 정도 배운 후에는 그것을 사용해서 대상 세계 혹은 외부 세계(THEY 세계)를 탐구하는 YOU적 도구로 기능해야 한다. 즉 아이들은 교재를 통해서 외부 세계를 배워야 한다.

도넛 이론에서 '배운다'는 것은 먼저 YOU적 타자(2인칭적 타자)가 YOU적 도구와 친밀한 교류를 맺게 되는 것이고, 그것을 통해서 I의 자아가 확대되고 변화해서 외부 세계(THEY적 세계)와 관계를 맺는 것을 의미한다.

## YOU적 타자의 두 가지 접면

그러면 사에키가 말하는 I와 YOU와의 경계를 구성하고 있는 제1 접면과 YOU와 THEY와의 경계를 구성하는 제2접면에 관해서 교실 상황을 예로 들어서 고찰해 보자.

학습자(I)와 교사(YOU)와의 관계에서 교사가 제1접면만 중시하다 보면 단지 '선생님과 나'와의 친밀함 혹은 '우리'라는 동료의식의 고양에만 신경을 빼앗기게 되어 외부 세계(THEY)로 향하는 눈이 길러지지 않게 된다. 그 결과 교실 내에서만 통용하는 말과 규칙이 만들어지고, 결과적으로는 일견 구성원들 간의 '사이가 좋은', '체계가 잡힌', '구성원 간에 공감으로 충만한' 교실이 되지만, 실은 폐쇄적이고 배타적인 집단이 만들어져서 경우에 따라서는 새로운 사람이 들어오거나 뭔가 새로운 것을 배우는 것을 싫어하게 되는 경우가 충분히 일어날 수 있다.

이 경우 구성원들의 소속 의식은 강해지지만, 각자 자신이 정말로 하고 싶은 것은 오히려 억압되어 교사의 눈치를 본다든지 아니면 집단에 맞추는 행위를 우선시하게 되고, 자신의 독자적인 관심과 배우는 것에 관해서 뭔가 석연치 않고 납득이 가지 않는 것이 있다 해도 그것에 대한 표명을 할 수 없게 된다. 구성원들은 각자 친하게 지내면서도 '이런 말을 하면 상대방이 이상하게 생각하지 않을까?'와 같은 두려움을 마음 깊은 곳에서 느끼게 되어 언제나 주위에 신경을 쓰게 된다.

그런데 (비밀을 밝히는) 우리의 경험이 잘 가르쳐 주듯이 2인칭적 타자라 하더라도 '완전한 비밀의 공유'는 오히려 위험할 수 있다. 예를 들어 가족 사이에서도 '비밀의 선물'을 준비하는 경우가 있는 것은 오히려 각자 마음 한구석에서는 서로 알아서는 안 되는 비밀'을 각자 갖게 하기 위한 배려이고 서로가 어디까지나 '미지의 존재라는 것', '독자적이라는 것'을 존중할 필요성이 있기 때문이다. 공감은 중요하지만, 그것이 강요되거나 무조건적인 전제가 되는 경우는 오히려 공포로 작용할 수 있다.

초등학생이었을 때 정말로 선생님만 읽어 주었으면 하고 쓴 편지가 〈학급통신〉에 게재되었던 사실로 인해 아직도 상처가 아물지 않았다는 대학생을 만난 적이 있다. 2인칭적 타자라는 것은 서로 '상처받기 쉬울 수 있는' 상대이고 그렇기 때문에 신뢰와 존경을 서로 가져야 하는 존재임을 잊어서는 안 된다.

그렇게 본다면 제대로 된 YOU적 관계는 또 하나의 외부 세계 (THEY)와의 만남을 주선하는, 즉 제2접면과의 교류를 행선지로 해서 늘 의식하고 바라보면서 서로가 안심하고 마음을 터놓는 관계여야 한다. 즉, 모두가 '서로'를 바라보는 데에만 집중하는 것이 아니라 오히려 '바깥'을 함께 바라보는 관계 속에서 비로소 제대로 된 YOU적 관계가 만들어진다. 즉, 외부 세계(THEY)를 함께 의식하고 함께 바라볼 수 있는 YOU적 관계가 필요하다고 역설하고 있다.

그런데 교사가 무작정 '외부 세계(THEY 세계)'를 그대로 가져오려고 하면(예컨대 바깥에서 좋은 수업 방법이라고 평판이 났다는 이유로 혹은 위에서 일방적으로 내려온 좋은 수업 방식 매뉴얼 같은 것), 제2접면만을 너무 강조하게 되면 그 교실에 있는 아이들은 그것을 자신들과는 관계 없는 것으로 생각하게 되어 급기야는 곧바로 그것에 대한 거부감을 가질 수 있다. 즉, '이것은 좋은 수업 방법'이라고 여러 학교에서 검증이 끝난 수업 방법을 '바깥'에서 가져온다 해도 교사와 아이들과의 긴밀한 관계 형성(제1접면)을 무시해서는 수업이 제대로 이루어질 리 없다. 아이들의 독자적 생각과 소박한 실감, 틀려도 좋다는 안심감 그리고 자신의 고유한 방식대로 생각하려는 자세 등등이 따뜻하게 받아들여지는 YOU와의 관계 형성이 이루어지지 않는 한, 아이들의 배움은 소외될 수 있다.

'혁신적인 수업 방법', '효율적인 수업 방법' 그리고 '모두가 행복해지는 수업 방법'과 같은 발상에는 지식이란 교육 전문가 혹은 저 위에 있는 누군가가 만드는 것으로, 교사나 학습자 자신은 단지 그것을 '관객'으로서 바라보든지 아니면 그들이 만든 것을 무조건적으로 받아들일 수밖에 없다는 생각이 암묵적으로 깔려 있다. 이런 교실 환경에서는 '정답'과 '효율'이 모든 것에 우선하고 최종적인 완성품만이 평가를 받기 십상이다. 그리고 이런 교실에서는 아이들 스스로의 궁리와 생각이 배제되고 소박하게 즐기고 같이 나누는 기쁨, 미숙함 속에 잠재하고 있는 원초적인 에너지의 발현이 나올 수가 없다.

## 학교에서의 배움을 키우는 접면 구조

도넛 이론은 가르친다는 것이 어디까지나 아이의 '배움'에 기초해서 이루어지느냐가 관건이라고 보고, 교육은 아이의 자기 형성(자기 만들기)을 도와주는 것에 초점을 맞춰야 한다는, 교육과 배움에 대한 시각이다. 지금까지의 고찰을 고려해 보면 학교에서 아이들의 배움을 건전하게 키우기 위해서는 다음과 같은 2인칭적 타자(=교사), 2인칭적 도구(=교재)에 관해서 각각의 접면이 적절하게 구성되는지가 중요한 열쇠가 될 것이다.

심리학의 저편으로

먼저 첫 번째로 교사가 아이에 대해서 적절한 제1접면을 갖고 있는지 여부이다. 즉, 아이 한 명 한 명에 대해서 '당신과 나'의 2인칭적 관계를 갖고 아이에게 존경을 받고 무슨 일이 있을 때 비밀을 털어놓는(그렇다곤 하나 그것이 비밀 전부를 털어놓는 것은 아닌) 관계를 갖는 것이 필요하다.

두 번째로 교사가 학생에 대해서 적절한 제2접면을 갖고 있는지이다. 즉, 교사 자신이 늘 배우고 있는 사람으로서 현실의(THEY 세계) 문화적 실천에 깊게 관여해서 그러한 가치, 의의, 그것들의 소중함을 아이들이 엿보게 하는 역량을 갖추고 있는지, 교사가 아이에게 미지의 존재로 계속 있으면서도 동시에 학교 바깥의 학문, 예술, 문예의 풍부한 세계에 접촉하며 "이렇게 훌륭한 세계가 있다는 것"을 아이들이 언젠가는 알아 줬으면 좋겠다는 뜨거운 열정을 평소에 보여주는지이다.

세 번째로는 교재가 아이에 대해 적절한 제1접면을 갖고 있는지이다. 즉, 지금 배우는 내용이 아이들 한 명 한 명의 실감과 경험과 연결되고 있는지 그리고 그 내용을 아이가 친근감을 느끼고 자신의 것으로 소화할 수 있느지가 제1접면으로서의 교재의 역할이 되어야 한다. 나아가 교재를 통해서 아이가 새로운 '되어 보고 싶은 나'를 그려 낼 수 있는지, 그 교재를 배우기 전에 아이에게 교재에 대한 호기심을 불러일으키는지가 중요하다.

네 번째로 교재가 아이에 대해서 적절한 제2접면을 갖고 있는지이다. 즉, 교재가 질 높은 THEY 세계의 문화를 충분히 응축하고 있어서 학습자 자신의 지금의 잣대 혹은 도량형으로는 담아 낼 수 없는 풍부함과 깊이를 갖고 있는지 그리고 교재가 현실 세계와 접촉할 수 있는 가교 역할을 하고 있는지 나아가 그런 문화적 가치가 충분히 다양하고 풍부해서 한 명 한 명의 아이의 관심을 고려해서 그들에게 열리는 배움의 경로가 갖추어져 있는지이다.

물론 아이의 배움은 어디까지나 '아이의' 배움이다. 아무리 훌륭한 교사, 훌륭한 교재가 있어도 아이 한 명 한 명의 배움의 세계는 원칙적으로 그 아이 본인의 자기 내 대화의 활동이고, 이는 타자가 거기에 권력적으로 개입해서는 안 되는 세계이다.

교육과 양육을 담당하는 우리에게 가능한 것은 늘 아이 측에 서서 운 좋게 아이의 '2인칭적 타자'가 될 수 있기를 기다리는 수밖에 없다. 그러기 위해서는 무엇보다도 우리 자신이 한 명 한 명 아이를 '2인칭적 타자'로서 보는 것에서부터 시작해야 할 것이다. 아이의 수업 중 발언과 행동의 신선함과 기발함에 감동하고, 그 풍부하고 유연하고 신선한 감수성을 접하면서 교사로 '되어 보고 싶은 나'의 모습을 그려 보는 것이다. 왜냐하면 '2인칭적 타자(YOU)'는 최종적으로는 쌍방향적reciprocal 존재로서 완성되기 때문이다. 나에게 당신이 '당신'이 될 때, 당신에게도 내가 당신의 '당신'이 될 수 있는 것이다.

나아가 교육자인 우리는 늘 외부 세계와 접촉하고, 다양하고 풍부한 문화적 실천에 접촉하고, 아이들 한 명 한 명의 관심에 기초해서 '이렇게 되었으면 좋을 아이'를 계속해서 고쳐 묻고 교사가 바라는 아이 상이 일면적인 것이 되고 있지는 않은지 혹은 교사가 자기 나름대로 정해 버린 이미지를 아이에게 강요하고 있지는 않은지를 교실의 일상에서 반성하고 물음을 던지지 않으면 안 된다. 그것은 '적절한 교재' 찾기와도 연결될 것이다.

## 조금 더 생각해 볼 문제

주류 심리학의 정치성과 이데올로기성, 그에 따른 눈에 보이지 않는 권력성을 파헤친 오자와 마키코(小沢, 2002)는 두 아들이 각각 초등학생이고 중학생이었을 때 그들과 식탁에서 나누었던 대화를 다음과 같이 기록했다.

둘째 아이: 오늘 사회 수업 시간에 이상한 것을 배웠어! 최근엔 농가도 비닐하우스 재배 기술이 발달해서 겨울에도 딸기를 만들 수 있게 되었대. 근데 엄마는 언제나 겨울에 딸기를 먹는 것은 이상한 거니까 햇볕을 담뿍 받은 귤을 먹으라고 말했었고 나도 그렇게 생각하는데 교과서에는 그것과는 반대되는 내용이 마치 좋은 것처럼 쓰여 있었어!

나: 학교와 교과서에서 배우는 것은 '세상이 지금 이렇게 되고 있어요'라는 내용이야. 그것을 제대로 아는 것은 그 나름대로 중요해! 겨울에도 딸기를 먹게 된 것을 '좋은 것'으로 이야기하는 것도 그 때문인 거지. 그런데 자기 자신이 정말로 그것이 좋은 건지 아니면 이상하다고 생각하는지, 스스로 어떻게 생각하는지? 바로 거기서부터가 사실은 중요한 공부라고 생각해.

첫째 아이(중학교 1학년): 사회 과목과 국어는 특히 그렇지. 수학은 정해진 사실을 가르치니까 좀 달라도 말이지.

나: 아니야, 수학도 똑같아! 지금 네가 배우고 있는 이진법 같은 것, 컴퓨터가 보급되고 있는 것과 관계가 있거든. 엄마가 중학생이었을 때는 그런 것은 배우지도 않았어!

첫째 아이: 아, 그래요?

'내'가 느낀 위화감의 정체 부분에서 소개한 에피소드와 교실 상황 분석 그리고 사에키의 도넛 이론에 등장하는 I/YOU/THEY 관계에 대한 분석에서 볼 수 있듯이 YOU 고유의 목소리가 결여된 상태에서 THEY 세계(주류)의 목소리를 그대로 I에게 들려주는 혹은 바흐친 식으로 말하면 사회의 주류 목소리를 100퍼센트 여과 없이 복화하는 YOU의 존재는 분명 문제가 있다.

반면 또 하나, 내가 똑같이 문제 제기에서 소개한 교실에 관련된 에피소드에 대한 분석 및 사에키의 도넛 이론에 따르면 I가 YOU가 설정한 강고한 세계에 완전히 갇히고 매몰되어 버려서 YOU가 설정한 말하는 방식, 사고방식 그리고 느끼는 방식이 '세계의 끝'이라고 믿게 되는 사태가 우리 주위에도 충분히 일어날 수 있다. 즉, YOU가 되는 교사가 '제1접면'만 중시하다 보면 단지 '선생님과 나 혹은 우리'와의 친밀함 혹은 '우리'의 동료의식의 강화에만 신경을 쓰게 되고 '외부 세계'로 향하는 눈이 키워지지 않게 된다. 사에키가 제1접면뿐만 아니라 제2접면을 강조한 것은 교육 실천에서 아이들이 아주 한정된 집단 안에서 서로에게 익숙해지는 것만으로는 문제가 있고, 그 집단을 넘어선 외부 세계, 즉 THEY 세계로 I와 YOU가 함께 향해야 함을 의미한다.

그런 면에서 오자와 선생이 우리에게 들려주는 아이들과의 대화 내용이나 패턴은 교과서(이른바 YOU적 도구)가 매개가 되어 보여주는 THEY 세계에서 중요시되는 가치관(교과서 내용을 배우는 것은 "세상이 이렇게 돌아가고 있음"을 간접 체험하는 의미에서 중요하다)을 자신의 생각(YOU 세계)과 다르다는 이유로 무조건 잘못이라고 내치지도 않으면서, 그것에 대한 비판적 시각을 견지할 수 있도록 아이들(I)을 이끄는 것이라는 점에서 인상적이다. 이러한 YOU적 관계에서는 YOU가 정한 것, 즉 말하는 방식이나 사고하는 방식, 느끼는 방식이 세계의 끝이라는 시각을 I가 결코 갖지 않을 것이다. 그리고 YOU만을 바라보는 것이 아니라 YOU를 통해 바깥 세계, 즉 THEY 세계를 엿보고 YOU와 함께 THEY 세계를 탐구하려는 의욕을 I에게 불러일으켰다고 할 수 있다. 이런 I와 YOU의 관계가 바로 바람직한 YOU적 관계라고 상정할 수 있다. 그런데 사에키의 도넛 이론에서는 교육과 배움의 활동에서 바람직한 YOU적 타자의 모습은 교재 및 교사의 역할 등으로 어느 정도 구체적으로 제시되어 있지만, 그러한 I와 YOU의 관계 구축에서 나올 수 있는 교육과 배움의 모습에 대한 고찰은 다소 추상적인 수준에서 그쳐 버리고 말았다고 할 수 있다. 그리고 사에키의 도넛 이론에서 논의된 내용만 갖고서는 지금 우리의 교육 현실에서 일어나고 있는 교육과 배움의 모습을 비판적으로 고찰하는 것은 다소 무리가 있어 보인다. 나아가 이러한 논의를 하다 보면 더불어 생각할 수 밖에 없는 다음과 같은 문제는 우리의 몫이 되어야 할 것이다.

즉, I와 YOU 사이 관계의 양상이 진공 상태에서 일어나는 것이 아니라 사회·문화·역사적 지평 위에서 일어난다는 사실을 시야에 넣게 되면, 반드시 염두에 두어야 할 작금의 대한민국의 THEY 세계가 구체적으로 어떤 양상을 하고 있는지 그리고 그것이 어떻게 교육과 배움의 활동에서 I와 YOU의 관계에 영향을 주고 있는지도 함께 시야에 넣어서 고찰해야 한다는 것이다.

다음의 '어느 일본 고등학교에서 실제로 일어난 세계사 과목 미이수 사건'과 그 사건에 대한 우치다 다쓰루 선생의 분석은 현 한국 교육이 안고 있는 문제점에 대한 적확한 분석과 사에키의 도넛 이론에 대한 확장의 도모 그리고 그에 기초하여 앞으로 학교가 교사가 그리고 교육과 배움이 어떤 모습이어야 하는가를 생각할 때 실로 풍부한 시사점을 제공해 준다.

토야마 현립고등학교에서 일어난 특정 과목 미이수 문제는 전국으로 불똥이 튀어서, 적어도 3만 명의 고3 학생들이 특정한 과목을 이수하지 않았다는 것이 밝혀졌다. 각 학교는 겨울방학 등을 이용해서 보충수업 실시를 통해 이 미이수 문제를 해결할 예정이지만, 200회 이상(1회 50분)의 보충수업을 앞으로 졸업까지 하지 않으면 해결이 되지 않은 경우도 있어서 현장은 혼란의 극에 있다. 이러한 미이수 과목을 이수한 것처럼 꾸미는 문제는 1990년대부터 있었고, 이미 졸업한 학생들에 관해서는 추급 적용해서 졸업을 취소하지는 않을 방침이라고 한다. _ 〈아사히신문〉, 2008.

다음은 위 사태에 대한 우치다 선생의 분석이다.

이 문제에 관해서는 많은 식자가 그 문제점을 지적하고 있지만 나는 지금까지 별로 논의되지 않은 점을 집중적으로 다뤄 보려고 한다. 그것은 학생들이 이수하였다고 허위 보고한 과목 중에서 필수 과목인 세계사가 가장 많았다는 사실이다. 언론에서는 세계사가 외워야 할 것이 많은 과목이라고 반복적으로 보도하였다. 나는 이 설명을 읽고 잠시 생각에 잠겼다. 왜냐하면 '외워야 할 것이 많은 교과목이기 때문에 공부하지 않는다'라는 언명에 그 나름의 설득력이 있다고, 이 말을 무심코 내뱉은 당사자가(고등학생들, 교사들 그리고 그것을 보도하는 언론인들 등등) 믿고 있다고 생각했기 때문이다. 왜 '그런 것'을 쉽게 믿어 버리는가, 나는 그 이유를 이해하기가 어려웠다.

'외워야 할 것이 많은 과목보다도 외우는 것이 적은 과목을 공부하는 것이 유리하다'는 판단은 언제 어디서나 성립하는 논리가 아니라고 나는 생각한다. 예를 들면 '가능한 한 많은 지식을 익히는' 목적(이것은 틀림없이 학교 교육의 목적 중 하나이다)에 비춰 봤을 경우, 이 판단은 성립하지 않는다. '가능한 한 많은 시간을 공부에 할애해서 공부 습관을 익힌다'는 기준에 비춰 봐도 성립하지 않는다. '판단력과 정서 함양'에 관해서는 '외우지 않으면 안 되는 것'의 많고 적음이 직접 관계가 없지만, 적어도 '외울 것이 적은 편'이 판단력과 정서 함양에 유리하다는 판단은 도출되지 않는다.

즉, '외울 것이 적은 과목이 유리하다'라는 말은 입시에 한정해서만 말할 수 있는 것이고, 그것 외에 교육 일반에 관해서는 타당하지 않은 언명이라는 것이다. 실제로 수험생은 일찍부터 문과 이과로 나뉘어져서 지망 학과 혹은 학부를 한정해서 입시에 도움이 되지 않는 이른바 '헛손질'은 하지 않는 것이 좋다고 주위로부터 늘 이야기를 듣는다. 수험생은 자신이 수중에 가진 한정된 지적 자원을 어디에 집중하는 것이 자신의 지적 퍼포먼스를 최고로 올릴 수 있는가를 최우선적으로 배려하는 존재이다. 이런 사안을 잘 나타내는 적절한 말이 있다.

'비용 대 효과'라는 말이 그것이다. 외워야 할 것이 많은 과목과 외워야 할 것이 적은 과목 중 후자를 선택하는 것이 입시 공부에서 비용 대 효과가 좋다. 내가 특정 과목 미이수 문제에서 가장 충격을 받은 것은 학습 지도 요령이 부적절한 것도 아니고 교육위원회와 학교의 해당 문제에 대한 철저하지 못한 대응도 아니다. 그것이 아니라 고등학생들도 현장의 교사들도 문부과학성도 언론도 포함해서 총체적으로 일본인 전원이 교육을 '비용 대 효과'라는 용어로 말하는 것을 당연한 것으로 생각하고 있는 정신의 황폐함에 대해서이다. 비용 대 효과라는 말은 '비즈니스 용어'이다. 이번 사건은 교육을 비즈니스 용어로 말하는 풍조가 되돌릴 수 없을 정도로 사람들의 마음속에 깊게 침투했다는 것을 잘 보여주는 하나의 징후라고 나는 생각한다.

마지막으로 중요한 이야기를 하나 드리고자 한다. 교육은 본래 비즈니스 용어로 말해서는 안 되는 것이다. 이것은 한 명의 교사로서 어떤 일이 있어도 양보할 수 없는 최후의 방어선이다. 이 평명平明한 진실을 고려해서 발언하고 있는 사람이 적어도 교육 행정의 중추에는 없다. _ 內田樹, 2008, 45-46쪽.


일본 전국의 고등학교 학생들이 특정 과목에 대해 집단적으로 이수를 불이행한 문제에 대해서 여타 언론의 분석과는 다른 시각에서 접근한 우치다 선생의 분석은 비록 일본의 사례이기는 하지만 현재 우리나라가 안고 있는 교육 문제를 분석하는 데도 충분히 도움이 될 수 있을 것이다. 그리고 교육을 논할 때 그리고 배움을 생각할 때, I와 YOU의 관계가 어떻게 THEY 세계의 주류 가치관의 영향을 받고 있는지를 탐구하는 데도, 나아가 어떤 I와 YOU 관계가 THEY 세계의 재구축을 위해서 필요한지를 고찰하는 데도 풍부한 시사점을 제공한다고 할 수 있다.

작금 한국의 교육에 관해서 큰 목소리를 내는 사람들 대부분이 '교육은 비즈니스이다'라는 것을 자명한 전제로 삼고 있다고 해도 과언이 아닐 것이다. 교육 정책을 둘러싼 논의에서도 정책 입안가들의 대부분이 '누가 제언하는 시책이 보다 '비용 대 효과'가 좋고 보다 많은 경제 효과를 가져오는지'를 서로 경쟁하는 게임 규칙, 그 자체에는 결코 의문을 제기하지 않는다.

몇 년 전, 어느 지방 국립대 총장 선출 방법을 둘러싸고 일어난 총장과 교수회의 구성원들 사이의 갈등으로 교수 한 명이 자살한 사건을 검토해 보면, 총장이 교수들의 반대를 무릅쓰고 계속 주장해 온 '총장 간선제'는 교육부로부터 더 많은 예산과 지원을 약속받을 수 있는 '경제 효과'와 결코 무관하지 않았다. 그리고 '부실 대학 퇴출'이라는 말을 요즘 심심찮게 들을 수 있다. 이것에 관해서 '시장이 그것을 요청하는 이상 경쟁력이 없는 대학(학생들의 수요가 없는 대학)은 조용히 시장으로부터 물러나야 한다'는 교육부 관계자의 설명과 해당 언론 보도를 대학 관계자들은 아무런 의문 제기도 없이 무조건 받아들이고 있다. 이 설명을 무조건 받아들일 수 있는 사람들은 이미 무의식 중에 교육기관을 일종의 '기업'과 같은 것으로 생각하고 있다. 그런데 학교는 애당초 이윤을 남기고 주주에게 배당금을 주고 시장에서의 경쟁에서 이겨서 살아남는 것을 목적으로 만들어진 기관이 아니다.

그러면 '학교는 국가와 기업이 필요로 하는 인재를 양성하는 기관'이라는 말은 어떠한가? 나는 이런 말을 쉽게 입에 담는 사람과 학교를 기업으로 보는 사람이 사고방식에서 차이가 거의 없다고 생각한다. 그들은 교육기관을 일종의 '공장'으로, 거기서 나오는 졸업생들을 '제품'이라고 당연하게 생각한다. 그래서 그들이 교육 평가라든지 교육의 '질 보증' 같은 것을 논할 때 염두에 두는 것은 ISO와 생산공정 관리와 같은 발상이다. 그리고 그들이 각 대학에 공학 인증 같은 것을 요구하는 것은 '건전지'와 같이 세계 어디에서도 똑같은 방식으로 사용할 수 있는 '호환 가능한' 사람의 양성을 대학 교육의 목표로 삼고자 하는 것이다.

여기서 잠깐 다음과 같은 질문을 던져 보기로 하자. 그러면 그런 식으로 '시장경제의 상식'을 학교 교육에 적용하는 것은 과연 적절한 일인가? 그런데 이러한 물음은 교육 글로벌리스트와 교육을 비즈니스의 일종으로 생각하는 사람들에게는 결코 떠오르지 않을 것이다.

학교 교육이 자본주의 시장경제보다도 훨씬 빨리 등장한 사회제도인 이상, 그 존재 이유와 존재하지 않아도 되는 이유를 시장경제의 용어로 설명하려는 시도는 원리적으로 무리가 있다. 그럼에도 그 당연한 논리를 그들은 아무래도 이해하지 못하는 것 같다. 학교 교육 특히 공교육에 대해서, 우리는 먼저 그것이 시장 원리를 관철하기 위해서 만들어진 것이 아니라는 역사적 경위에 주목해야 할 것이다. 학교 교육은 오히려 시장 원리가 인간 생활의 구석구석을 뒤덮는 것을 저지할 목적으로, 즉 부모와 기업에 의한 착취로부터 아이들을 보호하기 위해서 탄생한 것이다.

"마르크스가 《자본론》에서 쓰고 있듯이 19세기 말, 영국에서 공교육이 추진된 것은 아이들을 누구보다도 부모로부터 지킬 필요가 있었기 때문이다. 당시의 하층 계급 아이들은 6-8세부터(빠른 경우는 4세부터) 노동에 종사하였다. 가난한 부모들은 전혀 망설임 없이 아이들을 공장과 탄광의 노동 현장에 보내서 때로는 어른들보다 긴 시간 동안 가혹한 노동에 시달리게 하였다"(內谷, 2005: 81). 우치다 선생은 마르크스가 《자본론》 1권 3편에서 '절대적 잉여가치의 생산'을 논하는 부분을 인용하면서 노동 착취의 두드러진 예로 아동노동을 보도한 당대 신문기사를 다음과 같이 인용하고 있다.

> 새벽 두세 시에 아홉 살, 열 살 된 아이들을 더러운 침대에서 두들겨 깨워 근근이 목숨이 끊어지지 않을 정도로 밤 10시, 12시까지 무리하게 일을 시킨다. 그들의 손발은 마르고 체구는 쪼그라들어 있고 얼굴 표정은 돌처럼 경직되어 겉으로 보기에도 비참한 모양새를 하고 있다. 특히 성냥 제조업은 비위생과 불쾌함 때문에 아주 평판이 나빠 기아에 허덕이는 노동자 계급 중에서도 가장 가난한 하층민만이 아이를 보내는 형국이었다. 그 공장으로 오는 아이들은 '넝마를 두른 아사 직전의, 교육을 전혀 받지 못한 아이들'이다. 270명이 18세 미만, 40명이 10세 미만, 그 중 10명은 8세, 5명은 6세였다. 노동 시간은 12-15시간에 이르고, 식사도 불규칙한 데다가 그마저도 대부분을 질소 독에 오염된 작업장 안에서 밥을 먹어야 했다. _ 內田樹, 2007, 37쪽.

이 비인간적인 아동노동이 필연적으로 초래하는 신체적, 도덕적 황폐함으로부터 아이들을 보호하는 것이 학교 교육 의무화 최초의 그리고 최대의 목적이었다. '교육을 받게 할 의무'는 보호자들이 아이들에게 휘두르는 권력을 규제하는 것이었지 아이들에게 학교에 다닐 것을 의무 지운 것은 아니었던 것이다. 그러한 사실을 많은 사람들이 잊고 있다. 국민은 '그 보호하는 자녀에게 적어도 초등 교육과 법률이 정하는 교육을 받게 할 의무를 진다'라고 헌법 제31조 2항에 제대로 나와 있다. 즉, 근대 헌법이 정하는 교육에 관련된 국민의 의무 규정은 단적으로 아이를 '자본주의의 시장 원리'에 맡기지 말라고 명하고 있는 것이다.

교육사적인 사실로서 또 한 가지 기억해 두어야 할 것이 있다. 그것은 교육과 시장경제의 '결탁'이 어디에서 시작되었는가 하는 것이다. 카리야(苅谷, 2004)는 다음과 같이 그 역사적 사실을 소개하고 있다.

> 미국에서 공교육의 도입은 유럽보다 빨리 19세기에 진행되었다. 이론적으로는 유럽이 공교육을 먼저 시작했지만 그것을 실천한 것은 미국이 빨랐다. 그런데 미국에서 공교육 제도의 도입은 예상치 못한 방해에 부닥치게 되었다. 자본가들이 학교를 세금으로 운영하자는 아이디어에 격렬히 저항했던 것이다. 왜 우리가 고생해서 번 돈으로 납부한 세금을 가난한 집 자녀들의 교육을 위해서 사용하지 않으면 안 되는가?라고 그들은 반문했다. 이 계산 빠른 자본가들을 설득하기 위해서 공교육 추진론자들은 난처해진 나머지 다음과 같은 논리로 자본가들에게 호소했다. 적절한 학교 교육을 받고 자란 '인재'는 언젠가 자본가들이 운영하는 기업의 노동자가 되고 교육을 받지 않은 노동자들보다도 훨씬 많은 이윤을 기업에 가져올 것이라고. 즉, 교육의 유용성을 자본가들에게 납득시키기 위해서, 진보 교육학자들이 공교육의 '비용 대 효과'를 역설한 것이다. 그들은 공교육으로 성장한 노동자들이 주州에 가져올 지성과 미덕이 도대체 몇 달러의 가치가 있는지를 자문해 보면 알게 될 것입니다.라며 자본가들에게 호소했다. _ 苅谷, 2004, 25쪽.

교육은 자기 책임으로 수행해야 할 자기 투자이고, 자기 도야를 위해 타인의 지갑에 의지해서는 안 된다고 하는 자본가들의 논리에는 일리가 있다. 따라서 이것을 무너뜨리는 것은 쉬운 일이 아니었다. 이상

理想론으로는 이것을 논파하기 어렵다고 생각했기 때문에 공교육론자들이 '공교육은 비용 대 효과가 좋은 투자이다'라는 논리를 어쩔 수 없이 가져왔던 것이다. 그런데 그들이 이런 위험한 논리를 사용한 것은 어디까지나 아이들을 가혹한 노동으로부터 구해 내서 그들에게 기본적 인권과 사회적 상승의 기회를 담보하기 위한 어쩔 수 없는 선택이었다.

우리는 이것이 납세자들의 저항을 물리치기 위한 방편으로서 어쩔 수 없이 나왔다는 기원의 사실을 잊어서는 안 될 것이다. 우치다 선생의 교육론에 기초해서 다시 한번 원리적인 점을 확인해 두겠는데, 학교는 영리기업도 아니고 교육 활동은 경제 효과를 추구하는 것이 목적이 아니다. 애당초 학교 교육의 목적은 아이들의 사회적 상승을 촉진하는 것도 아니고 무엇보다도 아이들을 부모와 시장에 의한 수탈로부터 지키기 위함이었다.

그래서 설령 '비용 대 효과'로 학교 교육을 말하는 풍조가 지금처럼 넓게 한국 사회에 정착되어 버렸다 하더라도, 그것은 그렇게라도 하지 않으면 탐욕스러운 부모들과 이기적인 자본가들이 아이들을 '인재'라는 명목으로 공리적으로 육성해서 소비하는 것을 막을 수 없기 때문이라는 사실을 늘 염두에 두지 않으면 안 된다. 좀 더 쉽게 풀어서 이야기하자면 우리가 현대 사회의 학교 교육에서 '비용 대 효과'라는 말을 입에 담는 것이 허용되는 이유는 그 화법이 인간을 깊게 손상시키는 본능적인 사악함을 제어하기 위한 임시적인 방편이기 때문이다. '독으로 독을 다스린다'는 말이 있는 것처럼, 자신이 지금 하고 있는 일이 '독약'이라는 자각만은 잊어서는 안 될 것이다.

그런데 지금 이 '독약'이 교사들에게도 아이들에게도 보호자들에게도 교육을 논하는 언론에게도 나아가 교육 정책 입안가에게도 '독약'이라는 자각 없이 깊게 침투해 있다. 사람들은 비즈니스 용어로 학교 교육을 논하고 학교 교육에 이런저런 형태로 관계를 맺는다. 그 단적인 예가 초중고 학생들의 "이것을 공부하면 어디에 도움이 됩니까?"라는 물음이 만연하고 있다는 것과 대학에서 수강 신청을 할 때 학점을 편하고 쉽게 딸 수 있는 과목에 학생들이 몰리는 현상이다.

실제로 지금 아이들은 대학생을 포함해서 '자신이 모르는 것'에 관해서도 자신에게 무엇이 유용한지에 따라서 무엇이 필요 없는지에 대해서도 판단이 가능하다고 확신하고 있다. 그리고 자신이 판단했을 때 유용한 것 이외에는 '필요 없음' 혹은 '쓸데없음'의 폴더에 봉인해 버리고 두 번 다시 쳐다보지 않는다. 그들은 교사가 '됐으니까 잠자코 공부해라'라고 말해도 따르지 않는다. 교사에게 어디까지나 '그것이 어디에 도움이 되는지' 설명할 책임을 요구할 따름이다.

그런데 이러한 그들이 공부 혹은 학습에 임하는 자세가 '소비자'가 물건을 구매할 때의 멘탈리티와 동일하다는 것을 우리는 놓쳐서는 안 될 것이다. 소비자는 자신이 구입할 상품에 관해서 그 유용성과 의의에 관해서 미리 숙지하고 있다(좀 더 정확하게 말하자면 숙지하는 것이 의무 지워져 있다). 해당 물건의 구입에 대한 유용성을 숙지하고 있어서 다른 회사의 동종의 상품과 비교해서 좀 더 '저렴하다'고 판단했기 때문에 그 상품을 구입하는 것이다. '그 상품은 어디에 도움이 되는가?'라는 물음에 대답하지 못하는 판매자로부터 상품을 구입할 리 없는 것이다.

그러면 이렇게 소비자 마인드를 어릴 때부터 깊게 내면화한 아이들은 어떻게 탄생하게 된 것일까? 그것은 아이들이 직접적으로 관계하는 2인칭적 타자들 혹은 YOU적 타자들(예컨대 부모, 교사 등등)이 그들을 교육시키는 과정에서 소비자가 될 것을 무의식 중에 심어 준 결과일 것이다. 말을 바꾸면 '비용 대 효과'로 교육과 배움을 논하는 것에 대해 전혀 위화감을 느끼지 않는 YOU적 타자들을 보고 아이들이 자라난 것이다. 예컨대 "이것을 공부하면 어디에 도움이 되는거야?"라는 아이의 물음에 무심코 "이것을 공부해야 나중에 좋은 대학을 갈 수 있고, 좋은 직장을 구할 수 있고, 그래야 좋은 배우자를 만날 수 있다"라고 대답하는 부모 밑에서 자란 아이가 소비자 마인드로 배움에 임하지 않는 것이 오히려 이상할 것이다. 그리고 "이 부분은 왜 공부를 안 해도 되나요?"라는 질문에 "그것은 시험에 나오지 않기 때문에 공부할 필요가 없다"라고 단언하는 교사로부터 배우는 학생이 배우는 것의 유용성을 배우기 전부터 숙지하고 있다는 것은 하등 이상한 일이 아닐 것이다.

사에키의 도넛 이론을 빌리고 동시에 확장해 보면, 아이들은 제대로 된 YOU적 타자를 만나지도 못하고, 혹 말을 바꾸면 YOU를 매개로 THEY 세계의 이데올로기(배움을 비용 대 효과의 논리로 생각하는 관점 / 배우는 가치에 관해서 배우기 전에 설명을 요구하는 소비자 마인드)에 그대로 노출되는 것이다.

그러면 우리는 어떻게 '교육, 배움=물건을 사고파는 상거래'로 당연한 듯 정의하는 관점을 바꿀 수 있을까? 다음과 같이 학교의 역할과 배움에 대해서 고쳐 보는 관점을 견지할 필요가 있지 않을까?

학교라는 곳은 원리적으로 말하면 '그것이 어디에 도움이 되는지'를 아이들은 아직 모르고 그것을 표현할 어휘도 갖고 있지 않은 어떤 것을 배우는 장이다. 좀 더 정확하게 말하면 '그것이 어디에 도움이 되는지'를 아이가 아직 모르고 그것을 언어로 표현할 수 없기 때문에, 아이들은 학교에 다니지 않으면 안 된다. 따라서 배움이라는 것은 배움이 끝나고 난 이후에야 비로소 자신의 배운 것의 유용성과 의미에 관해서 말할 수 있고 알 수 있다는, 순서가 뒤바뀐 형태로 구조화되어 있다는 점을 아이들의 교육을 담당하는 YOU적 타자가 그들에게 제대로 인식시켜 줄 필요가 있을 것이다.

어떤 의미에서 작금 한국의 교육은 빈사 상태에 빠져 있다. 그래서 전국의 많은 일선 학교 여기저기서 혁신의 목소리가 들리지 않는 곳이 없다. 이런 분석을 하는 식자는 거의 없지만, 한국 교육을 죽인 것이 있다고 한다면 그것은 다름 아닌 교육 세계(YOU적 세계)에서의 시장 원리(THEY적 세계)의 만연이다. 시장경제가 너무나도 성공해서 그리고 시장경제가 너무나도 철저한 나머지, 소비자 마인드가 위정자로부터 아래로는 초등학교 1학년 아이까지 퍼져서 급기야는 국민 전원이 비즈니스 용어로 교육을 이해하고 교육을 말하게 되었기 때문이다. 그런 시장경제 논리로 아이들의 교육과 배움을 논하는 것이 일상다반사가 된 것이다.

소비자는 자신이 그 유용성과 가치를 알고 있는 것밖에 구매하지 않는다. 반면에 교육은 그 본의부터 아이들에게는 그 유용성도 가치도 이해할 수 없는 것을 아이들에게 이해시키기 위한 동적인 프로세스다. 따라서 학습자의 입장에서 본다면 배움을 통해서만 사람은 자신이 배우는 것의 의미에 관해서 말할 수 있다. 그래서 '영리한 소비자'로서 교육의 장에 들어와 효율성과 비용 대 효과로 자신이 배우는 교과의 의의에 관해 판단하는 학생들은 그 멘탈리티 그 자체에 의해서 '배움'으로부터 구조적으로 소외된다. 따라서 배움으로부터 구조적으로 멀어지고 소외되는 아이들을 조직적으로 양산하는 것을 저지하려면 학교가 시장경제의 파도를 막는 '방파제'가 되어야 할 것이다. 그리고 그 방파제 역할을할 YOU적 타자의 수를 조금씩이나마 늘려 나갈 수밖에 없을 것이다.

즉, 지금과 같이 THEY 세계의 주류의 목소리인 소비자 마인드, 비용 대 효과 같은 비즈니스 용어로, 즉 바흐친의 표현을 빌리면 THEY 세계에 만연하는 '타자의 말'로 교육과 배움을 논하는 것이 '당연'하고 '보통'이 되어 버린 세상에서 우리가 할 수 있는 일은 그러한 파도로부터아이들을 지키고 보호하는 YOU의 수를 늘려 나가는 수밖에 없다. 여기서 YOU는 교육과 배움을 논하는 '타자의 말'에 자신의 지향과 억양을실어서 그 '타자의 말'에 저항하는 말을 찾아내는 YOU를 가리킨다.

그러기 위해서 YOU적 타자들이 염두에 두어야 하는 것은 무엇보다도 교육, 배움 혹은 학습을 비용 대 효과, 공급자 중심 교육과정이라든지 수요자 중심 교육과정 같은 비즈니스 용어로 말하는 화법에서 벗어나는 것이다. 나아가 교육 그리고 배움의 효과는 수량화, 수치화 등으로단기간에 결정하고 단정 지을 수 있는 성질의 것이 아니라는 관점을 학생들과 폭넓게 공유하는 것이다. 그리고 배움은 배우고 난 이후에야 비로소 그 의미를 알게 된다는 것, 배움은 자신이 어떤 협소한 가치관이나좁은 도량형에 매몰되어 있다는 것을 자각함과 동시에 현재 갖고 있는가치관이나 도량형 그 자체를 넓혀 나가는 것임을 숙지하고 있는 YOU적 타자와의 만남을 통해서, THEY 세계를 고쳐 보는 것이라고 할 수 있을 것이다.

이러한 YOU적 타자들을 조금씩 늘려 나가는 것을 통해서야 교육

받은 것의 최종 수익자가 학생 개개인이 아니라 사회 전체라고 하는, 우리가 오랫동안 잊고 있었던 공교육의 본래 취지의 재공유가 가능할 것이다. 그리고 이런 YOU적 타자와의 만남을 통해서 학생 한 명 한 명도 내가 교육을 받음으로써, 배움으로써 뭔가 외부 세계에 기여할 수 있는 힘을 기르고 있구나 하는 느낌을 받을 수 있지 않을까 생각한다.

배움과 교육을 비용 대 효과의 틀 안에서 따지고 그 활동들을 비즈니스 용어로 정의하는 것을 당연시 여기는 태도에 대한 반성, 교육을 받는 것과 배우는 목적에 대한 재고, 배움을 오로지 시험 잘 치기 위한 지식의 획득 및 암기로 한정시키는 것에서 탈피해서 자신의 가치관과 도량형을 넓히는 계기로 삼는 것, 나아가 배움을 통해서 외부 세계와 연결되고 있고, 누군가 함께 뭔가를 같이하고 있다는 인식의 전환을 이루는 것이 새로운 THEY 세계의 창조로 이어질 수 있을 것이다. 새로운 THEY 세계의 창조 이후의 모습을 I와 상상적으로 함께 공유하는 것 또한 YOU적 타자가 교육과 양육의 활동의 장에서 맡아야 할 중요한 역할일 것이다.

# 12. 개인이라는 이름의 문화적 실천

## 사회 문화적 사이보그

우리는 뭔가를 할 때, 예컨대 지금처럼 이 책의 마지막 부분인 '개인이라는 이름의 문화적 실천'이라는 장을 집필할 때, 날 것의 신체(예컨대 손가락)만으로 이 일을 하지 않는다. 나는 데스크톱과 램프와 의자와 책상과 마우스 등등 많은 도구에 의존하면서 글쓰기를 하고 있다.

우리는 이처럼 외부 세계의 도구(예컨대 연필과 공책)에 의존해 왔고 의존하기 위한 도구, 인공물(예컨대 노트북 그리고 문서 작성 프로그램 등)을 만들어 왔다. 이러한 사실은 우리 인간의 '주체성', '자율성'이 특별하다는 것을 보여준다. '주체'란 행위를 수행하는 자를 가리킨다. 여기서 예를 들어 이번 장의 참고문헌을 찾기 위해 특정한 페이지를 펴는 행위를 (포스트잇과 함께) 수행하는 경우, 주체란 무엇인가와 같은 문제가 발생한다. 포스트잇이 없는 경우 똑같은 행위가 성립하지 않는다고 하면 날 것의 주체만으로는 '행위를 수행하는 자', 즉 '주체'가 될 수 없다고 말하겠다.

그러고 보면 우리의 행위는 만사가 인공물과의 불가분한 일체화를 전제로 하고 있다고 생각할 수 있다. 외부 세계와 도구의 힘을 빌리지 않고 머릿속만으로 처리하는 완전히 자율적인 '주체'가 아니라 외부 세계와 도구와 불가분하게 일체화되어서 행위하는 것이 우리 인간의 디폴트

default라고 해도 과언이 아닐 것이다.

이 사이보그는 사회 문화의 힘을 믿고 설계되어 있으므로 사회 문화로부터 벗어나서는 살 수 없다는 특징을 갖고 있다. 예를 들어 이 생명체는 암흑 속에서 이동하는 능력을 갖고 있기는 한데, 그것은 회중전등과 스마트폰과 일체화하고 있을 때뿐이라는 제약이 있다. 회중전등의 건전지가 나가거나 혹은 스마트폰의 배터리가 떨어지면 이 능력은 잃어버리고 만다.

그런데 심리학의 계보에서 주체의 문제는 반복해서 중심적인 논의의 대상이 되어 오기는 했지만, 피부를 경계로 개체의 내부에 갇힌 주체를 전제로 했다고 할 수 있다. 이렇게 심리학이 어디까지나 '내적인 주체'의 문제에 관한 겨냥도를 계속 그려 와 준 덕분에 아무래도 그것만으로는 설명할 수 없는 사태가 보이기 시작했다. 그것은 주류 심리학이 그리는 겨냥도로부터 삐져나와서 보이는 사회 문화적 집합체로서의 '주체'의 모습이다. 상황인지가 겨냥하고 밝히려 하는 것은 바로 이런 사회 문화적 사이보그로서의 주체이다.


개인을 다루는 시점

전통적인 인지심리학에서는 전통적인 사회학과 똑같이 '개인', '주체'성, '자기'와 같은 것을 '사회'와 '상황'과 대치시켜서 이원론적으로 논의하는 것이 보통이다. 이러한 틀로 인하여 주류 심리학자들은 '상황인지'의 관점이 인지 주체를 상황 속에 해소한다고 비판한다(Vera & Simon, 1993). 그러나 상황인지의 접근 방식은 개인 vs 사회, 주체 vs 상황과 같은 이원론을 전제로 하지 않는다.

그리고 '상황'과 '콘텍스트'와 같은 똑같은 말을 사용한다고 해도 그 의미는 상황인지와 인지심리학에서는 기본적으로 다르다. 그렇다고 한다면 '개인'이라든지 '주체'와 같은 것을 생각할 때도 그 의미는 이 두 가지 접근 방식에서는 당연히 다를 것이다.

### 개인이라는 것의 경계

그레고리 베이트슨은 주류 심리학이 인간을 탐구할 때 강력하게 전제하는, 사회·문화·역사적인 지평에서 떨어진 개인 혹은 개체를 설명하기 위해서 다음과 같은 예를 들고 있다.

> 나무꾼이 도끼로 나무를 베고 있는 장면을 생각해 보자. 지금 이루어지고 있는 도끼질 한 번은 조금 전 도끼가 나무에 새긴 자국에 의해서 제어된다. 이 자기 수정적 프로세스는 '나무-눈-뇌-근육-일타-나무'의 시스템 전체에 의해서 이루어지는 것으로, 이 전체 시스템이야말로 (인간) 정신의 특성을 잘 보여준다.
>
> 그런데 서양 사람들은 일반적으로 나무가 넘어지는 계열을 이처럼 보지 않는다. 그들은 '자신이 나무를 베었다'라고 말한다. 그것뿐만이 아니다. '자기'라는 독립된 행위자가 먼저 있고 그것이 독립된 '대상에 독립한 목적을 가진 행위를 수행했다고 믿고 있다….
>
> 우리의 말 속에는 인칭대명사가 등장하고 그것과 함께 정신이 소유의 대상으로 자리매김한다. 게다가 그 정신은 인간의 내부에 일종의 '상자'로서 갇혀 있다. _ Bateson, 2000.

나무꾼이 나무를 베는 장면에 대한 베이트슨의 분석에는 사회 문화적 사이보그로서 인간의 모습을 그리려고 한 그의 인간관이 잘 녹아 있다. 더불어 주류 심리학에서 순전히 개체의 내부 혹은 개인의 속성으로 귀속시키는 인지cognition를 외부 세계에 있는 도구와 사람들과의 협력의 산물로 보도록 우리의 주의를 환기한다. 또한 베이트슨(Bateson, 2000)은 지팡이에 의지해서 길을 걸어가는 맹인의 예를 들면서 "어디까지가 개인의 경계인가?"와 같은 물음을 던지고 있다. 즉, 지팡이를 든 손까지가 '개인'인가 아니면 지면을 느끼는 지팡이의 끝까지가 '개인'의 경계인가를 묻는 것이다.

　　주류 심리학자는 자명한 것처럼 '개인의 내측 리소스와 외측 리소스'에 관해서 말할 터인데 사태는 그다지 간단하지가 않다. 실제 문제로 어딘가에 '실재'하는 것으로 개인의 '경계'를 찾으려고 하면, 그 순간 '개인'에 관해서 다양한 곤란에 빠지게 되는 것 아닐까? 예를 들어 도구를 포함한 어떤 '주체적인' 계system인가 혹은 사람 피부 내인가, 뇌 내 어떤 부분의 내 측인가 하는 문제가 곧바로 나올 것이다.

　　이러한 문제에 대한 베이트슨의 대답은 실로 간단하다. 지팡이로 지면을 두드리면서 길을 걸어갈 때는 지팡이의 끝까지가 개인이다. 그런데 휴식을 위해 지팡이를 땅에 내려놓았을 때는 이미 다른 '계'가 조직화되어서 지팡이의 끝은 개인의 경계가 아니라는 것이다. 즉, 개인의 경계는 그때그때 사용하는 도구와 행위계와의 관계 속에서 움직이는 것이다. 그리고 상황인지도 베이트슨의 관점과 똑같이 개인의 '경계'는 콘텍스트에 따라서 혹은 활동에 따라서 바뀔 수 있다고 주장한다. 이 접근 방식에 따르면 '개인의 경계'와 개인이라는 것의 의미도 실천 속에서 조직화되고 표시되는 일종의 '상황적 실천'이다. 개인이 미리 저기에 따로 있다고 말할 수 없으며 개인을 나타내는 '경계'도 거기에 미리 실재하는 것이라고 할 수 없다.

이처럼 개인이란 어떤 단독의 '실체'라기보다는 일종의 전체성 혹은 사회적 상호 행위의 조직화의 양상이다. 이렇게 생각하면 '개인'이 만들어지는 경계에 관해서 문제로 삼아야 할 것은 그 '실재'를 어딘가에서 찾는 것이 아니라 '개인', '주체'라는 것이 어떠한 것으로서 어떻게 사회적으로 조직화되어서 표시되는지 혹은 정식화되는지 그리고 사회적으로 관찰 가능하게 되는지를 문제로 삼아야 할 것이다.

### 사회적으로 조직된 개인

그러면 상황인지론은 '개인'이 특정한 상황 속에서 어떠한 존재로서 어떻게 사회적으로 조직화되는 것으로 볼까? 여기서 보려고 하는 것은 교실에서의 상호 행위, 심리학 실험실에서의 상호 행위, '개인'의 능력의 진단 장면과 같은 것과 관련된 상황이다.

후드, 맥더모트와 콜(Hood, McDermott, Cole, 1980) 그리고 맥더모트(McDermott & Varenne, 1998)는 미국의 어느 초등학교에서 아이들이 두 팀으로 나뉘어져 교사가 내는 문제에 '퀴즈 쇼' 형식으로 대답하고 어느 팀이 득점을 많이 하는지 경쟁하는 장면을 비디오로 찍어서 분석했다. 이 분석에서 초점의 대상이 된 부분은 애덤이라 불리는 아이가 어떤 식으로 '잘하지 못하는 아이=능력이 없는 아이'로 사회적으로 조직되는가 하는 점이었다. 혹은 이 비디오를 보면 확실히 애덤은 우리 눈에 '못하는 아이'로 보이는데, 그것이 어떤 식으로 그렇게 보이는가라고도 바꿔서 말할 수 있다.

　퀴즈 쇼에서 아이들에게 주어진 문제는 WISC라는 지능 테스트에서 발췌한 내용이었다. 교사가 "태양은 어느 쪽으로 집니까?"라고 물었을 때 애덤은 "바다?"라고 대답했는데, 애덤의 '오답'은 나중에 사람들 입에 오르내린다. 다른 아이가 '남쪽'이라고 틀린 대답을 했지만 그것은 이때도 나중에도 언급되는 일이 없었다. 퀴즈 쇼가 어느 정도 진행되어 두 팀의 득점 상황이 2대 1로 '경쟁하는 상황'이 되었다. 이때 애덤의 '오답'이 같은 팀 아이들에 의해 다시 언급된다. 진행을 맡은 교사가 '이번에는 누가 대답할 차례지?'라고 물었을 때, 루시가 자기 차례라고 나서며 "애덤은 벌써 했어요. 정답을 맞히지 못해서 점수를 따지 못했죠"라고 말하는 것이다. 그런데도 사회자인 교사는 애덤을 향해 "몇 파운드가 1톤이 되지?"라는 문제를 낸다. 애덤이 이 문제의 답을 생각하고 있을 때, 같은 팀의 루시와 헬렌이 자기를 시켜 달라고 큰 소리를 내면서 손을 든다. 그러자 애덤은 의자에 몸을 낮추고 거의 목만을 테이블 위로 내놓은 상태에서 얼굴을 손으로 가리고 있다. 목소리도 작아졌다. 애덤이 틀린 대답을 말하자 같은 팀의 아이들은 더 크게 자기를 시켜 달라고 소리를 지르지만, 루시와 헬렌도 틀린 대답을 한다. 급우들의 적극적인 행위와는 대조적으로 애덤의 몸은 점점 밑으로 내려가고 여전히 손으로 얼굴을 가리고 있다. 애덤이 '잘하지 못한다'는 것은 그 아이가 '틀렸기 때문'이 아니라 대답할 기회를 주지 않으려는 다른 아이들의 구체적인 행위에 의해서 부각된다. 다른 아이들의 이런 행위와 아울러 애덤의 몸은 점점 의자 밑으로 내려가다가 급기야는 손으로 얼굴을 가리게 되었다.

물리적 배치의 이러한 극명한 대조로 인해 다른 사람들에게는 애덤이 '점점 작아지고', '못하는 아이'로 보이게 된다. 또 애덤이 '오답'을 말했다는 사실은 같은 팀의 다른 아이들에 의해 언급되는데, 다른 아이들의 '오답'은 누구에 의해서도 애덤이 당하는 것처럼 언급되지는 않는다는 데 주목할 필요가 있다. 그래서 다른 아이가 틀렸을 때도 오히려 애덤이 위축되는 것이다. 나아가 이것이 경쟁하고 있는 상황이라는 것은 같은 팀의 다른 아이들이 애덤에게 대답할 기회를 주지 않음으로써 관찰 가능하게 된 것이다. 역으로 이러한 형태로 경쟁하고 있는 상황이 애덤이 '못한다'는 것을 부각시켜 주는 것이다. 혹은 애덤에게 대답할 기회를 주지 않음으로써 경쟁이라는 장면을 조직화하고 있다고도 말할 수 있을 것이다. 동시에 이렇게 경쟁이라는 장면을 조직화함으로써 애덤이 '못하는 아이라는 것'을 조직화하고 있는 것이다.

나아가 이상과 같은 장면의 조금 뒤에 일련의 숫자를 읊는 문제가 주어진다. 이 문제는 세 가지 숫자를 읊는 문제로부터 시작되는데 아이들은 너무나 쉬운 문제라고 웃으면서 말한다. 문제는 4개, 5개, 6개의 숫자열로 진행되고 아이들은 그 대답에 성공한다. 이때 애덤은 숫자 열이 증가함에 따라서 일단 평소 상태로 돌아와 있던 몸을 다시 낮추고 양손으로 얼굴을 가리게 된다. 이것을 보고 "애덤, 어떻게 된거야?"라고 묻자 레시는 "애덤한테는 문제가 너무 어려워"라고 말하고 나아가 기록자인 마이크가 "문제가 너무 빡세면 다른 아이들에게 맡기는 건 어때?"라고 말한다. 여기서 애덤에게 7개의 숫자 열 대신에 4개의 숫자를 말하는 문제가 주어진다. 애덤은 기어들어가는 목소리로 대답에 성공하고 다른 아이들은 소리를 지른다.

이 장면에서 애덤이 '못하는 아이'라는 것은 애덤과 다른 사람들에 의해서 표시되었고 또한 '감추려고' 하는 듯 보이는 행위에 의해서 관찰 가능하게 되었다. 혹은 다양한 콘텍스트에 의한 다양한 표시하기 marking, 부각하기highlighting로 인해 '못하는', '무능한' 애덤이 관찰 가능하게 되었다.

예를 들어 모두 "쉬워"라고 말하면서 웃거나 "풀었다"라고 말하며 환성을 지르는데 그것에 동반해서 애덤은 몸을 숙이고 얼굴을 가리는 대조를 보여주었다. 그리고 애덤이 몸을 숙이고 양손으로 얼굴을 가리는 것에 동반해서 모두가 애덤에 대해서 한마디씩 하고 애덤에게 스포트라이트를 비추는 것처럼 보인다. 마지막으로 순서로 말하자면 7개의 숫자를 말해야 하는 장면에서 애덤에게는 4개의 숫자만을 읊는 문제가 주어지는 대조가 눈에 띤다.

이렇게 해서 모든 사회적으로 조직화된 리소스가 애덤이 '못하는 아이'라는 것을 공적으로 표시하고 있다.

맥더모트에 따르면 위와 같은 상황에서 '개인의 능력'이 나타나도록 하는 장면이 사회적으로 조직되고, 이 순간 애덤의 '무능력'을 애덤을 포함한 다른 아이들이 나타내도록 그룹이 사회적으로 배치 configuration, constellation되며, 애덤이라는 '개인의 능력'에 스포트라이트가 비추도록 그룹이 사회적으로 조직된다.

이처럼 우리가 '개인의 능력'과 '개인의 머릿속'을 보는 것이 가능한 것은 구성원들이 장면을 사회적으로 조직하고 상호적 또는 상황적으로 만드는 다양한 표시를 통해서가 아닐까? 즉, '개인의 능력'이니 '개인의 머릿속'이니 하는 것은 단순히 거기에 보이는 것(어떤 특별한 사회적 조직에 의해 가시화되는)의 다른 이름에 지나지 않고, 특수한 사회적인 장면을 조직할 때 '개인의 능력'과 '머릿속'이 가시화되는 것이라고 할 수 있다.

여기서의 주장을 요약해 보면, 개인 혹은 개인의 인지 메커니즘과 같은 일종의 '실재물'로 간주되어 왔던 것들 모두를 일종의 '상황적 실천'이라고 봐야 한다는 것이다. 즉, 테스트 장면이라든지 실험실 장면이라든지 교실에서의 상호 행위라든지 그것이 개인의 머릿속 혹은 개인의 인지를 찾는다는 전제를 버리고 볼 필요가 있지 않을까. 예를 들면 실험실은 다름 아닌 '개인'의 능력과 인지 메커니즘에 스포트라이트가 비치도록 사회적으로 조직화된 장면이고, 실험자와 피험자는 서로 신체적인 포지션을 구성함으로써 혹은 교시instruction라고 불리는 회화에 의해서 서로의 역할을 서로에게 그리고 상황적으로 조직화하고 있는 것이다. 이렇게 해서 '개인의 능력'과 '인지 메커니즘'은 협동적으로 구축된다.

## '독립 연구자'라는 문화적 실천

번역과 통역으로 인연을 맺은 일본의 '독립 연구자' 모리타 마사오 선생은 '새로운 연구자상'의 창조라는 문화적 실천을 수행하는 연구자이다. 그의 관점 또한 '나', '개인' 그리고 '주체'를 어떤 '실체'가 아니라 행위를 통한 '문화적 실천'이라고 보고 있는 점에서 상황인지론자의 생각과 일맥상통한다. 그와의 인터뷰 내용을 잠시 소개해 보겠다.

'나'라는 현상이 행위를 하면서 어떻게 발현 혹은 성립하는가? '나'라는 것이 '실체'가 아니라 '프로세스'라는 것을 강조해서 철학자 에반 톰슨Evan Thompson은 'I-ing(나 하기)'라는 말을 제창했습니다. 저는 '수학'이라는 행위를 통해서 '나 하기'의 메커니즘에 가까이 가고 싶은 생각을 갖고 연구에 임하고 있습니다. 수학이 '자기 탐구'의 길일 수도 있다는 것을 저에게 가르쳐 준 것이 오카 기요시인데요. 저는 그 정신을 계승해서 저 나름의 '자기 탐구'를 시작하기로 결심하였습니다. 그 자기 탐구를 어딘가에 소속됨으로써 할 수 있다고는 생각하지 않았습니다. 자신의 능력과 만남과 여러 행운이 겹쳐서 대학에서도 생동감을 갖고 연구할 수 있는 사람도 많이 있습니다만 저의 경우는 그렇지 않았습니다. 역으로 대학에서 멀어져서야 비로소 리얼한 배움이 시작되었다는 실감이 있습니다. "이것을 알고 싶다"라는 마음이 있으면 그것을 위해서 모든 수단을 총동원하는 것이 저의 연구의 원점입니다. 저는 연구실에서 살아남거나 출세를 위해서가 아니라 제가 알고 싶은 것을 탐구해 나가고 싶습니다. 그런 일이 세상에 어떻게 평가될 것인지는 마지막까지 해 보지 않으면 알 수 없습니다만, 적어도 자신이 '리얼'하다고 생각할 수 있는 것을 확실한 감촉을 느끼면서 연구하고 싶습니다. 그런 생각으로 '독립 연구자'라는 이름을 내걸고 있습니다. _ 모리타 마사오와의 인터뷰 중에서.

세상 사람들에게 도움이 되는 연구를 하겠다는 생각을 늘 염두에 두고 자신이 진정으로 하고 싶은 연구를 하는 '독립 연구자'라는 '개인' 또한 미리 저기에 따로 '실체'로서 존재하는 것이 아니다. 그러한 '연구자' 혹은 '개인'은 대학과 같은 기관을 포함해서 어떤 제도에도 소속되지 않는 삶을 살면서도 연구자는 물론이거니와 일반인들이 읽을 수 있는 글쓰기와 연령의 경계를 두지 않는 강연과 같은, 이른바 새로운 '아카데미즘의 창조'라는 '문화적 실천'을 통해서 구축되는 것이다. 나 또한 독립 연구자로서 삶을 꾸려 나가고 있는 입장인데, 이런 새로운 '개인' 혹은 '연구자'라는 문화적 실천을 살고 있는 사람들의 행위는 '제도'에 대해 우리가 갖고 있는 상식을 허물고 나아가 '새로운 제도'의 창조로까지 연결될 수 있을 것이다.

경제학자 아오키 마사히코(青木昌彦, 2014)에 따르면 '제도란 많은 사람들이 상식적으로 생각하고 있듯이 조직이라든지 법률과 같이 정부가 설계 운영할 수 있는 인공물이 아니며' 사람들 사이에서 '공유되고 있는 예상'이야말로 제도의 본질이라고 한다. 예를 들어 '종신 고용'이라는 제도의 본질은 그것의 근거가 되는 법률이 사회에 실재적으로 장착되어 있는 것이 아니라 "정년까지 일할 수 있을 것이다"와 같은 '예상'이 사람들 사이에 넓게 공유되어 있는 것에 있는 것이다.

그러나 역사의 길고 깊은 힘이 우리에게 가르쳐 주듯이 제도는 종종 망가진다. 이전에는 공유되고 있었던 예상이 어느새 공유할 수 없는 것이 되어 버리고 마는 경우도 종종 있다. 조금만 눈을 돌려서 보면 세계 곳곳에서 지금 여러 '제도'가 무너지고 있다.

학문과 연구를 지탱하는 대학과 같은 제도도 마찬가지이다. 최근에는 "학문을 계속 하고 싶다", "장래에도 연구를 계속하고 싶다"는 사람이 미래를 예상하기가 어려운 일이 되고 말았다. 작금의 대학의 모습을 보면 대학원에 들어가서 연구실에 소속되어 논문을 쓰고 학위를 따고 업적을 쌓고 연구자로서 살아가는 것이 그리 녹록지 않다는 것을 알 수 있다. 말을 바꾸면 대학의 가장 큰 존재 이유 중 하나인 '학술'이 소리를 크게 내면서 무너지고 있다는 것이다.

'제도'라는 것은 누군가 한 명이 고안하고 설계하여 유지시켜 나가는 것이 아니다. 물론 그렇다고 해서 그냥 방치해 두면 자연스럽게 이상적인 제도가 만들어지는 것도 아니다. 제도는 각각의 생각을 가진 사람들이 만나서 서로의 생각을 다듬어 가는 과정에서 조금씩 만들어지는 것이다. 따라서 제도가 망가져 가는 시대는 새로운 제도를 생성하는 시대이기도 하다.

새로운 제도가 탄생하려는 이행의 시대에는 망가져 가는 기존의 제도로부터 거리를 두고 원점으로 돌아가서 게임에 참가하는 것에 충분히 의미가 있다고 생각한다. 제도가 안정되어 있을 때는 기존 제도에서 일탈하는 일은 현명하지가 않다. 예컨대 좌측 통행이 '제도'로서 성립하고 있을 때 자신만 "시험 삼아 오른쪽으로 걸어 보자"라고 해도 사고를 일으킬 뿐이다. 그러나 제도가 망가져 갈 때는 원점으로 돌아가서 세상일을 생각하고 시행착오를 하고 암중모색을 하는 것이 다음 제도의 싹이 된다고 생각한다.

그런 생각으로 나 또한 '독립 연구자'라는 이름을 내걸고 있다. 대학과 같은 제도에 소속하지 않고 '학문이란 무엇인가', '연구를 한다는 것은 무슨 일인가' 그리고 '세상 사람들에게 도움이 되는 학문을 한다는 것은 어떤 의미인가?'를 일단은 나의 피부 감각에 기초해서 수행하고 있다. 이러한 물음과 실천을 통해서 사후적으로 모습을 드러내는 것이 바로 '독립 연구자'라는 이른바 개인이다.

내가 소장으로 있는 '이동 연구소'도 또한 애당초 '제도란 무엇인가', '연구는 도대체 무엇인가', '학문을 하는 데 이동과 월경은 무엇인가', '지知의 본질은 무엇인가'와 같은 근원적인 물음에 기초해서 원점으로 돌아가서 세상일을 생각하고자 하는 새로운 제도이다. "이 제도는 도대체 무엇을 목표로 만들어 졌는가?"라고 묻는 것이다. 그리고 그런 물음만이 우리의 사고를 활성화한다. 예컨대 학교 교육과 수학 교육 등을 만든 사람이 도대체 어떤 좋은 일을 목표로 삼았는지 따져 묻는 것이다. 즉, 어떤 일의 기원까지 거슬러 올라가 제도가 발생한 시점에 어떤 '좋은 일'을 목표로 설계되었는지 안다면, 그다음에는 '좋은 일'을 실현하기 위해 지금 여기서 나는 무엇을 하면 좋을지 스스로 생각할 수 있다. 지금 여기서 자신이 가진 유한한 자원으로 뭔가 할 수 있다고 생각하는 것이야말로 제도를 대하는 어른의 태도라고 생각한다.

철학자 김영민은 '제도'에 대해 다음과 같이 탁견을 제시한다.

무릇 제도란 보는 시선에 따라 보호막이 될 수도 차꼬가 될 수도 있다. 솔직히 이 시선은 욕심의 문제일 수도 있다. 우리가 '작은' 욕심을 부려 제도가 베풀 수 있는 혜택에 만족하고 그 범위 내에서 놀고자 한다면 제도는 보호막으로 기능할 것이다. 그러나 '큰' 욕심을 부려 어떤 식이든 제도를 엎어버리려 한다면 제도는 그 파닥이는 심장의 고동이 숙지고 마침내 절명하는 마지막 순간까지 우리의 손목과 발목에 생채기를 내고야 말 것이다.
_ 김영민, 1998, 125쪽.


대학에 재직 중이었을 때, '논문'이라는 제도를 개혁하기 위해 무진 애를 쓴 적이 있다. 논문이라는 '그들만의 리그에서 그들만이 알아들을 수 있는 문체'를 벗어나 일반인들도 읽고 음미할 수 있는 문체로의 변혁을 줄기차게 주장했고 실제로 나는 그런 문체로 논문을 썼다. 그러나 나의 이런 노력은 논문 제도에 그 어떤 변화도 끌어내지 못했다. 오히려 남은 것은 내가 쓴 거의 모든 논문에 대한 '게재 불가'라는 상흔뿐이었다.

김영민은 다음과 같이 말한다.

> 그러나 한편 이 시선은 줏대와 자긍의 문제이기도 하다. 이는 이 제도를 엎고 저 제도를 세우고자 하는 욕심의 차원이 아니라, 제도에 의해 역으로 소외되고 있는 자신을 다시 자리매김하려는 항의이기도 하다. _김영민, 1998, 57쪽.

그렇다. 나는 소외되고 있는 나 자신을 다시 자리매김하고 형해화해 가는 '학술'에 항의하기 위해 '독립 연구자'로 거듭났고 그 정체성을 바탕으로 '학술'의 의미를 다시 묻고 그것을 다시 자리매김하려는 명백한 의도로 이 책을 쓰고 있다.

## '아이덴티티 상실자'로서 새로운 연구자

나는 연구자란 실체적인 것이 아니며 멘탈리티의 문제라고 생각한다. 연구실이 있고, 연구비를 받으며, 연구할 시간이 없으면 연구를 할 수 없다고 말하는 사람은 애당초 연구자의 정체성에 어울리지 않는다고 생각한다. 모름지기 연구자라고 하면 연구실의 여부와 관계없이 이동하면서도 때로는 밥을 먹으면서도 눈에 띄는 모든 것에 관해서 곧바로 그것의 성립, 그것이 출현한 역사적 문맥 그리고 그것이 왜 '그런 형태'로 우리 눈앞에 나타났는지, 역으로 '그런 것이 아닌 형태로'는 왜 우리 눈앞에 나타나지 않았는지에 관해서 심도 있게 고찰하는 사람이다.

상황인지론자들의 주된 연구 주제이기도 한 '학습learning'에 관해서 말해 보자면, 나는 연구자로서 그 개념은 언제부터 지금의 우리가 너무나도 당연히 갖고 있는 개념 정의(예컨대 개인이 지식 혹은 기술을 획득하여 개체의 변화가 있는 상태: 이른바 서구의 개체환원주의에서 유래하는 학습 개념)가 되었는지, 굳이 그런 개념 정의가 아니어도 좋지는 않았는지에 대해 고찰하는 것을 좋아한다.

내가 존경하는 연구자들은 다들 이런 태도를 견지하고 있다. 그들은 그 말이 본래 가진 의미에서 '연구자'임에 틀림없다. 연구실이 있고 연구비를 받고 연구 시간이 확보되지 않으면 탐구심이 활성화되지 않는 사람은 애당초 연구에 어울리지 않는다고 생각한다. 누군가 나에게 한때 교육학과 교수였으니 "당신은 교육학자인가?"라고 물으면 "아뇨. 아무리 생각해도 교육학자라고는 할 수 없습니다"라는 대답밖에 할 수 없다. 그렇다면 "비고츠키 심리학을 전공했고 비고츠키 심리학에 관해서 강연도 하고 책도 몇 권 썼으니까 틀림없이 심리학자겠지요?", "아니요 그건 좀 아닌 것 같습니다", "자 그러면 회화 분석과 해럴드 가핑클 그리고 에스노메소돌로지에 관한 책을 썼으니까 사회학자인가요?", "아니오. 반드시 그렇다고도 할 수 없습니다", "아 알았다. 《수학의 신체》, 《수학의 선물》 및 《계산하는 생명》을 번역했다고 들었는데…. 그렇다면 수학자인가요?", "아니오. 당치 않습니다. 전혀 그렇지 않습니다", "아 알겠다. 최근에 《우치다 선생에게 배우는 법》

을 썼다고 들었는데 그럼 에세이스트인가요?", "음…. 뭐라 드릴 말씀 이 없습니다", "그렇다면 당신은 도대체 정체가 무엇인가요?", "저도 실은 잘 모르겠습니다"라고밖에 드릴 말이 없다.

나와 같은 종류의 인간은 아이덴티티가 없다고 하면 없는 셈이다. 실제로 세상의 상식적 기준에 따른다면 나는 아이덴티티 '상실형' 인 간이다. 혹은 아이덴티티가 없다는 것을 나 자신의 '진짜' 아이덴티티 라고 생각하고 있다.

학문은 그 근본에서 학문 간의 경계를 둬서는 안 되는 것, 즉 '학제 적indiscipline'인 것일 수밖에 없다. 그 이유는 아주 소박한 것인데 학문 (앎)의 토양인 우리의 삶에 대한 탐구가 학제적인 접근을 요청하기 때 문이다. 삶에 어디 분과가 있던가? 이 책의 탐구 주제인 상황인지 혹은 학습론 또한 학제적인 접근을 지향한다.

길을 걷다 넘어지는 것은 물리학적 경험인가? 사랑하는 이와 헤어 져서 흘리는 별리의 눈물은 생물학적 현상인가? 물에서 산소와 수소 를 분리하는 것은 화학적인 경험이고, 카뮈를 읽는 것은 단지 문학적 인 체험이며, 미적분 문제 풀기는 오로지 수학에만 바쳐지는 시간인 가? 그러함에도 '순수주의'를 신봉하는 학문의 세계에서는 나와 같은 월경과 이동을 달가워하지 않는다.

일본의 세계적인 건축가 아라카와 슈사쿠는 "아이덴티티는 질병" 이라고 말했다. 삶의 복잡성에 다가가기 위해서는 교육학, 심리학, 사회 학과 같은 분과 학문이라는 규격화된 틀에서 벗어날 필요가 있다. 물론 삶의 복잡함과 예측 불가능함을 '앎'으로 담아 내는 작업은 수없이 막다 른 골목에 맞닥뜨리는 여정이자 적잖은 고통이 함께하는 과정이다. 이 책을 쓰면서 나 또한 그런 경험을 충분히 하였다.

그럼에도 내가 '상황학습론'과 '상황인지론'이라는 앎과 삶이 통풍하는 학지를 연구 대상으로 삼은 것은 앎의 영역에서만 놀고 삶을 무시하는, 연구자들이 쉽게 빠져드는 '허위의식'에 대한 경계심을 원동력으로 한 것이다. 허위의식은 그 속성상 삶과 앎의 어느 한쪽에 서식하지 못하며, 오직 이 둘이 만나고 헤어지는 경계와 접선의 지역을 통해서 번식하기 때문이다. 그러니 지식인의 자리를 아예 대놓고 '허위의식의 자리'라고 불러도 좋을 것이다.

왜냐하면 삶과 앎의 접경接境이야말로 지식인과 허위의식이 각자의 영토를 얻기 위해서 끝없이 긴장하고 투쟁하는 곳이기 때문이다. 지식인에게 안정기安定期가 없다는 말은 이렇게 새겨야 한다. 그 고유한 뜻에서, 지식인은 늘 투사일 수밖에 없기 때문이다. 삶과 앎을 한 품에 다스려야 하는 이 이중성의 긴장, 그 긴장 속에서 허위의식이라는 암癌이 자생하기 때문이다.

나의 상황인지론과 상황학습론에 대한 탐구가 이중성의 긴장을 견뎌 내고 우리의 '삶'에 도움이 되는 학문으로 누군가에 가닿기를 진심으로 바란다.

## 나가며

# 마리는 과연 요리를 만들었는가?

대학 교수로 재직하던 시절 연구실 서재를 정리하고 있는데 〈1년간의 요리 만들기 활동〉이라는 일본어 제목으로 된 DVD가 하나 나왔다. 정리를 잠시 멈추고 컴퓨터에 그 DVD를 넣어 보니 처음 화면에 현립 후쿠이 특수학교縣立福井養護学校의 교육 실천 기록이라고 나오는 것이 아닌가. 실은 이 DVD는 일본 유학 시절 이 특수학교에 근무하는 선생님에게서 받은 것으로 시간 날 때 한번 봐야지 하고 생각했다가 깜빡 잊고 있었던 것이었다. DVD 내용은 후쿠이 특수학교에 다니는 '마리真理'라는 중복 장애아의 특수교육 실천 기록이었다.

중복 장애아는 신체의 거의 모든 부분을 스스로 움직일 수 없고 말도 거의 하지 못하는 장애아를 가리킨다. 또한 아무리 말을 걸어도 흥미와 관심을 표시하는 '반응'을 거의 보이지 않는(우리 눈에 그렇게 보이는) 게 보통이다. DVD의 내용은 그러한 장애아 중 한 명인 마리가 요리를 만들었다는 것인데, 이것은 누구에게라도 좀처럼 믿기 어려운 이야기이다.

교육 실천 기록의 이야기 전개는 이렇다. 마리와 야마시타山下 선생님이 함께 여러 가지 책을 읽는다. 야마시타 선생님과 마리는 함께 누워 있고 야마시타 선생님이 책을 읽어 주는데 마리가 한 번씩 미미한 표정으로 반응한다. 아무래도 마리는 '요리책'을 좋아하는 것 같다. 그래서 요리책을 이것저것 함께 읽어 나갔는데 실제로 요리를 만들고 싶어졌다. 자, 그러면 요리를 만들어 보자. 이렇게 된 이야기이다.

### 능력의 그림자가 없는 표정

나는 이 마리의 요리 만들기 교육 실천 기록에 감동하였다. 그런데 내가 이 기록에 감동한 이유는 중복 장애아 마리가 요리 만들기라는 어려운 작업을 이뤄 냈다는 데 있지 않았다. 그것보다도 이 영상 기록의 모든 장면에서 '능력'이라는 말이 전혀 떠오르지 않았기 때문이다.

장애아를 대상으로 하는 통상의 특수교육에서는 개개의 장애아에게 결여되어 있는 능력을 훈련시켜 어느 정도 수준에 도달하는 것을 교육목표로 둔다. 즉, 장애아의 능력 결여가 초점의 대상이 되는 것이다. 그런데 후쿠이 특수학교의 2시간에 걸친 교육 실천 기록 영상에서는 마리든 그 어느 누구든 능력이 결여되어 있다는 것을 문제 삼지 않았고, 어떠한 훈련을 통해 능력이 향상되는 것을 목표로 하지도 않았다.

"하고 싶은 것이 있다."

"어떻게 하면 할 수 있을까?"

"이렇게 하면 할 수 있다고 생각해."

"자 그러면 그것을 먼저 시작해 볼까?"

한 장면에서 다음 장면으로 넘어갈 때 반드시 삽입되는 자막과 내

레이션의 내용이다. 아주 단순 명쾌한 논리이다. 그것을 마리와 야마시타 선생님 둘이서 힘을 합쳐 담담하게 실행하고 있는 것이다. 마리도 어렴풋한 표정이지만 즐기고 있다. 야마시타 선생님은 감출 수 없는 기쁜 표정으로 즐기고 있다. 시간이 걸리는 일이면 충분히 시간을 들인다. 손이 많이 가는 일이면 손이 많이 가는 대로 몸을 맡긴다. 당연한 것을 당연하게 받아들이고 그러나 '함께' 할 수 있는 것부터 해 나간다.

### 심리학과 우리의 상식은
### 마리의 요리 만들기를 학습으로 볼까?

우리가 자신의 몸조차 가누기도 힘든 중복 장애아 '마리의 요리 만들기'의 줄거리만을 듣고, 이것을 '마리가 요리를 만들게 된' 이야기라고 쉽게 받아들일 수 있을까? 교육 실천 기록 영상을 보면 알 수 있듯이 '요리 만들기'의 모든 과정에서 마리는 자신의 의사를 표명했지만 손발을 움직인 것은 야마시타 선생님과 주위 사람들이었고 마리는 표정 등으로 한번씩 '거들었다'고나 할까. 이러한 시각에서 본다면 '마리의 요리 만들기'라 해도 마리는 요리를 스스로 만들지 않았고 요리 방식의 '학습'조차 하지 않은 것이 된다.

여기서 마리가 학습을 했느냐 하지 않았느냐에 대한 논의는 잠시 미루고 학습이라는 개념을 재고하는 준비운동으로서 현실로부터 이론과 개념이 만들어지는 것이 아니라 이론과 개념 덕분에 현실이 보인다고 시점 전환을 해 보면 어떨까? 즉, "반복해서 경험하면 사람의 행동이 바뀐다! 이것이 학습이다"라는 상식을 잠시 멈춰 두고 이 '학습'이라는 개념이 사람의 행위 혹은 현상을 보는 방식을 끼워 맞추는 형지 혹은 참조 기준이 된다고 발상의 전환을 해 보는 것이다. 형지는 필요 없는 걸 잘라 내거나 부족한 부분을 보충한다. 그렇게 해서 사물이나 현상을 보기 쉽게 한다. 이처럼 학습이라는 개념을 매일매일 우리가 접하는 풍부하고 다양한 현상 중에서 어떤 부분은 취하고 또 어떤 부분은 버려서 우리가 미리 갖고 있는 '학습'이라는 개념에 대응하는 것만을 우리 눈에 보여준다고 시점을 전환해 보면 흥미로운 일이 되지 않을까?

그럼 "마리는 요리를 스스로 만들지 않았고, 요리 방식의 학습조차 하지 않은 것"이라고 일반적으로 우리 눈에 비춰지는 이유는 무엇일까? 그것은 우리가 얼마나 심리학에서 상정하는 '학습'이라는 개념에 종횡으로 묶여 있는가를 잘 대변해 준다. 심리학에서는 '학습'을 학습자 개개인이 머릿속에 특정한 체계를 갖춘 지식과 기능을 습득하는 것이라고 정의한다. 여기서 '특정한 체계'라고 하는 것은 '이것, 이것을 학습했다'라는 것을 명확히 구획 지어 담아 낼 수 있는 것이고, 이러한 특정한 체계는 나중에 다른 '체계'와 조합되거나 다음의 '체계'가 그 위에 축적되는 것을 전제로 한다. 또한 이 '체계'는 나중에 다른 체계와 쉽게 조합될 수 있도록 특정한 맥락과 상황으로부터 분리된 일반적/추상적인 것이 아니면 안 된다. 그리고 이러한 학습관은 학교에서 이루어지는 '학습관'과 상호 연동한다.

일반적으로 학교에서는 학생이 교사가 전달하는 지식을 스스로 내부에 집어넣는 것을 '학습'이라고 정의한다. 즉, 연필과 노트를 사용해서 교과서에 쓰여 있는 내용을 참고로 교사가 제공하는 과제에 대해 가능한 한 머리만으로 사고하는 것이 요구된다. 테스트 등을 통해서 펜 혹은 연필로 종이에 쓰인 대답이 학생이 익힌 표현으로 해석되고 그 익힘의 정도에 따라 학생 개개인이 평가된다.

이러한 학교의 학습관은 지식이 한 상황에서 다른 상황으로 운반 가능하다고 보는 지식의 운반 가능성을 암묵적으로 전제하면서 성립하고 있다. 따라서 학교에서 학습한 결과로 얻게 되는 지식이라면 원래 그것이 발생한 상황 혹은 맥락과는 관계없이 일종의 패키지화된 형식으로 학습자에게 전달되는 것이 운반 가능성과 일반화 가능성을 높이려 할 때 중요하게 된다. 이처럼 학교에서의 학습관은 지식 그 자체가 맥락으로부터 분리되어 '홀로 완결된self-contained' 것, 그 추상도가 높으면 높을수록 운반 가능성과 일반화 가능성이 유지된다고 하는 전제가 깔려 있다.

심리학의 학습관 그리고 그것과 연동된 학교라는 곳에서 암묵적으로 전제로 하고 있는 학습관에 익숙해 있는 대부분 사람들의 눈에 마리가 아무것도 학습한 게 없는 것으로 비춰지는 것은 어찌 보면 당연한 일인 것이다.

## 구체적인 여러 문화적 실천 분석하기

'마리의 요리 만들기'를 살펴볼 때, '요리 만들기'를 일련의 요소 동작에 의해 구성되는 것으로 정의하고 요리를 각각의 요소 동작의 확실한 실행을 통해 달성되는 것으로 한다면, 마리는 결코 '요리 만들기'를 한 것이 아니다. 전통적인 심리학에서 정의하는 '학습'이라는 형지 그리고 학교에서 전제로 하고 있는 학습관에서 본다면 마리는 아무것도 학습하거나 배운 것이 없게 된다.

반면에 '요리 만들기'를 마리라고 하는 개체 수준에서의 변화라고 보는 시점에서 탈피하여 하나의 '문화적 실천'이라고 새롭게 정의해 보면 마리가 훌륭하게 '요리 만들기 실천'을 했다고 볼 수 있다. 좀 더 엄밀히 말하자면 마리는 사회 문화적 진공 상태에서 요리를 만든 것이 아니라 개인의 능력과 무능력에 초점을 맞추지 않는 후쿠이 특수학교라는 '실천 공동체community of practice'에서 다른 사람들과 '함께' 요리를 만들어 낸 것이다.

웽거는 이러한 실천 공동체를 다음과 같이 정의한다.

그들을 '실천 공동체' 안에 있게 하는 매우 중요한 포인트는 그것이 직접적이든 간접적이든 물리적인 공존과 그 밖의 방식을 통해서 '무엇을 하는 방식'과 '서로 접촉하는 장면'을 공유하고 있다는 것이다. 즉, 그들은 특정한 실천을 공유하고 있다. 공유된 실천이라 하는 것은 그들 모두가 종사하는 활동, 그 공유하고 있는 활동에 관한 특별한 말하는 방식, 그 결과로서 그들이 공유하게 되는 관점과 흥미, 이해利害와 같은 것이다.

이 실천을 공유하고 있다는 것에 관한 구체적인 여러 측면은 실천 공동체라는 개념을 분석적으로 풀어낼 때 중요한 것이다. 왜냐하면 이 개념은 이 현실 세계에서 일어나고 공유된 실천이라는 것에 의해서 정의되는 것이지 설명을 위해서 사용되는 '구조적 특징'을 전혀 전제로서 하지 않기 때문이다. _ Wenger, 1990, pp. 145-146.

이러한 관점에 따르면 개인의 능력과 무능력에 초점을 맞추지 않는 후쿠이 특수학교라는 실천 공동체는 미리 주어져 있는 것도 아니고 더불어 연구자가 자의적으로 결정할 수 있는 것도 아닌, 교실이라는 제도적 틀을 자원resource으로서 계속 이용하면서 참가자들이 실천을 공유하는 과정에서 상황적으로 구성되고 재구성된다. 즉, 마리가 소속되어 있는 후쿠이 특수학교의 교실 구성원들은 구체적 활동을 통해서 특정한 실천 공동체를 늘 만들어 내고 있는 것이다.

어떤 제도적 공간에서 무엇이 가능하게 되었다고 하는 것은 어떤 포지션을 획득하게 되는 문제, 즉 '전인격적 문제whole person issue'이다 (Lave & Wenger, 1991). 예컨대 일반 초등학교 6학년 아이들 75명에게 현실성이 없는 수학 문제(6킬로그램의 6학년 학생이 10명 있으면 전부 몇 킬로그램일까요?)를 출제했을 때, 아이들 거의 대부분이 사칙연산을 적용해서 아무 저항감 없이 푸는 것을 쉽게 만날 수 있다(Park & Moro, 2006). 이러한 예에서 알 수 있듯이 일반 학교에서 교실이라는 실천 공동체의 참가자가 된다는 것은 '누구로서(한 명의 개인으로서)' 문제를 풀어내느냐와 관련되는 것이다.

개인의 능력에 초점을 맞추는 활동을 통해서 이루어지는 실천 공동체인 일반 학교의 교실과는 대조적으로, 후쿠이 특수학교의 교실은 무슨 일이든지 혼자서 하는 것이 아니라 '함께' 하는 것이 그 실천 공동체를 만들어 내고 유지하는 방식이다. 따라서 어떤 일이든지 '함께' 하지 않는 것은 오히려 그 실천 공동체의 비참가자 혹은 구성원이 아닌 존재로 모두에게 가시화되게 될 것이다. 그리고 동시에 그러한 활동을 통해서 그 교실의 구성원들은 서로를 이 실천 공동체의 구성원으로 사회적으로 표시하고 인정하게 되는 것이다.

처음에 마리가 만들고 싶다고 말한(실은 야마시타 선생님이 마리의 표정으로 읽어 낸) 것은 '햄버거'였다. 마리가 햄버거를 만들고 싶다는 표정을 야마시타 선생님이 읽어 낸 과정은 다음과 같다.

야마시타 선생님: (요리책을 펼치며) 마리 어떤 요리를 '함께' 만들어 볼까?

마리: (미미하게 웃는 것처럼 보인다.)

야마시타 선생님: (요리책을 한 장 한 장씩 넘기면서 꼼꼼히 마리에게 물어본다.) 메밀국수를 만들어 보면 어떨까?

마리: (마리의 표정이 미미하지만 '아니'라는 몸짓을 하고 있는 것 같아 보인다.)

야마시타 선생님: (미소를 지으면서 마리의 표정을 읽어 내고) 그럼 계란덮밥은 어때?

마리: (순간 흥미를 보이는 듯해 보이지만 역시 이내 '아니'라는 말을 하고 있는 것처럼 보인다.)

야마시타 선생님: (빙긋이 웃으면서 한참 동안 요리책을 뒤적거리고 난 후에) 그럼 이건 어떨까? 과감하게 햄버거를 한번 '같이' 만들어 보는 건. 마리 어때?

마리: (어렵사리 몸을 약간 들썩이며 이전과는 다른 표정으로 야마시타 선생님을 바라본다.)

야마시타 선생님: (아주 크게 웃으며) 그래 마리는 햄버거를 만들고 싶었던 거구나! 그럼 햄버거 만들기로 결정했다. 햄버거로!

마리: (미미하지만 미소를 짓고 있는 것처럼 보인다.)

레이브와 웽거(Lave & Wenger, 1991)에 의하면, 위의 야마시타 선생님과 마리의 대화에서 알 수 있는 것처럼, 실천 공동체라고 하는 것을 반드시 '함께 참가자들이 똑같은 공간에 존재하고 엄밀히 정의되어서 특정할 수 있는 집단 혹은 사회적으로 가시적인 경계'를 갖고 있는 고정적인 '실체'라고 할 수는 없다. 그 대신에 '참가자들 자신들이 무엇을 하고 있는지 또한 그것이 자신들의 생활과 공동체에 어떤 의미가 있는지에 관한 상호 간의 공통적인 이해를 갖는 어떤 활동 시스템에서 참가를 수행'하고 있는 것이다. 이 후쿠이 특수학교에서는 무슨 일이든지 늘 '함께' 수행함으로써 그리고 '능력'이라는 필터를 개인에게 들이대지 않는 활동을 통해서 이른바 '개체의 능력' 혹은 '개체의 무능력'과 같은, 오랫동안 심리학에서 '실체'로 다루어 왔던 것을 불가시화하는 실천 공동체를 창조하고 유지하고 있다고 볼 수 있다.

마리와 야마시타 선생님은 햄버거 만들기에 들어가는 재료 쇼핑을 하기 전에 그 요리의 재료가 되는 다진 고기, 양파 그리고 감자 등을 쇼핑 리스트에 작성하였다. 그런데 이 쇼핑 리스트의 작성은 야마시타 선생님 손에 의해서 이루어진 것이지만 마리가 필요하다고 생각한 재료들을 야마시타 선생님이 마리의 표정과 몸짓을 통해 꼼꼼히 읽어 내서 작성한 어디까지나 야마시타 선생님과 마리의 공동 작품이었던 것이다.

다음 장면은 마리가 야마시타 선생님과 시내에 있는 어느 슈퍼마켓에 들어가서 물건을 함께 구입하는 장면을 찍은 것이다. 쇼핑 리스트 작성 후 슈퍼마켓에 들어가서 야마시타 선생님이 휠체어를 밀고 가다가 마리가 시선으로 재료에 주목하면 멈춰서 그것을 마리에게 확인하면서 재료 구입을 시작한다.

야마시타 선생님: (다진 고기를 구입하고 나서 쇼핑 리스트에 있는 데로 감자가 있는 코너로 이동하고서 마리를 보면서 확인한다.) 이번에는 감자를 구입해야지?

마리: (미미한 몸짓이지만 끄덕이는 것처럼 보인다.)

야마시타 선생님: (감자를 쇼핑 카트에 담고 양파 코너로 이동한다. 그리고 마리를 보면서 확인한다.) 양파도 물론 사야지?

마리: (아까와 똑같은 미미한 몸짓을 보인다. 그러고 나서 아주 힘겹게 양파 옆에 있는 당근을 주시하는 것처럼 보인다.)

야마시타 선생님: 쇼핑 전에 작성한 쇼핑 리스트에 '당근'은 없었는데…. (쇼핑 리스트를 마리에게 보여주면서) 당근은 사지 않아도 되지?

마리: (미미하지만 표정과 몸짓이 '아니'라고 하는 것처럼 보인다.)

야마시타 선생님: (마리의 표정과 몸짓을 확인하고) 그럼 당근을 살까?

마리: (마리는 목을 미미하게 옆으로 해서 끄덕인다.)

야마시타 선생님: (빙긋이 웃으며) 당근 당첨!


이러한 슈퍼에서의 햄버거 재료 구입 실천은 교실은 비록 아니지만 구성원들 간의 특정한 상호적인 행위를 통해서 공동 활동을 중요시하는 후쿠이 특수학교의 실천 공동체를 창조하고 상호 그 공동체의 구성원이라는 사실을 함께 달성하고 있는 것이다. 특정한 실천을 통하여 공동체의 구성원이 되어 가는 것과 관련하여 레이브와 웽거는 다음과 같이 진술한다.

'저런 종류의 구성원이 된다는 것Becoming a member such as those'이 구체화된

도달점이다. 그것은 '목표', '과제' 혹은 '지식 획득'과 같은 좁고 단순한 말로 표현하기에는 너무나도 복잡한 것이다. 특정한 실천에 참가하는 당사자에게는 그것을 설명해낼 수 있는 말이 없을지도 모른다. 그것에 암묵적으로 가정되어 있는 것이 있다고 하면 모든 복잡한 의미에서 숙련mastery의 정체성 이외에는 될 수 없다. _ Lave & Wenger, 1991, p. 67.

레이브와 웽거의 관점에서 기초해 보면, 마리와 야마시타 선생님이 슈퍼마켓에서의 재료 구입이라는 실천을 통해서 공동으로 달성한 것은 '지식을 획득했다든지 혹은 '물건을 구입하는 방법을 알았다든지'와 같은 개체 수준의 닫혀 있는 문제가 아니다. 그 닫혀 있는 분석 단위를 바깥으로, 즉 사회·문화·제도라는 수준으로 활짝 열어젖히면 참가자들은 특정한 활동 및 상호작용을 부단히 수행함으로써 실천 공동체를 구성하고 그 공동체의 구성원이 함께 되어 가는 것이다.

나중에 안 사실이지만 마리네 집에서는 햄버거를 만들 때 당근을 넣는다고 한다. 이런 페이스로 시간을 충분히 들여서 쇼핑을 마치고 드디어 요리를 만들게 되었다. 이 쇼핑이라는 실천에서도 재료 구입은 야마시타 선생님 개인이 하였지만 그것은 어디까지나 마리의 '의도'와 '기호嗜好'가 포함된 공동 작업의 산물이다. 이처럼 마리는 확실하게 햄버거를 만들려고 하는 의사를 표명했고 그것을 위해서 필요한 다양한 활동을 시도하고 결과적으로 햄버거를 완성하였다. 그동안 야마시타 선생님을 비롯해서 많은 사람들의 도움을 받은 것은 확실하지만 완성된 햄버거는 다름 아닌 마리의 (당근이 들어간) 햄버거였다.

이 다큐멘터리는 이후 햄버거를 완성해서 구성원 모두가 먹고 즐거움을 나누는 장면으로 바뀐다. 또한 그 후에 '소꿉놀이'에서도 햄버거를 만들거나 먹거나 하였다. 일주일 후 마리가 도전한 다음 요리는 '삶은 달걀'이었다. 다음에는 좀 더 어려운 요리에 도전할 것이라는 생각은 우리의 편견에 불과했다. 또한 그 후에 카레라이스와 볶음밥 같은 요리 만들기가 계속 이어졌고 그 행사를 토대로 편지를 주고받거나 요리 일기 쓰기 등의 '실천practice'이 이루어져서 많은 아이들과 선생님들 그리고 부모들과의 교류가 넓어진 1년간의 교육 실천의 모양새를 그 다큐멘터리에서는 담고 있다.

후쿠이 특수학교에서 이뤄진 이러한 다양한 실천을 관통하고 있는 한 가지 공통적인 사안은 일반 학교와는 달리 모든 실천이 '개인의 능력'이 드러나도록 장면이 사회적으로 조직되지 않았다는 것이다. 말을 바꾸면 마리를 포함해서 중복 장애아라는 '개인의 능력'에 스포트라이트가 가지 않도록 집단이 사회적으로 조직되었다고 할 수 있을 것이다.

이번에는 학습을 문화적 실천으로 재정의하는 작업의 일환으로서 후쿠이 특수학교에서 이루어진 여러 실천들을 비고츠키의 관점에 기초해서 분석해 보겠자.

마리가 햄버거를 만들기 위해서 햄버거에 들어가는 재료를 구입하기 위해 야마시타 선생님과 함께 쇼핑을 한 것, 햄버거를 야마시타 선생님과 함께 만든 것 그리고 이 학교 구성원들이 요리를 만들고 감상문은 쓴 것을 분석할 때 내가 정면에 내세운 '실천practice'이라는 개념은 비고츠키의 관점에서 유래한다. 비고츠키는 '인간 정신mental functioning'을 '행위action'와 '실천적 활동practical activity'으로서 본다(Vygotsky, 1997).

심리학에서는 주체subject의 실천적 행위는 연구 대상으로 대접을 받지 못했다. 오히려 심리학에서는 '근대 이성주의'의 발상에서 터득한 대상object을 지적으로 이해하는 것 그리고 대상과는 직접 실천적으로 관계를 맺는 것을 생각하지 않았다고도 할 수 있다. 이러한 발상에서 개인은 언제나 사회 문화와 분리되거나 떨어져 있는 존재 혹은 그러한 것들과의 관계망 속에서 함께 있지 않은 존재로 다뤄지게 된다. 혹은 개인은 세계 또는 대상을 지적으로 저 멀리 상공에서 내려다보고 지배하는 (=이해하는) 존재로 인식된다. 그런데 비고츠키는 이러한 관점을 바꾸지 않으면 심리학은 개인의 의식에만 모든 초점을 두는 개체환원주의 그리고 개인의 머릿속만을 문제로 삼는 '주지주의'의 틀에서 벗어날 수 없다고 말한다(Vygotsky, 1987, p. 218). 비고츠키의 개체환원주의 그리고 주지주의에 대한 안티테제의 근간은 '행위론'에 있다. 행위론에 대해서 제임스 워치(Wertsch, 1991)는 다음과 같이 설명한다.

분석을 할 때 행위를 우선한다고 하는 것은 인간을 애당초부터 행위를 통해서 자신을 환경 속에 두고 환경과 접촉하고 환경을 창조하는 존재로서 본다는 것을 의미한다. 이와 같이 행위는 인간과 환경을 따로따로 존재하는 것으로 다루는 것이 아니라 양자를 하나의 단위unit로서 볼 수 있게 하고 양자의 분리 불가능한 관계를 분석하기 위한 입구의 역할을 한다. _ Wertsch, 1991, p. 23.

연구가 어떤 대상으로부터 출발해서 '분석 단위'를 어떻게 설정하느냐라는 물음은 그 연구의 방법론적인 핵이다. 인간 정신의 작용에 관한 연구에서 행위자를 '고립된 개인isolated individual'으로 보고(여기서는 중복 장애를 갖고 있는 마리) 드러나는 현상(예컨대 마리가 몸을 제대로 가누지도 못하는 것)을 그 개체가 갖고 있는 속성으로 해서 분석하는 것은 전형적이고 강력한 분석 단위의 설정 방식이다. 이것은 마음의 '내적 본질internal essence'을 구하는 입장이다.

이에 반해서 비고츠키는 마르크스의 관점을 채용해서 개인의 정신 과정의 '사회적 기원'이라는 주장을 내놓았다. 이것은 비고츠키가 보여 주었던 '심리학의 자본론'을 창조하는 것에 대한 관심의 표명이라고 볼 수 있다(Vygotsky, 1997: 211). 여기서 그는 인간의 실천, 즉 구체적인 사회적 활동이 개인의 의식 현상을 만들어 낸다고 하는 마르크스의 발상에 주목하였다.

이렇게 해서 인간의 독자적인 마음의 양태와 움직임 그리고 의식적 행위의 생성 메커니즘은 비고츠키에게는 '문화적 발달의 일반적·발생적 법칙'으로서 정식화되었다. 아마도 이 정식화야말로 개인의 마음의 양태와 움직임의 '사회적 기원'이라는, 비고츠키의 기본적 주장을 가장 유효하게 일반적인 형태로 표현한 것일 것이다.

> 아동의 문화적 발달에서 모든 기능은 두 번, 두 가지 국면에 등장한다. 처음에는 사회적 국면이고 나중에는 심리적 국면이다. 즉, 처음에는 정신 간 범주로 사람들 사이에서, 나중에는 정신 내적 범주로 아동 내부에 등장한다. 이러한 현상은 자발적인 주의와 논리적인 기억 또는 개념 형성이나 의지의 발달에도 똑같이 적용될 수 있다. _ Vygotsky, 1997, p. 212.

이러한 '문화적 발달의 일반적·발생적 법칙'이라는 아이디어는 개인의 정신을 다루는 연구 속에 강력하게 도입되어 있는 '고립된 개인'의 속성이라는 단위를 변경하는 것, 즉 '분석 단위'를 재설정하는 것을 연구의 전제로 한다. 중요한 것은 개인의 속성이라고 통상 다루어지는 '사고'와 '기억'이 실은 사회생활에 그 기원을 두고, 그러한 고차 정신 기능은 개인이 사회생활에 참가하는 것을 통해서 발생한다고 보는 것이다.

말을 바꾸면 고차 정신 기능은 처음에는 개인과 개인 간의 커뮤니케이션(행위의 교환)으로서 수행되는 것이다. 이러한 비고츠키의 주장에 함축되어 있는 것은 정신 내 기능이 단지 '머릿속'에서 성립하는 것도 애당초 '실체'로서 '내부'에 있었던 것도 아니며, 정신 간의 국면에서 일어나는 변화와 똑같은 변화를 정신 내 국면에서도 파생시킨다는 견해이다.

워치는 비고츠키의 개인 정신의 사회적 기원을 정식화한 '문화적 발달의 일반적·발생적 법칙', '피부를 넘어서서 확장하는 정신beyond skin extended mind'이라는 관점 그리고 개인과 사회를 연결 지으면서 한꺼번에 아우르는 '행위론'을 포착할 수 있는 분석 단위로 기술적 도구(쟁기, 도끼, 컴퓨터 등) 혹은 심리적 도구(언어, 숫자, 도표 등)에 '매개된 행위 mediated action'를 들고 있다(Wertsch, 1991). 좀 더 정확히 말하자면 인간은 특정한 사회에 태어나 살아가는 존재인 이상 '매개-수단을-갖고-행위하는 행위자agent-acting-with-mediational-menas'가 될 수밖에 없다(Wertsch, 1991).

행위자의 매개된 행위를 이끌어내는 이른바 사회·역사적 인공물 artifact, 즉 인간 활동의 '매개 수단'이라는 것은 비고츠키에 의하면 '언어, 계수와 계산의 다양한 형식, 기억 기술(예컨대 어디까지 책을 읽었는지를 기억해 두기 위해서 책을 접는 행위), 대수학의 기호, 예술작품, 문자, 도식, 도표, 지도, 설계도 그리고 다종다양한 기호(Vygotsky, 1987) 등이다. 비고츠키의 분석에서는 용구와 기계와 같은 기술적 도구와는 구별되는 심리적 도구가 매개 수단으로서 초점의 대상이 된다. 그 점에서 본다면 매개 수단은 물질적 인공물뿐만 아니라 특정한 실천 공동체가 문화적으로 구성하는 '의미의 시스템'과 '언어의 사용 방법', 문제 해결의 '방략·스크립트' '의사결정의 절차' 등을 포함한다. 특히 언어는 비고츠키가 매개 수단의 중심에 둔 대표적인 심리적 도구이다.

여기서 주의할 점은 비고츠키가 관심을 갖고 있었던 것이 협의로 정의된 '언어'가 아니라 사회적 장면에서 이루어지는 커뮤니케이션의 수단으로서의 '말' 혹은 '말하는 행위'였다는 것이다. 러시아어로는 язык(language=언어)와 речи(speech=말) 사이의 구별이 있는데, 예를 들면 비고츠키의 주저 《사고와 언어》라는 제목은 그 구별로부터 본다면 '생각하는 행위와 말하는 행위Thinking and Speech'를 의미한다. 즉, 비고츠키는 언어의 시스템(어휘와 문법)이 아니라 그것이 사회적 상호작용에서 어떻게 이용되는가에, 즉 '언어'보다 '말하는 행위'에 관심을 가졌던 것이다.

후쿠이 특수학교에서 이루어진 요리 만들기 실천, 요리의 재료를 구입하는 쇼핑 실천, 요리를 만들고 난 감상을 편지로 쓰는 실천 등에 대한 분석에서 내가 초점을 맞춘 것은 비고츠키가 강조한 대표적인 심리적 도구인 '말', 좀 더 엄밀하게 말하면 '말하는 행위' 혹은 '활동activity'이었다. 이 특수학교의 구성원들 사이에는 예컨대 통상의 학교에서 빈번하게 들을 수 있는 '누가 누구보다 더 잘한다', '내가 너보다 빨리 작업을 마쳐서 점수를 잘 받았다', '요리 만들기와 쇼핑 및 감상문 쓰기는 혼자 하는 것이다' 그리고 '요리를 누가 더 잘 만들고 누가 더 빨리 만들었는지' 혹은 '누가 더 정확한 글씨로 남들보다 더 빠르게 요리 만들기 감상문을 썼는지'라는 '말'이 존재하지 않는다. 그러한 '개체의 능력 혹은 무능력'에 초점을 맞추는 '말하는 행위' 대신에 이 학교에서는 모든 일이 다큐멘터리의 중간중간 삽입된 자막과 나레이션에서 볼 수 있듯이

"하고 싶은 것이 있다."

"어떻게 하면 할 수 있을까?"

"이렇게 하면 할 수 있다고 생각해."

"자 그러면 그것을 함께 시작해 볼까?"

같은 '말하는 행위' 혹은 '활동'에 의해서 이루어진다.

사회 문화와 개인의 정신을 연결 짓는 방금 언급한 '말하는 행위'와 같은 매개 수단의 사용 혹은 그러한 사회 문화적 실천의 형식으로부터 개인의 고차 정신 기능의 사회적 발생과 형성을 설명하기 위해서는 '개인'이라는 분석 단위에서 탈피하여 연구의 일차적인 분석 단위를 재설정하는 것이 전제가 된다. 워치(Wertsch, 1991)는 그러한 분석 단위가 정신을 떠맡고 있는 '매개된 행위'라고 본다. 이 '도구와 기호·언어 등의 문화에 의해 매개된 행위'에 주목하는 것을 통해서 인간이 자기 안에 문화를 어떻게 체화시키는가, 인간의 문화적·역사적 세계가 개인의 행위를 통해 어떻게 발생하는가 그리고 그 세계는 어떻게 확장되는가와 같은 문제에 접근할 수 있는 것이다. 이러한 관점에 기초해서 다시 한번 후쿠이 특수학교의 구성원들의 실천을 분석해 보자.

그들은 매개된 행위(특정한 말하는 행위: 모든 하고 싶은 일을 경쟁이나 평가에 구애받지 않고 천천히 시간을 들여서 함께 한다)를 통해서 모든 구성원들이 정신 내적 범주에 그 문화(개체의 능력이나 무능력 그리고 그러한 것들의 평가에 초점을 맞추지 않는 문화)를 체화해서 그 문화를 특정한 말하는 행위 혹은 활동을 통해서 각 장면에서 부단히 실천하고 있다. 후쿠이 특수학교는 누가 잘하고 누가 못한다고 하는 이른바 '개인의 능력' 혹은 '개인의 무능력'을 결코 문제 삼지 않는 실천을 부단히 수행하고 있다. 이 학교는 무슨 일이든지 시간을 충분히 들여서 '함께' 하는 일상의 실천을 통해서 개체의 능력을 가시화시키지 않는, 즉 일반 학교와는 다른 문화적 실천을 창조하는 실천 공동체이다. 마리뿐만 아니라 대부분의 아이들이 시내에 쇼핑을 간다. 주유소의 형, 오빠랑 친해져서 세차를 도와주는 아이도 있다. 그 아이도 물론 중복 장애아로 휠체어를 타고 있고 게다가 손과 발을 아주 미미하게 움직일 수 있는 정도이다.

그런데도 모두가 물론 주위의 많은 이들의 도움을 통해서이지만, 각자의 '일'에 열중하는 표정을 지으면서 무엇인가를 이뤄 내고 있다. 따라서 표정이 모두 밝고 자신감으로 넘쳐난다. 그런데 여기서 말하는 자신감은 '능력'이 있다는 데서 오는 자신감이 아니다. 자신이 세상의 그 어떤 것과도 '교환될 수 없는 존재'로 거기에 있고, 이 실천 공동체에서 '있어도 좋다'고 인정받는 데서 오는 자신감이다. 그들의 표정에서 읽을 수 있는 넘쳐나는 자신감은 '개인과 개인 사이', 즉 '개인 간 수준'에서 일어나는 사회적인 활동은 "개인 수준으로 내려서더라도 여전히 사회적이다"라는, 비고츠키의 명제를 예증해 주는 좋은 자료가 된다.

여기서 우리가 한 가지 주의를 기울여야 하는 것은 이러한 '실천 공동체'를 탐구하려고 할 때 '객관적 기준'을 설정한 상태에서 상공에서 그것을 특정하려고 하면 자의성으로부터 벗어날 수 없다는 것이다. 나와 같은 연구자와는 별도로 후쿠이 특수학교의 구성원들은 매일의 문화적 실천 속에서 다양한 도구(예컨대 심리적 도구)를 사용하면서 그러한 활동을 조직하고 유지하고 있다. 그리고 그러한 활동과 활동의 의미는 구성원들에게 상호 관찰 가능하도록 디자인되어 있다.

그렇다면 학교 교육이 초점의 대상으로 하고 있는 개인의 능력의 문제도 조직과 활동의 '경계'와 기본적으로 똑같은 문제라고 볼 수 있지 않을까? 즉, 개인의 '경계'는 야마시타 선생님과 마리의 요리 만들기 계획 세우기 실천 그리고 쇼핑 실천에서 볼 수 있듯이 활동에 따라서 변할 수 있다. 그리고 '개인의 경계' 혹은 '개인의 능력'이라는 것의 의미도 문화적 실천 속에서 조직되고 표시되는 상황적 실천이다.

이렇게 보면 '개인' 혹은 '개인의 능력'을 만드는 '경계'에 관해서 문제로 삼아야 할 것은 그 '실재'가 어디 있는가를 찾는 것(예를 들면 개인의 능력은 개인의 피부를 경계로 안쪽에 있는 것)이 아니라 '개인성', '주체', '개인의 능력'과 같은 것들이 사람들 상호의 말과 행위를 통해서 어떻게 사회적으로 조직되는지 혹은 그러한 것들이 어떻게 해서 사회적으로 표시되고 사회적으로 관찰 가능하게 되는지이다.

따라서 후쿠이 특수학교의 다양한 교육 실천을 분석할 때 요리 만들기 실천, 쇼핑이라는 실천 그리고 요리 일기 쓰기 실천 속에서 '마리'라는 개인과 다른 중복 장애아들이 무능력한 '개인'으로서 나의 눈에 가시화되지 않은 것 혹은 '능력'이라는 '실체essential'를 그 다큐멘터리의 영상을 통해 떠올리지 못한 것은 다큐멘터리 제작자의 현실 편집이라는 활동과 더불어 모든 일을 '함께' 하는 그리고 개인의 능력과 무능력을 가시화시키지 않는 후쿠이 특수학교라는 실천 공동체의 부단한 활동 혹은 상황적 실천에 연유한다고 볼 수 있다.

## 문화적 실천으로서
## 학습을 재정의하기

여기서 잠시 우리가 일상에서 행하는 요리 만들기에 대해 잠시 음미해 보는 건 어떨까?

내가 가족에게 "오늘 저녁은 아빠가 햄버거를 만든다"라고 말하고 햄버거를 만들었다고 해 보자. 거기서 '양파를 다지는' 실천을 음미하면 다음과 같은 대화가 가능할 것이다.

"양파는 당신이 길렀나요?"

"아니오, 슈퍼에서 사 왔습니다."

"식칼은 본인이 만들었나요?"

"아니오, 식칼은 이전에 가게에서 구입했어요."

"냄비는요?"

"이것도 역시 가게에서 샀습니다."

"만드는 방법은 스스로 생각한 건가요?"

"아니오. 요리책을 참고했습니다."

"그러면 햄버거를 당신 혼자서 만들었다고 할 수 없는 것 아닌가요?"

"음…. 듣고 보니 그런 것 같군요."

마리의 요리 만들기의 다큐멘터리 분석 및 나의 가상의 햄버거 만들기에 대한 음미, 비고츠키와 워치 그리고 상황학습론의 이론적 시각에 입각하면 다음과 같은 아이디어를 얻을 수 있을 것이다. 즉 마리가 햄버거를 만들 때 특정한 실천 공동체(개별 장애인의 능력을 문제시하지 않는 실천 공동체) 내에서 다양한 도구와 사람들로부터 많은 도움을 받은 것과 겉으로 보기에는 내가 혼자서 햄버거를 만들기는 만들었지만 실은 그것이 특정한 실천 공동체(개인을 '능력'이라는 실체를 소유하고 있는 존재로 다루는 많은 곳) 내에서 도구와 주위 사람들로부터 많은 도움을 받아서 가능하게 되었다는 것은 본질적으로 전혀 다르지 않다. 그럼에도 불구하고 왜 마리는 '혼자서 햄버거를 만든 사람'으로 대접받지 못하고 나는 그것을 '혼자서 만들었다'고 자타 공언할 수 있는 것일까?

　　그 물음에 대해 한 가지 가능한 대답은 햄버거 만들기 과정을 요소 동작으로 분해해서 그러한 것들을 하나씩 쌓아 나가면서 달성되는 것이 '학습'이라는 일종의 관점이 전제되고 있다는 것이다. 각각의 요소 동작을 틀리지 않고 빨리 그리고 정확하게 실행할 수 있는지 여부가 감시되고 평가되는 문화적 실천이 퍼져 있다는 전제에 기초해서 '햄버거 만들기'를 햄버거를 만드는 순서의 계열로서 정의한다면, 마리는 스스로 햄버거를 만들지 않았고 반면에 나는 '혼자서 햄버거를 만들었다'고 주장할 수 있다.

　　'개인'이라는 닫힌 분석 단위를 바깥으로 열어젖혀 '특정한 실천 공동체 내에서 특정한 매개 수단을 갖고 행위하는 개인'이라는 분석 단위를 취하게 되면, 개인의 머릿속의 변화로 '학습'을 보는 시각에서 벗어나 '문화적 실천'으로서 학습을 재고하는 단서를 포착할 수 있을 것이다.

전통적인 심리학에서 상정하는 학습의 개념과 그 관점과 연동하는 학교가 만들어 낸 학습관에서 보는 학습이라는 것은 개인의 내부에 갖고 있는 지식의 상태와 변형 혹은 개인과 독립적으로 존재하는 지식이 개인의 내부로 들어가서 정착되는 것이다. 그리고 문화와 상황과 같은 개념은 그러한 개인의 학습에 영향을 주는 환경적인 '요인'으로서 다뤄진다.

이러한 관점에 비판적인 입장을 취하는 학자가 누차 이야기한 레이브와 웽거(Lave & Wenger, 1991)이다. 그들은 비고츠키의 관점을 현대에 계승하고 있는 '상황학습론'의 창시자들이다. 그들에 의하면 주류 심리학에서는 학습을 그것이 학습자 스스로 발견한 것이든, 타인으로부터 전달받은 것이든, 타인과의 상호작용으로부터 얻은 것이든 학습자가 '지식을 내면화하는 과정'이라고 다뤄 왔다. 이와는 대조적으로 상황학습론에서는 학습을 '전인격적' 문제와 관련된 것으로 본다. 혹은 학습이라고 하는 것을 특정한 실천 공동체에의 참가라고 본다(Lave & Wenger, 1991: 15). 레이브와 웽거는 다음과 같이 기술한다.

학습을 내면화로서 보는 것과는 대조적으로 학습을 실천 공동체로의 참가로 보는 것은 다름 아닌 세계 안에서 행위하고 있는 '전인격whole person'에 초점을 맞추는 것이다. 학습을 참가로 정의하는 것은 그것이 진화하고 계속해서 바뀌어 가는 '관계의 집합set of relations'이라는 사실에 주목하는 것이다. 이 것은 물론 사회적 실천 이론에서는 전형적인 관점이다. 이러한 상황학습론은 사람, 행위 그리고 세계를 관계론적으로 보는 것과 맥을 같이한다. _ Lave & Wenger, 1991, pp. 49-50.

이러한 관점에서 본다면 어떤 과제를 수행할 수 있게 되는 것과 새로운 지식을 얻는다는 것은 기능과 지식을 개인이 내면화하는 문제를 넘어선다. 그것은 레이브와 웽거가 다음에서 진술하고 있는 것처럼 보다 큰 관계의 시스템 위에 놓아 두고 논의해야 할 문제이다. 그리고 학습의 문제를 보다 큰 관계의 시스템 위에서 두고 보면 자연스럽게 개인의 정체성identity 문제가 부각되게 된다.

> 즉, '완전한 참가자full-participant'가 되는 것, 특정한 실천 공동체의 구성원이 되는 것은 '한 사람 몫을 해낼 수 있는 사람a kind of person'이 되는 것을 의미한다. 이러한 관점에서 본다면 새로운 활동에 참가할 수 있게 된다는 것이라든지 새로운 작업과 기능을 수행할 수 있게 된다는 것이라든지 새로운 이해에 도달할 수 있게 된다고 하는 것은 '학습'이라는 활동의 정말 일부분에 지나지 않는다. 그리고 대부분의 경우 우연적인 것에 지나지 않는다. 활동, 작업, 기능 그리고 이해는 독립해서 존재하는 것이 아니다. … 인간은 이러한 관계에 의해서 정의됨과 동시에 이러한 관계를 정의한다. 따라서 관계가 변하면 학습의 모습 또한 변하게 된다. 학습의 이러한 측면을 무시하면 학습이 개인의 정체성 형성을 포함한다는 것을 간과하게 된다.
>
> _ Lave & Wenger, 1991, p. 53.

그런데 학습 혹은 생산 활동을 '일련의 요소 동작으로 분해해서 그 하나하나를 착실하게 실행하는 것을 통해 목표를 달성하는 것'이라고 보는 관점은 실은 몰역사적이거나 보편적인 것이 아니라 근대 공업 사회의 벨트컨베이어 방식 생산공정에서 유래한다. 이 생산공정에서는 노동자에게 요소 동작인 '순서'의 확실한 실행만을 중요시하고, 가능하면 그것을 혼자서(누구의 도움 없이) 실행하도록 요구한다. 이와 같은 모든 것이 '정확한 순서'의 실행으로 실현되는 '사회'는 모든 것이 '교환 가능한' 사회다. 노동자도 할당된 요소 동작을 실행할 수 있으면 '누구라도 상관없다.' 그것을 통해 생산된 모든 것은 '어느 것도 똑같은 것'이 되어 교환 가능하다. 근대 사회는 이처럼 교환 가능한 요소(부품)를 어디선가 누군가가 설계한 '방식'에 따라 조립해서 교환 가능한 '상품'을 만들어 내는 사회이다. 이런 사회에서는 '요소 동작을 타인의 도움을 얻지 않고 혼자서 상황과 맥락과는 관계없이 어디서나 언제나 똑같이' 실행할 수 있는 인간(노동자)을 길러 내는 것이 사회적으로 요구된다.

이리하여 사람들에게는 '교환 가능한 인간(부품)'이 되기 위해 '교환 가능한 요소 동작'을 확실히 실행할 수 있는 것이 요구되고, 그러한 사람이 될 수 있도록 훈련받고, 평가되고, 선별되는 것이다. 따라서 이런 사회에서 장애를 가진 사람은 필연적으로 낙오자가 된다. 교환 가능한 부품이 될 수 없기 때문이다.

후쿠이 특수학교라는 실천 공동체에 살고 있는 아이들에 대해서 만약 다른 실천 공동체의 산물인 '능력'이라는 필터를 갖다 댄다면, 거의 모든 항목에서 '안 되는 것'만이 있을 뿐일 것이다. 그런데 서두에서 언급했던 비고츠키의 "맹이 맹이 되는 것, 혹은 맹인의 맹인성은 맹인의 독자적인 세계를 구성하는 방식과 정상인의 그러한 방식이 교차하는 곳에서 발생하는 것이다. 말을 바꾸면 맹인의 맹인성은 생리학적인 혹은 개인적인 문제가 아니라 사회적인 관계 속에서 비로소 발생하는 것이다"라는 관점을 가져와 보면, 마리를 비롯한 후쿠이 특수학교 아이들은 우리에게 다른 모습으로 다가온다.

결코 보편적이고 몰역사적인 것이 아닌 근대의 산물인 '능력'이라는 필터를 벗어 던지기 위해서는 "그러한 것은 원래부터 존재했던 것given이 아니다"라고 솔직히 인정하는 것이 필요하다. '능력'이라는 것은 근대 사회가 다양한 제품과 상품의 생산 방식을 특정한(벨트 컨베이어) 방식으로 정해서 교환 가능한 상품을 교환 가능한 공정으로 제조한 시스템을 만들었을 때 편의상 만들어진 것에 지나지 않는다. 우리가 확고부동하게 믿고 있는 신념과는 다르게, 그러한 것은 원래부터 존재했던 것이 아니었다.

비고츠키는 인간에게 세계가 단순한 객관적·물리적 환경이 아니라 인간의 활동에 의해 이루어진 산물, 즉 문화적인 환경임을 이해하였다. 이 손에 잡힐 것 같은 세계는 무미 무취한 물리적, 지정학적 환경과는 다르다. 그것은 인간이 디자인한 자신들의 활동을 위한 환경이다. 예를 들어 지구상의 어느 대지에도 국경선은 그어져 있지 않다. 그러나 우리는 서로 간에 그것이 실제로 존재하는 어떤 '실체'로 생각하게끔 하는 활동을 늘 수행하고 있다. 능력 또한 마찬가지다. 능력 혹은 무능력은 원래부터 개체에 붙박혀 있는 것이 아니라 통상의 학교에서 이루어지는 개체에만 초점을 맞추는 말하는 행위('누가 더 빨리 더 잘하느냐?') 혹은 테스트 및 평가와 같은 활동의 부단한 연속 속에서 우리 눈에 어떤 '실체'로 보이는 것이다. 반면에 후쿠이 특수학교는 통상의 학교라는 실천 공동체에서 이루어지는 활동과는 다른 활동을 부단히 실천함으로써 '능력'을 부각시키지 않는, 다른 실천 공동체였다. 이것이 우리에게 무엇을 말해 주는지 새삼 재론할 필요는 없겠다.

## 24초 룰이라는 디자인된 현실

아빠 : 경령아. 너 혹시 농구 규칙 중에 24초 룰이라는 거 알고 있니?

경령 : 잘 모르는데(ㅠㅠ).

성준 : 나는 아는데(ㅎㅎ).

아빠 : 그럼 일단 성준이가 그게 뭔지 설명해 봐.

성준 : (자신만만한 듯) 그거, 그거잖아. 농구 경기를 할 때 공을 가진 팀이
24초 안에 슛을 하지 않으면 안 되는, 뭐 그런 규칙 같은 거.

아빠 : 빙고. 성준이 말이 맞아. 공을 가진 팀은 24초 안에 슛을 해서 골이
들어가든 안 들어가든 상관없이 무조건 골대 근처에 맞춰야 해. 그
규칙을 어기면 공은 상대 팀의 것이 되는 거야. 마찬가지로 상대 팀
도 공을 갖고 나서 24초 안에 슛을 해야 하거든. 그 규칙을 서로 지
키면서 농구라는 시합이 진행돼.

경령 : 그런데 축구에는 그런 규칙 없는 것 같은데….

성준 : (여전히 자신만만) 축구에서는 막판까지 이기고 있는 팀이 자기 지
역에서 공을 돌리면서 상대팀에게 공을 주지 않고 시간이 끝나기만
을 기다리지. 그러면 관객들은 "우우우우" 하고 야유를 보내기도 하
고(ㅎㅎ). 그걸 잘 하는 게 중동 축구 팀이지. 이른바 침대 축구(ㅎㅎ).

아빠 : (같이 웃으면서) 그런데 너희들 그건 알고 있니? 농구도 현대 축구
처럼 막판까지 이기고 있는 팀이 공을 돌린다는 사실을?

성준, 경령 : (금시초문이라는 표정을 짓는다.)

아빠 : (이제는 의기양양한 표정을 지으며) 옛날 농구에서는 시합 후반에
이기고 있는 팀은 드리블을 잘하는 선수가 상대 팀 선수에게 볼을

빼기지 않도록 드리블하면서 도망 다녔다고 해. 그러다 보니 대부분의 시합이 전반에 승부가 나고 후반에 역전하는 경우는 완전 드물었다고 해. 그래서 득점도 얼마 안 됐대. 지금 프로농구 경기를 보면 96 대 88 정도가 보통인데 옛날에는 19 대 18 정도에서 끝났던 모양이야.

경령 : 음… 그럼 농구가 재미없었을 것 같은데?

성준 : (스마트폰 검색으로 알아낸 정보를 보면서) 그런데 1954년에 어느 프로농구 팀 구단주가 24초 룰을 생각해냈어. 그 룰이 적용되자 경기가 확 바뀐 거지.

경령 : 그게 뭔데?

아빠 : 당연히 24초 이내에 슛을 해야 하니 서로 그 시간 안에 슛을 하려고 했겠지. 당연히 경기는 박진감 넘치고 득점도 올라갈 거고.

성준 : 그 결과 프로 스포츠로서 대성공을 거두었겠지.

아빠 : 빙고. 24초라는 시간은 농구 코트가 내려다보이는 위쪽에 있는 큰 디지털 시계로 표시가 되거든. 일단 한 팀이 볼을 갖게 되면 시계는 24초로 맞춰지고 거기서부터 23, 22, 21로 카운트가 시작돼. 그러다가 0이 되기 전까지 슛해야 하는 것이 24초 룰이야.

경령 : (문득 생각난 듯) 근데 그 카운트다운이라는 건 왜 그렇게 긴장감을 가져올까? 새해를 맞이할 때라든지, 로켓을 발사할 때라든지.

아빠, 성준 : 푸하.

아빠 : (다시 냉정함을 갖추고) 스포츠는 그렇게 룰이 모여서 만들어지는 거야. '선수는 다섯 명'이라든지 '더블 드리블은 금지'라든지. 몇 천 개의 룰이 모여서 만들어진 프로 농구 리그에서도 나중에 생각해

보니 결국 룰이 하나 부족했던 거야.

경령 : 와! 그러니까 수천 개 룰이 있어도 단지 룰이 하나 부족해서 점수가 안 올라가고 공을 빙빙 돌리면서 시간만 때우는, 그런 지루한 스포츠가 되고 마는구나. 무서워(ㅠㅠ).

성준 : 무섭긴 뭐가 무섭노? (뭔가 생각난 듯) 근데 그건 선수 때문만은 아니라고 생각해. 그냥 룰이 잘못된 거지. 선수가 아무리 열심히 해도 룰이 문제면 스포츠는 재미없어지잖아.

아빠 : 맞아 맞아. 옛날 농구 선수들도 틀림없이 느끼고 있었을 거야. '시합 후반은 아무런 의미가 없어'라고 말이야.

경령 : 근데 선수들은 그렇게 생각하면서도 그냥 열심히 하지 않았을까?

아빠 : 빙고. 무엇이 잘못인지 모르고 그냥 계속 달렸을 거야.

성준 : 아마 이러지 않았을까 생각해. 선수들은 감독한테 "너희들의 노력이 부족해"라고 야단을 맞거나 관객들한테 "정말 재미없다. 드리블만 하면서 도망만 다니고"라고 야유나 받고.

경령 : (어이없는 표정을 지으며) 진짜 문제는 룰에 있는데 그것도 모르고….

아빠 : 오호, 우리 경령이 똑똑한데(ㅎㅎ)! 농구는 1891년에 발명됐어. 1898년에 처음으로 프로농구가 창설되었고. 프로 리그가 미국 각지에서 창설됐지만 금방 없어지고 또 만들어지고 또 없어지고 계속 그랬다고 해.

경령 : 아, 역시 후반이 지루하니까.

성준 : (스마트폰 검색을 통한 정보에 기초해서) 그런데 1954년 24초 룰이 경기에 도입되자 농구가 혁명적으로 바뀌었어.

아빠 : 재미있는 것은, 그 24초 룰이 프로 리그가 출범하고 나서 거의 60년이 지나서 나왔다는 거야. 그동안 쭉 리그의 중책을 맡은 책임자나 구단주들도 '음, 뭔가 큰 소리로 말할 수는 없지만, 농구는 참 재미없는 스포츠다'라고 생각은 하고 있었을 거야.

경령 : (웃으면서) 모두가 이건 아닌데 하면서 어영부영하다 보니 60년.

성준 : 와~ 길다.

아빠 : 그러고 보면 다들 잘 참아 온 거지.

성준 : 60년이라는 긴 시간 동안 선수들은 드리블로 시간을 보내고, 구단주들은 속은 그렇지 않으면서 재미있는 척하고, 감독들은 빨리 시합을 결정짓고 도망가는 작전을 세우고….

경령 : 그러던 어느 날 짜자잔!

아빠 : (웃으면서) 누군가가 외쳤던 거지. "그래 맞아, 새로운 룰이야!" 하고.

성준 : 아빠 이야기를 듣다 보니 왠지 용기가 생기는 것 같다.

경령 : (아쉬운 듯) 아, 그 말 내가 하려고 했는데….

아빠 : 농구도 그렇고 우리가 사는 사회도 수만 개의 룰이 모여서 만들어졌지. 그 룰은 법률로 쓰여 있는 것도 있지만, 습관과 문화처럼 써 있지는 않아도 사람들이 지키는 것도 있어. 물론 사람들이 만든 사회는 수십억 명이 수천 개의 지역으로 나뉘어 살고 있으므로 다섯 명씩 나눠서 승부를 가리는 농구보다 훨씬 복잡하지.

성준 : 그러니까 음… 음…. (생각난 듯) 농구의 24초 룰처럼 한 개의 룰이 모든 것을 바꾸는 일은 일어나지 않아.

아빠 : 맞아. 그런데도 다들 포기하지 않고 드리블을 계속하고 있는 거야.

경령 : 근데 농구에서 60년이나 걸렸으니 사람들이 사는 사회는 도대체 몇 년 드리블하면 될까?

성준 : 음… 그러니까 농구를 즐기기 위한 대답을 찾는 데 60년이나 걸렸으니…. 그 말은 근본적인 문제가 룰에 있다는 걸 자각한 사람이 거의 없었다는 건데. 감독들은 모두 진심으로 선수들을 향해 "너희들 노력이 부족하니까 농구가 재미없고 리그도 활성화되지 않는 거야"라고 화를 내고 있었을 테고….

아빠 : 모두 눈앞에서 일어나는 일에만 필사적이었겠지.

경령 : (진짜로 궁금한 듯) 아빠, 필사적이 뭐야?

아빠 : (웃으면서) 다들 죽을 각오를 하고 열심히 했다는 말이야.

경령 : 아, 무슨 말인지 알겠어.

아빠 : 모두 눈앞에서 일어나는 일에만 필사적이다 보니 자신도 모르게 당장 눈앞에 있는 일에만 신경이 쓰여서….

성준 : 선수들은 '좀 더 늦게까지 슛 연습을 해야 할 것 같다'고 반성하거나 감독들은 '상대방 볼을 잘 뺐으려면 어떻게 하면 좋을까? 잘하는 선수들을 적극 스카웃해야 한다'라고 생각하거나.

아빠 : 그런데 선수들이 아무리 열심히 해도, 감독이 아무리 좋은 선수를 스카웃해도, 일단 룰이 잘못되어 있으면 무엇을 해도 재미가 없는 거지.

성준 : 그런데도 농구 리그 맨 꼭대기에 있는 사람들조차 문제가 룰에 있다는 것을 자각하지 못하고….

아빠 : 그렇지. 그러다 보니 농구 경기를 활성화하기 위해서는 좀 더 외모가 출중한 스타 선수가 필요하다든지, 광고에 문제가 있는 것 같으

니 TV나 라디오의 스폰서가 되어서 우리 구단을 알려야 한다든지, 그런 생각만 하고 있었을 거야.

경령 : 룰은 눈에 안 보이니까.

아빠 : (웃으며) 경령이 오늘 좀 하는데. 룰은 눈에 안 보이지만 슛의 실패와 선수 외모는 눈에 잘 보이지.

성준 : 그러고 보면 우리가 사는 사회도 모두 잘 보이는 문제에만 집중하는 것 같아.

아빠 : (웃으며) 역시 우리 성준이도…. 스포츠도 그렇지만 우리 사회도 잘 안 보이는 룰이라는 설계도 같은 것이 있지. 그러니까 그 룰이라는 말을 디자인으로 바꿔서 말해도 된다고 생각해. 아빠 생각에 농구에서 24초 룰의 발명은 스포츠 사상 최고의 디자인인 셈이지.

경령 : 와, 멋있다.

아빠 : 훌륭한 디자인인 24초 룰에 의해서 선수들의 움직임이 정말 크게 바뀌었어. 선수들은 재빨리 볼을 돌리고 재빨리 슛을 하게 되었지. 이렇게 힘 있는 디자인은 사람들의 움직임을 바꿔. 24초 룰이라는 디자인은 선수들의 움직임뿐만 아니라 감독의 전술을 바꾸고, 그에 따른 관객들의 반응을 바꾸고, 나아가 농구라는 사회 자체를 멋지게 바꾸어 버렸지.

성준, 경령 : (이구동성으로) 와, 우리 아빠 진짜 똑똑하다. 대박!

아빠 : (웃으면서) 이제라서 알아줘서 고맙데이~ 계속해도 될까?

성준, 경령 : 응. 와~ 대박!

아빠 : 우리가 사는 사회도 세금 제도라든지 법이라든지 많은 룰, 즉 보이지 않는 디자인이 있어. 그 디자인을 하나 바꾸면 사람들의 움직임

이 바뀌지. 세금 제도를 재디자인, (뭔가 생각난 듯) 다시 디자인해서 친환경 자동차에 대해 감세를 했다고 하자.

경령 : 친환경 자동차? 전기차 같은 거?

아빠 : 응 맞아. 그러면 사람들이 하나둘씩 전기차를 구입할 거고, 매연이 이전보다 줄어들고…. 이런 식으로 세금 제도 디자인을 하나 손대는 것만으로도 사람들의 행동은 물론 거리 모습까지 바뀌지. 이렇게 보면 스포츠는 당연한 말이고, 우리가 사는 사회도 눈에는 잘 안 보이지만 디자인이 모여서 만들어진 곳이야.

경령 : 음… 사회는 디자인으로 만들어져 있는 곳이네. 그럼 뭔가 아직 확실히는 잘 모르겠지만 좀 멋있는 말인 것 같아. 갑자기 앞으로 사회 수업이 재미있어질 것 같은 예감도 들고.

성준 : 아까 집에 오다가 '생활을 윤택하게 만드는 LG하우시스의 창호 기술' 이런 비스무리한 간판을 본 것 같아. 'LG하우시스의 창호 기술'이라는 말 대신에 디자인을 넣어도 좋을 것 같아.

아빠 : 와 좋은데! 우리 성준이.

경령 : 아빠 그러고 보니 디자인이라는 말이 참 마음에 들어. ○○ 중학교 2학년 1반의 디자인, 기장군의 디자인, 사회의 디자인, 나라의 디자인 등등.

아빠 : (뭔가 생각난 듯) 요즘 TV를 보면 대통령 선거가 다가오다 보니 다들 정치 이야기를 많이 하잖아.

성준 : 벌써 그렇게 된 거야?

경령 : 나는 정치 같은 것 전혀 모르는데….

아빠 : 정치도 마찬가지야. 정치도 쉽게 말하면, '사회라는 큰 공간의 디자

인을 어떻게 할 것인가?' 뭐 그런 이야기거든.

경령 : 내가 한번 말해 볼게. '정치란 사회를 어떻게 디자인할 것인가?' 음⋯
　　　내가 말하고 나니 뭔가 멋있는 말인 것 같아.

아빠 : 그러니까 아까 성준이가 말한 '생활을 윤택하게 만드는 디자인'이라
　　　는 말, 그거 말이야. 정치가 하는 일이 바로 그거야. 생활을 윤택하게
　　　만드는 디자인.

경령 : (잘 모르는 표정을 짓고) 아빠, 윤택이 뭐야?

아빠 : 음⋯ 그러니까 윤택이란 사람들의 생활이 좀 편해질 수 있도록 하는
　　　것이라고 해야 하나? 사람들이 큰 걱정 없이 즐겁게 살 수 있는 것
　　　뭐 그런 거야.

경령 : 응. 알았어.

성준 : 정치라는 좀 딱딱한 말 대신에 생활을 윤택하게 만드는 디자인이라
　　　는 말이 좋은 것 같아.

아빠 : 그러니까. 예를 들면 "자, 모두 생활의 디자인을 생각해 봅시다"라고
　　　말하면 다들 "앗, 재미있을 것 같다"라고 반응을 보이지만 "자, 모두
　　　정치 이야기를 합시다"라고 말하면 다들 도망가기에 바쁜 거지.

경령 : (혼자 크게 웃는다)

아빠 : 다들 도망가기에 바쁘다고 하면 실은 지금까지 정치를 해 온 사람
　　　들의 승리인 거야. 왜냐하면 "아, 그런가요. 당신들 정치 이야기는
　　　하고 싶지 않군요. 자, 그러면 우리끼리 이야기를 계속하겠습니다"
　　　라고 말하면서 사회를 자신들이 하고 싶은 대로 디자인해 버리고 말
　　　거든.

성준 : (뭔가 큰 발견을 한 표정을 지으면서) 정치라는 말이 가진 딱딱함이

사람들을 쫓아 버리고, 지금까지 늘 해 왔던 방식으로 사회의 디자인을 계속하겠구나.

경령 : 아까 농구 이야기에서 나온 디자인은 정말 익사이팅했는데 정치 이야기는 왜 이럴까?

아빠 : 그건 말이다. 경령아. 사회의 디자인은 농구의 디자인과 마찬가지로 즐거운 법인데, 정치라는 말이 나오면 뭔가 흡연실에 갇혀 있는 느낌이라고 해야 하나. 그 흡연실 문에는 정치라는 글자가 쓰여 있고, 안에는 양복 입은 아저씨들과 정장 입은 아줌마들이 늘 싸우고 있는 거야.

성준 : 게다가 그 방은 만원(ㅎㅎ).

아빠 : 맞아. 말 그대로 만원이라서 더는 들어갈 수 없는데도 "자, 젊은 여러분들 안으로 들어오세요"라고 막 권유하지. 드물게 들어가긴 하는데 담배 연기에 숨이 막혀 뛰쳐나오든지 아니면 순식간에 양복 입은 혹은 정장을 입은 한 사람으로 바뀌지.

경령 : 그러면 정치 대신 생활의 디자인으로 바꾸면 안 될까?

아빠 : 좋은 질문! 근데 만약 정치 대신 생활의 디자인으로 말을 바꾸면 그 방은 없어져 버리겠지. 그래서 그 방에 있는 아저씨와 아줌마들은 절대로 방 이름을 바꾸지 않고 언제나 "정치, 정치, 정치 방에 들어갑시다"라면서 시끄럽게 계속 외치고 있는 거야. 그렇게 외치는 것은 새로운 사람이 들어와서 아까 우리가 같이 생각해 본 24초 룰과 같은….

경령 : 힘 있는 디자인 맞제, 아빠?

아빠 : (웃으면서) 맞아. 힘 있는 디자인을, 새로운 사람이 만드는 것을 그

아저씨 아줌마들은 막으려고 하지. 물론 정치라는 말이 딱딱하고 진부하다는 것을 그들 자신이 제일 잘 알고 있어. 그런데도 일부러 계속 그 말을 쓰지. 지금까지 자신들의 독점 상태를 지키기 위해서 말이야.

성준 : 아빠 말을 듣고 보니 좀 무섭다는 생각이 들어.

경령 : (웃으면서 아까 오빠 말에 대한 복수의 의미를 담아서) 무섭긴 뭐가 무섭노?

성준 : (표정이 굳어지며) 조용히 해라. 나 좀 심각하거든. 그러니까 사회를 디자인한다는 것은 정말로 무서운 일이라고 생각해.

아빠 : 맞아. 사회를 디자인하는 것은 무서운 일이기도 하지만 또 나름의 쾌감이 있어. 농구의 24초 룰을 디자인한 사람이 자신이 생각해낸 하나의 디자인으로 농구라는 사회가 바뀌는 것을 보고 틀림없이 쾌감을 느꼈을 거라고 생각해. 현실 사회에서도 전기차 감세와 같은 세금 제도를 디자인한 사람은 많은 사람이 전기차를 타고 달리는 것을 보고 쾌감을 느꼈을 거야. 전기차 감세라는 하나의 디자인도 그렇게 쾌감을 주는데, 하물며 한 나라의 세금 제도 전체라든지 수십 년 계속되어 온 국제조약 등을 디자인하는 것은 굉장한 쾌감을 준다고 생각해.

성준 : 그런 쾌감이 있으니까 정치라는 팻말이 붙어 있는 흡연실에 틀어박혀 있겠지. 새로운 사람들이 들어오지 못하도록 지금까지 늘 해 왔던 방식으로, 지금까지 했던 방식으로 계속하기 위해서….

아빠 : (무척 놀란 표정을 지으며) 성준이 너 의대 가서 의대 공부만 하는 줄 알았더니만 좀 하는데?

성준 : 아빠 내가 사실은 국어를 좀 잘한다 아이가(ㅎㅎ).

아빠 : 근데 너거 그거 아나?

성준, 경령 : 뭔데? 뭔데?

아빠 : 24초 룰을 생각해서 60년간 재미없었던 농구를 구해 낸 사람은 농구

선수도 아니고 더군다나 농구 전문가도 아니었다는 사실.

성준, 경령 : (놀란 토끼눈을 하고) 그럼 뭐 하는 사람이었는데?

아빠 : 음… 그건 말이지, (조금 뜸을 들이고 나서) 볼링장을 경영하는 사람

이었어(ㅎㅎ).

성준, 경령 : 대~~ 박!

# 참고문헌

가브리엘 가르시아 마르케스 지음, 조구호 옮김,《칠레의 모든 기록: 고문과 죽음으로 이어지는 위험을 무릅쓴 기적의 6주일》. 간디서원, 2011.

김영민,《컨텍스트로, 패턴으로》. 문학과지성사, 1996.

김영민,《철학과 상상력》. 시간과공간사, 1998.

박동섭,《성숙, 레비나스와의 시간》. 컴북스캠퍼스, 2024.

박완서,《환각의 나비》. 푸르메, 2006.


生田久美子 (2007). 「わざ」から知る (コレクション認知科学). 東京大学出版会.

福岡伸一 (2007). 生物と無生物のあいだ (講談社現代新書). 講談社.

渡辺裕 (1997). 音楽機械劇場. 新書館.

森重雄 (1993). モダンのアンスタンス─教育のアルケオロジー. ハーベスト社.

尾出由佳 (2007). 障害/行為の環境との不可分性-行為達成のための環境デザインとしての介護. 日本認知科学会大会発表論文集. 13(1), 35-41.

熊谷晋一郎 (2008). 発達障害当事者研究─ゆっくりていねいにつながりたい (シリーズ ケアをひらく). 医学書院.

中西正司, 上野千鶴子 (2003). 当事者主権 (岩波新書 新赤版 860). 岩波書店.

苅谷剛彦 (2004). 教育の世紀. 弘文堂.

苅谷剛彦 (2005). 学校って何だろう─教育の社会学入門. 筑摩書房.

佐伯胖 (1989a). ヒューマンインタフェースと認知工学. コンピュータソフトウェア, 8(2), 4-13.

佐伯胖 (1989a). コンピュータと教育. 岩波書店.

佐伯胖 (1990). 考えることの教育─教育のヤラセ主義を排し考えることの教育とは. 国土社.

佐伯胖 (1995a). 学ぶということの意味. 岩波書店.

佐伯胖 (1995b). 学びへの誘い. 東京大学出版会.

佐伯胖 (2002). 「わかる」ということの意味. 岩波書店.

朝日新聞 (2008). 6月11日 記事.

朝日新聞 (2008). 3月22日 記事.

小沢牧子 (2002). 心理学は子どもの味方か?─教育の解放へ. 古今社.

内田樹 (2007). 街場の教育論. ミシマ社.

内田樹 (2007). 下流志向, 学ばない子どもたち 働かない若者たち. 講談社

内田樹 (2008). 論座 2月号. 朝日新聞社出版局.

内田樹 (2021). 武道論: これからの心身の構え. 河出書房新社.

岸政彦 (2015). 断片的なものの社会学. 朝日出版社.

三嶋博之 (1994). "またぎ"と"くぐり"のアフォーダンス知覚. 心理学研究 64(6), 469-475.

竹内敏晴 (1988). ことばが劈(ひら)かれるとき (ちくま文庫). 筑摩書房.

中村雄二郎 (1992). 臨床の知とは何. 岩波書店.

中村敏雄 (1989). メンバーチェンジの思想—ルールはなぜ変わるか. 平凡社.

青木昌彦 (2014). 青木昌彦の経済学入門: 制度論の地平を拡げる (ちくま新書). 筑摩書房.

村上陽一郎 (1986). 技術(テクノロジー)とは何か—科学と人間の視点から. 日本放送出版協会.

森田真生 (2018). 数学する身体. 新潮社.

西垣通 (1991). デジタル・ナルシス—情報科学パイオニアたちの欲望. 岩波書店.

Stannis Las Duanne, 高橋洋 訳 (2015). 意識と脳——思考はいかにコード化されるか. 紀伊國屋書店.

河本英夫&永井晋 (1999). インタヴュー オートポイエーシスと現象学. 現代思想 27 (4), 80-93.

日高敏隆 (2013). 世界を、こんなふうに見てごらん (集英社文庫). 集英社.


Ausin, J. (2020). *How To Do Things With Words*. Barakaldo Books.

Bakhtin, M. M. (1981). *The dialogic imagination: Four essays by M. M. Bakhtin, ed. Michael Holquist*, trans. Caryl Emerson and Michael Holquist. Austin: University of Texas Press.

Baron-Cohen, S. (2008). *Autism and Asperger Syndrome*. OUP Oxford.

Bateson, G. (2000). *Steps to an Ecology of Mind*, University of Chicago Press.

Bingham, G. P. et al. (1989). Hefting for a maximum distance throw: A smart perceptual mechanism. *Journal of Experimental Psychology: Human Perception and Performance*. 15(3), 507-528.

Brooks, R. (1990). *The behavior language*. MIT AI Memo1227 Apr.

Brooks, R. (1991). Intelligence without representation Volume 47, Issues 1–3, *Artificial Intelligence*. 139-159.

Bruner, J., Olver, R. & Greenfield, M. (1966). *Studies in cognitive growth*. New York.

Chalmers, D. (1995). Facing up to the problem of consciousnes. *Journal of Consciousness Studies*. 2(3), 200-219

Chomsky, N. (1965). *Aspects of the theory of syntax*. Cambridge, Mass: MIT Press.

Cole, M. & Griffin, P.(1980). Cultural amplifiers reconsidered. In D. R. Olson, J. Anglin, & J. S. Bruner (Eds.), *Social foundation of language and thought*. New York: W. W. Norton. pp. 343-364.

Cole, M. & Scribner, S. (1974). *Culture and Thought: A Psychological Introduction*. John

Wiley & Sons Inc.

Cole, M., & Traupmann, K. (1981). Comparative Cognitive Research: Learning from a Learning Disabled Child. In W.A. Collins(Ed.), Aspects of the Development of Competence(pp. 125-154). *The Minnesota Symposium on child psychology* vol. 14.

Crick, F. (1989). *What Mad Pursuit: A Personal View of Scientific Discovery.* Weidenfeld & Nicolson.

Crick, F. & Koch, C. (1990). *Towards a neurobiological theory of consciousness. Seminars in the Neuroscience,* 2, 263-275

Danziger, K. (2012). *Naming the Mind: How Psychology Found Its Language.* SAGE Publications Ltd.

Dennet, D. (1984). Cognitive wheels: the frame problem of AI. In C. Hookway(Ed.) *Minds, machines and evolution*(pp. 129~145). Cambridge University Press.

Donaldson, M. (1978). *Children's Minds.* London: Penguien Classic.

Drills, R. J. (1963). *Fork norms and biomechanics.* Human Factors, 5, 427-441.

Durkheim. E. (2014). *The Rules of Sociological Method.* Free Press.

Finnegan, R. (1973). Literacy versus non-literacy? In R. Horton and R. Finnegan(Eds.), *Models of thought.* London: Haber.

Garfinkel, H. (1967). *Studies in ethnomethodology.* Cambridge: Polity Press. Haraway, D. J. 1991 *Simins, cyborgs, and woman: The reinvention of nature.* New York: Routledge.

Gibson, J. J. (1962). Observation on active touch. *Psychological Review* 69, 477-491.

Gibson, J. J. (1979). *The Ecological Approach to Visual Perception.* Houton Miffin Company.

Goodwin, C. (1981). *Conversational organization: Interaction between speakers and hearers.* New York: Academic Press.

Held, R & Hein, A. (1963). Movement-produced stimulation in the development of visuality guided behavior. *Journal of Comparative & Physiological Psychology* 56, 872-876.

Hood, L., McDermott, R., & Cole, M. (1980). Let's try to make it a good day. *Discourse Processes* 3, 155-168.

Hutchins, E. (1990). The technology of team navigation. In J. Galegher, R. E. Kraut, & C. Egido (Eds.), *Intellectual teamwork: Social and technological foundations of cooperative work.* Hillsdale, NJ: Lawrence Erlbaum Associates. pp. 191-220.

Holling, C. S. (1964). The analysis of complex population processes, *Canadian Entymologist,* 96, 335-347.

Hutchins, E. (1991). Organization work by adaptation. *Organization* 14-39.

Hutchins, E. (1996). Cooperative work and media: What's computer to do?

Hutchins, E. & Klausen, T. (1996). Distributed cognition in Engeström & D. Middleton (Eds.), *Cognition and communication at work*. Cambridge University Press. pp. 15-34.

Ingle, D., & Cook, J. (1977). The effects of viewing distance upon size preference of frog for prey. *Vision Research* 17, 1009-1019.

Lave, J. & Wenger, U. (1991). *Situated Learning: Legitimate Peripheral Participation*. Cambridge University Press.

Lynch, M. (1997). *Scientific Practice and Ordinary Action: Ethnomethodology and Social Studies of Science*. Cambridge University Press.

Luff, P., & Heath. C. (1993). System use and social organization: Observation on human-computer interaction in and architectural practice. In G. Button(Ed.), *Technology in working order: Studies of work, interaction, and technology*, Routledge.

Luria, A. (1982). *Language and Cognition*. Wiley.

McCulloch, W. & Pitts, W. (1943). A Logical Calculus Of the Ideas Immanent in Nervous Activity. *The Bulletin of Mathematical Biophysics* 5, 115-133.

McDermott, R & Varenne, H. (1998). Adam, Adam, Adam, and Adam: The cultural constrcution of a learning disability. In H. Varenne and R. McDermott. *Successful failure: The school America builds*: Boulder, Colorado: Westview Press.

Nagel, T. (1974). What it it like to be a bat? *The Philosophical Review*. 83(4), 435-450.

Neisser, U. (1976). *Cognition and reality*. Freeman.

Neisser, U. (1985). The role of invariant structures in the control of movement. In M. frese & J. Sabini (Eds.), *Goal directed behavior: The concept of action in psychology*, Lawerence Erlbaum. pp. 97-110.

Norman, Donald A. (1991), "Cognitive artifacts", i John M. Carroll (Ed), *Designing interaction*, Cambridge University Press, Cambridge. 20

Olson, R. (1977). From the utterance to text: The bias of language in speech and writing. *Harvard Educational Review*, 47, 257-281.

Park, D. S., & Moro, Y. (2006). *Dynamics of situation definition. Mind, Culture, and Activity*, 13(2), 101-129.

Polanyi, M. (2015). *Personal Knowledge: Towards a Post-Critical Philosophy*. University of Chicago Press.

Reichle, F. (2004). *Monte Grande: What is life*. Independently published.

Resnick, B. (1987). Learning is school and out. *Educational Researcher* 16, 13-20.

Sacks, H. (1963). Sociological description. *Berkeley Journal of Sociology*, 8, 1 16.

Sacks, H. (1979). Hotrodder: A revolutionary category. In G. Psathas (Ed.), *Everyday language: Studies in ethnomethodology* (pp. 7-14). New York: Irvington.

Scheflen, E. (1973). *Communicational structure.* Indiana University Press.

Scribner, S. & Cole, M. (1981). *The psychology of literacy.* Cambridge, Mass: Harvard University Press.

Suchman, L. (1987). *Plans and Situated Actions.* Cambridge University Press.

Varela, F. (1991). Organism: A Meshwork of selfless selves. Organism and the Orgins of Self, ed. Afred I. *Tauber,* Kluwer Academic Publishers, 79-107.

Varela, F. (2004). *Truth is what works, Bernhard Poerksen, The Certanity of Uncertanity: Dialogues Intrdroducing Constructivism,* Imprint Academic, p. 92

Varela, F. & Thompson, E. (2017). *The Embodied Mind, revised edition: Cognitive Science and Human Experience.* The MIT Press.

Uexkull, J. V. (2010). *A Foray into the Worlds of Animals and Humans: With a Theory of Meaning.* University of Minnesota Press.

Vera, A., & Simon, H. (1993). *Situated Action: A Symbolic Interpretation, Cognitive Science.* 17(1), 7-48.

Vygotsky. L. (1978). *Mind in Society: The Development of Higher Psychological Processes.* Harvard University Press.

Wallis, J. (2004). *The Arithmetic of Infinitesimals (Sources and Studies in the History of Mathematics and Physical Sciences).* Springer.

Warren, H. W. (1984). Perceiving affordance: Visual guidance of stair climbing. *Journal of Experimental Psychology: Human Perception and Performance.* 10(5), 683-703.

Warren, H. W. & Hwang, S. (1987). Visual guidance of walking through apertures: body-scaled information for affordances. *Journal of Experimental Psychology: Human Perception and Performance.* 13(3), 371-383.

Weizenbaum, J. (1976). *Computing power and calculation.* New York: W. H. Freeman.

Wenger, E. (1990). *Toward a Theory of Culture Transparency-Elements of a social discourse of the visible and the invisible.* Irvine: University of California Irvine.

Wertsch, J. V. (1991). *Voices of the mind: A sociocultural approach to mediated action.* Cambridge, MA: Harvard University Press.

Wertsch, J. (1998). *Mind As Action.* Oxford University Press.

Yasnitsky, A. (2020). *A History of Marxist Psychology: The Golden Age of Soviet Science.* Routledge.